böhlau

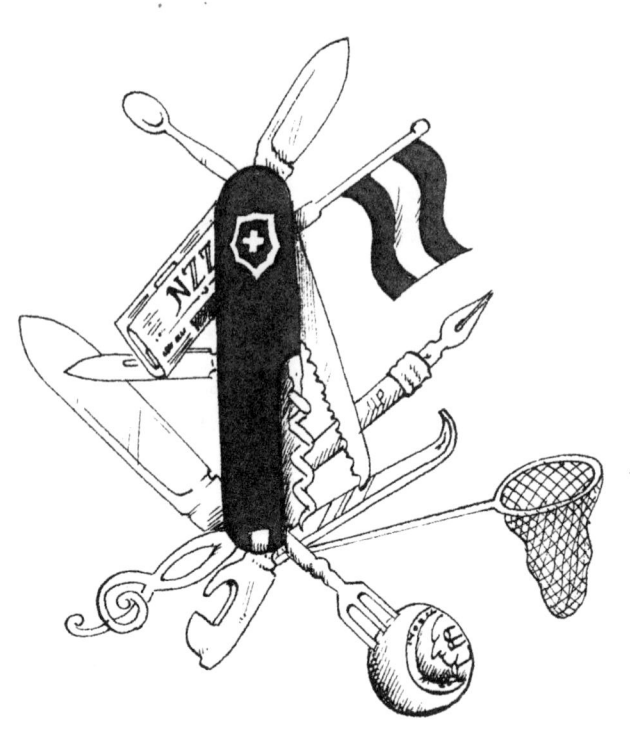

CHARLES E. RITTERBAND

Dem Österreichischen auf der Spur

Expeditionen eines NZZ-Korrespondenten

Mit Karikaturen von MICHAEL PAMMESBERGER

Böhlau Verlag Wien · Köln · Weimar

Bibliografische Information der Deutschen Nationalbibliothek
Die Deutsche Nationalbibliothek verzeichnet diese Publikation in der Deutschen
Nationalbibliografie; detaillierte bibliografische Daten sind im Internet über
http://dnb.d-nb.de abrufbar.

ISBN 978-3-205-78399-2

© 2010 by Böhlau Verlag Ges. m. b. H. & Co. KG, Wien · Köln · Weimar
http://www.boehlau.at
http://www.boehlau.de

Umschlagentwurf: Judith Mullan unter Verwendung einer Karikatur
von Michael Pammesberger

Gedruckt auf umweltfreundlichem, chlor- und säurefrei gebleichtem Papier.

Druck: Generál Nyomda kft., 6726 Szeged, Ungarn

*Es ist eine traurige, aber unbestreitbare Tatsache, dass die Welt
dem Phänomen Österreich mit tiefem Unwissen gegenübersteht.
Sie nimmt gerade noch zur Kenntnis, was ein paar im Ausland
verlegte Reisehandbücher über die gängigen Touristenrouten
an Falschem aussagen, und damit gut.*

Fritz von Herzmanovsky-Orlando, Maskenspiel der Genien

Inhaltsverzeichnis

• Politik und Fußball (Januar – September 2008)

• Wilde Bräuche (Januar – Dezember 2007)

• Österreich und die Welt (Januar – Dezember 2006)

• Heimliches und Unheimliches (Januar – Dezember 2003)

Zum Geleit

Nicht wenige meiner Landsleute äußern gelegentlich Verwunderung über den nachhaltigen redaktionellen und kommerziellen großen Erfolg der Neuen Zürcher Zeitung, erscheint sie doch in einem, im internationalen Maßstab gesehen, kleinen Land. Folglich auch in einem kleinen Markt. Die Antwort darauf ist einfach zu geben: Der Markt der NZZ ist nicht allein die Schweiz, der Markt der NZZ ist die Welt. Größer geht es nicht mehr.

Da die Zeitung diesen globalen Markt bedient und weil sie dort auch gut ankommt, ist sie eben die Neue Zürcher (Welt-)Zeitung. Generationen österreichischer Staatsbürger, die in der einen oder anderen Form prominent Verantwortung getragen haben, ließen und lassen sich die Lektüre der „Zürcher" nicht entgehen. Zum eigenen Nutzen und aus Loyalität zu einem Blatt, welches von der Welt kommend wieder in sie zurück und in ihre Zukunft führt.

Franz Vranitzky (Bundeskanzler 1986–1997)

Seit 50 Jahren lese ich die NZZ. Ihre liberal-konservative Grundeinstellung auf dem Boden einer europäischen, christlichen Leitkultur hat mir stets zugesagt. Ihre Berichte decken die Welt ab, sachkundig, nüchtern, wenig geschwätzig. Wirtschafts- und Wissenschaftsteil sind einsame Spitze und Pflichtlektüre. Ihr Wiener Korrespondent galt in Wien immer schon als der 5. Evangelist. So ist sie für den Politiker unentbehrlich. In der Zeit des Scherbengerichts über Österreich („Sanktionen") blieb die NZZ objektiver, gemäßigter und treuer Freund. Ich möchte sie weitere 50 Jahre nicht missen.

Andreas Khol (ÖVP-Fraktionschef 2000–2002); Nationalratspräsident 2002–2006)

Die österreichische Zeitungslandschaft und ihr journalistisches Niveau sind ein Trauerspiel mit wenigen Lichtblicken. Das nimmt nicht nur die Lust am Lesen, sondern hat auch fatale Folgen für die Gesellschaft und ihre demokratische Qualität. Österreich-Korrespondenten wie Charles E. Ritterband übernehmen eine höchst dankenswerte Ausfallshaftung. Und seine Beiträge zu Information und Meinungsbildung lassen uns immer auch den spießigen Schrebergartenzaun spüren, der die innerösterreichische Diskussion begrenzt. Das tut gut. Und vielleicht hilft es sogar. Schließlich stellen sich auch PolitikerInnen auf ihr jounalistisches Gegenüber ein.

Heide Schmidt (FPÖ-Politikerin 1973–1993; Liberales Forum LIF 1993–2008)

Neulich nachts schreckte ich schweißgebadet auf. Als kakanischer Abgeordneter sei ich dienstlich verpflichtet – so träumte ich –, die Leserbriefe in der Kronen Zeitung täglich auswendig herzusagen.

Die depressiven Nachwirkungen solcher Albträume bekämpft man am besten im Café mit der NZZ. Mal fasziniert, mal fassungslos kehrt Korrespondent cer. von seinen Expeditionen zurück. Das Stirnrunzeln des Schweizers beruhigt mich. Schließlich lebe ich in einem Land, in dem Herzmanovsky-Orlando als kalter Realist durchgehen könnte.

Alexander van der Bellen (Parteichef der Grünen 1997–2008)

Vorwort

Auslandskorrespondent ist ein in Österreich mäßig angesehener Beruf. Nicht nur weil die hiesige Presse aus Mangel an Geld und Ambition auf seine Ausübung weitgehend verzichtet, die Abwesenheit von Auslandskorrespondenten korrespondiert auch gut mit dem hiesigen Wesen. Dieses will nämlich nichts mit dem Weltgeist, aber alles mit dem Hausgeist zu tun haben. Weniger vornehm gesagt: Das Ausland und der herrschende Provinzialismus liegen in Österreich permanent miteinander im Clinch, wobei die Provinz immer gewinnt. Von der Ausnahmesituation des Fremdenverkehrs einmal abgesehen, aber die bestärkt ja nur das Problem: Die Leute kommen zu uns, weil es bei uns eben doch am schönsten ist, meint man hier.

Vom Ausland braucht man sich hier nichts sagen zu lassen, meint man hier. Das hiesige Wertesystem empfindet allem Fremden gegenüber eine unverständliche, aber ausgeprägte Überlegenheit. Schon Kurt Waldheim hatte die Wahl zum Bundespräsidenten mit dem beziehungsreichen Slogan „Wir Österreicher wählen, wen wir wollen" gewonnen. Charles Ritterband war damals noch lange nicht in Wien. Seit ich Auslandskorrespondenten kenne, kenne ich ihren leicht verdatterten Gesichtsausdruck und ihre Fragen, die mit „Sag einmal, ist das bei euch normal …?" beginnen.

Charles Ritterband hat mich öfters solche Fragen gefragt, und in seinen Berichten und Glossen ist ein Ton leichter Verblüffung mitunter nicht zu überhören. „Kann es sein, dass das so ist, und niemand hier was dabei findet?" Ritterband ist ein höflicher Mensch, er unterdrückt sein Erstaunen, so gut es geht. In Wien ist er sowieso eine Erscheinung, sein Hang zum Dandyhaften, sein Löwenkopf im Doppel mit seinem Königspudel gleicher Haarfarbe wirken so exotisch, dass sie dem Wiener Blick beinahe wieder eingemeindbar scheinen. Wäre da nicht der unbestechliche Blick des Außenstehenden, der es nicht lassen kann, zu fragen: „Sag einmal …?"

Charles Ritterband hat Stil genug, sein Erstaunen zu verbergen, denn man mag es nicht so gern in Österreich, dass einer offen sagt, was er sich denkt. Darüber habe ich einmal bemerkt: „Oft genug gebietet es die Klugheit tatsächlich, sich seinen Teil zu denken, es aber für sich zu behalten. Das gilt nicht nur in Österreich, das gilt überall auf der Welt. Aber in Österreich gilt es mehr als anderswo. Hier gebietet es die Klugheit, nicht zu erkennen zu geben, dass man überhaupt etwas denkt."

Charles Ritterband hat dieses Problem nicht, er schreibt ja bloß in einer ausländischen Zeitung. Dass dort oft das Beste steht, was über Österreich zu lesen ist, kümmert hierzulande niemanden, solange es nicht auch das Angenehmste ist. Auslandskorrespondent, wir erinnern uns, gilt im österreichischen Inland als mäßig angesehener Beruf. Umso mehr freuen sich die Dissidenten der Hiesigkeit an ihren Auslandskorrespondenten, und nicht zuletzt an den Glossen des Charles Ritterband.

Armin Thurnher, Chefredakteur „Falter"

17

Dank

Hiermit sei gedankt:

- meiner Mutter und meiner verstorbenen Großmutter, die in Wien geboren wurden und die mir die Augen für die vielen verborgenen Schätze ihrer Stadt geöffnet haben;

- den Verlagen Böhlau und NZZ-Libro für ihre ermutigende Unterstützung zu diesem Buchprojekt;

- Michael Pammesberger, der mit seinen großartigen Karikaturen stets ins Schwarze (oder ins Rote, Blaue, Orange oder Grüne) trifft – und der mir großzügig für dieses Buch viele seiner besten Zeichnungen zur Verfügung gestellt hat;

- Tina Walzer für die zahlreichen intellektuellen Anregungen und wertvollen historischen Erläuterungen sowie für die kritische Durchsicht des Manuskripts;

- meiner Familie, die meine häufigen Absenzen stets mit stoischer Tapferkeit duldet;

- all den Bewohnern dieses Landes, die mir Österreich nähergebracht haben und mir bei meinen Recherchen großzügig mit Rat und Tat zur Seite gestanden sind;

- Samy, dem königlichsten aller Pudel, unerschrockenem Spurensucher auf meinen Expeditionen durch das wunderschöne Österreich.

Schlagzeilen mit Schlagobers

Schlagobers gehört einfach dazu. Was wäre der Gugelhupf, was vor allem die Sachertorte ohne Schlagobers? Eine trockene Angelegenheit. „Herr Ober, eine Melange und die üblichen Tageszeitungen!" Das Gewünschte kommt, nach gebührender Wartezeit, mit „Bitte schön, Herr Doktor", oder, je nach Trinkgeld und Bekanntheitsgrad, „Herr Redakteur" oder gar „Herr Chefredakteur". Das kleine Silbertablett trägt neben dem Kaffee, wie es sich gehört, das obligate Glas Wasser, über dem gemäß streng einzuhaltender Kaffeehaustradition der Kaffeelöffel balanciert. Selbst unverdauliche Schlagzeilen werden „mit Schlag" durchaus genießbar. Die schneeweiße, kalorienreiche Köstlichkeit verdeckt so manches, und ebenso schnell wie im „Schanigarten" vor dem Wiener Kaffeehaus das Schlagobers vom Kuchen heruntergelöffelt ist, so rasch sind selbst die schlimmsten Schlagzeilen wieder vergessen. Konsequenzen gibt es keine, man geht zur Tagesordnung über.

Quellfrisches Wasser im Glas: es kommt aus den letzten Ausläufern der Alpen – Rax, Schneeberg und Schneealpe.[1] Das kostbare Nass strömt in zwei historischen „Hochquell-Wasserleitungen" in die Hauptstadt – auf Aquädukten aus der Kaiserzeit. Die Gemeinde Wien pflegt ihre wertvollen Ressourcen und hat im Lauf der Zeit die riesigen Quellgebiete im Süden der Stadt aufgekauft, um mittels strenger Kontrolle von Vegetation, Böden und Bautätigkeit die hohe Qualität des Trinkwassers zu gewährleisten. Das köstliche Wasser, das aus den Wiener Wasserhähnen rinnt, gehört ebenso zur viel gerühmten Lebensqualität der Donaumetropole wie die reine Luft oder die nächtliche Stille der Innenstadt, die höchstens vom Geklapper der Pferdehufe auf dem Kopfsteinpflaster durchbrochen wird, wenn ein verirrter Fiaker vorbeizieht. Wien verführt mit seinem Charme, Klischees verstellen den Blick auf die Wirklichkeit. Schlagobers erstickt Störgeräusche aufs Angenehmste. Die scharfe Ironie eines Karl Kraus, der Zynismus eines Thomas Bernhard oder der hintergründige Humor eines Helmut Qualtinger – zu Lebzeiten verteufelt und posthum verehrt – fanden in der Wiener Schlagobers-Idylle ihr ideales Anschauungsmaterial.

Kulinarische Demarkationslinie

Schlagobers und Sachertorte – das gab es auch, fern von hier, in Buenos Aires, am österreichischen Nationalfeiertag in der Residenz des Botschafters der Republik

---

1 „Wir sind eine Landschaftsnation, keine Verfassungsnation." (Karin Liebhart/Manfried Welan, Zur österreichischen Staatsidee. In: Österreichisches Jahrbuch für Politik 1999, S. 519–541.)

Österreich. Buenos Aires war mein letzter Posten als NZZ-Korrespondent, bevor ich über den Atlantik nach Europa zurückkehrte. Die Sachertorte stand also mitten auf dem Tisch, und der Tisch stand im größten Raum einer hübschen Villa an der „Straße des 11. September", Nummer 1270, im eleganten Stadtteil Belgrano. Die Torte war von der Gattin des Botschafters persönlich zubereitet worden; ein kleines Kunstwerk. Sie verströmte in der Nase den Duft und am Gaumen das Aroma des alten Europa, des fernen Wien – ebenso wie andere, auf die Gäste wartende Delikatessen: Wiener Schnitzel, Backhendl, Zwiebelrostbraten. Wiener Spezialitäten genossen höchstes Ansehen in der österreichischen Kolonie von Buenos Aires, und sie ließen die Exilierten Jahr für Jahr, am 26. Oktober, in die Straße des 11. September strömen. Der lange Tisch mit den kulinarischen Köstlichkeiten war zugleich eine Demarkationslinie: Links pflegten sich jene zu versammeln, die in den Jahren 1938 bis 1939 nach Argentinien gekommen waren – manche unter kaum vorstellbaren Schwierigkeiten und auf gefahrvollen Umwegen. Auf der rechten Seite des Tisches hielten sich jene auf, die nach 1945 gekommen waren – aus ganz anderen Motiven. Die Gäste rechts und links des Tisches pflegten kein Wort miteinander zu wechseln. Sie ignorierten einander, so gut es ging. Aber alle stürzten sich mit genau demselben sehnsüchtigen Heißhunger auf die Speisen, und als der Botschafter eine Schallplatte mit der Nationalhymne auflegte, sangen sie inbrünstig mit. Vielmehr: Sie bemühten sich mitzusingen. Denn die Schallplatte, die der Botschafter persönlich auf einem Plattenspieler, der noch aus den 50er-Jahren stammen mochte, auflegte, wurde mit der falschen Geschwindigkeit abgespielt. Seltsam getragen und übertrieben feierlich kam die österreichische Nationalhymne daher, an jenem Frühlingsabend im Oktober im fernen Buenos Aires.

Wir verließen Argentinien 2001 im tiefen Winter und kamen in Wien nach rund 14-stündigem Flug im Hochsommer an. Für mich war es eine Rückkehr, denn in Wien hatte ich einen Teil meiner Kindheit verbracht – in der Wohnung meiner Großeltern, in der Stiftgasse 15, siebter Bezirk. „Stiftgasse 15" gibt der amerikanische Western-Autor Holly Martins dem amerikanischen Militärpolizisten bei der Passkontrolle am Wiener Westbahnhof im Film „Der Dritte Mann" als Aufenthaltsort an – denn dort wohne sein Freund Harry Lime. Dann aber geht Holly Martins keineswegs in die Stiftgasse, sondern schnurstracks zum Josefsplatz 5 in der Innenstadt, und betritt dort das prunkvolle Palais Pallavicini. Generationen von Harry-Lime-Fans sind auf der Suche nach dem Originalschauplatz vergeblich zur Stiftgasse 15 im siebten Bezirk gepilgert; ich habe sie noch deutlich in Erinnerung, wie sie mit ihren Stadtplänen vor dem Eingang stehen und ratlos die Fassade hinaufblicken, an der die vier mächtigen Karyatiden fehlen – die ja das Portal des Palais Pallavicini flankieren. Für mich bedeutete die Stiftgasse 15 ein Stück Heimat, die zweite, neben meiner Geburtsstadt Zürich. Für meine in Wien geborene Mutter hingegen ist das Palais Pallavicini mit so mancher Erinnerung verbunden: Links um die Ecke vom Haupteingang befindet sich die Tanzschule „Elmayer". Die Wiener Tradition verlangt, dass hier Töchter und Söhne aus bürgerlichem Hause ihre ersten, zögernden Tanzschritte wagen. Meine Mutter kann sich noch plastisch daran erinnern, wie im November 1938 ein Schlägertrupp der SA hereinstürmte und der Tanzlehrer Elmayer die jüdischen Tanzschüler und -schülerinnen durch einen Nebenausgang in Sicherheit brachte.

Schon bald nach meiner Ankunft machte ich eine Entdeckung: In dem 1747 von Kaiserin Maria Theresia gegründeten Hofmobiliendepot, das heute als Möbelmuseum dient, stieß ich auf die alte Speisezimmer-Garnitur meiner Großeltern im schweren, eklektischen Stil des Historismus um 1900. Ich stand vor dem mächtigen Esstisch, der nur bei besonderen Gelegenheiten gedeckt worden war – dann dafür mit schwerem Silber und edlem Porzellan. Meistens aber stand er bei meinen Besuchen in Wien ausschließlich mir zur Verfügung, wurde in meinen Kinderspielen zur Berghütte oder zum Indianerzelt, gar Opernhaus oder Palast. Jetzt war er zum Museumsstück avanciert, hatte den Zauber unbeschränkter Verwandlungsfähigkeit verloren, den er für mich als Kind besessen hatte. Aber gleichwohl, es war ein schwindelerregendes Gefühl, in einem öffentlichen Raum, einem Museum, meiner ganz persönlichen Wiener Vergangenheit gegenüberzustehen. Diese Begegnung hatte eine nachhaltige Wirkung: Von jenem Moment an fühlte ich mich als Teil dieser Stadt.

Im Laufschritt in den Stillstand

Wien hat auf der internationalen Skala der Lebensqualität-Vergleiche meine Geburtsstadt knapp überholt und steht jetzt weltweit an erster Stelle, sehr zum Kummer der Zürcher. Das Wien meiner Kindheit habe ich als alt, grau, stickig und verlogen in Erinnerung – eine Sackgasse am Eisernen Vorhang. Das Wien, in das ich zurückgekehrt bin, Tourismusmagnet und Tagungsort unzähliger internationaler Konferenzen, ist fast schon zu einer Metropole herangewachsen: weltoffen und kosmopolitisch, jünger, fröhlicher, farbiger. Aber zugleich auch hektischer: Kürzlich wurde die Durchschnittsgeschwindigkeit der Fußgänger in mehreren Städten der Welt verglichen. Am schnellsten sind, kaum verwunderlich, die Passanten von Singapur: Sie brauchen nur 10,55 Sekunden für 18 Meter. Auch im chinesischen Guangzu (10,94), Berlin (11,16), und selbstverständlich auch in New York (12,0) ist man ziemlich schnell unterwegs. Doch, man staune: Wien, das so viel Wert auf den Mythos seiner Gemütlichkeit legt, hat sich im weltweiten Hektik-Vergleich auf die zehnte Position (12,06 Sekunden) katapultiert.

Wien ist schneller geworden, aber einiges scheint sich nur langsam zu ändern, manches überhaupt nicht. Die aktuelle „Europäische Wertestudie" stellt bemerkenswerterweise fest: Die pauschal den Österreichern zugeschriebenen Tendenzen „autoritätsgläubig statt liberal" und „ausländerfeindlich statt weltoffen" haben innerhalb des letzten Jahrzehnts nicht ab –, sondern eher zugenommen. Laut dieser Studie kann sich ein Fünftel der Befragten – ungeachtet parteipolitischer Präferenzen – durchaus vorstellen, „einen starken Führer zu haben, der sich nicht um ein Parlament und um Wahlen kümmern muss". 27 Prozent der Befragten stimmen der Aussage zu: „Wo strenge Autorität ist, dort ist auch Gerechtigkeit", und 40 Prozent vertreten die Auffassung: „Das Wichtigste, was Kinder lernen müssen, ist Gehorsam". Diese Einstellung spiegelt sich im Alltag der Nation: Der weise Ratschluss von Behörden wird selten hinterfragt; der Bürger unterwirft sich. Mit barocker Schaulust wird das Treiben der Schönen, Reichen und Mächtigen beobachtet – voll Bewunderung, aber zugleich auch voll Neid. Im Gegensatz zur Eidgenossenschaft sei dieses Land eine „Neidgenossenschaft", wird einem hier augenzwinkernd bedeutet. Wenn mein Großvater mit einem Gast über ein aktuelles Thema in Hitze geriet, pflegte die Großmutter gütig-beschwichtigend zu intervenieren: „Tut's net politisieren!" Politik als Geschäft der Politiker, und nicht des Volkes – ganz anders als in der Schweiz. „1968" fand hierzulande denn auch nur am Rande statt – und, versteht sich, auf eine sehr österreichisch-skurrile Weise. Schon Kaiser Ferdinand I. (genannt der Gütige) wird der erstaunte Ausspruch zugeschrieben: „Ja, dürfens' denn des?", als das Volk im Jahre 1848 vor den Fenstern der Hofburg die Revolution probierte.

Der Kaiser regiert die Republik

Noch so manch anderes hier erinnert nostalgisch an die Zeiten der Monarchie: Über öffentliche Gebäude hält immer noch der kaiserlich-königliche Doppeladler schützend seine Flügel. Hofräten begegnet man in Österreich auf Schritt und Tritt[2] – obgleich der kaiserliche Hof längst Geschichte ist. Die Tageszeitung „Österreich" präsentierte am 2. Dezember 2008, dem Tag der Vereidigung der neuen Großen Koalition, auf ihrer Titelseite den frischgebackenen Bundeskanzler Werner Faymann als Fotomontage: Der sozialdemokratische Regierungschef in der Galauniform des Kaisers Franz Joseph I. neben der Schlagzeile „Ab heute regiert Kaiser Werner". Eine Schlagzeile mit Schlagobers, gewissermaßen. Kaiser Franz Joseph I. ist 1916 gestor-

---

2   Österreichische Aristokraten pflegen zwei Visitenkarten mit sich zu führen: Eine bürgerliche und, für besondere Fälle, eine mit den kompletten Adelsprädikaten. Im Schlossgarten Schönbrunn, gleich beim Eingang des Tiergartens, gibt es jetzt ein neues Gartencafé. Dessen Spezialität: „Habsburger" – ein, von der dynastischen Bezeichnung abgesehen, eher bürgerlicher Cheeseburger mit Pommes frites.

ben, Kaiser Karl I. hat 1918 auf die Herrschaft verzichtet. Der Kaiser ist tot, es lebe der Kaiser, Republik hin oder her. Die Österreicher seien, so formulierte einst Alfred Polgar aus dem Wiener Café Central, „ein Volk, das mit Zuversicht in die Vergangenheit blickt".

Am „Tag der offenen Tür" in der Hofburg, an dem der österreichische Bundespräsident seinen Amtssitz für das Publikum zu öffnen pflegt, meint man den Monarchen vor sich zu sehen, der huldvoll seine Untertanen empfängt. Die Staatsbürger stehen stundenlang Schlange, dann, plötzlich – ein kurzer Händedruck, ein paar belanglose Nettigkeiten des Staatsoberhaupts –, und sie ziehen mit leuchtenden Augen beglückt von dannen. Die Gunstbezeugung wird von der Bevölkerung mit uneingeschränkter Sympathie honoriert: Während die Beliebtheitswerte sämtlicher Politiker immer aufs Neue dahinserbeln, halten sich jene des Bundespräsidenten konstant in schwindelnden Höhen. Die Sehnsucht nach der Vaterfigur, nach dem „gütigen alten Kaiser" lebt fort – trotz Republik und EU-Mitgliedschaft.

„No jaa!"

Müsste ich das Verhältnis des durchschnittlichen Österreichers zu all den Dingen, die ihm unangenehm sind und mit denen er sich nicht wirklich auseinandersetzen will, in ein einziges Wort fassen, so wäre es dieses: „No jaa!" – eigentlich mehr eine Lautäußerung, möglichst lang gezogen, in etwas tieferer Stimmlage und beschwichtigendem Tonfall vorgebracht. Unangenehm ist zum Beispiel die NS-Zeit. Mehrere Generationen von Geschichtswissenschaftern haben diese Thematik gründlich aufgearbeitet und die beliebte Behauptung von der Opferrolle Österreichs widerlegt. Wie stark aber das Klischee in den Köpfen hierzulande immer noch verankert ist, zeigt eine Episode unmittelbar vor meiner Abreise aus Argentinien: Damals hatte mich der österreichische Botschafter zu einem Mittagessen eingeladen. Geradezu rührend war er bemüht, mich auf meinen bevorstehenden Postenwechsel vorzubereiten. „Vor allem eines", schärfte er mir ohne Umschweife ein: „1938 war Österreich das erste Opfer Hitlerdeutschlands".

Noch eine Äußerung nahm ich mit auf die Reise nach Europa: Wenn man Dinge unter den Teppich kehre, bemerkte einmal ein Bekannter in Chile, so bilde sich unter diesem ein Buckel, über den man dann unweigerlich stolpere. Er meinte mit seiner Bemerkung eigentlich die Menschenrechtsverletzungen unter Pinochet sowie der argentinischen und auch der uruguayischen Militärdiktatur, deren Aufarbeitung in jenen Jahren erst allmählich begonnen hatte. Aber mir schien diese Metapher ebenso sehr auf die Situation Österreichs zuzutreffen: Jahrzehntelang war vieles unter den Teppich gekehrt worden. Selbstzufrieden und von aller Welt verhätschelt lebte die Zweite Republik ihre komfortable Lebenslüge über die Jahre 1938 bis 1945, mit Mozartkugeln, Opern und Lipizzaner garniert. Immer wieder stieß ich auf meinen Streifzügen durch Österreich auf chronologische Darstellungen zur Geschichte eines Gebäudes, einer Firma oder auch einer Familie; merkwürdig oft brachen diese Schilderungen im Jahre 1938 abrupt ab und setzten dann unvermittelt in den fünfziger Jahren wieder ein – ganz so, als hätte sich die Geschichte in der Zeit dazwischen kurz verabschiedet. Das Thema ist unbequem.

In diesem Zusammenhang wäre auch der jüdische Friedhof Währing in Wien zu erwähnen, ein außergewöhnliches Kulturdenkmal des Biedermeier. Die Zerstörungen aus der NS-Zeit sind bis heute nicht repariert. Ungeachtet des völkerrechtlich verbindlichen „Washingtoner Abkommens" aus dem Jahr 2001, das bis dahin ungelöste Fragen während der NS-Zeit enteigneter Werte und unter anderem auch die Pflege und Sanierung aller jüdischen Friedhöfe Österreichs regelt, hat der Staat seine Verpflichtung bisher nicht wahrgenommen. Einzigartige historische Denkmäler verfallen unwiederbringlich. Mit jüdischen Friedhöfen lassen sich in diesem Land keine Wählerstimmen gewinnen – wohl eher im Gegenteil.

Während die alten Nazis allmählich aussterben, formiert sich eine neue Rechte, die mit flotten Schüttelreimen und bunten, demagogischen Polit-Comics Jugendliche anspricht; das Wahlalter wurde 2007 auf 16 Jahre gesenkt. In erschreckend großer Zahl halten Jungwähler den Rechtspopulisten Heinz-Christian Strache unreflektiert für „cool"– und geben den Freiheitlichen ihre Stimme. In den letzten Nationalratswahlen (Herbst 2008) erzielten Straches rechtsradikale Freiheitliche (FPÖ) und das von Jörg Haider gegründete Bündnis Zukunft Österreich (BZÖ) zusammen 29 Prozent der Wählerstimmen.

Nahezu ein Drittel der österreichischen Wähler hat also 2008 für die beiden rechtsgerichteten Parteien gestimmt, in denen „Ewiggestrige" immer noch offen agieren. Die enthemmte Rechte klopft xenophobe, rassistische und antisemitische Sprüche; der neue Antisemitismus ist zwar codiert („Ostküste"), wird jedoch sofort verstanden. Ein Teil der Öffentlichkeit empört sich über Strache („Abendland in Christenhand") und die Attacken des Dritten Nationalratspräsidenten Martin Graf (FPÖ) auf den Präsidenten der Israelitischen Kultusgemeinde Österreichs, Ariel Muzicant. Am Ende aber zuckt die Mehrzahl der Politiker mit den Schultern und lässt sie gewähren. Zwar hat sich Österreich nach jahrelangen, mitunter heftigen Debatten mehr schlecht als recht zu einem Grundkonsens über Nationalsozialismus, Österreichs Rolle sowie Mitschuld von Österreichern an der Shoah durchgerungen – doch in Bezug auf alte und neue Rechte und deren deutsch-nationale Umtriebe herrscht Schlampigkeit. Man mault herum, tut aber nichts.

Mit jenem gemütvollen „No jaa!" ist alles gesagt und alles relativiert, ist die Sache abgeschlossen, bedarf keiner weiteren Erläuterung – und man kann, mit der Welt und vor allem mit sich selbst zufrieden, zum gemütlichen Teil übergehen, zum Vierterl Weiß, beim Heurigen. Kein Werk bringt diese Haltung – ungewollt – treffender zum Ausdruck als der Science-Fiction-Film „1. April 2000". Dieser wurde 1952 unter Mitwirkung der beiden Wiener Publikumslieblinge Hans Moser und Josef Meinrad produziert, unterstützt von einem Großaufgebot an Operettenkitsch und Alt-Wiener Schrammelmusik. „Die Sonne scheint für alle gleich, warum nicht auch für Österreich?" lautete der große Hit dieses treuherzig rührseligen Streifens, den sich der österreichische Staat die kolossale Summe von 15 Millionen Schilling kosten ließ: Das damals noch von den alliierten Mächten kontrollierte Österreich wollte die Welt nach allen Regeln der Kunst verführen, zu der Einsicht nämlich, wie charmant, liebenswürdig und vor allem unwiderstehlich harmlos[3] diese Nation doch sei – und damit bereit zur uneingeschränkten Souveränität. Knapp drei Jahre später wurde der Staatsvertrag unterzeichnet.

Die beiden Reichshälften

Gleich nach meiner Ankunft wurde ich mit der Wiener Gemütlichkeit konfrontiert, beim Heurigen, einem jener idyllischen Weinlokale vor den Toren Wiens. Das Besondere an jenem Abend war, dass eine der beiden Großparteien Gastgeberin war; die gesamte Führungsriege war anwesend. Der Korrespondent wurde nach allen Regeln der Wiener Gastfreundschaft empfangen, man klopfte ihm herzlich auf die Schulter und signalisierte unmissverständlich, dass er doch selbstverständlich „auf unserer Seite" stehe. Die lokale Spielregel: Man ist entweder Sympathisant der rechten oder der linken „Reichshälfte". Die locker verwendete Metapher spielt – völlig unhistorisch – auf die beiden Reichshälften der österreichisch-ungarischen Doppelmonarchie nach dem „Ausgleich" von 1867 an. Entfernt erinnert der aus dem Zusammenhang gerissene Geschichtsbegriff an jenen, der den Schweizern so locker über die Lippen geht: „zugewandte Orte".

Noch manch anderes ist hierzulande staunenswert: Dass die Tiroler in geheimnisvollen Bergnächten ihr Wasser bergauf fließen lassen – und dazu Atomstrom ein-

---

3   Der österreichischen Bevölkerung sollte dieser Film eine neue, von Deutschland losgelöste nationale Identität vermitteln. Dass für diese Aufgabe ausgerechnet der deutsche Regisseur Wolfgang Liebeneiner unter Vertrag genommen wurde, entbehrt nicht des Zynismus: Liebeneiner hatte zuvor noch im Auftrag von Josef Goebbels Propagandafilme gedreht – einer dieser Filme hatte das „Euthanasie"-Programm des NS-Staats zu rechtfertigen.

setzen, den es in Österreich angeblich gar nicht gibt. Dass in Betrieben Stechkarten wieder eingeführt werden – nicht um zu verhindern, dass die Angestellten zu wenig, sondern, ganz im Gegenteil, dass sie zu viel arbeiten. Denn dies will die immer noch sehr einflussreiche Gewerkschaft um jeden Preis unterbinden. Auch dass es hier, relativ gesprochen, die größte und gleichzeitig mächtigste Boulevardzeitung der Welt gibt, vor der so mancher führende Politiker seinen Kotau macht. Dazu die Geschichte zweier illegal aus dem Tschad eingeschmuggelter Hunde, die umgehend zurück nach Afrika geschafft wurden – und die auf Druck der tierliebenden „Krone" um ein Haar mit einer Militärmaschine zurück nach Österreich geflogen worden wären. Oder die Proklamation Dichands, er wünsche sich „die beiden Prölls" an die Spitze des Staates – den Onkel, Erwin Pröll, „Landeskaiser" von Niederösterreich, als Bundespräsidenten und dessen Neffen, Josef Pröll, Vizekanzler, als Bundeskanzler. In der Republik herrscht die „Krone". Zumindest versucht sie es.

Die Geographie des Rindviehs

Zu den ganz und gar unpolitischen Skurrilitäten, auf die man hier stoßen kann, zählt jene merkwürdige Landkarte, die in keinem traditionsbewussten Wiener Fleischlokal fehlen darf. Keine Karte im herkömmlichen Sinne – sie zeigt die Konturen des Rindviehs, und statt wie üblich Flüsse und Berge, Städte und Dörfer, wird hier die Geographie der kulinarisch relevanten Fleischstücke akribisch festgehalten: Vom „Mageren Meisel" und dem „Schulterscherzel" über den „Kavalierspitz" und den „Kruspelspitz" zum „Hüferscherzel", dann übers „Hüferschwanzel", die „Fledermaus", die „Beiried" und das „Weiße Scherzel" bis hin zum klassischen „Tafelspitz". Ähnlich den Inuit, deren Existenz um den Schnee kreist und die dem Vernehmen nach zwischen sieben und hundert verschiedene Ausdrücke für „Schnee" unterscheiden, kennt der esslustige Wiener ungezählte Vokabeln für die Einzelteile des Rindes.

Damit nicht genug: Wer in einem Wiener Kaffeehaus beim Ober einen „Kaffee" bestellt, womöglich noch mit Betonung auf der ersten Silbe, entlarvt sich jedenfalls als ahnungsloser Tourist – oder riskiert gar, hinter vorgehaltener Hand als banausenhafter „Piefke" (Norddeutscher) beschimpft zu werden. Wer hier einen „Café Crème" ordert, kann zumindest (als Schweizer) mildernde Umstände geltend machen. Nein, der Wiener Kaffeehaus-Habitué verlangt zielsicher einen Mokka oder einen kleinen (bzw. großen) Braunen, eine Melange oder eine Schale Gold, einen Einspänner, Kapuziner oder Verlängerten. Was ein „Obermeier" ist, habe ich, wie ich zu meiner Schande gestehen muss, erst beim Schreiben dieser Zeilen erfahren: Ein schwarzer Kaffee, in den der Ober behutsam, über den Rücken eines Kaffeelöffels, eiskaltes, flüssiges Schlagobers träufeln lässt – das sich aber keinesfalls mit dem Kaffee vermischen darf. Wo diese Köstlichkeit zu haben wäre, habe ich allerdings bisher noch nicht ermitteln können. In den Zeiten der Kaffeehausliteraten soll der Herr Ober dem anspruchsvollen Gast auf Wunsch eine Holztafel mit den Farb-Abstufungen der gewünschten Zubereitungsarten vorgelegt haben. Das war noch Kaffeekultur! Heute ist der Kaffee im Kaffeehaus vor allem eines: teuer.

Nach und nach kämpfte ich mich durch die Feinheiten des Wienerischen, lernte zu unterscheiden zwischen „Pallawatsch" und „Pawlatschen", „patschert", „Patschen", „Palatschinken" und „Watschen"; auch wollte mir nicht in den Kopf gehen, weshalb „der Monat" seltsamerweise zu „das Monat" mutiert (obwohl er hier doch gleich lang dauert wie anderswo). Dass in Wien der Mais „Kukuruz" und der Blumenkohl „Karfiol" genannt wird, dass man zu Erdbeeren „Ananas", zu Aprikosen „Marillen" und zu Tomaten „Paradeiser" sagt – dass man hier nicht jemanden übers Ohr, sondern, als Tiefschlag gewissermaßen, „übers Haxl" haut und schließlich der Angebeteten statt edler „Löwenmäulchen" einen Strauß „Froschgoscherln" schenkt, bedarf schon fast eines Sprachkurses. Was ist ein „Zwutschgerl", wann ist ein abgelegener Ort „entrisch", wodurch gerechtfertigt ist der begeisterte Ausruf „leiwand!". Was ist denn eigentlich der viel zitierte „Schmäh"? Und wann ist einer endlich „schmähstad"? „Schmafu!" (je m'en fous!"), will man mitunter ausrufen; das echte Wienerisch, angereichert mit zahlreichen jiddischen („Haberer" – Chaver, Freund) und französischen („Potschamperl" – Pot de Chambre, Nachttopf) Ausdrücken ist mindestens so sehr eine Fremdsprache wie Schweizerdeutsch. Peter Wehles Wörterbuch „Sprechen Sie Wienerisch?" umfasst immerhin 300 Seiten. Ich muss Wehles rhetorische Frage, zumindest vorerst, leider verneinen. Denn allmählich wird mir klar, dass es ein weiter Weg ist, der zum „gelernten Wiener" führt.

Dieser Band enthält eine kleine Auswahl der rund 1200 Artikel, Reportagen, Glossen und Meldungen, die im Laufe meiner letzten acht Jahre als Österreich-Korrespondent der NZZ entstanden sind: Wiener Impressionen und Beobachtungen auf Reisen in die Bundesländer, beginnend mit den jüngsten Ereignissen, locker angeordnet nach Jahren und ohne Anspruch auf Vollständigkeit oder Systematik, vielmehr ein bunter Flickenteppich ganz persönlicher Eindrücke aus einem nahen, fernen Land.

Wien, im September 2009

Haider geht – Strache kommt

(Oktober 2008 – August 2009)

Im Affenhaus

(Mai 2009)

Der Stadtvater des „roten Wien", Michael Häupl, ist mit seinen launigen Sprüchen wenig zimperlich. Kürzlich, bei der Eröffnung des neuen Orang-Utan-Geheges im Tiergarten Schönbrunn, ließ er sich über die „roten Affen" aus – und da sich Wien gerade wieder im Wahlfieber befindet, lag die Annahme nahe, dass der Bürgermeister damit weniger die rothaarigen Hominiden aus dem fernen Borneo als vielmehr seine roten Parteigenossen im Wiener Rathaus meinte.

Zwar nicht im Rathaus, sondern im benachbarten Parlament ging es noch am selben Abend in der Tat ziemlich tierisch zu. Der sozialdemokratische Abgeordnete Christian Faul verglich einen Kontrahenten aus dem rechten Lager mit einem Krokodil: „Sie sind Sternzeichen Krokodil: Große Papp'n (Maul), kleines Hirn." Worauf die rechtsgerichteten Abgeordneten zum Gegenschlag ausholten und Faul unterstellten, in der Kantine einen über den Durst getrunken zu haben. Der ließ sich das nicht zweimal sagen, begab sich umgehend zum nächsten Polizeiposten und unterzog sich freiwillig einem Alkoholtest. Triumphierend verkündete Faul im Parlament das Resultat: null Promille.

Die Wiener sind stolz auf ihren Tiergarten. Der älteste Zoo der Welt wurde nun auch zum besten Europas gekürt. Für das Wohlergehen der kostbaren Tiere werden weder Kosten noch Mühen gescheut. Gehege und Behausungen sind an Perfektion kaum zu überbieten. Weniger gut gehalten sind die Abgeordneten im Parlament. Als es dort im Frühling hereinzuregnen begann, nahm man den historischen Bau unter die Lupe. Das Ergebnis war frappierend: morsche Balken, Schimmel an den Wänden, abbröckelnder Verputz, prekäre Stromleitungen und ein Glasdach, das beim nächsten Schneefall eingebrochen wäre.

Die Sternzeichen unserer Abgeordneten

Geliebte Afrikaner

(Juni 2009)

Österreich liebt seine Afrikaner. Natürlich weniger die zweibeinigen als die vierbeinigen. Bei den Zweibeinern ist die Sache komplexer, als die Graffiti „Neger raus" vermuten ließen: Man denke an den Erstickungstod des Nigerianers Marcus Omofuma bei seiner Abschiebung, an das Ende des Mauretaniers Cheibani Wague unter dem Knie eines Polizisten und an den versehentlich von Polizisten verprügelten Michael Brennan, einen dunkelhäutigen Sportlehrer an der Amerikanischen Schule in Wien.

Hier aber geht es um afrikanische Vierbeiner – genauer um zwei Hündchen, derer sich Soldaten des österreichischen Friedenskontingentes im Tschad angenommen hatten. Sie versteckten die Tiere auf dem Heimflug in ihren Rucksäcken. Kurz vor Wien begannen diese zu wimmern und wurden entdeckt. Sollte es Vierbeinern anders ergehen als Zweibeinern? Die Hunde wurden abgeschoben und saßen schon am nächsten Tag wieder im Flugzeug nach Afrika.

Ende der Geschichte? Weit gefehlt. Das Massenblatt „Kronen Zeitung", das nie müde wird, nach der Abschiebung von Asylbewerbern zu rufen, empörte sich in seiner von – nomen est omen – Maggie Entenfellner betreuten Tierecke: „Übereilte Abschiebeaktion" – „Riesenwut, Ärger und maßlose Enttäuschung bei Tierschützern". Gehorsamst machte das Verteidigungsministerium eine Militärmaschine startklar – zwecks Rückschaffung der Hunde. Im letzten Moment fand sich dann doch noch ein kuscheliges Plätzchen für die Tierchen im Tschad, und die „Krone" verzichtete großmütig darauf, ihre Kampagne zum Volksaufstand auszuweiten. Verteidigungsminister Darabos ist noch einmal knapp davongekommen.

30

Dixit Dichand

(Juni 2009)

Hans Dichand, der greise Herausgeber der „Krone", begnügt sich nicht mehr mit der Rolle des einfachen Königsmachers. Vor Jahresfrist hatten ihm der damalige Kanzler Gusenbauer und dessen Nachfolger Faymann gemeinsam die bisherige EU-Politik der Sozialdemokraten als Opfergabe dargebracht – in Form eines Leserbriefs an die „Kronen Zeitung". Dichand empfahl daraufhin seinen 2,9 Millionen Lesern Werner Faymann („der richtige Mann") als Kanzler und Josef Pröll als Vize – mit Erfolg. Dichand nahm in den Europawahlen den EU-Kritiker Hans-Peter Martin unter seine Fittiche – mit Erfolg.

Inzwischen aber ließ Dichand seinen Protegé Faymann fallen – ganz offensichtlich, weil dieser neuerdings Inserate statt wie bisher in der „Krone" im Konkurrenzblatt „Österreich" placiert und für die dahinserbelnde Postille auch noch Kredite lockermacht. „Onkel Hans" bestraft seinen „Adoptivneffen" mit Liebesentzug. Doch auch Bundespräsident Fischer hat sich jüngst Dichands Gunst verscherzt: Er „träume geradezu" davon, dass „beide Prölls, der eine als Bundeskanzler, der andere als Bundespräsident, an der Spitze des Staates stehen", proklamiert der Zeitungszar im eigenen Blatt. Dichand wünscht sich Erwin Pröll, den Landeshauptmann Niederösterreichs als Staatsoberhaupt und dessen Neffen, Vizekanzler Josef Pröll, als Kanzler. Dixit Dichand.

Er streichle lieber seinen Hund, als Macht auszuüben, behauptete Dichand sanftmütig in seinen Memoiren (irreführender Titel: „Im Vorhof der Macht"). Das hat ihm wohl nie jemand ernsthaft geglaubt – am allerwenigsten er selbst. Angesichts des Machtrausches, in den sich der 88-Jährige jetzt hineinsteigert, gerät jener Satz allerdings zum blanken Zynismus.

Viele Prölls an der Spitze

„Tiere würden Faymann wählen"

(Juni 2009)

Genau vor einem Jahr – Zufall? – hatte sich ein denkwürdiger Vorgang ereignet, der die österreichische Innenpolitik nachhaltig prägte: Der damalige Bundeskanzler und SPÖ-Chef Alfred Gusenbauer hatte gemeinsam mit seinem Nachfolger als Kanzler und SPÖ-Vorsitzenden, Werner Faymann, einen Leserbrief an den greisen Herausgeber des Boulevardblatts „Kronen Zeitung" geschrieben. Und nicht irgendeinen Brief: Das Schreiben an Hans Dichand vom 26. Juni 2008 war nichts weniger als eine Proklamation, in der die beiden SPÖ-Spitzenpolitiker eine 180-Grad-Wende in der sozialdemokratischen EU-Politik ankündigten.

Politik mit Leserbriefen

Gusenbauer und Faymann verabschiedeten sich von der bisherigen, konsequent pro-europäischen Linie der SPÖ und verkündeten wörtlich in dem Leserbrief, sie seien „der Meinung, dass zukünftige Vertragsänderungen, die die österreichischen Interessen berühren, durch eine Volksabstimmung in Österreich entschieden werden sollen". Die – mit der Parteibasis offenbar nicht abgesprochene – Unterwerfungsgeste der beiden SPÖ-Spitzenpolitiker löste empörte Reaktionen aus, nicht zuletzt innerhalb der sozialdemokratischen Partei. Dennoch schien der dramatische Schwenk zunächst seinen Zweck zu erfüllen: Er brachte die SPÖ auf die Linie der zwischen EU-Skepsis und Europaängsten oszillierenden „Kronen Zeitung". Zugleich zog diese Richtungsänderung der SPÖ-Führung aktuelle Umfragen in Betracht, die einhellig eine Zunahme der Europafeindlichkeit in der österreichischen Bevölkerung diagnostizierten.

Das Erfolgsrezept der „Kronen Zeitung" ist es, Stimmungen abzubilden, Vorurteile, Ängste und Klischees in der Bevölkerung aufzuspüren und in gedruckter Form wiederzugeben. Der Leser kommt so zu einem Erfolgserlebnis: Er sieht seine eigenen Meinungen bestätigt, noch dazu versehen mit dem Siegel einer einflussreichen Zeitung. Die Leserbriefseite, auf der Gusenbauer-Faymann ihre europapolitische Neuorientierung kundtaten, ist als Tribüne der – angeblichen – Vox populi eine der wichtigsten Sparten des Massenblattes. Die Statistik offenbart gewisse Auffälligkeiten: Den 18 fleißigsten Leserbriefschreibern der letzten beiden Jahre sind nicht weniger als 1800 Briefe zuzuordnen.

Es ist, so scheint es, mehr als bloß ein Gerücht, dass der Herausgeber Dichand manche dieser Leserbriefe höchstpersönlich auf dem eigenen Schreibtisch, mit fingierten Absendern und Fantasie-Adressen verfasst, um Linie und Inhalte seines Blattes zu „legitimieren". Die EU-Feindlichkeit der „Krone" spiegelt sich typischerweise in Leserbrief-Formulierungen wie dieser: „Brüssel ist eine Schmarotzer-Beamtenhochburg für abgehalfterte Ex-Politiker plus Konsorten. Spesenritter, denen Europa egal ist, solange das Gehalt stimmt." Die EU, durch das Schlagwort „Brüssel" verkörpert, ist der Brennpunkt von Unbehagen, Ängsten und wohl auch Neid in weiten Kreisen der Bevölkerung. Ein weiteres derartiges Angst-Thema ist „Temelin", das in der Nähe der österreichischen Grenze liegende tschechische Kernkraftwerk.

Steiler Aufstieg – jäher Fall

Knapp zwei Wochen nach der „Krone"-Aktion der beiden SPÖ-Repräsentanten kündigte Vizekanzler Wilhelm Molterer (ÖVP) mit dem Ausruf „Es reicht!" die große Koalition; Neuwahlen wurden ausgerufen. Dichand honorierte den Kotau des SPÖ-Spitzenkandidaten Faymann mit vorbehaltloser Unterstützung. „Der richtige Mann!", jubelte das Blatt, und in der populären Tierecke verkündete die „Krone" allen Ernstes: „Tiere würden Faymann wählen!" Die „Krone" feuerte aus allen Rohren. Selbstverständlich wurde auch in der hochkarätigen lyrischen Kolumne der „Krone" mobilgemacht und Dichands begnadete Dichter dichteten, was das Zeug hielt: „Seit alters ist's der Weisen Sitte / stets einzutreten für die Mitte / Wie glücklich ist doch unser Staat / In Werner Faymann wird sie Tat." Trotz beträchtlicher Verluste siegte die SPÖ gegen die ÖVP in den Nationalratswahlen vom 28. September 2008. Faymann wurde Kanzler, Josef Pröll (ÖVP) Vizekanzler. Genauso, wie es sich der „Krone"-Herausgeber Dichand gewünscht hatte.

Faymanns steiler politischer Aufstieg aus der Wiener Lokalpolitik über das Amt des Infrastrukturministers bis zum SPÖ-Parteichef und Bundeskanzler wurde vom „Krone"-Herausgeber stets mit aktivem Wohlwollen begleitet. Als kleine Gegenleistung schaltete Faymann im Boulevardblatt Anzeigen in Millionenhöhe,[4] in denen er die Errungenschaften seines Ressorts pries. Nach der Leserbrief-Aktion verbreitete sich das Gerücht, Faymann pflege den „Krone"-Herausgeber vertraulich als „Onkel

---

4   Der damalige Infrastrukturminister Faymann hielt angeblich unter den Ministerinnen und Ministern der Regierung Gusenbauer mit 1,75 Millionen Euro den Rekord an Inseratenkosten im Nationalrats-Wahlkampf 2008 (siehe auch unter: „Die Verschwender"). Eine gute Investition.

Hans" anzusprechen – wohl nicht ganz wahr, aber immerhin gut erfunden. Das – offenbar von der ÖVP in die Welt gesetzte – Gerücht, Faymann sei Dichands illegitimer Sohn, dementierte der Zeitungsmagnat höchstpersönlich, und zwar mit taktvoller Eleganz: „Natürlich könnte ich auf einen Sohn wie Faymann stolz sein", schrieb Dichand im eigenen Blatt und verlieh der Angelegenheit Gewicht, indem er nicht wie üblich mit dem Pseudonym Cato, sondern mit dem eigenen Namen unterzeichnete.

Der relative Wahlsieg im Herbst 2008 war Faymanns erster, allerdings bisher auch letzter Erfolg an den Urnen. Was in den nächsten acht Monaten folgen sollte, war eine Serie von Wahlniederlagen für die SPÖ – und Faymann. Die Richtungsänderung in der Europapolitik und der Kniefall vor der „Krone" haben Faymann letztlich wenig genützt – eher im Gegenteil. Bei den jüngsten EU-Wahlen wurde der SPÖ die Quittung für ihre zwiespältige und in den Augen der Wähler unscharfe Europa-Position erteilt. Nach diesem Urnengang ertönten, vor allem aus der Steiermark, erstmals deutliche Stimmen, welche Faymann das Debakel der SPÖ persönlich anlasteten. Die Position des Kanzlers ist seither geschwächt.

Von Onkel zu Onkel, von Neffe zu Neffe

Der instinktsichere Dichand hatte auf den Aufsteiger Faymann gesetzt – den Verlierer Faymann ließ er fallen. Ausschlaggebend war aber möglicherweise noch ein anderes Motiv: Faymann platziert aus nicht ganz durchschaubaren Gründen neuerdings Inserate, statt wie bisher vor allem in der „Krone", jetzt auch im Konkurrenzblatt „Österreich"; zudem macht er für die dahinserbelnde Postille Kredite locker. Dieses Fehlverhalten musste natürlich umgehend bestraft werden. Im Juni 2009 – kaum ein Jahr war seit jener schmählichen Unterwerfung auf der Leserbriefseite der „Krone" vergangen – präsentierte Dichand seine neuen Favoriten: In einem „Interview" in der Magazin-Beilage „Live" seines eigenen Blattes. Als Regierungschef will Dichand Vizekanzler Josef Pröll inthronisieren, als Staatsoberhaupt dessen Onkel, den niederösterreichischen Landeshauptmann Erwin Pröll – einen der mächtigsten Männer in der ÖVP.

Diese „zwei ganz hervorragenden Politiker" stellte Dichand in unmissverständlichen Formulierungen jenen beiden Männern gegenüber, denen er seine Gunst entzog: Der Weg einer „gegenseitigen Verständigung" mit Faymann sei „nicht leicht zu gehen", schrieb er etwas gewunden. Bei Bundespräsident Heinz Fischer wurde er schon deutlicher: Dieser habe „nicht den Weg zur großen Wendung gewagt", die man „überall in Österreich" erwarte. Dass damit die von der „Krone" propagierte

EU-skeptische Linie gemeint ist, lässt sich leicht erraten. Auffällig ist, dass Dichand die beiden wichtigsten Ämter im Staat, die gegenwärtig mit den aus der Sozialdemokratie kommenden Politikern Faymann und Fischer besetzt sind, nunmehr mit zwei ÖVP-Spitzenpolitikern umbesetzen will.[5]

Faymann reagierte schlagfertig – und mit einem leichten Anflug von Bitterkeit – auf die jähe Entlassung aus der Gunst des Zeitungszaren: Wenn es „einen dritten Pröll" gäbe, würde Dichand diesen wohl als Nationalratspräsidenten empfehlen. Faymann ist allerdings nicht der erste Spitzenpolitiker, der von Dichand fallen gelassen worden ist. Schon Jörg Haider, von der „Krone" während Jahren hochgejubelt, traf einst dasselbe Schicksal. Ex-Kanzler Wolfgang Schüssel wurde von der Krone boykottiert, weil Dichand dessen Koalition mit Haiders Freiheitlichen (FPÖ) missbilligte – keineswegs aus ideologischen, sondern aus taktischen Gründen.

„Organ der Gegenaufklärung"

Als die alte „Österreichische Kronenzeitung" am 2. Januar 1900 gegründet wurde, verwies der Name keineswegs auf die damals noch herrschende Monarchie, sondern ganz prosaisch auf den (günstigen) Kaufpreis: eine Krone. Hans Dichand stammte aus ursprünglich wohlhabenden Verhältnissen, doch wirtschaftliche Widrigkeiten stürzten die Familie in die Misere. Im Barackenlager bei Graz, wo er aufwuchs, träumte er schon mit 14 Jahren davon, Journalist zu werden. Er machte eine Lehre als Schriftsetzer und holte die Matura in einer Abendschule nach. Im Zweiten Weltkrieg meldete er sich freiwillig zur Kriegsmarine. Als „Krone"-Herausgeber war es ihm später ein persönliches Bedürfnis, gegen die vermeintliche „Verunglimpfung" der Kriegs-

---

5   Was Dichand bereits in nüchterner Prosa zum Ausdruck gebracht hatte, fasste wenige Wochen später sein Hofdichter Wolf Martin in Verse von zeitloser Eleganz:

„Landauf, landab singt laut und hell
das Volk das Lob von Erwin Pröll.
Ein echter Landesvater ist er.
Sein Neffe Josef ist Minister
und Vizekanzler, exzellent.
Der Onkel Bundespräsident,
der Neffe Bundeskanzler – ja,
das wäre ein Jubel fern und nah!"

Das Publikationsdatum, der 9. August 2009 – ein Jahr und ein Tag nach der Wahl Faymanns zum neuen SPÖ-Chef – war wohl kein Zufall.

generation und angebliche Kollektivschuld-Vorwürfe anzukämpfen; jahrzehntelang war die Berichterstattung der „Krone" auch von antisemitischen Untertönen geprägt, bis die deutsche WAZ („Westdeutsche Allgemeine Zeitung") diesem Treiben Einhalt gebot.

Im Jahr 1946 wurde Dichand Chefredakteur einer Provinzzeitung, später leitete er die „Kleine Zeitung" und wechselte von dort zum „Neuen Kurier". Vor genau 50 Jahren kaufte Hans Dichand, bis dahin Chefredakteur des Wiener Konkurrenzblattes „Kurier", mit der finanziellen Unterstützung des Gewerkschaftsbosses Franz Olah die Rechte an der 1941 durch die Nationalsozialisten eingestellten „Österreichischen Kronenzeitung" und lancierte sie als „Neue Kronen Zeitung". In den 80er-Jahren wurde die WAZ-Gruppe mit einem 50-prozentigen Anteil Miteigentümerin der „Krone". Der Konzern plant jetzt angeblich den Ausstieg. Mit ihren rund 2,9 Millionen Lesern stellt die „Krone" seit Jahrzehnten eine publizistische Großmacht dar – in Relation zur Einwohnerzahl Österreichs (8,3 Millionen) eine der größten Zeitungen der Welt. Die auflagenstärkste Zeitung der Nation hat mit einer Reichweite von 43 Prozent ebenso viele Leser wie die Wiener Tageszeitungen „Kurier" und „Standard", die in Linz erscheinenden „Oberösterreichischen Nachrichten", die große südösterreichische Regionalzeitung „Kleine Zeitung" sowie das rivalisierende Boulevardblatt „Österreich" zusammengenommen.

Durch gezielte Kampagnen versucht Dichand in diesem „Organ der österreichischen Gegenaufklärung" – wie der österreichische Schriftsteller Franz Schuh das Blatt treffend charakterisiert –, den Lauf der Dinge und die Laufbahn von Politikern zu beeinflussen. Dies gelingt manchmal, aber nicht immer. Die kühnen Machtspiele des Medienkaisers gelingen manchmal, aber nicht immer. Hans Dichand vermochte beispielsweise Bundespräsident Kurt Waldheims Wiederwahl mit seiner Medienkampagne ebenso wenig durchzusetzen, wie er Wolfgang Schüssels Koalition mit Jörg Haider verhindern konnte.

Bisweilen sind diese publizistischen Feldzüge von skurriler Widersprüchlichkeit: Gegen das Kernkraftwerk Temelin im Nachbarland Tschechische Republik wird hartnäckig polemisiert; Atomkraftwerke im Nachbarland Schweiz sind der „Krone" egal – vermutlich, weil das Boulevardblatt gegen die in dem der Schweiz unmittelbar benachbarten „Ländle" dominierenden „Vorarlberger Nachrichten" ohnehin keine Chance hat. Geradezu skurril wurde diese Widersprüchlichkeit beim Thema Semmering-Tunnel: In ihrer Niederösterreich-Ausgabe war die „Krone" gegen den Tunnel, in ihrer Steiermark-Ausgabe für den Tunnel – diametral entgegengesetzte Positionen, welche genau die Haltung der jeweiligen Landesregierung abbildeten. Der EU-Wahlkampagne des selbst ernannten „EU-Kontrolleurs" Hans-Peter Martin war jedenfalls frei von solchen Gegensätzen, ihr wurde fast unlimitiert Platz eingeräumt:

Leitartikel und Leserbriefe überhäuften den Kandidaten einhellig mit Lob. Der Außenseiter Martin kam auf beachtliche 18 Prozent der Wählerstimmen; Umfragen zeigten, dass 70 Prozent seiner Wähler ausschließlich die „Kronen Zeitung" lesen.

Dichands Dog

1996 erschienen Dichands Memoiren „Im Vorhof der Macht". In diesen stellt Dichand treuherzig die Behauptung auf, er streichle lieber seinen Hund, als Macht auszuüben. Beides, der Titel und jene Aussage, sind in ihrer kokett vorgeschobenen Demut irreführend: Natürlich befindet sich Dichand nicht bloß im „Vorhof" der Macht, sondern in deren Zentrum, und ob er wirklich lieber seinen Hund liebkost, als an den Fäden der Macht zu ziehen, ist fraglich. Ein Schelm, wer da an Shakespeare denkt: „I am your spaniel, and Demetrius / The more you beat me, I will fawn on you / Use me but as your spaniel; spurn me, strike me / Neglect me, lose me; only give me leave / (Unworthy as I am) to follow you. / What worser place can I beg in your love (…) / Than to be used as you use your dog."[6]

Auch die „Krone" hat nur die Macht, die man ihr einräumt – durch vorauseilenden Gehorsam von Politikern beispielsweise. Obwohl die beiden Prölls sichtlich erfreut – der eine mehr, der andere um Nuancen weniger – auf Dichands Kurswechsel reagierten, hat der 88-jährige Medienzar in dieser Partie seine Karte möglicherweise überreizt. Der frühere Bundeskanzler Kreisky spielte das Machtspiel mit legendärem Geschick: Er ließ sich von der „Krone" nicht benutzen, er bediente sich ihrer. Und Wolfgang Schüssel gelang es, die „Krone" zu ignorieren.

---

6 A Midsummer Night's Dream, 1. Akt, 2. Szene (Helena zu Demetrius); zitiert nach: Penguin Popular Classics, London 1994, p. 39.

Phaetons Todessturz

(Oktober 2008)

„Die Sonne ist vom Himmel gefallen" – solch große Worte kamen aus dem Mund eines (bis dahin) eher unbekannten Kärntner Lokalpolitikers. Wenige Stunden zuvor, kurz nach ein Uhr in der Nacht auf Samstag, war Jörg Haider bei einem Überholmanöver von der Straße abgekommen, hatte ein Schild mit dem Tempolimit 50 Kilometer niedergemäht und war gegen einen Betonpfeiler geprallt. Haiders Wagen hatte sich dreimal überschlagen und war total zertrümmert zum Stillstand gekommen. Die Nadel des aus dem Wrack des „Phaeton" geborgenen Tachos war bei 142 Kilometern stehen geblieben.

In seinen „Metamorphosen" schildert der römische Dichter Ovid den Mythos von Phaeton, dem Sohn des Sonnengottes. Helios verspricht Phaeton ein Geschenk seiner Wahl. Dieser bittet darum, für einen Tag den Sonnenwagen lenken zu dürfen. Helios versucht vergeblich, seinen Sohn von dem Plan abzubringen. Als die Schicksalsnacht zu Ende geht, besteigt Phaeton den Sonnenwagen. Das mächtige Vierergespann rast los, gerät aber bald außer Kontrolle und weicht von seiner gewohnten Bahn ab. Es kommt zur Katastrophe – die Erde geht in Flammen auf. Zeus schleudert einen seiner Blitze: Der Wagen wird zertrümmert, Phaeton stürzt in die Tiefe und kommt ums Leben.

Haider war dieser Tod vielfach prophezeit worden. Der Unstete, Unberechenbare, Manisch-Depressive werde nicht in seinem Bett sterben, sondern mit seinem Auto gegen einen Baum fahren. Haider war schon zu Lebzeiten ein Mythos – es ist zu befürchten, dass er nach seinem plötzlichen, frühen Tod zur Legende wird. Die Epigonen des zwiespältigen Charismatikers werden eilig dafür sorgen.

Triumph

Tod und Verklärung im Lande Haiders

(Oktober 2008)

„Bald gibt es nicht nur einen Helden, sondern einen Heiligen mehr in diesem Land", hat ein Leserbriefschreiber in der Tageszeitung „Der Standard" drei Tage nach dem Unfalltod Jörg Haiders prophezeit. Vor dem Gebäude des Kärntner Landtags in Klagenfurt hängen die Flaggen auf Halbmast. Eine große Leuchttafel verkündet: „Kärnten trauert". Immer noch stehen die Menschen Schlange, um sich in den beiden Kondolenzbüchern einzutragen; bis drei Uhr morgens waren sie hier in der ersten Nacht gestanden. 6000 Personen haben sich bisher eingetragen.

Die Unfallstelle als Pilgerstätte

Neben dem Eingang ein rotes Lichtermeer aus zahllosen Grabkerzen, dazwischen Fotos des Verstorbenen mit Trauerflor, welke Blumensträuße, Abschiedsbriefe, von ungelenker Kinderhand zusammenbuchstabiert und mit bunten Herzen verziert: „Du warst der Beste auf der ganzen Welt" oder „Lieber Jörgl, ich vermisse Dich!". Von zittriger Greisenhand hingekritzelt: „Es ist für mich eine Welt zusammengebrochen." Auch sorgsam in Plastikhüllen verpackte Gedichte wie „Er war ein großer Mann der Nation, des Kärntner Volkes größter Sohn, unser Freund, unser Held, Kämpfer für eine gerechte Welt". Haider war kein „Sohn des Kärntner Volkes". Er war aus Oberösterreich zugezogen. Doch Mythen sind langlebiger als Fakten.

An der Unfallstelle in Lambichl, wenige Kilometer südlich der Landeshauptstadt Klagenfurt, stauen sich noch immer kilometerlang die Autos. Die rechte Fahrspur ist gesperrt, um den Besuchern ungestörten Zugang zu ermöglichen. Mit roter Sprayfarbe hat die Polizei auf dem Straßenbelag und im Gras der Böschung die Spur des Unfallwagens nachgezeichnet. Der Schauplatz ist zur Pilgerstätte geworden, zum heiligen Ort. Hunderte von brennenden Kerzen markieren die verschiedenen Stellen, an denen das Fahrzeug eine Geschwindigkeitstafel umgefahren hatte, auf die Böschung geraten war, die Thujenhecke eines Vorgartens niedergemäht hatte und schließlich vom Betonpfosten abgeprallt war.

Die Leute kommen, bekreuzigen sich schweigend, schütteln fassungslos den Kopf. Auf einem Transparent, gesäumt von rotweißroten Nationalflaggen, steht „Der König der Kärntner Herzen". Die Anspielung ist eindeutig: „Königin der Herzen" war Prinzessin Diana, vor elf Jahren bei einem Autounfall ums Leben gekommen; das Fahrzeug war mit stark überhöhter Geschwindigkeit in einem Pariser Straßentunnel gegen eine Betonwand geprallt. Durch ihren plötzlichen Tod in jugendlichem Alter wurde Diana über Nacht zur Ikone. Jörg Haider ist nach jener Todesnacht zum Kärntner Nationalheiligen geworden.

Kollektiver Schock

Ein Grüppchen Männer deutet auf die abrasierte Hecke und das Loch, in dem der Betonpfeiler gesteckt haben muss, gegen den Haiders „Phaeton" geprallt war, bevor er sich dreimal überschlug und dann total zertrümmert stehen blieb. Sie fachsimpeln mit respektvoll gesenkter Stimme, übertreffen einander in ihren Spekulationen, was während jener Sekunden geschehen sein mochte.

Die Staatsanwaltschaft Klagenfurt hat den Unfallhergang untersucht. An den Ursachen ist nun offenbar nicht mehr zu rütteln. Nicht mit jenen 142 Kilometern pro Stunde, auf denen die Tachonadel beim Aufprall stehen geblieben war, sondern nach Berechnungen von Experten mit 184 Kilometern pro Stunde war der Landeshauptmann in den Tod gerast. So steht es in den Akten. Dass er mit 1,8 Promille Alkohol im Blut am Steuer seines 360 PS starken Wagens gesessen hatte, wurde erst am Mittwochnachmittag bekannt.

Der Augenschein am Unfallort zeigt jedenfalls, dass sich das Ereignis in einer Innerorts-Zone mit einer Geschwindigkeitsbeschränkung von 50 Kilometern abgespielt hat: Haider war demnach mit mehr als dreifach überhöhter Geschwindigkeit unterwegs gewesen. Der Unfallhergang scheint klar zu sein, doch die Spekulationen und Mutmaßungen gehen weiter, wie damals bei Diana: Von Sabotage ist immer noch die Rede, von einem Attentat wird bedeutungsvoll geflüstert. Dafür allerdings gibt es nach wie vor keinerlei Anhaltspunkte.

Das Land Kärnten befindet sich seit Samstag in einem kollektiven Schockzustand. Sämtliche öffentlichen Veranstaltungen wurden in dieser Trauerwoche zwischen dem Ableben des Landeshauptmanns und seiner Beisetzung am kommenden Samstag abgesagt. Schwarze Fahnen wehen von den öffentlichen Gebäuden. In vielen Schaufenstern sind Fotos des Verstorbenen ausgestellt, manche Geschäfte arrangierten Bilder und Würdigungen Haiders zu kleinen Altären. Keine Zeitung erscheint, ohne sich auf mindestens einer Doppelseite den Hintergründen dieses Todes zu widmen. Gesprächsfetzen vom Nebentisch im Café, im Restaurant, in der Schlange vor der Kasse im Supermarkt: In diesen Tagen scheint es in Kärnten nur ein Thema zu geben.

Effektvolle Selbstinszenierungen

Die kritischen Stimmen, die man bei früheren Besuchen in Kärnten über Jörg Haider noch zu hören bekam, sind verstummt. Pietät und Ehrfurcht dominieren. Die Trauer der Kärntner Bevölkerung über den Tod ihres Führers ist tief empfunden. In vielen Briefen an den Toten bedanken sich die Menschen für die „guten Taten" ihres Landeshauptmannes.

Keiner beherrschte wie Haider die Kunst, auf den Einzelnen einzugehen, als gäbe es niemanden sonst auf der Welt. Wurde ein Problem an ihn herangetragen, notierte er es, und die Angelegenheit wurde innerhalb von zwei, drei Tagen erledigt. So manche alleinerziehende Mutter erhielt einen Geldschein in die Hand gedrückt, vom Landeshauptmann persönlich. Das sprach sich rasch herum und trug schon zu Lebzeiten Haiders zur Mythenbildung bei.

In seinem Bundesland regierte Haider autokratisch eine Pfründenwirtschaft. Mit seiner Ortstafelpolitik und der Ausschaffung von angeblich kriminellen Asylbewerbern in benachbarte Bundesländer nahm er gegenüber dem fernen Wien eine provokativ-herausfordernde Haltung ein. Diese nonchalant zur Schau getragene Missachtung von Gesetzes- und Verfassungsnormen verschaffte manchem Bewohner des peripheren Kärnten Genugtuung. Doch für viele Kärntner war Haider nicht nur der Rebell, sondern auch ein „Übervater". Haider bediente die alten Traumata in Kärnten, wo Ängste vor den sogenannten Partisanen aus dem Süden bei Gedenktagen Jahr für Jahr gepflegt werden. Der Kriegsgeneration spendete er Trost und Beifall. In Discos und auf Beachvolleyball-Turnieren lebte er der Kärntner Jugend grenzenlosen Hedonismus vor. So wurde Haider mit seinen effektvollen Selbstinszenierungen für Kärntner aller Generationen zur Projektionsfläche.

„El Cid" in Kärnten

Der an der Universität Klagenfurt lehrende Sozialpsychologe Klaus Ottomeyer hält die seit dem Tod Haiders rasch um sich greifende Verklärung dieses Politikers für höchst problematisch. Im März des kommenden Jahres sind Landtagswahlen. Mit dem charismatischen Haider an der Spitze, der das BZÖ (Bündnis Zukunft Österreich) in den jüngsten Nationalratswahlen nur durch sein persönliches Engagement von der Vier-Prozent-Schwelle auf fast elf Prozent hinaufkatapultiert hatte, wäre ein triumphaler Wahlsieg des BZÖ eine Routineangelegenheit gewesen.

Doch Haiders junge, wenig profilierte Nachfolger – der 27-jährige Stefan Petzner als neuer BZÖ-Chef und der umtriebige Gerhard Dörfler als künftiger

Kärntner Landeshauptmann – werden den Mythos des toten Führers bemühen müssen, um einen neuen Wahlerfolg für die Kärntner Regierungspartei zu gewährleisten. Den Psychologen Ottomeyer erinnert dies an die mittelalterliche Legende vom spanischen Nationalhelden El Cid, dessen Leichnam mit seinen tödlichen Verwundungen auf ein Pferd gebunden wurde, das man dann in die Entscheidungsschlacht führte.

Gedenkstunde in den Schulen

Am Donnerstag und am Freitag wird Haiders Leichnam im historischen Wappensaal des Landhauses in Klagenfurt aufgebahrt. Der Bildungs-Landesrat Uwe Scheuch hat bereits angeordnet, dass am Freitag in den Kärntner Schulen eine obligatorische Gedenkstunde für Jörg Haider abzuhalten sei. Am Samstag finden in der Klagenfurter Innenstadt die Beisetzungsfeierlichkeiten statt; ein staatliches Begräbnis im Beisein von Bundespräsident Heinz Fischer und Bundeskanzler Alfred Gusenbauer. Die wichtigsten Politiker aller Parteien aus Wien werden anreisen, sämtliche Landeshauptleute, Repräsentanten der Nachbarregionen und weitere Politiker aus dem In- und Ausland. Eine Herausforderung für die Sicherheitskräfte wie für das Protokoll werden gerade die problematischeren Ehrengäste darstellen, die sich angekündigt haben: Galionsfiguren der extremen Rechten aus ganz Europa und Abordnungen von Kameradschaftsorganisationen der Kriegsveteranen. Für Bundespräsident und Bundeskanzler wären Fernsehbilder von den Feierlichkeiten, auf denen sie mit diesen Leuten zu sehen sind, kaum erfreulich.

Abschied als Masseninszenierung

(Oktober 2008)

I n der Kärntner Landeshauptstadt Klagenfurt haben am Samstag schätzungsweise 25.000 Personen vom Kärntner Landeshauptmann Jörg Haider Abschied genommen. Sämtliche Spitzenpolitiker Österreichs waren angereist, die gesamte Kärntner Prominenz war auf dem Neuen Platz vor dem Rathaus der Landeshauptstadt versammelt. Die Trauerzeremonie wurde vom österreichischen Staatsfernsehen live übertragen; eine Tatsache, die vielfach auf Kritik stieß.

Die Klagenfurter Innenstadt war ab Mitternacht für jeden Verkehr gesperrt; sicherheitshalber waren mehrere hundert Polizisten mobilisiert worden. Doch die befürchteten Aufmärsche von Neonazi-Sympathisanten blieben ebenso aus wie die erwarteten Demonstrationen der Gegenseite. Aus dem Ausland angereist waren Haiders persönlicher Freund Saif Ghadhafi, ein Sohn des libyschen Potentaten, sowie die Abordnungen der norditalienischen Regionen Veneto und Friaul/Julisch-Venetien. Repräsentanten ausländischer Staaten blieben dem Trauerakt ebenso fern wie die Galionsfiguren der europäischen extremen Rechten, Jean-Marie Le Pen, Alessandra Mussolini oder Vertreter des belgischen „Vlaams Belang". Es ist anzunehmen, dass Jörg Haiders unrühmliches Ende – ein selbstverschuldeter Unfall bei einer Geschwindigkeit von über 179 Kilometern pro Stunde innerorts mit 1,8 Promille Alkohol im Blut, der andere Verkehrsteilnehmer gefährdete – die Präsenz bei der Trauerfeier doch allzu heikel werden ließ.

Bizarres Volksfest

Kein Wort, nicht einmal eine leise Anspielung auf diesen dissonanten Schlussakkord hinter Haiders fulminanter politischer Laufbahn war allerdings in den Trauerreden zu vernehmen. Auch Haiders gezielte xenophobe und antisemitische Provokationen, die Verharmlosungen des NS-Regimes in mehreren Äußerungen und sein Kniefall vor ehemaligen Angehörigen der Waffen-SS waren kein Thema. Umso deutlicher trat seine Anhängerschaft bei den Trauerfeierlichkeiten in Erscheinung: Angetreten waren stramme Abordnungen rechtsextremer, schlagender Burschenschaften und Vertreter von Kameradschaftsverbänden von Kriegsteilnehmern. Zwei Tage lang war Haiders Sarg im Wappensaal des Landhauses aufgebahrt gewesen, Tausende waren bis in die späten Nachtstunden Schlange gestanden, um ihrem Landesvater die letzte Ehre zu erweisen. Auf einer Lafette, eskortiert von einer Ehrenkompanie des Bundesheeres, wurde der Sarg am Samstagvormittag durch die Stadt gezogen. Eine dichte Menschenmenge, heimatbewusst in Dirndln und Trachtenanzüge gekleidet, säumte die Straßen. Die meisten Geschäfte blieben geschlossen, auf dem Alten Platz wurden Grillwürste und Glühwein feilgeboten – die Szenerie erinnerte ein wenig an ein Volksfest, allerdings in spürbar gedrückter Stimmung.

Dass die Umstände des Todes des Landeshauptmanns am Mythos Haider gekratzt haben könnten – diesen Eindruck konnte man zumindest in Kärnten kaum gewinnen. Die Zeremonie auf dem Klagenfurter Neuen Platz bot das Bild einer Masseninszenierung für einen toten Helden. Auf einer Bühne war Haiders Sarg postiert, inmitten eines Meeres von Kränzen und umgeben von Fahnen der angetretenen Gruppierungen. Es war ein gruseliger Augenblick, als um Punkt zwölf Uhr mittags die Luftschutzsirenen über den Köpfen der Trauergäste aufheulten. Zwar findet dieser Sirenentest routinemäßig jeden Samstag statt, jetzt aber wurde er zum makabren Bestandteil dieser Zeremonie.

Opfertod für Kärnten

Mehrere Redner würdigten Haiders Wirken. Kritische Worte blieben pietätvoll ausgeklammert. Der sozialdemokratische Bundeskanzler Alfred Gusenbauer sagte, man müsse Haider über alle politischen Grenzen hinweg Respekt und Anerkennung zollen. Uwe Scheuch, der designierte Chef des Kärntner BZÖ (Bündnis Zukunft Österreich), rief bewegt aus, Haider sei für Kärnten den Opfertod gestorben. Sechs Bergsteiger mit Eispickeln – Haider war begeisterter Berggänger gewesen – trugen anschließend den Sarg in den Dom, wo vom steirischen Diözesanbischof Egon Kapellari vor 600 geladenen Gästen ein Requiem zelebriert wurde. Anschließend wurde der Leichnam zur Kremierung nach Villach gebracht. Er wird später im engsten Familienkreis in der St.-Michael-Kapelle auf Haiders Großgrundbesitz, dem Bärental, beigesetzt. Das 1600 Hektar umfassende Kärntner Bärental hatte ursprünglich der italienisch-jüdischen Familie Roifer gehört. Diese wurde von den Nazis enteignet. Jörg Haiders Großonkel, Josef Webhofer, erwarb danach das Bärental im Jahr 1941 für einen Bruchteil des tatsächlichen Wertes. Die Restitution an die Familie Roifer wurde in den 1950er-Jahren von den österreichischen Behörden hintertrieben.

Eine Brücke für Haider

(Januar 2009)

Eine Möglichkeit, Sterblichen Unsterblichkeit zu verleihen, besteht darin, ihnen Denkmäler zu errichten. Das ist eher aus der Mode gekommen. Nicht aber die Benennung – oder Umbenennung – von Straßen und Plätzen nach herausragenden Persönlichkeiten, deren Andenken der Menschheit erhalten werden soll.

Deshalb wurde am Sonntag in Kärnten feierlich die 455 Meter lange, 96 Meter hohe Lippitzbachbrücke in Jörg-Haider-Brücke umbenannt. Haiders Nachfolger als Kärntner Landeshauptmann, Gerhard Dörfler, der kürzlich mit seinen „Negerwitzen" zweifelhaften Ruhm erworben hatte, sprach von einer „Brücke der Begegnung", ja einer „Brücke für die Ewigkeit". Das sind ziemlich große Worte – aber bei Haiders selbstverschuldetem Unfalltod war ja schließlich auch davon die Rede, dass in jenem Augenblick die Uhren stillgestanden seien.

Umbenennungen gibt es natürlich auch in der Hauptstadt Wien. Leider wurden hier bisher weder der Karl-Lueger-Ring noch der Karl-Lueger-Platz umbenannt. Dabei weiß inzwischen jeder, dass der Wiener Bürgermeister Lueger (1897 bis 1910), der den Antisemitismus politisch salonfähig gemacht hatte, ein Vorbild Adolf Hitlers gewesen war. Mit seiner aggressiven antisemitischen Rhetorik war der damalige Gemeinderat Josef Schlesinger ein Parteigenosse und Verehrer Luegers. Im Zuge eines typisch wienerischen Kompromisses wurde nun endlich der Schlesingerplatz im 8. Bezirk umbenannt – und zwar praktischerweise in „Schlesingerplatz": Nunmehr aber nach Therese Schlesinger, einer jüdischen Vorkämpferin für die Gleichberechtigung der Geschlechter und das Frauenwahlrecht.

Nach Jörg Haider soll eine Brücke benannt werden

Die Verschwender

(Januar 2009)

Noch vor wenigen Jahren erfreute sich „Der Verschwender", das 1833 urauf-geführte Zaubermärchen des Volksdichters Ferdinand Raimund, beim konservativen Wiener Theaterpublikum großer Beliebtheit. Das hübsche Mär-chen mit seiner schlichten Moral gab den Leuten in Zeiten des Wirtschafts-wunders offenbar zu denken. Seither allerdings ist es fast spurlos aus dem Reper-toire der Wiener Theater verschwunden.

Erst jetzt war aus den Medien zu erfahren, welch beachtliche Summen die Minis-terien der letzten Bundesregierung im Wahlkampf für Eigenwerbung ausgegeben hatten: Insgesamt mehr als 8,67 Millionen Euro Steuergelder flossen zum Bejubeln ihrer angeblichen Leistungen. So ließ die inzwischen sang- und klang-los von der politischen Bühne abgetretene Gesundheitsministerin Andrea Kdolsky (ÖVP) 1,22 Millionen Euro springen, um ihr eher belächeltes als be-wundertes Wirken in günstigerem Licht erscheinen zu lassen – mit 1,06 Mil-lionen Euro folgte ihr dicht auf den Fersen der frühere Sozialminister Erwin Buchinger (SPÖ).

Die Nation war beeindruckt, als der neue Bundeskanzler Werner Faymann, statt wie seine Vorgänger mit teuren Designmöbeln und prestigeträchtigen Werken zeitgenössischer Kunst mit einem Billig-Schreibtisch für 600 Euro im Bundes-kanzleramt einzog. Er wolle, sagte er damals, bescheiden lächelnd wie immer, „ein Zeichen setzen, dass man sparsam und ohne Prunk regieren kann". Bravo! In-zwischen ist aber bekannt geworden, dass ausgerechnet der damalige Verkehrs-minister Faymann mit 1,75 Millionen für wohlplatzierte Eigeninserate in den Zeitungen der Nation unter den Selbstdarstellern den Rekord hielt. Vielleicht sollten die Wiener Theater den „Verschwender" doch gelegentlich wieder auf den Spielplan setzen.

Robin Werner Hood

Galtür – ein Bergdorf besiegt sein Trauma

(Februar 2009)

In sanften Windungen steigt die Straße durch das Tiroler Paznauntal an. Wir fahren in südwestlicher Richtung, zur Linken die Silvrettagruppe, das Grenzgebirge, an dessen südlichen Abhängen sich das Unterengadin erstreckt. Plötzlich stellen sich jäh aufragende Berge in den Weg, blockieren die Fernsicht: Wir haben Galtür erreicht, auf 1584 Metern das höchste und zugleich letzte Dorf des Tales, umringt von gewaltigen Bergpyramiden. Tatsächlich signalisiert bald ein Fahrverbotsschild, dass hier – im Winter zumindest – die Straße endet. Im Sommer führt die Silvretta-Hochalpenstraße weiter, hinüber ins Vorarlberger Montafon. Auf den ersten Blick erscheint nichts auffällig an Galtür, einem touristisch ausgerichteten Bergdorf wie zahlreiche andere in den Tiroler Alpen – außer vielleicht, dass hier alles irgendwie neu wirkt.

Ein „stein-reiches" Dorf

Erst näheres Nachforschen lässt den Besucher erahnen, dass er sich hier am Schauplatz einer Katastrophe befindet. Vor einem Jahrzehnt hatte diese Österreich erschüttert: Das Lawinenunglück vom 23. Februar 1999, das in Galtür 31 Menschenleben forderte. Am Tag darauf ereignete sich ein weiterer Lawinenabgang im Nachbardorf Ischgl-Valzur, dem sieben Dorfbewohner zum Opfer fielen. Hinter den einladenden Hotels, den schmucken Wohnbauten und den makellosen Bauernhäusern mit ihren angebauten Ställen ragen zyklopenhafte, aus mächtigen Felsblöcken zusammengefügte Mauern empor. Sie wurden unmittelbar nach der Lawinenkatastrophe von 1999 errichtet, um eine Wiederholung zu verhindern. Insgesamt rund zehn Millionen Euro wurden in Schutzmauern, Lawinenverbauungen aus Stahl und Aufforstungsprojekte investiert.

Am Schicksalshang des 2754 Meter hohen Grieskopfs im Nordwesten des Dorfes, von dem damals die große Lawine abgegangen war, ist der offensichtlich neu angepflanzte Birkenwald auszumachen. Eine der grundlegenden Ursachen jener Katastrophe lag im jahrhundertelangen Raubbau an der Natur, in radikaler Abholzung: Nur drei Prozent des Gemeindegebietes von Galtür waren zum Zeitpunkt der Katastrophe noch bewaldet; als „stein-reich" verspotteten deshalb die Bewohner der tiefer gelegenen, von intakten Wäldern umgebenen Ortschaften des Paznauntals Galtür.

Zurück im Dorf, stößt der Besucher in einer Ecke des Friedhofs neben der barocken Pfarr- und Wallfahrtskirche „Maria Geburt" auf ein schlichtes Denkmal für die 25 Urlaubsgäste, die in der Lawine ums Leben gekommen waren. Sie wurden in ihrer Heimat beigesetzt. Bei den ausländischen Gästen offenbaren Namen und Geburtsdaten auf der Metalltafel das volle Ausmaß der Tragödie: Zwei deutsche Familien, Eltern und Kinder, wurden ausgelöscht, bei zwei holländischen Familien kamen die Väter mit ihren Kindern ums Leben. Unmittelbar neben diesem Denkmal befindet sich das gemeinsame Grab der sechs einheimischen Todesopfer.

Das „Alpinarium" als Therapie

Wie eine gewaltige Stadtmauer schützt eine 345 Meter lange, 19 Meter hohe Steinwand das Zentrum der kleinen Ortschaft gegen den Unglückshang. Die Galtürer sind praktisch veranlagt: Die Lawinenschutzmauer dient zugleich als Kletterwand. Mit Wasser besprüht, wird sie im Winter zur besonderen Attraktion – einer Eiskletterwand. Das mit 700 Tonnen Stahl verstärkte Innere der Mauer beherbergt Zivilschutzräume, Garagen für Bergrettungsdienst und Feuerwehr – vor allem aber das „Alpinarium". Der eigenwillige Bau entstand unter Mitwirkung eines Schweizer Architektenteams, finanziert wurde er vom Bund, vom Land Tirol und auch mittels eines finanziellen Zuschusses aus Südtirol – eine bemerkenswerte grenzüberschreitende Geste der Solidarität.

Das Alpinarium ist mehr als nur eine Schau über Mensch und Natur in den Alpen: Für die 859 Bewohner von Galtür ist das Alpinarium, in dem der Schrecken der anrollenden Lawine sich akustisch ständig wiederholt und ein Dokumentarfilm über den Lawinenabgang und seine Ursachen gezeigt wird, eine Art Therapie. So sieht es Gerhard Walter, zwischen 1992 und 2004 Tourismus-Chef von Galtür: Die Galtürer, nach der Lawinenkatastrophe befragt, verweisen wortkarg auf das Alpinarium, das für sie die Antwort auf all die Fragen verkörpert.

Die dramatischen Februartage des Jahres 1999 sind dem damaligen Tourismus-Chef in plastischer Erinnerung geblieben. Sechs Tage lang war nach außergewöhnlich starken Schneefällen die Straße Richtung Landeck geschlossen. Die rund 3900 Gäste und Einheimischen saßen in Galtür fest. Täglich drei Mal wurden sie im Gemeindesaal über die aktuelle Situation informiert: Keine Aussicht auf Besserung; Lawinen-Warnstufe fünf – der höchste Wert auf der Skala. Ein Teil des Dorfes galt als Gefahrenzone, daher wurden Dorfbewohner und Hotelgäste von dort in einen – vermeintlich – sichereren Ortsteil umgesiedelt. Über die kritische Zone wurde ein Ausgehverbot verhängt.

53

Die „Lahna" bringt Tod und Zerstörung

„Die Lahn", bayrische und österreichische Mundart, aus dem mittelhochdeutschen „lene": Lawine, Gießbach. „Lahnwind": Tauwind; „lahnen": tauen; aber auch „Es lahnt": Lawinen gehen ab (Duden. Das große Wörterbuch der deutschen Sprache in 10 Bänden, Mannheim u. a. 1999, S. 2339; Österreichisches Wörterbuch, Wien 1979, S. 233).

Als die „Lahn", bestehend aus drei einzelnen Lawinen, an jenem Dienstagnachmittag um 16 Uhr 03 aus Fallhöhen von 1150 Metern mit 300 Kilometern pro Stunde zu Tal raste, vernichtete sie nicht nur 31 Menschenleben und richtete Sachschäden in Höhe von 6,5 Millionen Euro an. Sie fegte auch sämtliche über viele Jahre erarbeiteten Prognosen und Berechnungen hinweg. Denn nach allen bisherigen Computersimulationen sollte selbst eine Lawine von gewaltigem Ausmaß nur knapp den Nordrand des Dorfes erreichen. Die zerstörerischen Schneemassen machten jedoch vor den Gebäuden in der als „sicher" deklarierten „Grünen Zone" des Dorfes nicht Halt. Daher wurde die rote Gefahrenzone seither deutlich ausgeweitet; 70 Häuser sind ihr inzwischen zugeordnet.

Die Steilhänge des Grieskopfs und des etwas niedrigeren Grieskogels galten nicht als gefährliche Lawinenhänge, da der Schnee sich dort bis dahin wegen des extrem abschüssigen Terrains nie in bedrohlichen Mengen ansammeln hatte können und stets schon vorher in die Tiefe gerutscht war, ohne Schäden anzurichten. Doch 1999 führte eine Verkettung außergewöhnlicher klimatischer Faktoren zu jener Katastrophe, die in diesen Dimensionen niemand vorauszusagen vermocht hatte. Es kam daher auch zu keinen gerichtlichen Klagen gegen die Gemeinde Galtür – in den Augen des immer noch amtierenden Bürgermeisters Anton Mattle geradezu ein Wunder. Eine Familie, die zwei Kinder verloren hatte, fasste rechtliche Schritte ins Auge, ließ aber, wohl angesichts der offensichtlichen Chancenlosigkeit einer Klage, von ihrem Vorhaben ab.

22 Verschüttete konnten aus den Schneemassen geborgen werden. In der größten Evakuierungsaktion der österreichischen Geschichte wurden von einer internationalen Helikopterflotte Tausende aus dem Katastrophengebiet ausgeflogen. Die Inntalautobahn zwischen Zams und Landeck musste gesperrt werden, um provisorische Landeplätze für die 54 Fluggeräte zu schaffen. Neben österreichischen beteiligten sich auch deutsche, französische und amerikanische Armeehelikopter an der Aktion.

Katastrophentourismus

Gespenstisch sei es gewesen im Dorf, nach der Evakuierung, erinnert sich Tourismusdirektor Walter. Keine 100 Gäste seien geblieben. Auch in den kommenden Monaten sei der Tourismus nur zögernd wieder angelaufen: Die Übernachtungszahlen seien um fast 50 Prozent eingebrochen und hätten sich erst vor zwei Jahren wieder auf dem Niveau der Saison 1998/99 eingependelt, erklärt der Vizebürgermeister und Hotelier Hermann Huber. Verheerend für ein Dorf, das in erster Linie vom Tourismus lebe.

Im Sommer nach der Katastrophe habe sich eine unerfreuliche Spezies von Besuchern eingestellt: Die Katastrophentouristen. Ganze Busladungen von Schaulustigen seien wie Heuschreckenschwärme über das Dorf hergefallen und hätten sensationslüstern nach Spuren des schrecklichen Geschehens gesucht. Doch außer drei kaputten Häusern sei da nichts mehr zu sehen gewesen, bemerkt Huber trocken. Auch hätten damals manche Gäste versucht, die Situation auszunützen und einen „Katastrophenrabatt" von 30 Prozent und mehr für ihr Hotel-Arrangement herauszuschlagen.

Noch mehr empört sich Vizebürgermeister Huber und mit ihm ganz Galtür über das Doku-Drama „Die Jahrhundertlawine", das unter anderem vom österreichischen Fernsehen am 10. Jahrestag der Lawinenkatastrophe ausgestrahlt wurde. Galtür heißt dort „Vent" – eigentlich ein Ort im hinteren Ötztal, denn die Galtürer hatten dem Projekt ihre Unterstützung versagt. Als pietätlos und klischeebefrachtet bezeichnet Bürgermeister Mattle den Spielfilm. Ihn, der damals rund um die Uhr im Einsatz war, stört an dieser Verfilmung eines ganz besonders: In jenem Spielfilm verkörpert der Bürgermeister den Bösewicht, der seine Mithilfe bei der Bergung der Verschütteten verweigert. Derartiges habe man zur Verarbeitung der Katastrophe nicht nötig, lautet einhellig die Meinung im Dorf. Die Trauerarbeit habe man selbst geleistet. Die Kraft dazu hätten viele aus ihrer tiefen Religiosität bezogen.

„Das eigensinnigste Dorf Österreichs"

Die Galtürer, Nachkommen der Rätoromanen und der aus der Schweiz und Vorarlberg eingewanderten Walser, pflegen zu ihrer Meinung zu stehen. Sie definieren Galtür als „das eigensinnigste Dorf Österreichs" und sind so stolz auf dieses Selbstbild, dass sie es zum Slogan ihrer Tourismus-Werbung gemacht haben. Jener Eigensinn spielt auf einen Beschluss der Galtürer von 1976 an, als sie mit nur zwei Gegenstimmen die Erschließung eines Gletscherskigebiets im Jamtal durch die benachbarten Ischgler ablehnten.

Ein intaktes Dorf in intakter Natur sei ihnen wichtiger als neue Einkommens-quellen. Ischgl, wo sich ein Hotel ans andere reiht und nahezu alle Hänge durch Pisten und Seilbahnen erschlossen sind, stand dieser Mehrheit von Galtürern wohl als warnendes Beispiel vor Augen. Nicht alle denken so: Huber, der Hotelier, hält dies heute noch für eine verpasste Chance. Mit dem Sommerskigebiet wäre Galtür in eine andere Liga aufgestiegen, sinniert er – in jene des boomenden Ischgl.

Stolz ist man in Galtür nicht nur auf die Naturschönheiten, sondern auch auf eine Episode, die dem Dorf einen kleinen Abschnitt in der Geschichte der Welt-literatur gesichert hat. Der amerikanische Schriftsteller Ernest Hemingway machte im Jahr 1925 eine Tour vom Montafon ins Paznauntal, und seine Kurzgeschichte „Ein Gebirgsidyll" beginnt mit den Sätzen: „Selbst am frühen Morgen war es heiß, wenn man ins Tal hinunterkam. Die Sonne schmolz den Schnee auf unseren Skiern, die wir trugen, und trocknete das Holz. Es war Frühling im Tal, aber die Sonne war sehr heiß. Wir gingen die Straße entlang nach Galtür hinein und trugen unsere Skier und Rucksäcke. Als wir am Kirchhof vorbeikamen, war gerade eine Beerdigung zu Ende." Sinnigerweise wurde in Galtür eine Bar nach dem trinkfreudigen Literaten benannt.

Eine neue Zeitrechnung

Die Alpen seien „ein Seismograph, ein Sensor, ein Frühwarnsystem". Die Störungen des Ökosystems, wie sie sich bereits in den Alpen zeigten, würden bald auch auf die Ebenen übergreifen, gibt ein Text am Eingang zum Alpinarium Galtür zu beden-ken. Die Katastrophe hat das Bewusstsein der Dorfbewohner für die Verantwortung des Menschen gegenüber der Natur geschärft. Im Leben der Einwohner von Galtür ist das Lawinenunglück zum Angelpunkt ihrer Zeitrechnung geworden. Man spricht hier nur von der Zeit „vor der Lahn" und „nach der Lahn", der großen Lawine. Die Galtürer orientieren ihren persönlichen Kalender der Hochzeiten, Geburten und Sterbefälle an jenem schicksalshaften Datum, als Teile des Bergdorfes unter den Schneemassen begraben wurden.

Das Ereignis selbst, das noch für lange Zeit Unfassbare, ist inzwischen verarbei-tet, die Häuser sind wieder aufgebaut, das Leben hat sich normalisiert und interna-tionales Medieninteresse an Galtür ist abgeklungen. Es heißt, die Dorfbewohner seien nachdenklicher geworden, und sie redeten offener und ausführlicher mit-einander. Kein Einziger hat seit der Katastrophe sein Heimatdorf verlassen. „Die Wunden sind verheilt", sagt Bürgermeister Mattle lakonisch. Doch die Narben bleiben.

Spurwechsel

(September 2009)

Die Mühlen der Justiz mahlen langsam – umso rascher möchte Österreichs Justizministerin Claudia Bandion-Ortner an den Ort des Geschehens gelangen. Deshalb ließ ihr Ministerium beim Magistrat der Stadt Wien nachfragen, ob „in Dringlichkeitsfällen" die Benutzung der üblicherweise Einsatzfahrzeugen, Taxis und Müllabfuhr vorbehaltenen Bus-Spur durch den „Dienstkraftwagen" der Bundesministerin für Justiz möglich wäre.

Als der damalige freiheitliche Vizekanzler und Verkehrsminister Hubert Gorbach im Dezember 2005 ein Blaulicht für seinen Dienstwagen beantragt und bald danach in Kärnten eine Versuchsstrecke für „Tempo 160" eingerichtet hatte, freute dies vor allem die Karikaturisten und Kabarettisten. Gorbach ist Geschichte, ebenso die ÖVP–FPÖ-Koalition mit ihren skurrilen Begleiterscheinungen.

Die Justizministerin konnte noch bis vor kurzem die höchsten Beliebtheitswerte im Kabinett der großen Koalition verbuchen. Umso mehr dürften sie die vehementen Reaktionen auf ihr maßvolles Ansinnen überrascht haben: „Blondi soll früher aufstehen!", hieß es beispielsweise in einem Blog. Der Wiener Bürgermeister Michael Häupl konnte es zuerst gar nicht fassen, murmelte dann aber etwas wie: „Dann schon eher alle Bus- und Taxispuren abschaffen …". Denn nicht einmal Wiener Stadtpolitiker verfügen über ein derartiges Privileg. Man erinnerte daran, dass doch die Justizministerin schon von Amtes wegen für „Gleichheit vor dem Gesetz" einstehen müsse. Und der grüne Nationalratsabgeordnete Karl Öllinger bemerkte, die Justizministerin dürfe gern auf der Busspur fahren – allerdings im Bus. Die Ministerin hat ihre Anfrage zurückgezogen.

Politiker-Shopping

(Januar 2009)

Der Dezember ist die Zeit des seligen Schenkens, der Januar der Monat manch unseliger Einkäufe. Im Ausverkauf sind in Österreich derzeit nicht nur allerlei schöne und viele unnütze Dinge zu attraktiven Preisen erhältlich. Auch manchen Politiker gibt es im Sonderangebot. Für lumpige 200.000 Euro sollen die Freiheitlichen (FPÖ) ihrem Lieblingsfeind, der Haider-Partei BZÖ (Bündnis Zukunft Österreich), Mario Canori, den früheren Klagenfurter Vizebürgermeister, Unternehmer und Präsidenten des Fußballvereins SK Austria Kärnten, ausgespannt haben. Und dies just zu Beginn des voraussichtlich brisanten Kärntner Landtags-Wahlkampfs.

Mit Canori, einem langjährigen treuen Weggefährten Haiders, als Spitzenkandidat will die FPÖ gegen die bisher uneinnehmbare Festung Haiders anrennen. Gerhard Dörfler, Haiders Nachfolger als Kärntner Landeshauptmann, wird allmählich unruhig. Ist für das BZÖ die letzte Bastion nach Haiders Tod noch zu halten? Dörfler jedenfalls fiel nichts Besseres ein, als die Sache mit dem angeblichen Kopfgeld für Canori in die Welt zu setzen – und musste sie dann kleinlaut zurücknehmen.

Während die FPÖ in Kärnten mit ihrem Politiker-Shopping einen echten Coup gelandet hat, lief für die Wiener Gesinnungsgenossen beim Internet-Shopping nicht alles so glatt. Weil sich seine beiden Assistenten bei einem deutschen Internet-Versand diverse Nazi-Artikel besorgt hatten, ist der Dritte Nationalratspräsident, Martin Graf (FPÖ), unter Beschuss geraten. Doch das kümmert Graf, Altherr der rechtsextremen Studentenverbindung „Olympia", eher wenig. Graf ist und bleibt im Amt.

Aufruhr-Versand – jetzt bestellen!

Linz lieben?

(Dezember 2008)

„Nie war ich in Linz, ich bin immer durchgefahren, Linz an der Donau …“, stellt die anonyme Ich-Erzählerin in Ingeborg Bachmanns Roman „Malina" fest. Linz, eine Bahnstation, wo der Schnellzug zwischen der Donaumetropole Wien und der Festspielstadt Salzburg kurz anhält und dann weiterfährt. Linz, das sich auf „Provinz" reimt, das man einerseits mit köstlichem Backwerk, andererseits aber mit rauchenden Schloten in Verbindung bringt. Doch die nach Wien und Graz drittgrößte Stadt Österreichs hat diese Klischees in Wirklichkeit schon längst widerlegt. Der Wandel von der Stahlmetropole zu einer Stadt mit hoher Lebensqualität und spannendem kulturellem Angebot hat stattgefunden.

Als Kulturhauptstadt des Jahres 2009 will Linz dieser Verwandlung zusätzliche Impulse geben. Graz hatte sich im Jahr 2003 mit Charme und Originalität als Kulturhauptstadt präsentiert. Viele Besucher aus aller Welt begannen erst als Folge dieser gelungenen Selbstdarstellung, die Schönheiten der steirischen Landeshauptstadt wahrzunehmen. Graz hatte bis vor fünf Jahren touristisch eher im Abseits gelegen. Linz ist, im Gegensatz dazu, auf der zentralen Ost-West-Achse positioniert. Die Stadt hofft, dass nach 2009 eine neue Ära beginnt, dass wahrgenommen wird, was eigentlich schon lange Tatsache ist: Linz ist anders, ganz anders, als man denkt.

Der in Basel geborene Martin Heller ist der Intendant des Kulturhauptstadt-Projektes „Linz 09". Im Vorwort zum „Linz-Buch", das die künftige Kulturhauptstadt in großformatigen Fotografien aus eigenwilligen Blickwinkeln präsentiert, stellt Heller die Frage: „Kann man Linz lieben? Auch als Nicht-Linzer?" Heller bejaht diese Frage, ohne zu zögern. Paris, New York, Barcelona und „vielleicht auch Wien" zu verehren, sei nichts Besonderes. Auch geschichtsträchtige Städte wie Athen und Florenz hätten keine Probleme mit ihrer allgemeinen Beliebtheit. Doch Linz müsse man auf seine Weise lieben, sagt Heller: auf den zweiten Blick.

Heller ist überzeugt, dass Kultur in dieser Stadt Menschen bewegen kann. Vier Fünftel der Besucher von Linz seien bisher, so erläutert er im Gespräch, Geschäftsleute gewesen, die hier ihre Termine hatten und darüber hinaus keine Ansprüche stellten. Dies soll nun anders werden: Linz soll, als europäische Kulturhauptstadt, zu Österreichs interessantester Stadt werden. Mit dem Logo der Kulturhauptstadt setzt Heller eine surreale Note: Die Null ist ein stilisiertes Spiegelei und die Neun ein Apostroph – oder ein Anführungszeichen. Das grafische Symbol für „Linz 09" gibt Rätsel auf und signalisiert Offenheit für Überraschungen.

Pathos will Heller jedenfalls in seinem Kulturhauptstadt-Projekt ebenso vermeiden wie Tabus. Es genüge nicht, die Geschichte aufzuarbeiten, sagt Heller. Man müsse sie auch erzählen. Es gehe nicht nur um Qualität, sondern auch um Haltung. Schon im Vorfeld des Kulturhauptstadt-Jahres war die noch bis März 2009 dauernde Ausstellung „Kulturhauptstadt des Führers" eröffnet worden. Mittels Modellen und virtueller Stadtansichten werden die megalomanen Baupläne von Hitlers bevorzugtem Architekten Albert Speer plastisch dargestellt veranschaulicht. Nicht fehlen darf in dieser Schau natürlich auch das größenwahnsinnige Vorhaben, in Linz, der Lieblingsstadt des „Führers", mit den in ganz Europa zusammengestohlenen Meisterwerken von Renoir bis Rembrandt das größte Kunstmuseum der Welt zu errichten.

Nur wie die Menschen in der „Führerstadt" Linz unter der NS-Herrschaft wirklich gelebt haben, erfährt man in dieser Ausstellung letztlich nicht. Und dass erst der frenetische Jubel der Linzer Hitler ermutigt haben soll, kurze Zeit darauf seine geschichtsträchtige Anschluss-Rede auf dem Wiener Heldenplatz zu halten, wird hier ebenso verschwiegen wie die zwiespältige Rolle gewisser Linzer Kunsthändler bei der Beschlagnahme von Kunstwerken aus jüdischem Eigentum.

Der Weg zum Industriezentrum

„Linz" geht auf den Namen der römischen Siedlung „Lentia" zurück, ein Wort mit keltischen Wurzeln, das auf die Biegung des Flusses hinweist. Im Jahr 799 taucht in den Chroniken erstmals der Name „Linze" auf. Schon die sogenannte Limes-Straße der Römer hat südlich an Linz vorbeigeführt, und als Marie Antoinette, eine Tochter der Kaiserin Maria Theresia, im Frühling 1770 zur Vermählung mit dem späteren König Louis XVI. nach Paris reiste, ließ das Kaiserhaus die „Dauphine-Straße" anlegen, die ebenfalls Linz großräumig umfuhr. Die Donau war bis zur Eröffnung der „Kaiserin-Elisabeth-Bahn", der späteren Westbahn, im Jahre 1858 die Lebensader der Stadt. Als sich der Verkehr vom Fluss auf die Schiene zu verlagern begann, wurde Linz zum Eisenbahn-Knotenpunkt zwischen Wien, Passau und Salzburg. Die Bahn erhöhte die Anziehungskraft der Stadt, viele Landbewohner zogen nach Linz.

Manch bedeutender Name ist mit Linz verbunden, von Johannes Kepler über Bruckner bis Adalbert Stifter. Linz konnte sich jedoch im Gegensatz zu anderen Städten nie dauerhaft als Residenzstadt etablieren – ein Umstand, der sich im Stadtbild durch das Fehlen großer Repräsentationsbauten bemerkbar macht. Lange Zeit galt Linz als „bajuwarische Bauernstadt". Die Verwaltungs- und Garnisonsstadt Linz musste sich auch symbolisch der kaiserlichen Hof- und Residenzstadt Wien unterordnen. Die Turmspitze des erst 1924 vollendeten Mariä-Empfängnis-Doms hatte genau einen Meter niedriger zu sein als jene des Wiener Stephansdoms.

Doch Linz verfügte damals schon über eine Jahrhunderte zurückreichende industrielle Tradition. 1672 war die „Wollzeugfabrik", die erste Textilfabrik Österreichs, gegründet worden. Im 18. Jahrhundert wurde sie verstaatlicht; zeitweise waren in dieser Fabrik bis zu 50.000 Arbeiter tätig. Im Zuge der in der zweiten Hälfte des 19. Jahrhunderts fernab des alten Stadtkerns einsetzenden Industrialisierung wurde das Stadtgebiet erweitert. Neben der Textil- und der Nahrungsmittelindustrie entstanden eine Schiffswerft und eine Lokomotivfabrik des deutschen Herstellers Krauss. Linz wurde zu einem der wichtigen Industriestandorte der Donaumonarchie. Zu den wichtigsten Arbeitgebern zählte die Armee.

Aufschwung nach dem Krieg

Zur Zeit des Austrofaschismus begannen im Februar 1934 im Linzer Hotel „Schiff" die sogenannten Februarkämpfe, als Truppen der paramilitärischen (christlich-sozialen) „Heimwehr" nach Waffen suchten. Mitglieder des sozialdemokratischen „Schutzbundes" leisteten bewaffneten Widerstand; die Auseinandersetzungen weiteten sich nach Wien aus. Nach dem „Anschluss" Österreichs an das Deutsche Reich plante Hitler, Linz als seinen Alterssitz und zugleich als großes Industrie- und Verwaltungszentrum auszubauen. Linz wurde zu einer der Rüstungsschmieden des „Dritten Reiches", wo Tausende von Kriegsgefangenen, Zwangsarbeitern und KZ-Häftlingen in den Stahlwerken Schwerarbeit verrichteten.

Nach Kriegsende war Linz bis 1955 in eine – durch die Donau getrennte – russische Besatzungszone im Norden und eine amerikanische Zone im Süden aufgeteilt. In der Nachkriegszeit konnte die Stadt ihre Rolle als Zentrum der Schwerindustrie von Weltgeltung behaupten und weiter ausbauen. Auch liegt die oberösterreichische Landeshauptstadt im Zentrum des zweitgrößten Wirtschaftsraums Österreichs. Die Agglomeration Linz mit ihren 270.000 Einwohnern bietet rund 180.000 Arbeitsplätze; die Hälfte davon ist von Pendlern besetzt, die täglich in die Stadt fahren.

Vieles hat sich seit den Anfängen der Schwerindustrie geändert. In den Voest-Stahlwerken, die noch vor 20 Jahren 27.000 Arbeiter beschäftigten, sind heute noch 12.000 tätig. Das radikal verkleinerte Unternehmen floriert: Jährlich werden sechs Millionen Tonnen Eisen produziert. In viele der Gebäude auf dem Werksgelände sind internationale Firmen eingezogen. Oberösterreich, als einziges Bundesland von einer äußerst erfolgreichen Koalition aus Volkspartei (ÖVP) und Grünen regiert, hat die niedrigsten Arbeitslosenraten der Nation (2,6 Prozent) und ein über dem österreichischen Durchschnitt liegendes Pro-Kopf-Einkommen. Bei Vergleichen der Luftqualität mit anderen Landeshauptstädten erzielt das noch vor wenigen Jahren wegen seiner Luftverschmutzung berüchtigte Linz stets beste Testergebnisse. Vor zwei Jahren wurde die Industriestadt vom österreichischen Naturschutzbund als „naturfreundlichste Gemeinde Österreichs" ausgezeichnet – für eine Stahlmetropole doch bemerkenswert.

Das seit zwei Jahrzehnten vom sozialdemokratischen Bürgermeister Franz Dobusch regierte Linz hat sich zu einer Stadt mit hoher Lebensqualität entwickelt. Die Altstadt lädt zum Verweilen ein, die Promenade entlang der Donau zu ausgedehnten Spaziergängen und die Straßencafés auf dem Hauptplatz vermitteln südländisches Flair. Das 2003 von den Zürcher Architekten Weber und Hofer in Glas und Sichtbeton erbaute Kunstmuseum Lentos[7] ist zum Linzer Wahrzeichen des 21. Jahrhunderts geworden; nachts setzt es als Lichtskulptur am Donauufer den markantesten Akzent im Stadtbild.

Die Zukunft hat schon begonnen

Als vor 30 Jahren der damalige Linzer Bürgermeister Franz Hillinger auf der Rollbahn des Linzer Flughafens einen stählernen Gast willkommen hieß, begann für Linz eine neue, zukunftsweisende Epoche. Der Besucher, der aus einer fremden Galaxie zu kommen schien, war ein durchaus irdischer Roboter. Sein Auftritt markierte die Eröffnung der Ars Electronica, einer weltweit einzigartigen interdisziplinären Plattform für digitale Kunst und Medienkultur. Seit 1979 zieht alljährlich auf dem Linzer Hauptplatz das avantgardistische Ars-Electronica-Festival für Kunst, Technologie und Gesellschaft Tausende von Besuchern aus aller Welt in seinen Bann. Die Zukunft hat längst begonnen; schon lange ist Linz nicht mehr synonym für Provinz. Das Kulturhauptstadt-Projekt „Linz 09" ist nur ein weiterer – allerdings signifikanter – Schritt auf einem schon vor Jahrzehnten eingeschlagenen Weg.

---

7   Der Name des Kunstmuseums wurde abgeleitet vom keltischen Wort *lentos* (biegsam, gekrümmt); vermutlich der ursprüngliche Name für Linz, das in der Donaubiegung liegt.

Gefährliche Leidenschaft

(März 2009)

Eine 58-jährige Schweizerin sorgte in Österreich für Schlagzeilen: Der frommen Witwe aus dem Nachbarland war die Leidenschaft für einen Gottesmann zum Verhängnis geworden. Seit zwölf Jahren stellte sie dem Pater Giovanni M. aus Udine nach; sie soll den wesentlich jüngeren Italiener mit Hunderten von Liebesbriefen und E-Mails überhäuft und mehrmals täglich mit Telefonanrufen belästigt haben. Vor dem Pfarrhaus habe sie bisweilen ihr Nachtlager aufgeschlagen, und, so wird berichtet, den armen Mann während der Messe am Hochaltar, ja selbst im Halbdunkel des Beichtstuhls arg bedrängt haben.

Anfänglich, so gab der Pater zu Protokoll, habe die Lehrerin sich lediglich anerboten, ihm Deutsch beizubringen. Allmählich sei sie aber immer aufdringlicher geworden. In seiner Not erstattete Giovanni M. schließlich eine Strafanzeige gegen die liebestolle Lehrerin, die den Pater als Reinkarnation des Erlösers betrachtet haben soll: Mit den Worten „Du bist Christus" habe sie manche ihrer Liebesbriefe eingeleitet.

Das Wiener Straflandesgericht kannte kein Pardon – weder ihre Verliebtheit in den attraktiven jungen Italiener noch ihre Frömmigkeit wurden als mildernde Umstände gewertet. In Österreich gilt „Stalking", beharrliche Verfolgung, seit dem 1. Juli 2006 als Offizialdelikt und kann mit einer Haftstrafe bis zu einem Jahr belegt werden. Die hartnäckige Schweizerin wurde zu sieben Monaten Gefängnis verurteilt, sechs davon bedingt – mit einer Bewährungsfrist von drei Jahren, in denen sie den Pater weder kontaktieren noch dessen Nähe suchen darf.

Die Versuchung des Giovanni M.

Diadochenkämpfe um Haiders Erbe

(Februar 2009)

F ragmente überlebensgroßer Haider-Porträts werden mitunter auf Kärntner Plakatwänden beim Überkleistern mit neuen Wahlplakaten sichtbar – makabre Grußbotschaften aus dem Jenseits. Der Helfer einer anderen Partei will einem Passanten an einem Wahlkampfstand in der Klagenfurter Innenstadt seine Broschüre in die Hand drücken. Der lehnt resolut ab: „Ich wähle Jörg Haider." „Aber der ist doch tot!", wendet leicht irritiert der Wahlkämpfer ein. „Das ist mir wurscht", entgegnet der Mann, „ich wähle ihn trotzdem", und geht weiter. Der Kärntner Landtags-Wahlkampf ist ein Diadochenkampf um Haiders Erbe. Von seinen Epigonen in eine mythische Schattenexistenz gerückt, blickt Jörg Haider, zu Lebzeiten politisch ebenso talentiert wie umstritten, auf all die mittelmäßigen Figuren herab, die jetzt erbittert um sein Erbe kämpfen.

Ein Hobby-Holzfäller

Erstmals tritt zu den Kärntner Landtagswahlen am kommenden Sonntag das von Haider als Abspaltung von den Freiheitlichen (FPÖ) gegründete Bündnis Zukunft Österreich (BZÖ) an. Es tut dies ohne den Parteigründer, der sein BZÖ zuletzt, in den Nationalratswahlen vor fünf Monaten, allein durch sein persönliches Auftreten aus der Bedeutungslosigkeit geholt und der Partei zu einem beachtlichen Wahlerfolg verholfen hat.

Trotz strahlenden Wetters haben sich zur BZÖ-Wahlveranstaltung auf dem Hauptplatz des Städtchens Völkermarkt nur wenige Schaulustige eingefunden. Es sind vor allem Rentner und Hausfrauen. Bei den Auftritten Haiders vor den letzten Landtagswahlen waren die Plätze ungeachtet der eisigen Kälte immer gerammelt voll gewesen. Dass jetzt als Hauptredner Gerhard Dörfler angekündigt ist, Haiders Nachfolger in Kärnten, scheint niemanden zu beeindrucken. Die beiden gelangweilten Polizisten, welche am Rande der Versammlung stehen, wissen nicht einmal, dass sich der Landeshauptmann persönlich herbeibemüht. Wüssten sie es, wäre die Sache womöglich nicht besser. In einem seiner berüchtigten Witze hat Dörfler nämlich die Polizisten aufs Korn genommen, und die fanden die zugegebenermaßen eher humorlose Pointe nicht lustig.

Political Correctness von „draußen"

Mit seinem berüchtigten „Negerwitz" hat Dörfler erstmals über die Landesgrenzen Kärntens hinaus eine gewisse Bekanntheit erreicht. Auch heute beglückt der Landeshauptmann das Publikum mit einem seiner obligaten Scherze – aber erst als Zugabe, gewissermaßen. Ein harmloser Autofahrer-Witz, der gewiss nicht gegen die politische Korrektheit verstößt, welche den Kärntnern, in Dörflers Diktion, wie alles andere Böse von den präpotenten „Wiener Linkspolitikern" aufgedrängt wird. Von „draußen", also aus Wien, komme auch die Forderung nach zweisprachigen deutsch-slowenischen Ortstafeln. Da bleibe er aber „so felsenfest wie die Karawanken", das mächtige Gebirge, das Kärnten von Slowenien trennt, ruft Dörfler ins Mikrofon. Die Verweigerung zusätzlicher zweisprachiger Ortstafeln rangiert an erster Stelle unter seinen Wahlversprechen. Völkermarkt liegt inmitten des slowenischsprachigen Siedlungsgebietes.

Was Dörfler hier verschweigt: Das Oberste Gericht hat bereits in nicht weniger als 17 Urteilen von der Kärntner Landesregierung die Aufstellung weiterer Tafeln gefordert. „Diese gierigen Herren in ihren schwarzen Talaren mit den weißen Krägen" sollten die Kärntner ganz einfach in Ruhe lassen, sagt Dörfler, der sich kurz darauf brüstet, wie er in Wien Geld beschaffe und damit in Kärnten Arbeitsplätze sichere. „Wir haben Kärnten umgebaut", verkündet Dörfler und zählt in hölzerner Schwerfälligkeit die Erfolge und Errungenschaften seiner Partei auf. Dörflers ungewöhnliches Hobby, Holzfällen, prägt unverkennbar auch seine Rhetorik.

„Der Chef" kann zufrieden sein

Offenbar zufrieden mit sich und seinem Auftritt, schließt der Landeshauptmann: „Der Chef", gemeint ist Jörg Haider, der jetzt von seiner Wolke „obaschaut", werde zu seinen Kärntnern sagen: „Ihr habts richtig gmacht." Auf sämtlichen BZÖ-Plakaten steht der Slogan „Wir passen auf dein Kärnten auf. Garantiert". Das vertrauliche „du" richtet sich an die Wählenden, aber mehr noch an den verstorbenen Jörg Haider. Als dieser 1991 wegen seines Lobs für die „ordentliche Beschäftigungspolitik" der Nationalsozialisten als Landeshauptmann zurücktreten musste, ermahnte er seine Nachfolger: „Passt mir auf mein Kärnten auf." Mit der sperrigen Listenbezeichnung „Die Freiheitlichen in Kärnten – Liste Jörg Haider, BZÖ" unterstreicht die Partei ihren Anspruch, die einzige legitime Erbin Haiders zu sein.

Doch die Rivalin im Lager der Rechten, Heinz-Christian Straches Freiheitliche Partei (FPÖ), drängt zurück nach Kärnten. Sie behauptet, die wahre Gralshüterin von Haiders Gedankengut zu sein. Strache gelang der Coup, dem BZÖ Mario Canori, einen langjährigen Weggefährten und Mitstreiter Haiders, Geschäftsmann und Präsident des Fußballklubs „SK Austria Kärnten", auszuspannen. Auf FPÖ-Inseraten erscheinen Canori und Strache neben Fotos von Jörg Haider, den Strache stets als Verräter beschimpft hatte. Während des letzten gemeinsamen Fernsehauftritts vor den Nationalratswahlen hatte der Haider-Imitator Strache seinem einstigen Vorbild mit großer Geste das Du-Wort entzogen. Jetzt steht neben dem Konterfei des FPÖ-Spitzenkandidaten der Slogan „Kärnten geht seinen Weg" – womit weniger der abgebildete Canori als der unsichtbare Jörg Haider gemeint sein dürfte.

Dass Dörfler seine stumpfen Pfeile in alle Richtungen abschießt, aber den Hauptgegner Canori und die FPÖ verschont, mutet seltsam an. Kenner der Szene meinen, dass das BZÖ nach der Wahl die Unterstützung der FPÖ suchen, ja sogar die Wiedervereinigung anstreben werde. Das aber wird Dörfler voraussichtlich nicht mehr als Landeshauptmann erleben. Wenn das BZÖ deutlich an Stimmen einbüßt, wird sein Stellvertreter, der um 14 Jahre jüngere Uwe Scheuch, der Bruder des BZÖ-Fraktions-Chefs in Wien, die Macht an sich reißen.

Haiders teure Hypothek

Über den großen Toten, so der Kärntner Konsens, darf nichts Negatives gesagt werden. Die Kabarettisten Stermann und Grissemann, die eine bissige Satire über Haiders Unfalltod produziert hatten, mussten ihren Auftritt an der Universität Klagenfurt kurzfristig absagen; am Auto des Veranstalters waren die Radmuttern gelockert worden. Die offizielle Sprachregelung lautet: „Der tragische Unfall unseres Landeshauptmannes". Dass Haider stockbetrunken war, als er seinen „Phaeton" zu Schrott fuhr, und dass er durch die dreifach überhöhte Geschwindigkeit andere Verkehrsteilnehmer gefährdete, ist hier ebenso tabu wie die Erwähnung, dass er sich im homosexuellen Milieu bewegt hatte, bevor er seine letzte Fahrt antrat.

Diskussionen darüber, ob nach der größten Brücke Kärntens nun auch ein Park in Klagenfurt Haiders Namen tragen soll, ob das Autowrack in ein Kunstwerk umgewandelt werden und wer denn überhaupt die Kosten des Totalschadens berappen soll, scheinen die Öffentlichkeit in Kärnten mehr zu beschäftigen als die katastrophale Wirtschaftslage und die Fälle von Korruption und Machtmissbrauch. Kärnten hat die höchste Pro-Kopf-Verschuldung unter allen österreichischen Bundesländern; mit insgesamt 2,14 Milliarden Euro übertreffen die Schulden das Budgetvolumen bei weitem, das 1,98 Milliarden umfasst. Sie hat im Jahr 2001 noch 669 Millionen betragen und sich seither Jahr für Jahr stetig vergrößert.

Die Arbeitslosenquote lag letztes Jahr im österreichischen Durchschnitt bei 7,9 Prozent, in Kärnten bei 11,5 Prozent, und sie nimmt doppelt so schnell zu wie im Bundesdurchschnitt. Die Abwanderung der Qualifizierten und Talentierten hat ein besorgniserregendes Ausmaß erreicht. Jörg Haider habe Kärnten „wirtschaftlich ruiniert und moralisch auf den Hund gebracht", sagt Peter Gstettner, Professor an der Universität Klagenfurt. Verwunderlich sei nur, wie sich jetzt alle um das triste Erbe Haiders rissen.

Der Sherlock Holmes aus dem Asterix-Dorf

Wenige Tage vor den Wahlen verschickte die Kärntner Landesregierung an 200.000 Haushalte Hochglanzbroschüren samt DVD, bei der es sich in Aufmachung und Inhalt unverkennbar um Wahlwerbung für das BZÖ handelt. Geschätzte Kosten für den Steuerzahler: eine Viertelmillion Euro. Auch Inserate der Landesregierung werben hemmungslos für die Partei BZÖ, welcher der Verstorbene das südliche Bundesland gleichsam als „Erblehen" hinterlassen hat. Die Wirtschaft stagniert, dafür blüht in Kärnten die Korruption – zumindest wirkt es so, wenn beispielsweise die lediglich vier Kilometer lange Umfahrungsstraße für die Ortschaft Bad St. Leonhard 68,7 Millionen Euro kostet. Landeshauptmann Dörfler verwaltet das Referat Straßenbau.

Die Grünen porträtieren sich in ihren Film-Werbespots als jenes unbeugsame Asterix-Dorf, das sich standhaft gegen die Übermacht der anderen Parteien zur Wehr setzt. In den kürzlich abgehaltenen Faschings-Umzügen marschierte der Grünen-Chef Rolf Holub mit einem Trüpplein Getreuer als Sherlock Holmes verkleidet durch die Straßen. Dabei trug er eine überdimensionale Lupe in Händen, um korrupten Politikern auf die Finger zu schauen. Die Grünen, die sich bei den letzten Landtagswahlen im Jahr 2004 von 3,9 auf 6,7 Prozent haben verbessern können, sind die einzige wirkliche Opposition im Lande.

Grün trommelt bei Rot – Vergissmeinnicht in Orange

Alle anderen Parteien regieren zusammen – ein Klüngel, wie Holub es nennt. Der 53-jährige Politiker ist zusätzlich Kabarettist und Musiker; zu den Kärntner Skurrilitäten gehört, dass er an einer Wahlveranstaltung der SPÖ mit seiner „Beach Band" das Schlagzeug bediente. Eine rot-grüne Koalition wäre die einzige politische Alternative, sinniert Holub im Gespräch. Doch realistisch sei dies kaum, fügt er illusionslos hinzu. Der Kärntner Wahlkampf ist zu einer beispiellosen Materialschlacht geworden.

In Klagenfurt lehnt an jeden Baum ein Plakat. Auf den Posters prangen Dutzende von Köpfen; zugleich mit der Landtagswahl sind am 1. März Gemeinderats- und Bürgermeisterwahlen angesetzt. Doch auf keinem Wahlplakat ist von politischen Inhalten die Rede. Der Landesparteichef der Volkspartei (ÖVP), Josef Martinz, erklärt BZÖ und FPÖ gleichermaßen für Chaoten und warnt vor „zu viel Rot" in Kärnten. Die ÖVP war 2004 stimmenmäßig abgestürzt und nur auf 11,6 Prozent gekommen. Damals siegte die FPÖ unter Haider mit 42,4 Prozent, die SPÖ kam mit 38,4 Prozent der Wählerstimmen auf Platz zwei. Mit dem Slogan „Volles Rohr für Kärnten" ist der Sozialdemokrat Reinhard Rohr angetreten, dem BZÖ den ersten Rang streitig zu machen. Deshalb macht er sich skrupellos das Reizthema der Rechten zu eigen und inseriert: „28.000 Arbeitslose sind wichtiger als 8 Asylanten."

Das BZÖ hat sich ein besonders originelles Wahlgeschenk einfallen lassen und verteilt Teigwaren in Form dieser drei Buchstaben, in der Parteifarbe Orange. Etwas weniger glücklich ist die Idee, zum Gedenken an den toten Parteigründer Vergiss-meinnicht-Samen zu verteilen. Das Säcklein ist zwar orange, aber die Blumen blühen bekanntlich blau – in der Parteifarbe des Erzfeindes FPÖ.

„G'mahte Wies'n" Salzburg

Salzburg liegt unter einer dicken Schneedecke, dennoch ist hier, unmittelbar vor den Landtagswahlen, auf Schritt und Tritt die Rede von einer „g'mahten Wies'n" – eine eher sommerliche Metapher, die so ganz und gar nicht in die idyllische Winterlandschaft passen will. Jedoch: Eine gemähte Wiese, eine sichere Sache, dürfte für die charismatische Landeshauptfrau Gabi Burgstaller der Urnengang vom Sonntag werden.

Die Gunst der Stunde

Schon in den letzten Landtagswahlen vom 7. März 2004 hatte die leutselige Bauerntochter und Juristin aus Oberösterreich die Sozialdemokraten (SPÖ) zu einem triumphalen Sieg geführt. Erstmals seit dem Zweiten Weltkrieg büßte damals die konservative Volkspartei (ÖVP) in einer ihrer Hochburgen die Vormachtstellung ein. Die Niederlage läutete das Ende der Ära des ÖVP-Bundeskanzlers Wolfgang Schüssel ein.

Die ÖVP hatte in jenen letzten Landtagswahlen zwar lediglich 0,8 Prozent der Wählerstimmen eingebüßt, aber die Sozialdemokraten konnten dank der akuten Krise der Freiheitlichen (FPÖ) massive Zugewinne von 13,1 Prozentpunkten verbuchen und kamen auf 45,5 Prozent der Stimmen. Die Volkspartei blieb mit 37,9 Prozent deutlich zurück. Die SPÖ profitierte damals vom desaströsen Zustand der freiheitlichen Juniorpartnerin der Regierung Schüssel nach dem parteiinternen „Putsch" der FPÖ im burgenländischen Knittelfeld. Rund 20.000 freiheitliche Wählerstimmen gingen an die Sozialdemokraten; die FPÖ sackte um 10,9 Prozentpunkte auf 8,6 Prozent ab.

Das aber war nur der politische Hintergrund. Die lebensfrohe Landeshauptmann-Stellvertreterin Gabi Burgstaller vermochte die Gunst der Stunde zu nutzen, zumal ihr Widersacher, der als autoritär verschriene, als griesgrämig und eher verschlossen geltende Landeshauptmann Franz Schausberger von der ÖVP, nur über geringe Sympathien beim Wahlvolk verfügte.

„Heimatland in Heimathand"

Auch beim bevorstehenden Urnengang wird sich die 45-jährige Burgstaller in erster Linie auf ihre hohen Sympathiewerte verlassen können. Die Wahlwerbung der SPÖ ist ganz auf ihre Person ausgerichtet, politische Zielsetzungen sind Nebensache. Sie selbst beschränkt sich auf einige wenige, markante Programmpunkte wie Gratis-kindergärten, Ausbau des Bildungssystems und Kampf gegen die Jugendkriminali-tät. Im Gegensatz zum gehässigen Wahlkampf des Jahres 2004 finden diesmal kaum Konfrontationen mit den politischen Gegnern statt.

Burgstallers Widersacher und Koalitionspartner ist der Salzburger ÖVP-Chef und Landeshauptmann-Stellvertreter Wilfried Haslauer. Der 52-jährige Rechtsan-walt, Sohn eines früheren Landeshauptmanns, ist ebenso wie Burgstaller ein politi-scher Quereinsteiger. Belesen und in Sachfragen kompetent, fehlt ihm jedoch das Charisma, die Ausstrahlungskraft, seiner Gegnerin. Immerhin wurde er, im Gegen-satz zu ihr, in Salzburg geboren. Doch die Ambition des farblosen Sachpolitikers, Burgstaller und der SPÖ Platz eins in Salzburg streitig zu machen, erscheint doch als etwas hoch gegriffen. Beide Regierungsparteien, SPÖ und ÖVP, werden voraus-sichtlich am kommenden Sonntag Einbußen zugunsten der FPÖ erleiden. In Salz-burg besteht nach wie vor ein starkes nationalliberales Lager; über diese Tatsache darf die schwere Niederlage der FPÖ in den letzten Wahlen keineswegs hinwegtäuschen. Entsprechend zuversichtlich gibt sich der Salzburger FPÖ-Chef, der 54-jährige Arzt und Hobby-Helikopterpilot Karl Schnell. Er setzt auf den simplen Wahlslogan „Heimatland in Heimathand", eine Eigenkreation, auf die er besonders stolz ist.

Starke Wirtschaft

Gabi Burgstaller ließ aufhorchen, als sie deutlich machte, dass sie zurücktreten wür-de, wenn die SPÖ bloß auf den zweiten Platz käme. Beträchtliche Aufregung bewirkte allerdings ihre Ankündigung, dass sie eine Koalition mit der FPÖ nicht a priori ausschließen wolle – eine Aussage, die in diametralem Widerspruch zur kla-ren Linie des SPÖ-Chefs und Bundeskanzlers Werner Faymann steht. Doch diese taktische Stellungnahme hat Burgstaller nicht geschadet; in den Meinungsumfragen liegt sie konstant vorn.

Ihre Kritiker monieren, dass sie nach ihrem fulminanten Start vor fünf Jahren letztlich nur wenig bewegt habe in Salzburg. Ihre wenigen Erfolge wusste sie jedoch sehr gut zu verkaufen. Auch operiert sie in einem günstigen Umfeld. Salzburg gehört mit 520.000 Einwohnern zu den kleineren österreichischen Bundesländern. Dank einem stark ausgebauten Dienstleistungssektor zählt es aber zu den reichsten; mit einem Brutto-Regionalprodukt von rund 34.800 Euro pro Einwohner und Jahr steht es hinter Wien an zweiter Stelle. Salzburg profitiert in beträchtlichem Maße von der unmittelbaren Nachbarschaft zum wirtschaftlich starken Bayern. Seit Jahren ist die Arbeitslosigkeit um rund zwei Prozentpunkte geringer als im übrigen Österreich; allerdings ist auch der Anstieg der Arbeitslosigkeit seit Beginn der Wirtschaftskrise stärker als in anderen Bundesländern.

„Die Kirche bleibt im Dorf"

Für den Chefredakteur der bürgerlichen „Salzburger Nachrichten", Manfred Perterer, verfügt Burgstaller kaum über politische Visionen für Salzburg. Es fehle der Blick über den Tellerrand hinaus. Sie habe keine gravierenden Fehler begangen, doch ihre konkreten Leistungen seien rasch aufgezählt. Worauf es schließlich ankomme, sei die Sympathie, welche die kontaktfreudige Politikerin bei den Wählern erwecke. Da habe der zwar kompetente, aber glanzlose „Aktenerlediger" Haslauer keine Chance. Salzburg sei gewiss kein sozialistisches Biotop. Dass Burgstaller Sozialdemokratin sei, stehe für die Leute nicht im Vordergrund. In Salzburg stünden die Sozialisten keineswegs links, sondern sie seien durchaus bürgerlich, unterstreicht Perterer. Er ist überzeugt, dass beide Parteien, ÖVP und SPÖ, am Sonntag ein ehrbares Ergebnis einfahren und ihr Regierungsbündnis erneuern werden. Dann, so Perterer, bleibe in Salzburg die Kirche im Dorf.

Lust auf Luster

(März 2009)

„De mortuis nil nisi bene" – die Befolgung der Maxime, über Tote nur Gutes zu berichten, fällt den Österreichern gegenwärtig etwas schwer. Helmut Zilk, vor fünf Monaten verstorben, verschwindet nicht aus den Schlagzeilen – und es ist kaum Gutes, was diese über den früheren Wiener Bürgermeister vermelden. Zilk, zu Lebzeiten fast schon so etwas wie eine Wiener Ikone, wurde auf dem Zentralfriedhof mit militärischem Pomp beigesetzt, in einem Ehrengrab, unweit der letzten Ruhestätte des legendären Bundeskanzlers Bruno Kreisky. Das Projekt allerdings, ein Stück der Wiener Ringstraße nach Zilk zu benennen, dürfte hiermit ad acta gelegt sein.

Dass Zilk, alias „Holec", jahrelang als Informant für den Geheimdienst der kommunistischen CSSR tätig war, gilt jetzt als erwiesen. Auch dass er sich seine Informationen – offenbar ziemlich triviale Auskünfte – honorieren ließ, scheint festzustehen. Die Beträge, die da unter dem Eisernen Vorhang flossen, waren relativ bescheiden, und das Pied-à-Terre in der Prager Altstadt, das der „Homme à femmes" Zilk gerne von den Tschechen gekriegt hätte, wurde ihm letztlich doch nicht bewilligt.

Nach Wien geliefert wurde hingegen der von Zilk gewünschte Bleikristall-Luster – offenbar das begehrenswerteste Exportprodukt, das die Tschechoslowakei damals zu bieten hatte. Zilks wohlfeile Spionagetätigkeit war in der Retrospektive doch eher peinlich für ihn als schädlich für die Nation. Ein schales Gefühl hingegen hinterlässt die Tatsache, dass der Großteil der Akte Zilk auf rätselhafte Weise aus den Archiven der österreichischen Staatspolizei verschwunden ist. Und das Massenblatt „Kronen Zeitung" schließt daraus messerscharf, dass nicht sein kann, was nicht sein darf. Ein österreichisches Axiom.

Ein Denkmal für Helmut Zilk

Rechtsruck und Ratlosigkeit

(März 2009)

Nach ihren starken Stimmenverlusten bei den Landtagswahlen in Kärnten und in Salzburg herrscht bei den österreichischen Sozialdemokraten tiefe Ratlosigkeit. Die Wahlresultate in den beiden Bundesländern haben Schockwellen bis in die Wiener SPÖ-Zentrale ausgesandt. Kärnten war einst eine Hochburg der Sozialdemokraten, heute ist es für die SPÖ ein Trümmerhaufen. Die Meinungsforscher hatten ein Kopf-an-Kopf-Rennen mit dem von Jörg Haider gegründeten BZÖ (Bündnis Zukunft Österreich) vorausgesagt. Tatsächlich aber endete der Urnengang mit einem triumphalen Sieg für Haiders Partei und einer schweren Demütigung für die SPÖ, die 9,8 Prozentpunkte einbüßte und sich mit 28,6 Prozent der Wählerstimmen zu begnügen hatte.

Triumph der Glanzlosen

In Salzburg stand die siegessichere Landeshauptfrau Gabi Burgstaller (SPÖ), zusätzlich ausgestattet mit dem Amtsbonus, in einem perfekt auf ihre Person zugeschnittenen Wahlkampf dem uninspirierenden Wilfried Haslauer (ÖVP) gegenüber und musste dennoch einen Verlust von 5,9 Prozentpunkten hinnehmen. Die SPÖ steht mit 39,5 Prozent der Wählerstimmen nur noch knapp vor der Volkspartei mit 36,5 Prozent.

Der glücklose Spitzenkandidat der Kärntner Sozialdemokraten, Reinhart Rohr, brachte das Phänomen Kärnten auf den Punkt: „Gegen einen Toten kann man nicht kämpfen." In der Wahlkabine sei der „Haider-Faktor" voll zum Tragen gekommen. Tatsächlich hat Jörg Haiders Charisma über seinen Tod hinaus so intensiv nachgewirkt, dass seiner Partei jetzt sogar 3,1 Prozentpunkte mehr Wählerstimmen zugefallen sind als 2004, als Haider noch persönlich den Wahlkampf für die damalige FPÖ (Freiheitliche Partei) führte. Der tote Haider wirkt in Kärnten, überspitzt formuliert, sogar noch stärker als der lebendige.

Im Jahr 1976 war der gebürtige Oberösterreicher Haider nach Kärnten gezogen und wurde dort FPÖ-Sekretär. Kärnten befand sich seit Kriegsende bis zum Jahr 1999 fest in Händen der SPÖ. Diese beherrschte das südliche Bundesland mit deutlicher, meist sogar absoluter Mehrheit. Die Sozialdemokraten wurden mit den sprichwörtlichen „Punschkrapferln" verglichen – außen rot, innen braun. Sie galten unter anderem als Sammelbecken für das „nationale Lager", für alte Nazis und neue Unbelehrbare.

Jüngling und Vaterfigur in einem

Haider, mit hervorragenden politischen Instinkten ausgestattet, erfasste rasch die „Kärntner Seele" mit ihren wehmütigen Liedern, den liebevoll gehätschelten Ur-ängsten vor den Slawen südlich des Karawankengebirges und dem mehr oder weni-ger ausgeprägten Minderwertigkeitskomplex gegenüber der fernen Hauptstadt Wien. Haider war eine doppelgesichtige Projektionsfigur – als Vaterfigur, als Landesvater, der Geschenke verteilte und sein Gegenüber stets ernst nahm, aber auch als ewiger Jüngling. Vor allem aber konnte Haiders Partei den Kärntnern die hochwillkomme-ne Synthese aus nationalen und sozialen Elementen bieten. Da konnte die SPÖ nicht mithalten.

Schon in der Landtagswahl 1984 erzielte Haider an der Spitze der FPÖ 16 Pro-zent, fünf Jahre später sprengte er, inzwischen als Bundesparteiobmann, die absolute Mehrheit der SPÖ und kam auf 29 Prozent, 1999 bereits auf 42 Prozent, und trotz des desaströsen Zustands der FPÖ nach der Palastrevolte von Knittelfeld brachte Haider nach seiner letzten Kärntner Kampagne die FPÖ auf 42,4 Prozent. In einem Wahlkampf, der erfolgreich auf Kontinuität und mehr noch auf Loyalität und Pietät gegenüber dem Verstorbenen setzte, hat nunmehr das BZÖ einen Rekord-Stim-menanteil von 45,5 Prozent erzielt. Dass Haiders Nachfolger als Landeshauptmann, Gerhard Dörfler, geradezu den Gegenpol zu Kärntens charismatischem Idol verkör-pert und im Wahlkampf von einem Fettnäpfchen ins nächste tappte, schien die Kärntner Wähler nicht zu irritieren. Was sie hingegen störte, war die völlige Konzept-losigkeit, waren die ständigen internen Querelen der Kärntner Sozialdemokraten.

Die Wählerstromanalysen für die beiden Bundesländer belegen die Abwanderung der Wähler von den Sozialdemokraten zu den beiden Rechtsparteien. In Kärnten ent-schieden sich 22.000 oder 22 Prozent der SPÖ-Wähler des Jahres 2004 für das BZÖ und 5000 für die FPÖ; in Salzburg wanderten 8000 oder 5 Prozent der SPÖ-Wähler zur FPÖ ab und 2000 zum BZÖ.

Bemerkenswert ist auch, dass die SPÖ, verglichen mit allen anderen Parteien, bei weitem am meisten ihrer Anhänger an die Kategorie der Nichtwähler verloren hat – in Salzburg 25.000 und in Kärnten 7000. In beiden Ländern durften erstmals 16-Jährige an die Urnen. Besorgniserregend für die SPÖ ist, dass sich in Salzburg 60 Prozent der Erstwählenden für die FPÖ entschieden haben. Von den Jungwählern zwischen 16 und 22 ging dort nur jeder zweite an die Urne. Ähnlich schlecht sieht es in Salzburg für die „Roten" bei den Arbeitern aus, wo die Arbeitslosigkeit innerhalb eines Jahres um 42,6 Prozent zugenommen hat. Nur 15 Prozent haben die SPÖ gewählt, 47 Prozent hingegen die FPÖ.

Kuschelkurs und Wellness-Politiker

Die SPÖ muss diese beiden Wahlresultate als ersten Test für den neuen Parteichef und Bundeskanzler Faymann werten. Die Ergebnisse sind alarmierend: Die Wähler verlangen in diesen Zeiten nicht nach Wohlfühl-Politikern und einem Kuschelkurs, sondern nach klaren und konkreten politischen Botschaften. Mit Besorgnis blicken die Sozialdemokraten auf zwei bevorstehende Urnengänge: die Wahl zum Europäischen Parlament am 7. Juni und vor allem die auf Oktober kommenden Jahres angesetzten Wahlen in Wien. Hier halten die Sozialdemokraten unter dem seit 1994 regierenden Bürgermeister Michael Häupl die Mehrheit. Diese wichtigste SPÖ-Bastion ist jedoch dem Trommelfeuer des FPÖ-Chefs Heinz-Christian Strache ausgesetzt. Mit seinem Versuch, die FPÖ mit dem BZÖ zusammenzulegen, hat sich Strache in Kärnten allerdings eine brüske Abfuhr geholt. Vor Kurzem erst hatte Strache dasselbe Anliegen, damals vom BZÖ vorgetragen, empört zurückgewiesen.

Das BZÖ hat sich mit diesem Wahlsieg wohl endgültig als dominierende Kärntner Regionalpartei etabliert und will diese Position mit niemandem teilen.

Politische Irrwege österreichischer Teenager

(Mai 2009)

Die österreichische Öffentlichkeit wurde in den letzten Tagen und Wochen durch eine Reihe von Vorfällen aufgerüttelt, denen zwei alarmierende Tendenzen gemeinsam sind: Empfänglichkeit erschreckend vieler Jugendlicher für simplistische Botschaften rechtsgerichteter Demagogen – und die Lust an gezielten Provokationen in Holocaust-Gedenkstätten ehemaliger NS-Konzentrationslager. So hatten am 9. Mai 2009 fünf Jugendliche im Alter zwischen 14 und 16 Jahren die großteils aus dem Ausland angereisten Teilnehmer an einer Gedenkfeier im Konzentrationslager Ebensee (Oberösterreich) – durchwegs betagte ehemalige KZ-Insassen – verbal und physisch attackiert. Die Besucher wurden von den vermummten Jugendlichen mit „Heil Hitler"-Rufen angepöbelt, bedroht sowie mit sogenannten Softair-Waffen angeschossen und verletzt.

„Kein Lausbubenstreich"

Drei der fünf Verdächtigen befinden sich in der oberösterreichischen Stadt Wels in Untersuchungshaft; gegen sie wird wegen nationalsozialistischer Wiederbetätigung und Körperverletzung ermittelt. Die Staatsanwaltschaft Wels erläuterte am Donnerstag, dass von einem „Lausbubenstreich" – mit diesen Worten hatte FPÖ-Chef Heinz Christian Strache die Aktion geradezu reflexartig abgetan – nicht die Rede sein könne. Mit „krimineller Energie" hätten die Beschuldigten zusammen mit Gleichgesinnten versucht, nationalsozialistisches Gedankengut zu verbreiten. Im Februar 2009 war die Außenmauer des früheren Konzentrationslagers Mauthausen bei Linz mit 70 Zentimeter großen Lettern beschmiert worden; die Parolen forderten dazu auf, mit „der Moslembrut" genau das zu tun, was „unsere Väter" mit „dem Jud" getan hätten. Die Formulierung deutet darauf hin, dass die Urheber der Schmieraktion der jüngeren Generation angehörten.

Zugleich mit dem Vorfall in Ebensee schockiert ein Vorkommnis die Öffentlichkeit, das sich während einer kürzlich – auf freiwilliger Basis – durchgeführten Schülerfahrt von 440 Wiener Gymnasiasten im Alter zwischen 15 und 17 Jahren ins Konzentrationslager Auschwitz ereignet hat. Im Angesicht der Gaskammern und im Beisein eines begleitenden KZ-Überlebenden fielen antisemitische Sprüche und Aussagen wie „die Juden gehören ganz einfach vergast". Als den begleitenden Lehrern die Situation entglitt, wurden die an jenen Vorgängen beteiligten Gymnasiasten nach Hause geschickt; der Wiener Stadtschulrat erwägt den Ausschluss jener Schüler aus dem Gymnasium Albertgasse sowie disziplinarische Maßnahmen gegen die mitgereisten Lehrer. Im Schatten dieser beiden Zwischenfälle nahm die Öffentlichkeit eine Meldung der „Tiroler Tageszeitung" aus dem bekannten Tiroler Touristenort Serfaus zur Kenntnis: Das Apart-Hotel „Sonnenhof" hatte einem Interessenten den Bescheid erteilt, „nach schlechter Erfahrung" im letzten August wolle man „keine jüdischen Gäste mehr beherbergen".

„Klima der Verharmlosung"

Mit einiger Berechtigung kommentiert eine Wiener Tageszeitung, dass österreichische Teenager heute „in einem Klima der Verharmlosung" aufwüchsen. Es sei wohl kein Zufall, dass sich diese Atmosphäre in den letzten Monaten, seit der einer rechtsextremen Burschenschaft („Olympia") angehörende und sich mit NS-Sympathisanten umgebende Dritte Nationalratspräsident Martin Graf (FPÖ) amtiert, verschärft habe. In der Tat missbraucht Graf seine Position, um Exponenten der extrem rechtsgerichteten Szene, wie den laut Dokumentationsarchiv des Österreichischen Widerstandes (DÖW) der deutschen Neonazi-Szene nahestehenden Walter Marinovic zu Vorträgen ins Parlament einzuladen. Die beiden Mittelparteien Sozialdemokraten (SPÖ) und Volkspartei (ÖVP), die Graf ohne formelle Notwendigkeit, aber aus taktischen Gründen in dieses Amt gewählt haben, tragen die Mitverantwortung für diesen Missstand.

Der Tag der EU-Abstimmung ist für die prononciert EU-skeptische FPÖ der „Tag der Abrechnung", an dem es gelte, „echte Volksvertreter statt EU-Verräter" ins Europaparlament zu entsenden. Mit der Parole „Abendland in Christenhand" zogen sich die Freiheitlichen allerdings die scharfe Kritik des Ökumenischen Rats der Kirchen in Österreich zu, der sich entschieden gegen jede Vereinnahmung des christlichen Glaubens auf Wahlplakaten verwahrt. Auch die Islamische Glaubensgemeinschaft protestierte gegen die „hetzerischen" Parolen der FPÖ.

Im Klima grassierender Krisenängste und Gehässigkeit gegenüber allem „Fremden" erzielen die beiden rechtsgerichteten Parteien FPÖ und BZÖ mit ihren gefährlich eingängigen Parolen nicht zuletzt bei jugendlichen Wählern die gewünschte Wirkung. Diese Tendenz belegt die soeben publizierte Studie des in Wien domizilierten Institute for Social Research and Analysis (Sora). Die Jungwähler fühlten sich von den Rechtsparteien direkter angesprochen; deren Botschaften seien konkreter und unverwechselbarer als jene der Mittelparteien SPÖ und ÖVP. Bei Lehrlingen ist die FPÖ die favorisierte Partei; schon in den Nationalratswahlen 2008 erzielten die beiden rivalisierenden Rechtsparteien FPÖ und BZÖ zusammengenommen bei den 16- bis 24-jährigen Wählern genau dasselbe Stimmentotal (29 Prozent) wie die beiden Mittelparteien SPÖ und ÖVP gemeinsam. Für die meisten Jungwähler sind laut Studie die Rechtsparteien keineswegs tabu; dadurch, dass diese bereits mitregiert hätten, seien sie auch weiterhin wählbar, argumentieren viele Jugendliche: eine Hinterlassenschaft der Koalitionen Wolfgang Schüssels und seiner ÖVP mit den Freiheitlichen und danach dem BZÖ.

Gereimtes und Ungereimtes

(Juni 2009)

In Österreich tobt zurzeit ein Dichterstreit eigener Art. Man überbietet einander – in gereimten Ungereimtheiten und ungereimter Prosa. Schon seit Wochen dichten die Reimeschmiede der rechtsradikalen Freiheitlichen munter drauflos: „Soziale Wärme" reimen sie auf „EU-Konzerne" und „Volksvertreter" auf „EU-Verräter". Schon in der Nationalrats-Wahlkampagne 2006 hatte die FPÖ mit dem Slogan „Pummerin (die große Glocke des Wiener Stephansdoms) statt Muezzin" und dem fast schon dadaistischen Schlachtruf „Daham (daheim) statt Islam!" ungestraft zum Kampf der Kulturen in der friedlichen Alpenrepublik aufgerufen.

Neuerdings betritt der FPÖ-Chef Heinz-Christian Strache, mit einem großen Kreuz bewaffnet, als Teufelsaustreiber das Rednerpult und fordert auf seinen Plakaten: „Abendland in Christenhand!" In Wahlinseraten gelobt Strache, einen EU-Beitritt des Nichtkandidaten Israel ebenso entschlossen zu bekämpfen wie jenen des Beitrittskandidaten Türkei – und spielt dabei mit antisemitischen und islamfeindlichen Emotionen. Dazu die Attacke des Dritten Nationalratspräsidenten Martin Graf (FPÖ), der den Präsidenten der Wiener Israelitischen Kultusgemeinde, Ariel Muzicant, „Ziehvater des antifaschistischen Linksterrorismus" nennt.

In den Chor der Ungereimtheiten stimmt jetzt auch das Magazin „News" ein: Auf dem Cover prangt eine Fotomontage mit Graf, der eine hochrangige Versammlung von Nazi-Bonzen im Hitler-Reich präsidiert, und Strache als „Führer" am Rednerpult. Darunter die Schlagzeile: „Schämt euch!" Zwar wurden aus der historischen Fotografie sämtliche Hakenkreuze sorgsam wegretuschiert – aber die Botschaft lässt dennoch nichts im Unklaren.

Der Dichter H. C.

Das Froschkonzert

(Juni 2009)

Der Sommer beginnt – und damit auch, in diesem kulturbeflissenen Land, die wunderbare Saison der Freiluftkonzerte, der Open-Air-Kinos und der Theater- und Opernaufführungen unterm Sternenhimmel. Landauf, landab wird hier jeder Hügel bespielt, der eine halbwegs identifizierbare Burgruine aufweist. Jedem See seine Seebühne und jeder einigermaßen präsentablen Barockfassade ihren Nestroy, Raimund oder Shakespeare.

So auch im Hof jenes erst kürzlich renovierten Schlosses, dessen Name hier verschwiegen werden soll. Der prestigeträchtige Gartenarchitekt, den der Schlossherr angeheuert hatte, um den schönen alten Schlossgarten in eine zeitgemäße Design-Parkanlage umzugestalten, hatte als raffinierte Hommage an den (längst verschwundenen) Burggraben einen rechteckigen Pool angelegt. Just über diesem wurde die Bühne für das große Orchester und den imposanten Chor errichtet, es wurden Batterien von Scheinwerfern und Lautsprechern installiert, kurz, es war an alles gedacht – nur an eines nicht: die Frösche.

Als der große Abend gekommen war und der Dirigent seinen Taktstock hob, begann das Konzert. Jenes von Chor und Orchester – vor allem aber, zum Ergötzen des ländlichen Publikums, der tausendstimmige Gesang der Frösche im Pool unter der Bühne. Lustvoll quakten sie im Takt von Händel und Haydn, und taktvoll verstummten sie in den Pausen zwischen den Sätzen. Der junge Dirigent war der Verzweiflung nahe. Ein schwacher Trost, wäre ihm eingefallen, dass vor einiger Zeit, jenseits des Großen Teiches, einem Froschkonzert Erfolg beschieden war: dem Musical „The Frogs" nach Aristophanes von Stephen Sondheims. Es wurde 1974 uraufgeführt – im Swimmingpool der Yale-University.

„The Frogs"

Das Burgenland –
ein Hauch von Ungarn im Osten Österreichs

(Juli 2009)

Eisenstadt ist von Wien aus in einer knappen Dreiviertelstunde erreichbar – über die Autobahn. Mit der Eisenbahn allerdings gestaltet sich die nur 60 Kilometer lange Reise umständlich. Eisenstadt liegt nah und doch fern. Es ist die einzige Hauptstadt eines Bundeslandes, die über keine direkte Zugsverbindung mit anderen Städten verfügt. In der winzigen Station hält eine Handvoll Regionalzüge, mit denen man sein Ziel erst nach mehrmaligem Umsteigen erreicht, und gelegentlich auch der eine oder andere Nostalgiezug. Mit rund 13.000 Einwohnern ist Eisenstadt die kleinste Landeshauptstadt Österreichs – halb so groß wie Bregenz.

Von Ungarn losgelöst

Die mangelhafte Anbindung an das österreichische Eisenbahnnetz ist kein Zufall. Bis zum Ende des Ersten Weltkrieges war das ungarische Kismarton eine abgelegene Provinzstadt im äußersten Westen Ungarns. Nach dem Zusammenbruch der Habsburgermonarchie wurde dieser Teil des Landes in den Friedensverträgen von St.-Germain (1919) und Trianon (1920) dem Nachbarn Österreich zugeschlagen, der die historischen Zentren des Landstriches begehrte. In der Namensgebung für das neue österreichische Bundesland kam dieser Wunsch zum Ausdruck – aus der Nachsilbe der Städte Wieselburg, Altenburg, Eisenburg, Ödenburg und Pressburg wurde „Burgenland" gebildet. Dies blieb Programm; Österreich bekam die Städte nicht.

Eigentlich sollte Ödenburg (ungarisch: Sopron) die Landeshauptstadt werden. Doch es kam zum Widerstand, ungarische Freischärler beschossen österreichische Gendarmen. 1921 wurde in Sopron und den Dörfern der Umgebung eine Volksabstimmung abgehalten, die zugunsten Ungarns ausging. Noch im selben Jahr erfolgte die Angliederung des Burgenlandes an Österreich; zur Hauptstadt wurde 1925 Eisenstadt erklärt.

Völkerverbindender Nationalpark

Immer noch schwebt ein Hauch Ungarn über dem östlichsten Bundesland Österreichs. Sobald man den alten Grenzfluss, die Leitha, überschritten hat, durchquert man eine üppig-grüne, von Weinreben durchzogene Landschaft. Leitha- und Rosaliengebirge säumen sanft den Horizont, kaum merklich fällt die Straße ab, man taucht in eine hitzeflimmernde Ebene: Pannonien, bis 433 eine Provinz des Römerreichs. Diese umfasste die Landstriche südwestlich der Donau.

Die lang gestreckten burgenländischen Straßendörfer mit ihren einstöckigen Häusern gleichen den Siedlungen jenseits der Grenze – nur dass hier in den 60er-Jahren ungleich mehr Geld zur Verfügung stand als im kommunistischen Nachbarland und die meisten der alten Häuser lieblos modernisiert, die Dorfensembles unwiederbringlich zerstört worden sind.

In der Ferne erahnt man schon den Neusiedler See, den größten See Österreichs, dessen Ufer die beiden Länder verbinden. Quer durch das seichte, schlammig-grüne Gewässer verlief bis 1989 der Eiserne Vorhang. Schon vier Jahre später wurde hier der erste grenzüberschreitende Nationalpark Österreichs gegründet, der Nationalpark Neusiedler See-Seewinkel auf der österreichischen bzw. Fertö-Hanság-Nemzeti-Park auf der ungarischen Seite. Das Schutzgebiet verfügt über eine Gesamtfläche von 300 Quadratkilometern, allein der mächtige Schilfgürtel ist mit 178 Quadratkilometern nach dem Donaudelta der zweitgrößte zusammenhängende Schilfbestand Europas. Das Schilf dient zahlreichen Vogelarten als Nistplatz, auf Sumpfwiesen weiden blauäugige Weiße Esel und ungarische Steppenrinder, die mit ihren mächtigen Hörnern an alte Puszta-Ansichten erinnern. Aus ökologischer Sicht hat der breite Schilfgürtel den Vorteil, dass er Touristen den Zugang zum See erschwert.

Schwerter zu Pflugscharen

Es mutet an wie die biblischen Schwerter, die in Pflugscharen umgeschmiedet werden: Der Nationalpark kaufte von der ungarischen Armee zwei Wachttürme, auf deren Plattformen bis vor nicht allzu langer Zeit noch Grenzwächter den Eisernen Vorhang nach verdächtigen Personen abgesucht hatten. Heute sind es naturbegeisterte Besucher, die mit ihren Feldstechern nach seltenen Tieren im Schilf Ausschau halten.

Kein Wegweiser im Weinbauerndorf St. Margarethen bezeichnet jene kleine Straße, die zu der Stelle am Waldrand führt, wo die Außenminister der beiden Länder, Alois Mock und Gyula Horn, am 27. Juni 1989 symbolisch den Stacheldrahtverhau des Eisernen Vorhangs durchschnitten. Ein Monument mit zweisprachiger Aufschrift und ein Stück Stacheldrahtzaun, der heute etwas verloren in der Wiese steht, erinnern an jenen historischen Augenblick.

Die Barrieren in den ungarischen Nationalfarben Rot-Weiß-Grün, welche die Landesgrenze markieren, stehen weit offen. Ungarische Besucher veranstalten ein fröhliches Picknick und kochen Kesselgulasch über dem offenen Feuer, ein idyllischer Wanderweg lädt zum Bummeln ein – blühende Felder, Vogelgezwitscher, unter einem Baum ein Liebespaar: Außer einer Reihe verblasster Dokumentationstafeln erinnert nichts mehr daran, dass dies noch vor zwei Jahrzehnten ein Ort des Schreckens war.

Vom Fürstenhaus zur Firma

Schon der erste Blick offenbart die historischen Machtverhältnisse: Majestätisch thront Schloss Esterházy über dem Stadtbild, respektvoll ducken sich die Häuser der Untertanen zu seinen Füßen. Die Esterházys verhielten sich stets loyal zum habsburgischen Kaiserhaus und wurden dafür reich belohnt, sie regierten Ungarn als dessen Palatine. Damit standen sie auf der Seite der Gegner der mehrheitlich protestantischen Ungarn und deren Unabhängigkeitsbestrebungen. 1947 wurde der ungarische Besitz durch die kommunistische Regierung enteignet, Teile der Familie flohen ins Exil, unter anderem in die Schweiz.

Heute bilden die vom Schweizer Stefan Ottrubay geleiteten Esterházy-Stiftungen ein straff organisiertes, auf sicherem Kurs durch die Stürme der Wirtschaftskrise steuerndes Unternehmen mit einem Gesamtumsatz von fast 30 Millionen Euro. Die beiden Standbeine der Gruppe sind Forstwirtschaft und Weinbau sowie Immobilien und Freizeitanlagen. Mit 40.000 Hektar ist Esterházy der größte private Grundbesitzer Österreichs. Als „größter privater Kultur-Anbieter Europas" investierten die Stiftungen unter anderem in die Infrastruktur des historischen Steinbruchs St. Margarethen, wo jeden Sommer in einer riesigen Naturarena spektakuläre Operninszenierungen stattfinden.

Das Verhältnis zwischen dem seit 1964 von der SPÖ regierten Land Burgenland und den Esterházys ist nicht frei von Spannungen. Der langjährige burgenländische Landeshauptmann Theodor Kery, dessen Familie selbst aus dem ungarischen Kleinadel stammte, propagierte noch Ende der 60er-Jahre die Enteignung der Esterházys. Im Schloss wurde die Kulturabteilung der Landesregierung untergebracht, der Festsaal für Konzerte genutzt. Heute dreht sich die Auseinandersetzung um die Finanzierung der längst fälligen Renovationsarbeiten am Schloss. Die Esterházy-Stiftungen kündigten dem Land Burgenland jüngst den Pachtvertrag. Als Diener zweier Herren kommt das Schloss zu gleich zwei Haydn-Ausstellungen: einer fulminanten, mit der Ottrubay internationales Flair in die verschlafene Landeshauptstadt bringen will, und einer eher biederen des Landes.

Haydn-Wein und Quinquin-Sekt

Im 200. Todesjahr Haydns steht Eisenstadt ganz im Zeichen des Komponisten. Schon im Kreisverkehr bei der Einfahrt prangt ein großer Violinschlüssel, liebevoll aus Buchsbaum geschnitten. Die Konditorei Altdorfer preist als Spezialitäten ihre „Haydn-Rolle" und „Haydn-Torte", im Schaufenster der Buchhandlung liegen Werke wie „Kochen macht Haydn Spaß" oder „Haydn, Haydn über alles". Die Teehandlung bietet die „Josef-Haydn-Mischung" an, die Weinhandlung den „Haydn-Wein", die „Bodega" ein „Haydn-Menü", das „Azzurro" ein „Haydn-Gulasch". Und im prachtvollen Haydn-Saal des Schlosses Esterházy, wo Haydn jahrelang als Hofkapellmeister wirkte, ist er auch akustisch präsent – dort erklingen die Werke des Komponisten in höchster Vollendung.

Ein Schaumwein aus dem Haus Esterházy mit dem klingenden Namen „Quinquin" erweckt Neugier: Quinquin ist der Kosename des Grafen Oktavian, des „Rosenkavaliers" in der Oper von Richard Strauss. Der junge Quinquin begegnet uns im ersten Akt der Oper als Geliebter der Feldmarschallin; nach einigen Verwicklungen wird er die reiche Bürgertochter Sophie ehelichen.

Jener Quinquin hat wirklich gelebt – wer dieser liebestolle barocke Jüngling war, wird uns ausgerechnet in der nüchternen, chromglänzenden Hightech-Welt des Weingutes offenbart: Graf Franz „Quinquin" war ein Esterházy, und er wurde am 12. September 1715 in der westungarischen Ortschaft Papa südlich der Stadt Györ geboren. Er soll tatsächlich ein Liebling der aristokratischen Wiener Damenwelt gewesen sein. Immerhin brachte er es zum Direktor des Wiener Hoftheaters und war Mitglied der Freimaurerloge „Zu den drei Kanons". Zwar hat der „Rosenkavalier" den „Quinquin" unsterblich gemacht – doch lange zuvor hatte Wolfgang Amadeus Mozart zur Trauerfeier seines verstorbenen Logenbruders, „Quinquin", Graf Franz Esterházy von Galanta, am 17. November 1785 sein größtes freimaurerisches Werk komponiert: die „Maurerische Trauermusik".

Respektierte Minderheiten

Während die ungarische Volksgruppe im Burgenland mit lediglich 4700 Personen beziffert wird, gehören 16.283 Personen oder knapp sechs Prozent der Gesamtbevölkerung der kroatischen Minderheit an. Rund 100.000 Wehrbauern aus dem türkisch besetzten, ungarischen Kroatien-Slawonien waren bereits während der Türkenkriege des 16. Jahrhunderts nach Westungarn umgesiedelt worden.

Bei der Fahrt durchs Burgenland fallen die zweisprachigen Ortstafeln auf, beispielsweise Großwarasdorf/Veliki Boristof, Neudorf/Novo Selo, Unterpullendorf/Dolnja Pulja, Oslip/Uzlop. In 51 Gemeinden wurden im Jahr 2000 derartige Beschilderungen aufgestellt – 47 am Rand deutsch-kroatischer und vier vor deutsch-ungarischen Ortschaften. Anders als in Kärnten ist dies heute im Burgenland kein Thema mehr. Ursprünglich hatte sich die burgenländische SPÖ widersetzt, weil sie die Integration der Minderheiten um jeden Preis vorantreiben wollte. Im Jahr 2000 setzte die ÖVP-Regierung unter Bundeskanzler Schüssel im Burgenland unter Berufung auf die Verfassung die zweisprachigen Ortstafeln durch – wohl als Signal an Kärnten, wo Schüssels Bündnispartner Haider regierte, der zusätzliche slowenisch-deutsche Ortsschilder aus Rücksicht auf die deutschsprachige Mehrheit stets ablehnte. Die Sozialdemokraten im Burgenland schürten Befürchtungen, es könne, wie 1972 in Kärnten, zum „Ortstafelsturm" kommen. Doch außer der Besprayung des kroatischen Ortsnamens auf der Tafel Voristan/Hornstein kam es zu keinen Zwischenfällen.

Die Tafeln stehen, doch die Minderheitenkultur ist bedroht: Durch Eheschließungen mit Nicht-Kroaten, aber auch den Fernsehkonsum geht die Zweisprachigkeit bei den Burgenlandkroaten von Generation zu Generation verloren. Christian Illedits, Fraktionschef der burgenländischen SPÖ und Bürgermeister der zweisprachigen Gemeinde Drassburg (ungarisch Darufalva, kroatisch Rasporak) vertritt die Angelegenheiten der kroatischen Volksgruppe. Probleme gebe es weder im Verhältnis zur deutschsprachigen Mehrheit noch zur kleineren ungarischen Minderheit, betont Illedits im Gespräch. Zögernd fügt er hinzu, den Burgenlandkroaten werde bisweilen vorgeworfen, sie verfügten über stärkeren politischen Einfluss, als ihnen angesichts ihres Anteils an der Bevölkerung zukäme. In der Bundesregierung haben zwei burgenländische Kroaten Ministerposten inne: Verteidigungsminister Norbert Darabos (SPÖ) und Landwirtschaftsminister Nikolaus Berlakovich (ÖPV). Berlakovich beherrscht sowohl die kroatische als auch die ungarische Sprache fließend. Im Gespräch mit der NZZ hebt er die Bedeutung der zweisprachigen Ortstafeln hervor – als Symbol für ein friedliches Europa.

DAS **BURGENLAND** IST EIN **SCHILFGÜRTEL** IRGEND-WO HINTER **UNGARN**

DIE BEVÖLKERUNG ER-NÄHRT SICH VON WEIN FRÖSCHEN & STÖRCHEN

ES DIENT ALS **TRUPPENÜBUNGSPLATZ** FÜR ASSISTENZEINSÄTZE

HAUPTATTRAKTION IST DER **NEUSIEDLER "SEE"**

DESSEN **INHALT** VIELFÄLTIG VERWENDUNG FINDET

DIE HÖCHSTE ERHEBUNG DES BGLDES IST: **H. NIESSL**

Was wir über das BURGENLAND wissen

Das eiserne Herz der Steiermark

(Juli 2009)

Spätestens seit Oktober letzten Jahres weiß man: Güllen, der Schauplatz von Dürrenmatts tragischer Komödie „Der Besuch der alten Dame" liegt in Österreich – im Herzen der Steiermark. Es ist eine Stadt mit Namen Eisenerz. Einst Zentrum der österreichischen Schwerindustrie mit weit zurückreichender Geschichte, droht der schon längst nicht mehr blühende Bergbaustandort zur Geisterstadt zu verkommen. Tapfer trotzen die Stadtväter, gemeinsam mit den verbleibenden Bewohnern, dem Niedergang. Neue Industrie- und Wohnbauprojekte werden lanciert, die prachtvolle Landschaft soll vermehrt touristisch genutzt werden.

Enttäuschte Erwartungen

Letztes Jahr gab es für Eisenerz einen Hoffnungsschimmer: Das früher schmucke Städtchen wurde zur Filmkulisse. Mehr als ein halbes Jahrhundert nach der Uraufführung des Schauspiels in Zürich hat das österreichische Fernsehen ORF in Koproduktion mit der deutschen ARD „Der Besuch der alten Dame" neu verfilmt. In der Titelrolle verkörpert Christiane Hörbiger die schwerreiche Claire Zachanassian, geborene Klara Wäscher. Für kurze Zeit wurde Eisenerz aus seinem Dornröschenschlaf gerissen, Hektik kehrte ein: Die mächtigen Fahrzeuge der Produktionsgesellschaft verstellten den idyllischen Hauptplatz, riesige Scheinwerfer wurden aufgestellt, Kabel verlegt, hoffnungsvoll standen die Bewohner der ganzen Umgebung stundenlang Schlange – in der vagen Hoffnung, als Komparsen mitwirken zu dürfen.

Irgendwann war der Spuk vorbei, die Eisenerzer erzählten sich noch die eine oder andere Anekdote, man sah sich voller Erwartung im Fernsehen den Film an, der am 13. Oktober 2008 ausgestrahlt wurde – dann kehrte wieder Lethargie in der Ortschaft ein. Keine Claire Zachanassian hatte ihren Reichtum über Eisenerz ausgeschüttet. Dass der Drehort im Abspann des Films nicht erwähnt wird, sei für ihn doch eine herbe Enttäuschung gewesen, berichtet der damalige Bürgermeister, Gerhard Freiinger. Die Wahl von Eisenerz als Drehort habe deshalb auch keinen Aufschwung im Tourismus gebracht. Nur gelegentlich tauche ein Filmteam auf, um die inzwischen in der Branche bekannt gewordene Kulisse des Städtchens zu nutzen.

Bald eine Geisterstadt?

Seither ist Eisenerz noch mehr zu „Güllen" geworden. Beim Gang durch die malerischen Gassen mit ihren behäbigen bunten Bauten, die von einstigem Reichtum zeugen, fallen Geschäfte mit leeren Schaufenstern und Gaststätten mit der Aufschrift „geschlossen" auf. Vor dem Hintergrund der Wirtschaftskrise hat sich die Lage seit einem Jahr weiter verschärft. Die Einwohnerzahl, die sich in den letzten vierzig Jahren bereits um die Hälfte reduziert hatte, ist allein seit letztem Herbst von 5500 auf 5200 gesunken.

Diese Entwicklung bedeutet den stärksten Bevölkerungsrückgang in ganz Österreich. Das Durchschnittsalter der Bewohner liegt bei 50 Jahren und entspricht damit der höchsten Überalterung der Republik. Zugleich wird ein beträchtlicher Geburtenrückgang registriert. Jüngere Einwohner ziehen weg, sie sehen hier keine Zukunft mehr. Die Stadt ist hoch verschuldet: 5,5 Millionen Euro beträgt der Schuldenstand – mehr als 1000 Euro pro Einwohner.

Rettungspläne

Vergangenen Herbst noch berichtete der damalige Bürgermeister Gerhard Freiinger im Gespräch von großen Vorhaben, die Eisenerz vor dem Schicksal des Dürrenmatt'-schen „Güllen" bewahren sollten. Die überdimensionierte Infrastruktur der Stadt müsse den neuen, deutlich kleineren Dimensionen angepasst werden. In den alten Arbeitersiedlungen, die das Stadtbild prägen, stünde fast jede vierte Wohnung leer. Von den heute vier Ortsteilen sollten bis zum Jahr 2021 zwei abgerissen, die anderen beiden Stadtviertel von Grund auf saniert werden, um attraktiven neuen Wohnraum zu schaffen und junge Neuzuzügler anzulocken.

Der lokale Ableger des in Linz domizilierten Stahlkonzerns Voest-Alpine (VA Erzberg) plant den Bau einer Pelletierungsanlage, welche rund 150 Arbeitsplätze schaffen könnte. Die notwendigen Investitionen belaufen sich auf 175 Millionen Euro. Aus dem im Erzberg geförderten Feinerz könnten „Pellets" hergestellt werden, die in den Linzer Hochöfen der Voest für die Stahlproduktion Verwendung fänden. In einem anderen Bereich ist Eisenerz bereits erfolgreich: Mit einer Recyclinganlage der Umwelt- und Entsorgungstechnik AG (UEG), die Altmetall, das bei der Zerkleinerung von Autoschrott anfällt, in den Wertstoff-Kreislauf zurückführt. Dass der „Recyclingpark" stillgelegte Werkstätten der Voest mit neuer Aktivität belebt, hat Symbolcharakter.

Der Sozialdemokrat Freiinger will sich nach den Erfahrungen der letzten Jahre allerdings nicht auf das Standbein Industrie allein verlassen. Er hat als Beispiel für die Zukunft von Eisenerz die Industriestädte Linz und Leoben vor Augen: Leoben sei heute eine lebendige Einkaufs- und Ausstellungsstadt, Linz präsentiere sich als Kulturhauptstadt des Jahres 2009 – in beiden Städten sei keine Spur mehr vorhanden von „grauer Stahl-Tristesse", obwohl doch Industrie in diesen beiden Städten auch weiterhin die dominante Rolle spiele.

Der Tourismus soll angekurbelt werden, doch Unterkunftsmöglichkeiten gibt es in Eisenerz längst nicht mehr. Eine Feriensiedlung ist geplant; der naturbelassene Leopoldsteiner-See wäre ein attraktiver Standort. Eisenerz dient heute schon als lebendiges Museum. Zehntausende von Besuchern fahren jährlich mit der „Katl", der alten Grubenbahn, in den stillgelegten, 1,5 Kilometer langen Stollen; in dem Schaubergwerk wird ihnen die Geschichte des Bergbaus eindrücklich vor Augen geführt. Oder sie fahren auf den gigantischen Schwerlastwagen „Hauly I & II" mit ihren jeweils 860 PS die Etagen des Erzbergs entlang in schwindelerregende Höhen und lassen sich die Abbaumethoden des Tagbaus erläutern.

Schon seit Jahren wird der Berg für den Motorsport genutzt. Nachdem in den späten 80er-Jahren dort zwei Auto-Bergrennen ausgetragen wurden, findet seit 1995 alljährlich das sogenannte Erzberg-Rodeo statt: 1500 Motorradfahrer aus 30 Nationen bezwingen die imposanten Höhenunterschiede mit Motorrädern.

Von 4000 zu 200 Arbeitern

Wie eine gewaltige, von weither sichtbare Stufenpyramide ragt der Erzberg in eine Höhe von 1466 Metern auf. Hier findet sich das weltweit wohl größte Siderit-Vorkommen. Der Eisengehalt dieses Gesteins beträgt durchschnittlich nur 33 Prozent. Pro Jahr werden immer noch zwei Millionen Tonnen Erz abgebaut, die vor allem nach Linz und auch nach Leoben-Donawitz zur Weiterverarbeitung transportiert werden.

Über die Ursprünge des Bergbaus am Erzberg ist wenig bekannt; für die gängige These, dass der Abbau im Jahr 712 begonnen hat, sind offenbar keine Belege vorhanden; erstmals wird der Erzberg 1171 urkundlich erwähnt. Die Einführung der Pulversprengung im Jahre 1720 brachte eine radikale Neuerung der Abbaumethoden: Bis dahin waren die Stollen mit Schlägel und Eisen vorgetrieben worden. Unter Erzherzog Johann kam es zu einem großen Aufschwung der Eisengewinnung, der die gesamte Region prosperieren ließ. Erst im Jahr 1986 wurde der Untertag-Abbau eingestellt. Noch in den sechziger Jahren waren am Erzberg 4000 Bergleute beschäftigt, heute sind es nur mehr knapp 200 Arbeiter.

Leichen im Keller

Im Zweiten Weltkrieg erlebte Eisenerz einen nie da gewesenen Aufschwung: Die Nachfrage nach dem kriegswichtigen Rohstoff Eisen wuchs dramatisch und die Bevölkerungszahl der Minenstadt erhöhte sich sprunghaft von 11.400 Einwohnern bei Kriegsbeginn auf 18.500 im Jahr 1944. In den Stollen wurden Zwangsarbeiter eingesetzt; in Eisenerz befand sich ein Außenlager des Konzentrationslagers Mauthausen. Ebenso wie der fiktive Ort „Güllen" hat auch Eisenerz seine Leichen im Keller: In den letzten Monaten des Krieges wurden Tausende ungarische Juden auf Todesmärschen nach Westen in Richtung Mauthausen bei Linz getrieben. Am 8. April 1945 richteten Angehörige des „Volkssturms" aus Eisenerz, jenes „letzten Aufgebots zur Verteidigung der Heimat" ein Massaker unter den völlig erschöpften Menschen an. Sie erschossen am Präbichl-Pass oberhalb der Stadt 200 Männer, Frauen und Kinder, weitere Massenmorde wurden in der gesamten Region verübt.

Im Jahr 1946 wurden zehn Männer von britischen Militärgerichten in den „Eisenerz-Prozessen" als Urheber jenes Gemetzels zum Tode verurteilt, drei zu zehn Jahren und einer zu sechs Monaten Gefängnis. Diese Verfahren gehörten zu den wichtigsten Kriegsverbrecherprozessen im Nachkriegs-Österreich. Erst 55 Jahre nach der Bluttat, im Jahr 2000, beschloss der Eisenerzer Gemeinderat auf Initiative von Bürgermeister Freiinger, das dunkelste Kapitel der Lokalgeschichte im Rahmen eines Gedenkprojektes aufzuarbeiten. Im Rahmen eines Wettbewerbs wurden von den Schulen des Ortes 14 Modelle für eine Gedenkstätte entworfen. Das ausgewählte Projekt wurde verwirklicht und die Gedenkstätte am 17. Juni 2004 durch Vertreter der Stadtgemeinde und der Eisenerzer Jugend eingeweiht – im Beisein zweier Überlebender der Todesmärsche.

Die Prophezeiung des Wassermanns

Die Ursprünge der Erzförderung liegen im Dunkeln – doch eine alte Sage berichtet von der Entdeckung des Erzbergs und vom Ursprung des Reichtums, den er der Bevölkerung über Jahrhunderte gebracht hat: Die Ureinwohner des Erzbachtals entdeckten eines Tages einen Wassermann, der in einem Teich, der „Schwarzen Lacke", wohnte. Sie fingen ihn mit einem pechbestrichenen Mantel ein. Für seine Freilassung bot ihnen der Wassermann drei Arten von Lösegeld an: „Gold für zehn Jahr', Silber für hundert Jahr' oder Eisen immerdar!" Die weitsichtigen Einheimischen ließen sich weder von Gold noch Silber blenden und entschieden sich für das Dritte. Doch das „immerdar" sollte sich nicht bewahrheiten: Das Erz versiegt allmählich. Unter Beibehaltung der heutigen Förderquote werden die Vorkommen des Erzbergs im Jahr 2020 erschöpft sein.

Franz Gsellmann – der steirische Tinguely

(Juli 2009)

„Mit müch und blarg harb ich gebaut für das so kurze leben. gott wirt mich in der antern welt eine schönere arbeit geben. G. F. 1969" Die große, runde Plakette mit den eingestanzten Metallbuchstaben sollte das „mit Müh und Plag" entstandene Werk krönen. Doch als Lebenswerk, das die Welt als Maschine abzubilden hatte, konnte es noch nicht vollendet sein: Weitere zwölf Jahre nach der Formulierung jenes Vermächtnisses auf der Schwelle zwischen Diesseits und Jenseits konstruierte Franz Gsellmann weiter an seiner Universalmaschine. Wenige Wochen, bevor sich Gsellmann im November 1981, 61-jährig, zum Sterben ins breite Ehebett legte, hatte er seiner Familie verkündet, die Maschine sei jetzt fertig. Die Angehörigen könnten damit machen, was sie wollten. Mehr soll er damals nicht gesagt haben; er war zu schwach zum Reden.

Die große und die kleine Welt

Jean Tinguely wurde in der Weltstadt Basel geboren, seine Werke genießen Weltruhm und zieren zahllose Plätze und Brunnen, Mario Botta entwarf das Museum Tinguely. Sein Name wird mit Niki de Saint Phalle, Daniel Spoerri und Bernhard Luginbühl in Verbindung gebracht. Fernab von den Schauplätzen der großen Welt, im obersteirischen Dorf Edelsbach bei Feldbach, lebte Franz Gsellmann. Er starb einsam.

Gsellmann schuf nur ein einziges Werk: sein Lebenswerk. 23 Jahre arbeitete er daran, zog tagelang auf der Suche nach brauchbaren Bestandteilen herum, klapperte Schrottplätze und Flohmärkte ab und schaffte seine Schätze mit dem Schubkarren oder dem Ochsenfuhrwerk heim. Zeitlebens wurde der schmächtige, nur 40 Kilogramm wiegende und selbst im Sommer fröstelnde Bauer als Sonderling gemieden, als Spinner verlacht. Die Schwiegertochter drohte immer wieder damit, den „Schrott" eines Tages zu verkaufen. Auch der Dorfpfarrer von Edelsbach stand eines Tages vor der Tür und wollte Gsellmann zum Verkauf überreden: Der Erlös sollte der Renovation der Pfarrkirche zugutekommen.

Gsellmann lehnte ab, obwohl er doch ein gläubiger Christ war. Die Maschine war sein Werk, sie musste bleiben, wo sie war. Kaum jemand wusste von dem Wunderding, das in dem abgelegenen steirischen Dorf vor sich hin dämmerte. Allmählich wurde die Maschine zum Geheimtipp für Liebhaber des Skurrilen.

Inzwischen ist sie eine Attraktion: 10.000 Besucher wollen sie jährlich sehen; die Weltmaschine hat inzwischen eine eigene Homepage und im „Weltmaschinenroman" von Klaus Ferentschik wurde der Erfinder zur literarischen Figur.

Das Atomium als Inspirationsquelle

Schon als Bub hatte Franz Gsellmann alles Elektrische fasziniert. Elektriker wollte er werden, das war sein Traum. Doch er musste den bescheidenen väterlichen Hof übernehmen, wurde Bauer. Eines Tages, im Jahr 1958, hatte der inzwischen 48-Jährige ein Schlüsselerlebnis. Er las in der Lokalzeitung über die Weltausstellung in Brüssel. Die Fotografie zu dem Bericht zeigte dessen Wahrzeichen: das „Atomium", das begehbare, hunderttausendfach vergrößerte Modell eines Eisenmoleküls. Gsellmann war fasziniert. Er kratzte das nötige Geld zusammen, packte seinen alten Rucksack und reiste, unter Protest der Anverwandten, ins ferne Brüssel. Nach seiner Heimkehr habe er, vertraute er später dem Reporter des Lokalblatts an, bereits seine fertige Maschine in einer Traumvision gesehen.

Gsellmann baute das „Atomium" in einer Kammer seines Hauses nach – aus Hula-Hopp-Reifen, die durch einen elektrischen Antrieb bewegt wurden. Doch damit begnügte sich der Erfinder nicht und bastelte weiter. Bald hatte das in alle Richtungen wuchernde Werk keinen Platz mehr, eine Mauer wurde durchbrochen und die Maschine in einen größeren Raum transportiert.

Zahnarztbohrer und Mondrakete

Nach und nach wurde das ganze Haus in die Konstruktion der „Weltmaschine" – den Namen soll nicht er selbst, sondern ein Landespolitiker geprägt haben – einbezogen. Im Schlafzimmer lagerten die kürzlich erworbenen, aber noch nicht eingebauten Bestandteile, über dem Küchenherd trockneten die frisch bemalten Glühbirnen und auf dem Dachboden lagerten Apparaturen einer aufgelösten Zahnarztpraxis. Das Bauern hatte Gsellmann zum Kummer seiner Familie längst aufgegeben, und viel Geld floss in die Beschaffung der Bestandteile: 1000 Schilling (130 Franken) allein kostete eine japanische Mondrakete aus einem Spielzeugladen in der Landeshauptstadt Graz.

Edelsbach ist nicht leicht zu finden. Ein labyrinthartiges Gewirr von Nebenstraßen führt durch das unübersichtliche oststeirische Hügelland. Erst auf mehrmaliges Läuten hin schlurft die betagte Frau Gsellmann herbei, angetan mit Schürze und Kopftuch, Hühner flattern gackernd auf. Sie allein darf die Maschine in Betrieb setzen – und sie tut es behutsam, fachkundig. Die „Weltmaschine" rattert und knattert, blinkt und funkelt, 48 Vogelpfeifen zwitschern und trällern. Als Gsellmann erstmals seine Schöpfung in Betrieb nahm, ward es nicht Licht, sondern Dunkelheit: Ob der kolossalen Belastung brach die Stromversorgung in der ganzen Umgebung zusammen. Ob Gott dem Franz Gsellmann inzwischen „eine schönere Arbeit geben" hat?

Der Planet Macondo – Idylle auf Zeit?

(August 2009)

„Macondo war damals ein Dorf von zwanzig Häusern aus Lehm und Bambus am Ufer eines Flusses mit kristallklarem Wasser, das dahineilte durch ein Bett aus geschliffenen Steinen, weiß und riesig wie prähistorische Eier." Mit diesen Worten lässt der Kolumbianer Gabriel García Márquez den großen Roman „Hundert Jahre Einsamkeit" beginnen. Sein imaginäres Macondo liegt irgendwo im kolumbianischen Urwald. Aber Tausende Kilometer von diesem Nicht-Ort entfernt, mitten in Europa, an der Peripherie der Stadt Wien existiert Macondo tatsächlich – doch ebenso wie das Macondo von García Márquez ist es auf keiner Landkarte verzeichnet. In diesem Macondo finden sich keine Hütten aus Lehm und Bambus, sondern massige Kasernenbauten aus der Zeit der k. u. k. Monarchie und daneben Appartementhäuser und Bungalows. Und statt eines kristallklaren Urwaldflusses strömen unweit von hier, träge und braun, die Fluten der Donau.

Ein Dorf im urbanen Dschungel

Denn dieses Macondo ist eingebettet in die Landschaft des urbanen Dschungels, wie sie sich in am Rand jeder Millionenstadt findet: Vielspurige Autobahnen, Kläranlagen und Mülldeponien, Einkaufszentren, der Abstellplatz für abgeschleppte Autos, der Flughafen, die Erdölraffinerie, Ödland. Macondo aber ruht wie eine fast schon paradiesisch wirkende Insel inmitten jenes infernalischen Vorstadtchaos – und wenn man die Augen zusammenkneift, denkt man unwillkürlich an Márquez: „Die Welt war noch so jung, dass viele Dinge des Namens entbehrten, und um sie zu benennen, musste man mit dem Finger auf sie deuten." Schatten spendende Bäume und halb verwilderte Gärten, Frauen, die, angetan mit exotischen Gewändern, majestätisch an Grüppchen palavernder Männer vorüberschreiten. Kinder in allen Hautfarben, die ausgelassen miteinander spielen, unbehelligt vom Getriebe einer plötzlich weit entfernt scheinenden Außenwelt. Nur die beiden Starkstromleitungen, die Macondo surrend überqueren, erinnern brüsk an jene Realität.

Macondo – das war einst die „Kaiserebersdorfer Landwehr-Artilleriekaserne", erbaut 1915, mitten im Ersten Weltkrieg, der letzte große Kasernenbau der k. u. k. Monarchie. Nach Kriegsende wurden in den sechs massiven, weiß-gelben Gebäuden verschiedene Depots untergebracht. Im Zweiten Weltkrieg erhielten sie als Truppenunterkunft der Wehrmacht ihre alte Funktion wieder, nahtlos ging 1945 die Kaserne an die Rote Armee über. Ironie der Geschichte: Kaum mehr als ein Jahr, nachdem die sowjetischen Besatzungstruppen aus Österreich abgezogen waren, hielten ungarische Flüchtlingsfamilien, die nach dem Aufstand von 1956 vor den sowjetischen Truppen nach Österreich geflohen waren, hier Einzug – in die kurz zuvor von den Sowjettruppen verlassenen Unterkünfte. Von den rund 3000 Ungarnflüchtlingen, die damals hier einquartiert wurden, leben heute noch 200 in den bescheidenen Wohnungen.

Pinochet contra Ho Chi Minh

Für diese Flüchtlinge wurde die Zwischenwelt am Rande von Wien, unweit der Autobahn nach Budapest, zum permanenten Provisorium. Ebenso wie das Gelände, das nicht der Stadt Wien unterstand, sondern dem Innenministerium, und die amtliche Bezeichnung „Flüchtlingsheim Zinnergasse" erhielt. Die Zinnergasse ist längst kein lauschiges Gässchen mehr, sondern eine vierspurige Stadtautobahn, doch für manche Ungarn wurde das „Heim" zu einer Art Heimat, aus der sie nicht mehr weg möchten. Andere zogen in komfortablere Wohnungen in der Stadt. Gegen Ende der 60er-Jahre wurden Flüchtlinge aus der Tschechoslowakei in den leer stehenden Wohnungen untergebracht. Mitte der 70er-Jahre kamen 15 Flüchtlingsfamilien aus Chile und bald darauf *Boat People* aus Vietnam – und es entstanden die ersten Konflikte, als die Flüchtlingskinder aus Chile auf dem Spielplatz die neu angekommenen Vietnamesen mit „Ho Chi Minh"-Rufen provozierten und die Kommunismus-Flüchtlinge als Antwort „Pinochet" skandierten.

Diese Auseinandersetzungen seien nur noch Kindheitserinnerungen, versichert ein Vietnamese, während er in seinem Vorgärtchen die selbst angebauten Pfefferschoten begießt. Mit seinen chilenischen Nachbarn pflege er ein freundschaftliches Verhältnis. Damals sei er von den Wienern in der Straßenbahn angestarrt worden wie ein Außerirdischer, erinnert er sich. Auch dies habe sich geändert, inzwischen seien die Straßen Wiens von vielen exotisch aussehenden Menschen bevölkert. Der Chilene nebenan weiß zu berichten, dass ein Intellektueller, der den Gefangenenlagern des Pinochet-Regimes entflohen war, seinen Zufluchtsort „Macondo" zu nennen begann. Der Name hat sich längst eingebürgert, den Flüchtlingen fließt er leichter über die Lippen als das zähe „Zinnergasse", und wenn die Novemberregen einsetzen, das Gelände mit seinen Pfützen und Graffiti in graue Tristesse tauchen, schwebt über dem namenlosen Ort im prosaischen Wiener Nirgendwo das Wort „Macondo" wie ein warmer, tropischer Windhauch.

Der Ort veränderte sich: Manche Flüchtlinge erinnern sich, dass das verwilderte Kasernenareal einst wirklich an einen kleinen Urwald erinnert habe – mit großen

Bäumen und Dickicht, das von Rehen, Hasen und Wildschweinen bewohnt gewesen sei. Für die neuen Flüchtlinge errichtete man nach und nach Bungalows, dann mehrstöckige Appartementhäuser. Die Wildnis wurde zurückgedrängt, doch es gab noch die als erstes von den Ungarn liebevoll im Niemandsland angelegten Kleingärten. Bis zu 80 sollen es ursprünglich gewesen sein. Ohne Sinn für Romantik hat jetzt aber die Bürokratie in Gestalt der Bundesimmobiliengesellschaft zugeschlagen. Sie wittert eine neue Einkommensquelle und fordert jeweils bis zu 3000 Euro Miete von den Kleingärtnern – für diese eine horrende Summe. Bereits verwildern die nach und nach verlassenen Gärten – erste Signale für das Ende der Idylle?

Neue Krisenherde brachten neue Flüchtlingsströme an den Stadtrand von Wien: Menschen aus Bosnien, aus Somalia, dem Irak, Afghanistan und Tschetschenien wurden in den insgesamt 371 Wohnungen der Siedlung untergebracht. Die Tschetschenen sind deutlich in der Mehrheit. Ihre Präsenz ist unübersehbar, sie geben hier den Ton an. Auf Betonmauern wurde in kyrillischer Schrift „Tschetschenia" gesprüht, auf das Anschlagbrett in einem Hausflur hat jemand in ungelenker Schrift „Chechen is the best" hingekritzelt. Täglich hält in der Siedlung ein Kleinbus und verkauft Produkte aus Russland. Erstmals seit jenen chilenisch-vietnamesischen Geplänkeln kommt es in Macondo wieder vereinzelt zu Spannungen – doch diesmal sind es nicht politische Gegensätze, sondern eher rassistische Vorurteile gegenüber den Somali. Schon die tschetschenischen Kinder riefen ihren Altersgenossen aus Afrika „Schokolade" nach, sobald sie dieses Wort gelernt hätten, berichten die hier beschäftigten Sozialarbeiterinnen.

Panoptikum der weltweiten Krisenherde

Solidarität unter den Flüchtlingen – das sei bestenfalls eine Legende, kommentieren die Sozialarbeiterinnen illusionslos. Doch im Allgemeinen gibt es keine Reibungen zwischen den Angehörigen vieler Völker, und Kriminalität ist hier (noch ?) kein Problem. Unbesorgt lässt der Besucher sein Auto stehen, unbehelligt schlendert er durch die Siedlung. Lediglich kleine Anzeichen lassen Frustrationen und aufgestaute Aggressionen sichtbar werden – aufgebrochene Briefkästen beispielsweise und andere Symptome des Vandalismus. Alle Bewohner von Macondo sind „legalisiert", sie verfügen über Aufenthaltsgenehmigungen und viele von ihnen über österreichische Pässe. Aber manche haben keine Arbeit, beispielsweise weil ihre Deutschkenntnisse ungenügend sind.

Macondo ist nicht nur ein Mikrokosmos von 25 Nationen, sondern auch ein Panoptikum der Kriege, Verfolgungen und Flüchtlingsströme in der zweiten Hälfte des vergangenen Jahrhunderts. Jene, die sich hier niederlassen konnten, haben nicht ihre Traumata, aber zumindest ihre existenziellen Ängste hinter sich gelassen. Macondo ist für sie eine Heimat auf Zeit, das Tor zu einer stabileren Zukunft.

Die Meinungen sind geteilt. Für manche, wie Roland Schönbauer, dem Chef der UNO-Flüchtlingsorganisation UNHCR in Wien, ist Macondo ein Symbol für das funktionierende Zusammenleben von Menschen unterschiedlicher Herkunft, wie er gegenüber der NZZ betont. Andere sehen in Macondo das Musterbeispiel für die gescheiterte Integration, für eine konzeptlose Migranten-Politik: Ghettoisierung, Abschieben an den Stadtrand, in eine desolate Umgebung.

Österreicher verirren sie selten hierher, kaum ein Wiener hat – von der Márquez-Lektüre vielleicht abgesehen – jemals von Macondo gehört, geschweige denn, dass er weiß, wo es zu suchen wäre. Doch für ein paar Sommerwochen war dies anders: Die Künstler Claudia Heu und Jeremy Xido haben einen Container und ein kleines Podium aufgestellt, wo Feste gefeiert, Konzerte aufgeführt, Tanz- und Gesangswettbewerbe veranstaltet und Filme gezeigt wurden. Das Projekt „Cabula 6" fand regen Zuspruch bei den Bewohnern; Besucher kamen per Bus aus Wien. Jetzt ist der Container wieder leer, ein paar Plastikstühle liegen achtlos umher – la comedia è finita.

Vor elf Jahren hatte der Integrationsfonds des Innenministeriums hier das Kardinal-König-Integrationshaus errichten lassen. Seither bildet das „Gelbe Haus", wie es von den Bewohnern respektvoll genannt wird, das Zentrum von Macondo. Hier werden Konflikte geschlichtet, Deutschkurse angeboten; wer diese besucht, hat Anrecht auf Sozialhilfe und Unterstützung bei der Arbeitssuche. 180 Flüchtlinge leben hier zu besonderen Konditionen: 260 Euro Monatsmiete für eine 50-Quadratmeter-Wohnung. Aber das Ministerium hat neue Pläne: Mit Ende September wurden alle Mieter gekündigt; angeblich soll hier ein „Anhaltelager" für Schubhäftlinge entstehen. Der Flughafen Schwechat ist nah.

Für den Direktor der Caritas Wien, Michael Landau, überschreitet dieses Vorhaben „die Grenze zum Zynismus" – statt der Integration von Migranten stehe nunmehr die Abschiebung unerwünschter Flüchtlinge im Vordergrund. Landaus' Vater war 1938 vor den Nazis nach Schanghai geflüchtet. Im Gespräch mit der NZZ prophezeit der Caritas-Direktor ein „enormes Konfliktpotenzial", wenn Schubhäftlinge inmitten von gut etablierten Flüchtlingen untergebracht würden. Wie da mit dem Gedenken an Kardinal König umgegangen werde, sei doch „sehr befremdlich".

Schlagbäume und Schaufensterpuppen

(Dezember 2007)

Am Rande der nagelneuen Autobahn von Wien nach Bratislava, im düster-kalten Dezembernebel, tauchen schemenhaft die Gespenster der Vergangenheit auf: Wachttürme. Vor knapp zwei Jahrzehnten war hier statt der völkerverbindenden Schnellstraße die tödliche Trennlinie des Eisernen Vorhangs. Die Wachttürme, Symbole der Feindseligkeit und des Misstrauens, werden in den nächsten Wochen abmontiert oder als Hochstände an Jäger vermietet.

Im Plattenbau der alten slowakischen Grenzstation Petrzalka zwischen Bratislava und dem österreichischen Grenzdorf Berg herrscht Aufregung. In Kürze wird hier politische Prominenz erwartet. So etwas hat es an dem verschlafenen Grenzposten noch nie gegeben. Österreichische und slowakische Polizisten halten gemeinsam die Journalistenmeute in Schach. Eine Wechselstube verheißt den garantiert besten Kurs, die Konkurrenz verkündet: „Wechselkurs verhandelbar". An der Glasscheibe eines obsolet gewordenen Schalters wird man in zwei Sprachen höflich aufgefordert, mitgebrachte Waffen zur Kontrolle vorzulegen. Doch in den gläsernen Kontrollboxen sitzen keine lebenden Grenzbeamten mehr – es sind Schaufensterpuppen, liebevoll bekleidet mit alten slowakischen Uniformen, umgeben von den Paraphernalien der unbarmherzigen Bürokratie, mit der hier einst kontrolliert, eingeschüchtert und refüsiert wurde: dicke Registrierbücher, alte Telefone, Feldstecher, Handscheinwerfer, Transistorradios, Spezialspiegel.

Kurz darauf durchsägen der slowakische Regierungschef Robert Fico und der österreichische Bundeskanzler Alfred Gusenbauer mit einer großen Baumsäge einen eigens für die Kameras aufgestellten und vorsorglich bereits vorgesägten rot-weiß-rot bemalten Schlagbaum. Fico schwärmt, dass man ab sofort über 4000 Kilometer von Tallinn bis Lissabon fahren könne, ohne zur Kontrolle angehalten zu werden. Gusenbauer bezeichnet es als das Privileg dieser Generation, nicht Krieg und Zerstörung erleben zu müssen, sondern am Aufbau eines prosperierenden Europa mitwirken zu können.

Drei slowakische Hirten in archaischer Fellkleidung lassen urtümliche Instrumente ertönen, eine Blaskapelle intoniert die Hymnen der beiden Nachbarstaaten, und ein Schwarm blonder Majoretten in rotweißroten Nikolausgewändern schwingt die langen Beine im Rhythmus des von der Blasmusik hingeschmetterten „Radetzky-marsches" – eine etwas skurrile Reminiszenz an die k. u. k. Monarchie, als es in diesem Teil Europas ebenfalls keine Grenzen gab: noch keine.

Punkt null Uhr in der Nacht auf Freitag sind die Schlagbäume an Österreichs Grenzen zu den östlichen Nachbarstaaten Tschechien, Slowakei, Ungarn und Slowenien abgeräumt worden. An den Übergängen zu Deutschland und Italien gibt es schon seit Jahren keine Kontrollen mehr. An den Grenzstationen entlang des einstigen Eisernen Vorhangs hingegen wurden Donnerstag und Freitag Dutzende von Festakten und Zeremonien veranstaltet. Aufgeboten wurden sämtliche maßgebenden Politiker von hüben und drüben, aber auch die EU entsandte Kommissare. In feierlichen Reden wurden abwechselnd die historische Stunde, die düstere Vergangenheit und die lichte Zukunft beschworen. Blasmusik-Kapellen intonierten National-hymnen, Folkloregruppen tanzten, Politiker zersägten Schlagbäume, schüttelten auf der obsolet gewordenen Grenzlinie innig die Hände der Nachbarpolitiker und winkten dann eigenhändig die Automobilisten durch die nunmehr offene Grenze.

Alte Skepsis und neue Ängste

Doch die Bevölkerung der neuen EU-Staaten sah kaum Anlass, es ihren Politikern gleichzutun. Volksfeste wurden, abgesehen von ein paar Feuerwerksraketen, keine abgehalten. Umso leidenschaftlicher machen sich dieser Tage die Nachbarn in Hundertschaften über die Wiener Einkaufsstraßen her, bescheren der Donaumetro-pole einen rekordträchtigen Vorweihnachts-Boom und manifestieren, welche materiellen Sehnsüchte es nach dem verwirklichten Sehnen nach Freiheit und Demokratie zu erfüllen gilt.

Noch weniger zum Feiern ist es der österreichischen Bevölkerung zumute. Laut einer Umfrage der Fernsehsendung „Report" wussten zwei Drittel der Befragten wenige Tage vor der Grenzöffnung überhaupt nicht, welch große Ereignisse da bevorstanden. Und als man sie darüber ins Bild setzte, äußerte sich nur ein Drittel der Befragten positiv; fast 60 Prozent hingegen negativ. Drei Viertel befürchten einen Anstieg der Kriminalität, und nur 22 Prozent erkennen keinen Zusammenhang zwischen Grenzöffnung und öffentlicher Sicherheit. Die Boulevardpresse greift diese Ängste auf und verstärkt sie medial: „Grenze frei für Einbrecher – Österreicher haben Angst vor Ost-Banden" titelte das Boulevardblatt „Österreich" zwei Tage vor der Öffnung der Grenzen, und die „Kronen Zeitung" konstatierte am Tag nach der Öffnung auf dem Titelblatt: „Schrankenloses Europa macht vielen Angst".

Aber auch auf der politischen Ebene lief nicht alles so glatt wie geplant. Einen Wermutstropfen in die Vorfreude träufelte ausgerechnet Hans Niessl, der sozialdemokratische Landeshauptmann der österreichisch-ungarischen Grenzregion Burgenland, der nach der Grenzöffnung ein „Sicherheitsvakuum" befürchtet und in der Folge einen dramatischen Anstieg der Kriminalität für sein Bundesland prophezeit. Im Burgenland sind im Zuge der Schengen-Erweiterung neun neue Grenzübergänge geplant. Niessl blieb demonstrativ den Zeremonien zur Grenzöffnung fern. Anstatt zu feiern, sollten lieber die Voraussetzungen geschaffen werden, damit kein Bürger Angst um sein Hab und Gut haben müsse, ließ der sozialdemokratische Landeshauptmann dem christlichsozialen Innenminister durch die Medien ausrichten.

Waffenhändler im Burgenland geben an, dass in den letzten Wochen Waffen angeschafft worden seien wie nie zuvor. Vor allem Gaspistolen, Pfeffersprays und Schrotflinten, die ohne Waffenschein erhältlich sind, stünden hoch im Kurs. Auffällig sei, dass die Käufer in erster Linie aus Ortschaften in der Nähe der Autobahnen kämen, die Österreich mit den Nachbarstaaten verbinden.

Doppelmonarchie

(Januar 2008)

„Heute spielt im Fußballstadion Österreich-Ungarn!" „Gegen wen?" Der Witz hat gegenwärtig Konjunktur, in Wien, versteht sich, nicht in Budapest. Da schwingt so manches mit: Wien, das sich nach dem Fall der Schengen-Grenzen zum Zentrum der neuen, grenzüberschreitenden Donaudemokratie aufschwingt, durchmischt mit nostalgischen Reminiszenzen an die alte Donaumonarchie, durchtränkt von Operettensentimentalität österreichisch-ungarischer Prägung.

Mit besonderer Inbrunst wird diese alljährlich im burgenländischen Mörbisch am Neusiedler See zelebriert. In Sichtweite des einstigen Eisernen Vorhangs, unweit jener Stelle, wo im Juni 1989 der österreichische und der ungarische Außenminister in einer symbolträchtigen Geste gemeinsam den Stacheldraht durchschnitten, und in geringer Distanz von den Grenzstationen, an denen kurz vor Weihnachten 2007 mit allerlei Brimborium die Schlagbäume durchgesägt wurden.

Unter den östlichen Nachbarn der Österreicher erweisen sich die Ungarn in sämtlichen Umfragen stets als die beliebtesten. Gern erinnert sich Österreich, wie es 1956 den bedrängten Ungarn seine Tore geöffnet hatte, gern vernimmt man in Wiens Einkaufsstraßen das melodiöse Ungarisch, gern fährt man ins Nachbarland zur billigen Zahnbehandlung. Ungern erinnert man sich daran, dass in grauer Vorzeit die Ungarn als Bedrohung galten, ungern auch, dass Kaiser Franz Joseph I. demokratische Tendenzen und Freiheitsstreben der Ungarn blutig unterdrückt hatte. Im Vergleich dazu sind die heutigen österreichisch-ungarischen Konflikte – verschmutzte Grenzflüsse und feindliche Konzernübernahmen – bloß kleine Verstimmungen.

Was wir über UNGARN wissen

Was im Prater so alles blüht

(Januar 2008)

I m Prater blühen zwar noch lange nicht, wie im Wienerlied besungen, die Bäume. Dafür aber treibt in den kältestarren Alleen die Günstlingswirtschaft ihre winterlichen Blüten – so zumindest argwöhnen die Wiener Grünen. Der Komponist jenes klassischen Wienerliedes, Robert Stolz, hat hier im Prater selbstverständlich ein Denkmal in privilegierter Lage: mit Blick auf das Riesenrad, das wichtigste Wiener Wahrzeichen. Der Gedenkstein für den Komponisten von rund 60 Operetten – er war der Letzte dieses Genres, ein musikalisches Auslaufmodell sozusagen – erinnert allerdings weniger an heitere Operettenklänge als vielmehr an einen Grabstein, und die vom Stadtgartenamt davor gepflanzten, mehr tristen als dekorativen Kohlköpfe machen die Sache auch nicht besser.

Zwischen Kitsch und Historie

Im kommenden Frühling jedoch werden im Prater nicht nur programmgemäß die Bäume blühen – es wird auch sonst heiter: Denn schon jetzt blickt Wiens letzter Operettenkomponist von seinem Gedenkstein aus nicht nur aufs Riesenrad, sondern auch auf die meterhohen Betonwände von Rohbauten, hinter denen sich eine 19.000 Quadratmeter umfassende Großbaustelle verbirgt: Der Eingangsbereich zum sogenannten Wurstelprater (Wurstel hieß im alten Wiener Volkstheater der Hanswurst oder Kasperl), dem Vergnügungsteil des weitläufigen, grünen Praters, wird gegenwärtig neu gestaltet; die Eröffnung ist, wie den Plakatwänden zu entnehmen ist, bereits für den 27. April geplant.

Auf einer Website malt der von der Stadt Wien beauftragte Generalunternehmer „Explore 5D" die Zukunft des historischen Vergnügungsparks in leuchtenden Farben und historisierenden – manche sagen schlicht: kitschigen – Formen. Gaukler haben im „Wurstelprater" zwar Tradition, doch der geschwungene, kulissenhaft wirkende Gebäudekomplex wird dem Besucher eine Geschichte vorgaukeln, die es ganz gewiss so nie gab – eine falsche Vergangenheit wird da aus der Retorte gezaubert, stilistisch irgendwo zwischen Las Vegas und Disneyland. Im Innern der neuen Gebäude, die sich um das altehrwürdige Riesenrad gruppieren, sollen dem Publikum allerlei neue Attraktionen und technische Sensationen, Restaurants und die obligaten Souvenirshops geboten werden. „Explore 5D" ist des Weiteren auch für die lukrative Vergabe der Räumlichkeiten an die Pächter zuständig und ebenso für die Auftragsvergabe an die rund 20 Unternehmen, die für die Erstellung der Bauten, sowie 35 Firmen, die für Fassadengestaltung und Innenausbau verpflichtet wurden. Auch wird „Explore 5D" zwei Prater-Attraktionen selbst betreiben.

Zweifelhafte Transparenz

Mit alledem soll dem seit Jahrzehnten sanierungs- und wiederbelebungsbedürftigen Wiener Wurstelprater rechtzeitig zur Euro 08 neues Leben eingehaucht werden. Die eigentliche Crux an dem Großprojekt, das mindestens 32 Millionen Euro kosten wird, ist, dass es von der sozialdemokratisch regierten Stadt Wien ohne die erforderliche Ausschreibung vergeben wurde. Die Beschlüsse über das Riesenprojekt wurden anscheinend nicht mit demokratischer Transparenz, sondern hinter verschlossenen Türen gefasst. Die zuständige Stadträtin Grete Laska rechtfertigte die Direktvergabe des Millionenauftrags an „Explore 5D" damit, dass die beauftragten Architekten sich nicht hätten verwirklichen wollen, sondern bereit gewesen seien, sich an die thematischen Vorgaben zu halten. Wer allerdings diese seltsamen „Vorgaben" wohl unter dem Motto „pseudohistorisch" ausgetüftelt hat – darüber herrscht Schweigen. Und erfolgreich realisierte Projekte, mit denen sich „Explore 5D" für den millionenschweren Auftrag qualifiziert haben könnte, sucht man vergeblich; die bisher verwirklichten Projekte haben sich eigentlich alle als konkursträchtige Flops erwiesen.

Die Projektvergabe wurde genau genommen nicht von der Stadt selbst, sondern von der „Stadt Wien Marketing und Prater Service GmbH" vorgenommen – einer allerdings zu 100 Prozent im Eigentum der Stadt Wien befindlichen Gesellschaft. Für die Stadtplanungs-Sprecherin der Wiener Grünen, Sabine Gretner, eine ausgebildete Architektin, rechtfertigt diese Konstruktion noch lange nicht den Verzicht auf die öffentliche Ausschreibung und auch auf das erforderliche Raumverträglichkeitsgutachten. Für Gretner wurde die Wiener Bauordnung ausgerechnet von der Stadt Wien, die doch mit gutem Beispiel vorangehen sollte, mit Füßen getreten.

Von „Schwarzkapplern", Schwarzfahrern und Dunkelziffern

(Januar 2008)

D as öffentliche Verkehrsnetz von Wien gehört zweifellos zu den besten aller europäischen Hauptstädte. Das gefällt auch den Schwarzfahrern – allein im vergangenen Jahr wurden 162.000 von ihnen auf frischer Tat ertappt; zwei Prozent mehr als im Vorjahr, und überhaupt und mehr denn je. Die Kontrollore, die im Volksmund aus historischen Gründen „Schwarzkappler" heißen, haben den Blinden Passagieren im Verlauf dieses letzten Jahres beeindruckende zehn Millionen Euro an Bußen abgenommen – Geld, das die „Wiener Linien" (angeblich) in ihre Infrastruktur investieren.

Nicht die Zahl der Schwarzfahrer habe zugenommen, erklären die Verkehrsbetriebe mit berechtigtem Stolz, sondern die Effizienz der rund 70 in Wien eingesetzten Kontrollore. Mit diesen befasste sich kürzlich sogar der Oberste Gerichtshof: Er hat entschieden, dass die mittlerweile als harmlose Passagiere getarnten und nicht wie früher an ihren schwarzen Kappen erkennbaren Kontrollore falls nötig „angemessene Gewalt" zur Anwendung bringen dürfen – das „kurzfristige Anhalten zur Identitätsbestimmung" ist somit laut dem obersten Gericht künftig als angemessen zu betrachten.

Das schreckt allerdings die wirklich Hartgesottenen unter den Schwarzfahrern kaum: In Blogs und Leserbriefen legen sie ganz ungeniert ihr hartes Kalkül offen – eine Monatskarte koste 105 Euro, die Chance, in einem überfüllten Zug einem „Schwarzkappler" ins Netz zu gehen, sei erfahrungsgemäß gering, und bei einer Buße von 72 Euro betrage die Nettoersparnis immer noch 33 Euro. Die Erfolgsmeldungen der „Wiener Linien" über die Zahl ertappter Bösewichter ist denn auch mit Zurückhaltung zu genießen: Es liegt in der Natur der Sache, dass bei Schwarzfahrern die Dunkelziffern schwindelnde Höhen erreichen.

Tu felix Austria

(Februar 2008)

„Ihre Sorgen möchten wir haben" – mit diesem sympathischen Slogan wirbt eine Wiener Versicherungsgesellschaft. In der Tat, die Sorgen der Österreicher möchte man haben: Gegenwärtig beschäftigt sie insbesondere, ob sich denn nun Bundeskanzler Gusenbauer auf seiner privaten Ferienreise nach Bangkok samt Familie nur auf dem Hin- oder auch noch auf dem Rückflug gratis in die Businessclass upgraden ließ, welche Promis sich am Opernball in Szene setzen werden, wie viel die Loge der Außenministerin Plassnik kostet (17.000 Euro) und, last, but not least, was denn der diesjährige Stargast des Wiener Baulöwen Lugner, die amerikanische Striptease-Diva Dita von Teese (die sich sonst ja am liebsten auszieht) zum Ball Hübsches anzuziehen hat.

„Felix Austria" – glückliches Österreich, das sich mit solch frivolen Nebensächlichkeiten zu beschäftigen hat, während anderswo die Kanonen sprechen: Das berühmte Diktum, das hier jedes Schülerlein auf Knopfdruck aufsagen kann – „Bella gerant alii, tu felix Austria nube" (Kriege mögen andere führen, du, glückliches Österreich, heirate) –, ist durchaus aktuell, selbst wenn die Ehe auch hierzulande inzwischen etwas aus der Mode gekommen ist. Mehr als dem Kriegsgott Mars huldigt das glückliche Österreich der Liebesgöttin Venus – ganz besonders natürlich in der Ballsaison.

Venus mag in Oper und Hofburg herrschen, wo sich Wien Abend für Abend im Walzertakt dreht – nicht aber gegenüber, im Kanzleramt, wo sich die große Koalition täglich ihren Kleinkrieg liefert. Einig ist man sich nur in einem Punkt: dass man gemeinsam regieren will, bis zum Ende der Legislatur und dann weiter, bis ans Ende aller Tage – ohne wirklich etwas zu bewirken. Glückliches Österreich?

Opernball 2008

Nur Schall und Rauch

(April 2008)

Mehr als Schall und Rauch, so wird kommentiert, habe der „Klimaschutz-Gipfel" der österreichischen Regierung eigentlich nicht erbracht. Und all die von den Politikern ausgestoßene heiße Luft erhöhe den eh schon übermäßigen CO_2-Ausstoß noch zusätzlich, ergänzen die Zyniker. Mit Schall und Rauch befasst sich in diesen Tagen auch der Rechnungshof – in Zeiten großer Koalitionen offenbar die einzige wirkungsvolle Opposition im Lande.

Anfang der Woche gab es schlechte Noten für das gescheiterte Bemühen der österreichischen Regierung, den allgemeinen Rauch – sprich: den CO_2-Ausstoß – einzudämmen. Übereifer hingegen konstatiert jetzt der Rechnungshof in Sachen Schall: 246 Millionen Euro in sechs Jahren habe die staatliche Infrastrukturgesellschaft Asfinag (Autobahnen- und Schnellstraßen-Finanzierungs-Aktiengesellschaft) für insgesamt 380 Kilometer an Lärmschutzwänden ausgegeben. Allerdings sei dies, stellt der Rechnungshof fest, einigermaßen planlos geschehen: Derartige Bauwerke wurden entlang von Bahnlinien, menschenleeren Wäldern und Feldern errichtet. Die Lust an der Lärmschutzwand kennt keine Grenzen: Wer neben einer Autobahn wohnt und in seinem Schlafzimmer nachts einen Lärmpegel von mindestens 50 Dezibel geltend macht, hat gleichsam Anspruch auf seine private Betonverbauung direkt vor dem Fenster.

So fährt denn heute der Besucher auf der Suche nach dem schönen Österreich kilometerweit durch graue Betonkanäle oder entlang hässlicher Holzwände, hinter denen sich die idyllische Landschaft verbirgt. Irgendjemand, so ist zu vermuten, hat da ganz gute Geschäfte gemacht. Doch Namen werden nicht genannt.

Die Lösung!

„Grüß mich Gott"

(März 2008)

„Grüß mich Gott, wie geht es mir?" „Danke, gut, und mir?" – Fritz Grünbaum im Dialog mit Fritz Grünbaum. Im März 1938 wurde die Legende unter den Wiener Kabarettisten von den Nazis für immer zum Schweigen gebracht. Aus „Grüß Gott!" wurde „Heil Hitler!". Fritz Grünbaum starb 1941 im Konzentrationslager Dachau.

Mit dem Grüßen hat es in Österreich so seine Bewandtnis. Nach wie vor ist das nämlich eine Sache der Weltanschauung. Wer heute im (sozialdemokratisch besetzten) Bundeskanzleramt anruft, wird mit „Guten Tag!" begrüßt. Noch vor eineinhalb Jahren hieß es „Grüß Gott!". Denn damals war ein Bundeskanzler der erzkatholischen Volkspartei am Werk. Österreich ist, wie man mit Blick auf die große Koalition feststellt, nach wie vor ein polarisiertes Land. Wer in Wien seinen Posten als Auslandskorrespondent antritt, wird sogleich argwöhnisch taxiert: Gehört er zu diesen – oder zu jenen? Wer hierzulande eine Reifenpanne hat, muss scharf nachdenken, ob er sein Auto dem sozialdemokratischen ARBÖ oder dem bürgerlichen ÖAMTC anvertrauen will.

Noch sorgfältiger muss abwägen, wer den Österreicher begrüßt: mit einem katholisch-bürgerlichen „Grüß Gott!" oder einem proletarisch-agnostischen „Guten Tag!". Denn die Grußformel signalisiert: Ich gehöre zu euch. Oder das Gegenteil: Mit euch will ich nichts zu tun haben. Wer aber sich nicht festlegen und es vor allem mit niemandem verderben will, der lasse es mit einem knappen „Grüß Sie!" bewenden. Da mag sich ein jeder dazudenken, was er will. Des Österreichers liebster Gruß jedoch, von früh bis spät angebracht, bleibt das politisch unverfängliche, die Zeiten überdauernde „Mahlzeit!" der Beamtenschaft.

Gesagt – getan!

Burgtheaters Flucht

(November 2007)

Nicht nur die Limmatstadt, auch die Donaumetropole fiebert der Euro 2008 entgegen. Wie in Zürich sieht man den großen Ereignissen allerdings nicht nur mit Vorfreude entgegen. Zwar werden die Wettkämpfe im Wiener Prater ausgetragen – in sicherer Distanz von der Innenstadt. Das Ernst-Happel-Stadion mit seinen 60.000 Sitzplätzen ist auf den neuesten Stand gebracht und die Sicherheitskräfte haben ihre Strategiepapiere in der Schublade.

Doch die neu ausgebaute U-Bahn-Linie 2 wird die Fußballfans in acht Minuten ins Stadtzentrum katapultieren. Hier laufen die Verkehrsstränge zusammen – und es scheiden sich die Geister. Denn die ambitiöse Wiener Stadtregierung, die nichts Geringeres als die „beste Fußball-Europameisterschaft aller Zeiten" im Sinn hat, bittet die Fans ins historische Herz der alten Kaiserstadt. Die Fan-Meile, auf 100.000 Quadratmetern für 70.000 Fans ausgelegt, wird sich auf dem Ring, der kaiserlichen Prunkstraße, erstrecken – vom Burgtheater übers Parlament bis hin zur Hofburg, eingekeilt zwischen einem 2,20 Meter hohen Sicherheitszaun und den massiven Eisengittern des Volksgartens. Dass in diesem Gehege der Bär los sein wird, ist zu erwarten.

Eigentlich wollten sich die Österreicher während der Euro 2008 auch als Kultur-nation von ihrer besten Seite zeigen. Aber ausgerechnet deren Parade-Institution, das Burgtheater, ergreift vor den wilden Scharen der Fußballfans die Flucht, schließt im Juni 2008 seine Tore und geht auf Tournee. Auch das Parlament kapi-tuliert und geht vorzeitig in die Sommerferien.

Vor der Europameisterschaft

Meister im Schmäh

(April 2008)

Die Österreicher mögen den Schweizern im Fußballspielen unterlegen sein. Doch als Gastgeber für die Euro 08 können ihnen die helvetischen Partner nichts vormachen. Dass den Eidgenossen in Coaching-Seminaren für Millionen von Franken der freundliche Umgang mit den Euro-Gästen eingetrichtert werden soll, hat hier Belustigung und wohl auch manch mitleidige Reaktion ausgelöst.

Denn dieses Geld können sich die Österreicher sparen: Das Charmieren ist ihnen angeboren. Vor drei Jahren unternahmen sie ernsthaft den Versuch, diese köstliche Begabung dem immateriellen UNESCO-Welterbe zurechnen zu lassen. Seither hat man nichts mehr von dem beherzten Vorstoß vernommen. Schade eigentlich, denn der austriakische Charme hätte sich neben den vedischen Gesängen der Hindus, den Gelede-Riten der Yoruba und dem Heilswissen der bolivianischen Kallawaya am Titicacasee durchaus sehen lassen können.

Die ganz besondere Geheimwaffe der Wiener jedoch ist ihr Schmäh. Schon am walzerseligen Wiener Kongress vor bald zwei Jahrhunderten erfolgreich erprobt, ist dies immer noch eine hochwirksame Methode, dem Besucher der Donaumetropole die Illusion einer intakten Märchenwelt von vorgestern zu vermitteln. Fiaker, Lipizzaner, Mozartkugeln, Sisi und der gütige alte Kaiser sind hoch im Kurs wie eh und je. Und mit seinem devoten „gschamster Diener" gelang es einst dem Schauspieler Hans Moser, dem Inbegriff des grantelnden Wiener Dienstmanns, des raunzenden Oberkellners, des mürrischen Hotelportiers, selbst Übellaunigkeit als Wiener Charme zu verkaufen. Da könnten wir Schweizer tatsächlich noch einiges lernen.

Die österreichische Lebensart

Innsbruck – zwischen Barock und Bergkulisse

(Mai 2008)

Die wenigsten Städte der Welt haben Kontraste zu bieten wie diese: Das Gebirgsmassiv der Nordkette ragt als dramatische Naturkulisse hinter der kaiserlichen Hofburg empor; unweit der gotischen Altstadt, wenige Schritte vom kaiserlichen Barockpalast entfernt, stößt der Besucher auf die futuristisch-skulpturhafte Talstation der neuen Hungerburgbahn, die von Star-Architektin Zaha Hadid entworfen wurde. Die spektakuläre Fahrt mit dieser Drahtseilbahn ist die erste Etappe auf die Nordkette mit dem großartigen Wandergebiet im Karwendelgebirge. Eine Luftseilbahn führt zur Station Seegrube auf 1905 Metern; ein atemberaubendes Panorama erwartet den Besucher auch auf dem Hafelkar (2256 Meter). Hochgebirge – in wenigen Minuten vom Stadtzentrum erreichbar.

Mit ihrer Bergisel-Sprungschanze, hoch über der Stadt, hatte Zaha Hadid bereits vor sieben Jahren ein neues architektonisches Symbol für die Olympiastadt Innsbruck geschaffen: ein Monument für das beginnende dritte Jahrtausend – ebenso wie das alte Wahrzeichen, das „Goldene Dachl" im Herzen der Altstadt, den Übergang vom Mittelalter zur Neuzeit markiert. Die Cafeteria an der Spitze der Schanze in schwindelerregender Höhe wird zur Therapie gegen Höhenangst genutzt – und Extrem-Bergsteiger werden zweimal jährlich abgeseilt, um die Panoramascheiben zu putzen. Am unteren Ende der Schanze findet während der Euro 08 das Public Viewing für 15.000 Zuschauer statt.

Für Gott, Kaiser und Vaterland

Nur wenige Meter von dem Ort, wo man heute die Helden des Sports feiert, wurden einst andere Helden zelebriert. In einem verträumten Wäldchen stoßen wir auf verspielt-scherenschnittartige Holzarchitektur aus dem 19. Jahrhundert – das Klubhaus der stolzen Tiroler Kaiserjäger, daneben die zierlichen Schützenstände. Im Jahr 1809 tobten hier am Bergisel erbitterte Schlachten zwischen den mit den Franzosen verbündeten Bayern und freiheitsdurstigen Tirolern. Im Zentrum der Anlage steht, mächtig, vollbärtig, mit breitkrempigem Hut, die Fahne in Händen und wild entschlossen auf seinem tonnenschweren Porphyrsockel der Tiroler Freiheitskämpfer Andreas Hofer[8]. Zwei gewaltige Adler schlagen zu seinen Füßen wild mit

---

8 Die Statue Andreas Hofers wurde 1893 von Kaiser Franz Joseph I. enthüllt und symbolisch den Kaiserjägern übergeben. Am 1. Oktober 1961 wurde auf das Denkmal ein Sprengstoffanschlag ver-

den Flügeln und bewachen das in Erz gegossene Motto: „Für Gott, Kaiser und Vaterland."

Wer von grimmigen Adlern und vom kernigen Tiroler Nationalhelden nicht genug kriegen kann, der miete sich ein im „Goldenen Adler". Mit etwas Glück kann man hier im stilvollen Andreas-Hofer-Zimmer oder gleich gegenüber im Goethe-Zimmer mit prächtiger Aussicht aufs „Goldene Dachl" logieren. In diesem Haus hatte der Tiroler Nationalheld, wie eine Steintafel dokumentiert, die Rede an „meine liabn Schbrucker" gerichtet und sie ermahnt, tapfer zu streiten – und sonst lieber gleich wieder heimzugehen. Auf einer weiteren Marmortafel sind „erlauchte und berühmte Personen, welche seit dem 15. Jahrhundert in diesem Hause gewohnt", aufgelistet, und es waren ihrer viele: von „Nicolo Paganini, Violonvirtuose", „Heinrich Heine, Dichter" über unzählige gekrönte Häupter bis hin zu „Albert Camus, Nobelpreisträger" und „John Glenn, Astronaut". Wolfgang Amadeus Mozart hielt am 19. Dezember 1769 in seinem Tagebuch fest, dass er in „Inspruck beym weißen Kreutz" in der Herzog-Friedrich-Straße logiert habe.

Wundertätige „schwarze Mander"

Eines der deftigsten Gasthäuser ist der „Riese Haymon", wo so urwüchsige Köstlichkeiten aufgetischt werden wie „Schwarzplentner Knödelsalat mit Zillertaler Graukäse in Bieressigmarinade", „Spanferkelschöpfl in Biersoße mit Erdäpfel-Grammelroulade und karamellisierten Schalotten", „Innsbrucker Herrengröstl", „Berglammbrat'l" oder einfach „Tiroler Käsesuppe". Die freundliche Wirtin steht notfalls als Dolmetscherin zur Verfügung. Die Hofkirche[9] birgt die kunsthistorisch bedeutendste Sehenswürdigkeit der Stadt: das – übrigens leere – Grabmal Kaiser Maximilians I. von Habsburg. Das Einmalige an diesem Gesamtkunstwerk ist der Trauerzug aus überlebensgroßen Bronzefiguren – den „schwarzen Mander", die Vorfahren von Maximilian darstellen. Das Berühren der Figuren ist zwar ausdrücklich verboten. Aber die von zahllosen Fingern blank polierten ganz gewissen Körperteile zeugen davon, dass der Volksglaube an die magische Kraft der Skulpturen – die Hoffnung auf gesteigerte Potenz und Fruchtbarkeit – stärker ist als selbst die schärfsten Verbote.

übt – vermutlich von italienischen Nationalisten, als Revancheakt für die Anschläge von Südtiroler Separatisten auf Strommasten in der Nacht vom 11. auf den 12. Juni 1961. Die Figur Andreas Hofers wurde durch die Explosion vom Sockel gekippt; noch im selben Jahr wurde das Monument restauriert und zum zweiten Mal eingeweiht.

9   Andreas Hofer wurde 1823 in der Hofkirche beigesetzt, 13 Jahre nach seiner von Napoleon angeordneten Erschießung.

Spanier im Stubaital

(Juni 2008)

„El Banco" erklärt das Kartonschild, in den spanischen Nationalfarben Rot-Gelb-Rot auf der Tür der Raiffeisenkasse. „Banca" hingegen heißt es am Eingang zur Sparkasse. Der vom Tourismusverband Neustift im Tiroler Stubaital eilig angebotene Spanischkurs ist zwar bei den Hoteliers auf große Nachfrage gestoßen, aber die Frage, ob es nun „banca" oder „banco" heißt, ist immer noch nicht endgültig entschieden. Immerhin wurden die öffentlichen und andere nützliche Einrichtungen wie Gemeindeamt, Post, Tourismusbüro und Blumenladen aufmerksam mit spanischen Bezeichnungen versehen, zumal, wie man rasch festgestellt hat, die spanischen Gäste des Deutschen nicht mächtig sind. An vielen Hotels sind spanische Flaggen angebracht; Schulkinder haben farbenprächtige Collagen mit Fotos und Biografien der spanischen Fußballer verfertigt, die jetzt in den Schaufenstern ausgestellt sind. Ein Poster informiert eingehend über die spanische Monarchie. Ihre Enttäuschung darüber, dass Kronprinz Felipe und seine Gattin Letizia nach dem Spiel gegen Russland im nahe gelegenen Innsbruck dem Team nicht nachreisten, um im Stubaital zu nächtigen, können die Einheimischen allerdings kaum verhehlen.

Die spanische Nationalmannschaft logiert im komfortablen Hotel „Milderer Hof", wo sie sich von ihrem siegreichen Match gegen Russland erholt. Von Jubelstimmung ist auf Straßen und Plätzen des idyllischen Dorfes mit seinen 4000 Einwohnern nichts zu verspüren. Auch die Sicherheitsmaßnahmen im Hotelbereich sind hier deutlich entspannter als an anderen Unterbringungsorten. Peter Schönherr, der jugendlich-sportliche Bürgermeister von Neustift berichtet, die Skepsis mancher Dorfbewohner sei seit dem spektakulären Empfang für die spanischen Gäste mit Tiroler Schützen und Kinderchor einheiliger Begeisterung gewichen. Mit Profifußballern hat man hier bereits positive Erfahrungen gemacht. Der CFC Genoa wird Mitte Juli zum dritten Mal in Folge die Saisonvorbereitung im Stubaital auf idealen 1000 Metern über Meer absolvieren. Die Kooperation mit den Italienern erwies sich als erfolgreich: Nach Angaben des Stubaier Tourismusverbandes generierte diese bisher pro Jahr 10.000 zusätzliche Übernachtungen von Feriengästen aus Ligurien. Der aufwendig den Uefa-Normen angepasste Fußballplatz fällt auf in diesem stillen Tal, das sich vor allem im Winter belebt. Hauptattraktion ist der Stubaier Gletscher mit seinem Ganzjahres-Skigebiet in Höhen bis 3200 Meter; im Herbst ist er beliebter Trainingsstützpunkt der Skicracks.

Der beharrliche Nieselregen am Mittwochvormittag hält die Dorfbevölkerung und ein paar herbeigereiste Fans in auffälliger rotgelbroter Kostümierung nicht davon ab, mit kritischem Blick und fachkundigen Kommentaren dem Morgentraining der spanischen Nationalmannschaft beizuwohnen. Auch der NZZ- Korrespondent ist unter den Zuschauern. Als ihn plötzlich der scharfe Schuss eines spanischen Spielers mitten ins Gesicht trifft, kann er noch nicht ahnen, dass er das schmerzhafte Missgeschick gewissermaßen als Privileg zu betrachten hat, um die ihn wohl so mancher Fußballfan beneiden würde – denn wie sich schon bald herausstellen sollte, war es ein Volltreffer des Europameisters 2008.

Hundefresser

(August 2007)

Die Schweizer als grimmige Kynophagen, als eingefleischte Hundefresser – so jedenfalls präsentiert das österreichische Fernsehen seinen Zuschauern den westlichen Nachbarn. Und zur Illustration dieses bei den Eidgenossen angeblich weit verbreiteten kulinarischen Brauches wurde sozusagen vor laufender Kamera ein armes Hündchen ins Jenseits befördert und hernach von einem ausgewiesenen Starkoch zubereitet – selbstverständlich an Schokoladensauce.

Natürlich handelte es sich bei dem Hund am Ende doch nur um einen Hasen und selbstverständlich war das Ganze satirisch gemeint – reichlich garniert mit Schweiz-Klischees und den obligaten Mythen, von Raubgold und Nummernkonten über Drogenszene und Sturmgewehr bis hin zum gesetzlichen Verbot, nach 22 Uhr die WC-Spülung zu betätigen. Selbst die Frage, ob denn diese militaristische Schweiz etwa gar die Atombombe besitze, wurde – natürlich nur im Scherz – aufgeworfen. So viel zum Bemühen des Staatsrundfunks ORF, den Österreichern den Partner der Fußball-EM 2008 auf humorvolle Weise näherzubringen.

Satire hatte auch schon mehr Niveau in Österreich – als sie noch von Leuten wie Fritz Grünbaum, Karl Farkas, Helmut Qualtinger, Georg Kreisler und Gerhard Bronner betrieben wurde. Und während also im ORF die Satire buchstäblich auf den Hund gekommen ist, herrscht an der Schweizer Botschaft in Wien Alarmbereitschaft. Denn dort hat man sich gewissenhaft gegen die Schimpftiraden der Tierschützer gewappnet. Das Telefon an der Prinz-Eugen-Straße ist tatsächlich heißgelaufen. Allerdings waren es nicht erregte Hundefreunde, die zum Hörer griffen, sondern peinlich berührte Fernsehzuschauer, die sich bei den Schweizern entschuldigen wollten.

Politiker und ihre Hunde

Fröhliche Rückkehr der Römer nach Baden bei Wien

(Juni 2008)

„Benvenuta Squadra Azzurra!" heißt es auf einem Transparent bei der Einfahrt in das Städtchen Baden bei Wien. Viele der Autos, die hier einbiegen, lassen nicht nur die rotweißroten Fähnchen im Fahrtwind flattern, sondern auch die Trikolore der Italiener. Anfängliche Skepsis ist spätestens seit dem Anpfiff zur Euro 08 einhelliger Begeisterung gewichen: Die Römer sind in die Kurstadt Baden zurückgekehrt, knapp 2000 Jahre nach Gründung des Städtchens „Aquae" mit seinen Schwefelquellen durch die 15. Römische Legion, im Jahr 50 nach Christus. Dass es sich bei den heutigen Kämpfern, die hier Quartier bezogen haben, um „Gli Azzurri" handelt, eine der berühmtesten Nationalmannschaften der Welt – Weltmeister des Jahres 2006 – erfüllt die Badener mit Stolz. Manche fragen sich, weshalb das Pflaster des Hauptplatzes, in dessen Mitte die berühmte Pestsäule steht, zu Ehren der Italiener ausgerechnet grün gestrichen wurde. Doch bei den Spielen der „Squadra" fiebern ausnahmslos alle mit.

Hoffnung auf das große Geld

Bürgermeisterin Erika Adensamer strahlt, Tourismusdirektor Klaus Lorenz kann seine Begeisterung kaum verbergen und der von ausländischen Medienvertretern bedrängte Hoteldirektor Michael Pohn ist temporär zum meistgefragten Bürger des Städtchens avanciert. Als die italienische Nationalmannschaft am 19. Dezember letzten Jahres Baden bei Wien zu ihrem Standort während der Europameisterschaft wählte, hatte dies für die etwas verschlafene Kurstadt 26 Kilometer südlich von Wien die Bedeutung eines Lotto-Sechsers. Mit 300.000 Euro griff das Bundesland Niederösterreich dem Ort bei der standesgemäßen Unterbringung der italienischen Gäste helfend unter die Arme; für Sicherheits- und weitere Infrastrukturmaßnahmen kommt die Stadtkasse selbst auf. „Gut investiertes Geld", kommentiert Bürgermeisterin Adensamer. Schon jetzt sei der Werbewert der „Squadra Azzurra" durch Zeitungsartikel, Fernsehbeiträge und Werbespots, in denen Baden erwähnt werde, auf über eine Million Euro zu beziffern.

Der Tourismus-Chef schwärmt gar von einer „Jahrhundertchance" für die Kurstadt mit ihren knapp 24.000 Einwohnern, die vor allem von ihrem nostalgischen Charme lebt und ihre Anziehungskraft bisher auf ein eher älteres Publikum ausgeübt hat. Man müsse in den Geschichtsbüchern weit zurückblättern, um auf ein vergleichbares Ereignis für Baden zu stoßen. Zur Zeit des Wiener Kongresses im Jahr 1815 galt das Motto: In Wien wird verhandelt, in Baden gefeiert – mit aufwendigen Bällen für die Staatsgäste, aber auch im kleinen Kreis, in literarisch-politischen Salons, wie beispielsweise jenem der Fanny von Arnstein am Hauptplatz. Dort ging auch ihr Neffe Felix Mendelssohn Bartholdy ein und aus. Einmal gab „der blasse, schwarzlockige Künstler" im kleinen Kreis ein Konzert „in heiterer Unbefangenheit" an der Orgel der Stadtpfarrkirche St. Stephan, das, wie ein enthusiastischer Zuhörer festhielt, „seine Wirkung nicht verfehlte und den Anwesenden zeitlebens in Erinnerung blieb".

Die während der Kongresszeit in Baden aufgeblühte Lebenslust spiegelt sich in einem Brief, den der Berliner Musiker Karl Friedrich Zelter 1819 an seinen Freund Johann Wolfgang Goethe richtete. Darin schildert Zelter den Badener Kurpark euphorisch als „türkisches Paradies" und berichtet, was an schönen Weibern in Wien sei, sei hier jeweils sonntags nach elf Uhr anzutreffen, „aufs Anmutigste geputzt und gestutzt, dass man lauter Augen sein möchte". Einige Jahrzehnte später setzte der Prager Komponist Karl Komzák, hauptberuflich Kapellmeister des Infanterieregiments 84, mit seinem Walzer den „Badner Madln" ein musikalisches Denkmal und verhalf gleichzeitig als Dirigent dem Badener Kurorchester zu neuer Blüte.

Auf Rosen gebettet

Heute hofft wohl so manches Badener Madl auf zufällige Begegnungen mit einem der braungebrannten, muskelgestählten Fußballer. Aufgeregte Gerüchte, man habe diesen oder jenen italienischen Athleten beim Joggen beobachtet, huschen durch die Kleinstadt. Pizzerias und Eisdielen erhoffen sich Umsatzsteigerungen. Die lokalen Reisebüros bieten in ihren Auslagen wieder vermehrt Italienreisen an. Die Stadtverwaltung hat der Bevölkerung schon vor Monaten Italienischkurse angeboten, von denen reger Gebrauch gemacht wurde.

Hinter Metallgittern, bewacht von unerbittlichen Sicherheitsleuten mit Walkie-Talkies, bereiten sich das Nationalteam der Italiener und dessen Gefolge – insgesamt rund 60 Personen – auf den Einsatz im Stadion vor. Die „Azzurri" sind im einstigen Wasserschloss Weikersdorf untergebracht, einem historischen Bau mit bewegter Geschichte. Die Burg wurde erstmals im Jahr 1233 urkundlich erwähnt und im 16. Jahrhundert zu einem Renaissanceschloss umgestaltet. Nach dem Zweiten Weltkrieg ließ die sowjetische Besatzungsmacht das Schloss in desolatem Zustand zurück; erst in den 1960er-Jahren wurde es von Grund auf restauriert und in das heutige Hotel umgewandelt. Vom Hotelfenster blicken die Fußballer auf ein Meer von Rosen, das „Rosarium" im ehemaligen Schlosspark mit 20.000 Rosenstöcken von 600 Sorten, eine von Badens Hauptattraktionen. Mit der lokalen Küche wollen die italienischen Gäste allerdings nicht in Berührung kommen. Die Sportler haben, wie der Hoteldirektor Pohn zögernd verrät, ihre eigene Küchenmannschaft mitgebracht.

Fans belagern den Haupteingang des Hotels und schwenken ihre Fahnen, sobald sich die Wagenkolonne der „Squadra Azzurri" zum täglichen Training im Leistungssportzentrum Südstadt in Bewegung setzt. Während sich im Straßenbild der Kurstadt die „Italianità" nicht bemerkbar macht, ist die „Casa Azzurri" inmitten des sonst eher unauffälligen Nachbarortes Oberwaltersdorf eine italienische Enklave. Ihr Pressezentrum haben die „Azzurri" in der Veranstaltungshalle der dortigen Bettfedernfabrik aufgeschlagen. Diese wurde von den Italienern in das Set einer italienischen Fernsehshow mit allen Attributen verwandelt. Im grellen Scheinwerferlicht hüpfen blonde, großbusige Mädchen über die Szene, schreiten smart gewandete Herren zwischen Design-Möbeln, auf denen zerfledderte Exemplare der rosaroten „Gazzetta dello Sport" herumliegen.

Auch wenn Italien im Stadtbild Badens kaum präsent ist, hat das Städtchen unbestreitbar südländisches Flair: tempelartige Badeanlagen, mit Schwarzföhren bestandene Wälder und die Weinberge, die sich entlang der Thermenlinie von Norden nach Süden hinziehen. Entfernt an römische Bäder erinnern das „Römertherme" genannte Hallenbad und das riesige, 1926 in Rekordzeit erbaute Thermal-Strandbad mit dem damals größten Schwimmbecken Europas – eine Sensation, die vom daneben angelegten Sandstrand fast noch übertroffen wurde. Die nostalgische Erinnerung an den kurz zuvor im Ersten Weltkrieg verlorenen Adriastrand trieb wilde Blüten: Den Mythos, es handle sich um Original-Sand von der Adria, hat man bewusst nie in Abrede gestellt. Dabei wurde der Sand, wie doch jeder ahnen konnte, bei Melk an der Donau gefördert und in 300 Güterwagen hierher transportiert. Als sich über dem Bad auch noch eine einsame Möwe blicken ließ, war die Meeres-Illusion perfekt. Sie war dem Lokalblatt einen Vermerk wert.

Die Präsenz der Italiener in Baden endete in jenen Junitagen des Jahres 2008 sang- und klanglos: Im Viertelfinale gegen Spanien blieb es bei einem 0:0; die „Azzurri" unterlagen dann aber im Elfmeterschießen und schieden damit aus der Europameisterschaft aus. Die italienische Mannschaft reiste schon am Tag nach dem Spiel aus Baden ab. Die Kurstadt kehrte zu ihrem sommerlichen Alltag zurück, doch noch lange schmerzte die Enttäuschung über den Misserfolg der Gäste.

Von Beethoven bis Busserl-Tunnel

(Juni 2008)

Baden ist eine Fundgrube für Anekdoten – kaum ein Gebäude, das nicht Geschichten erzählt, keine Gasse, kein Platz ohne Reminiszenzen. In der Theresiengasse wurde Katharina Schratt, die Hofschauspielerin und Geliebte des Kaisers Franz Joseph, geboren. Arthur Schnitzler machte Baden zu einem der Schauplätze seines Dramas „Das weite Land". Stefan Zweig schilderte in seinem autobiografischen Werk „Die Welt von gestern", wie er in Baden an einem strahlenden Sommertag des Jahres 1914 von der folgenschweren Ermordung des Thronfolgers erfuhr, eine Nachricht, die wie ein Blitz in diesen „Tag des Glücklichseins" eingeschlagen und im Musikpavillon die Musiker brüsk mitten im Takt abbrechen habe lassen.

Namhafte Schriftsteller und Komponisten machten das idyllische Städtchen zu ihrer Wahlheimat, die Nachwelt widmete ihnen im Kurpark Denkmäler und Tempelchen. Franz Grillparzer wohnte mit Beethoven unter einem Dach und dinierte mit Karl Maria von Weber. Hier residierte Schubert, da Salieri, dort Gluck. Im Haus „zum Blumenstock" komponierte Mozart die Motette „Ave verum corpus", uraufgeführt in der Badener Stadtpfarrkirche. Zahlreiche schmachtende Briefe zirkulierten zwischen Baden, wo Mozarts Ehefrau Constanze Jahr für Jahr zur Kur weilte, und Wien.

Beethoven hat hier wesentliche Teile seiner 9. Symphonie komponiert, weshalb sich Baden prätentiös als „Stadt der Europahymne" bezeichnet. Im romantischen Helenental soll er in ein Sommergewitter geraten sein; vielleicht hat ihn das zu den dramatischen Naturschilderungen der „Pastorale" inspiriert. Wie in Wien zog der ruhelose Beethoven auch in Baden von einem Wohnsitz zum anderen, darunter zum Kupferschmiedhaus. Einmal, so berichtet eine Anekdote, habe der Komponist gerade kein Papier zur Hand gehabt und hastig musikalische Eingebungen auf die Fensterläden gekritzelt. Kurgäste sollen ihn dabei beobachtet und die Läden dem Hausbesitzer umgehend für teures Geld abgeluchst haben. Dieser, so wird überliefert, habe von Beethoven auch noch Schadenersatz gefordert.

Während seiner Badener Aufenthalte in den Jahren 1821 oder 1822 verließ Beethoven einmal, wie es seine Gewohnheit war, frühmorgens ohne Hut, nur mit einem alten Mantel bekleidet das Haus, um die freie Natur aufzusuchen. Gedankenverloren schritt er aus, bis er nach Wiener Neustadt gelangte. Am Ungartor wurde er aufgegriffen: Man hielt ihn für einen Landstreicher. Er beteuerte, der bekannte Komponist Beethoven zu sein. „Warum net gar", soll der Wächter unwirsch geantwortet haben. „Ein Lump ist er! So sieht der Herr von Beethoven nicht aus!" Der Komponist wurde verhaftet, und erst nach langem Drängen ließ der Polizeikommissar schließlich den Musikdirektor kommen, der Beethoven identifizierte und ihn für die Nacht beherbergte. Am kommenden Tag stellte sich der Bürgermeister von Wiener Neustadt ein, um sich untertänigst bei dem berühmten Gast zu entschuldigen und ihn in seiner Kutsche zurück nach Baden fahren zu lassen.

Johann Strauss Vater dirigierte das Badener Kurorchester. Sein Sohn machte Baden, wie man vermutet, zum Schauplatz seiner „Fledermaus". Das dortige Gefängnis soll ihn jedenfalls zur feucht-fröhlichen Kerkerszene im dritten Akt inspiriert haben. Joseph Lanner spielte sonntags im Helenental auf, Carl Millöcker schrieb hier seinen „Bettelstudent". Baden nennt sich Stadt der Musik und wetteifert mit der Operettenmetropole Wien. Die Theaterarchitekten Hermann Helmer und Ferdinand Fellner erbauten 1909 das urban wirkende Jubiläums-Stadttheater; dessen Gegenstück ist die glasgedeckte Sommerarena im Kurpark.

Große und kleine Katastrophen

Baden blickt zurück auf eine bewegte, aber längst romantisch verklärte Geschichte. Über dem viel besungenen „Wegerl im Helenental", das Kaiserin Sisi auf dem Weg nach Mayerling zur Todesstätte ihres Sohnes, Kronprinz Rudolf, immer wieder inkognito beschritt, prangen gleich mächtigen Theaterkulissen die beiden alten Raubritterburgen Rauhenstein und Rauheneck. Von den Türkenkriegen zeugt eine Schützenscheibe im Stadtmuseum, auf der die einst so gefürchteten Feinde verspottet werden: „Hundert Jahre sind dahin, Türken, damals wart ihr noch in Wien. Tausend Jahr mögens sein, Wien nehmt ihr doch niemals ein. Badner Schützen sind noch hier – feige Türken, wo seyd ihr?" Doch dieser kecke Spruch kann nicht darüber hinwegtäuschen, dass im Türkenkrieg 1683 drei Viertel der Einwohnerschaft getötet oder als vermisst gemeldet wurden. Die Pest dezimierte im Jahr 1713 die Bevölkerung erneut; verheerende Brände in den Jahren 1714 und 1812 zerstörten den Großteil der Stadt.

Einheitlich im Stil des Biedermeier wurde Baden neu aufgebaut. Schon seit 1793 hatte die Kurstadt ihre Anziehungskraft auf den Adel der Reichshaupt- und Residenzstadt Wien ausgeübt. 1832 ereignete sich hier ein Attentat: Franz Reindl, ein bei einer Beförderung übergangener Hauptmann der kaiserlichen Armee, verübte einen Anschlag auf den Kronprinzen Ferdinand – vor dem Garten des Arztes und Sammlers Anton Rollett – nach dem heute das städtische Museum benannt ist. Dem beherzten Einschreiten des Rollett'schen Gärtners waren Vereitelung des Attentats und Festnahme des Täters zu verdanken. Der Kronprinz, leicht verletzt, soll in jenem schrecklichen Augenblick den längsten Satz seines Lebens ausgerufen haben: „Halt's ihn, bindt's ihn, bringt's ihn auf die Polizei!" Später, als Kaiser, wurde der Epileptiker mit liebevoller Ironie „Ferdinand der Gütige", von bissigen Zeitgenossen aber „Gütinand der Fertige" genannt. Prägnanter als jener aus Baden überlieferte lange Satz war allerdings der Ausspruch, als ihm das Menü bei einem Bankett nicht zusagte: „Ich bin der Kaiser und ich will Knödel!" Wahr oder nur gut erfunden? Jedenfalls wurde die Errettung des Kronprinzen mit einem großen Freudenfest auf der Badener Hauswiese gefeiert; der Kaiser selbst soll sich unter die Festgäste gemischt haben. Als bleibende Erinnerung an jenes kleine Drama wurde der „Ferdinandsbrunnen" an der Pestsäule errichtet.

Sommerfrische und Eisenbahn

1833 wurde Baden zur offiziellen kaiserlichen Sommerresidenz erklärt und erlebte seine Glanzzeit. Alles, was damals in Wien Rang und Namen hatte, drängte nach Baden. Der Adel folgte den gekrönten Häuptern auf dem Fuß, und bald kam auch das Großbürgertum. Im einsetzenden Bauboom wurde ein Palais nach dem anderen, wurden prunkvolle Villen, stilvolle Hotels und elegante Sanatorien errichtet. 1886 entstand anstelle der alten Trinkhalle ein repräsentatives Kurhaus, in dem später das Spielkasino eingerichtet wurde. Für die gesellschaftliche Elite der Donaumetropole wurde Baden in den Sommermonaten praktisch ein Teil Wiens. Fast zärtlich sprach man vom „kleinen Wien im Aquarell".

Seit 1841 konnte man mit der Eisenbahn nach Baden fahren. Es war die Zeit, als die Stadtbewohner die wildromantischen Landschaften südlich von Wien entdeckten. Kurz vor Baden durchfährt der Zug zwischen Gumpoldskirchen und Pfaffstätten den ältesten Eisenbahntunnel Österreichs. Der nur 165 Meter lange Tunnel erhielt bald den Übernamen „Busserl-Tunnel": So schildert Arthur Schnitzler in seiner Autobiografie das „Glück eines zufälligen Zusammentreffens in einem Eisenbahncoupé", das in der plötzlichen Dunkelheit des Tunnels mit einem Küsschen besiegelt wurde. Und Karl Kraus fiel auf, dass es kurz vor Baden zwar einen Tunnel, aber keinen Berg gab, der diesen gerechtfertigt hätte: „Damals, als es bei der Anlage der Südbahn zwischen Wien und Baden sich herausstellte, dass kein Berg vorhanden war, um den Tunnel zu bauen, den eine Hoheit wünschte, und also der Tunnel gebaut wurde." Für die feine Gesellschaft mit ihren Sommerhäusern in der Kurstadt gab es bald auch eine Tramlinie, die bis heute vom Badener Josefsplatz direkt zur Wiener Staatsoper führt, die Badener Bahn. Die Linie wurde 1886 als Dampfstraßenbahn eingeweiht und 1907 elektrifiziert. Heute dienen die blaugelben Garnituren weniger dem Opernpublikum, als Pendlern aus Baden und Sonntagsausflüglern aus Wien. Zum Kurpark, wo sich die Atmosphäre der Kaiserzeit am besten erhalten hat, ist es von der Endstation nur ein Katzensprung.

Mercédès alias Undine

Gleich beim Betreten des Parks zieht den Besucher eine Sehenswürdigkeit des Jugendstils in ihren Bann. Vom Kärntner Bildhauer Josef Valentin Kassin wurde im Jahr 1903 zur Einweihung der Badener Wasserleitung der Undinebrunnen geschaffen, ein groteskes Sammelsurium von Menschengestalten und Fabelwesen aus den Wasserwelten inmitten sprühender Fontänen. Die aus Stein gehauenen Gesichter porträtierten offenbar Badener Bürger. Für die Nachwelt von Interesse ist die zentrale Figur der Undine. Sie trägt das Antlitz der wohl einzigen Frau der Weltgeschichte, deren Kosename in einer Automarke verewigt ist: Mercédès.

Mercédès hieß eigentlich Adrienne Manuela Ramona, und sie wurde 1889 in Wien als Tochter von Emil Jellinek aus Leipzig und seiner französischen Frau Rachel geboren. Ihr Vater war Sohn des jüdischen Gelehrten und Wiener Oberrabbiners Adolf Jellinek – und das schwarze Schaf der Familie. Seine Brüder wurden Professoren, doch Emil behagte das Studieren nicht. Schließlich begann er eine diplomatische Karriere unter den Fittichen des österreichischen Konsuls in Tanger und Tetuan. Er heiratete in Oran, dann zog er mit seiner Familie 1884 nach Baden bei Wien. Nach der Geburt seiner Tochter ließ er die großartige „Villa Mercédès" erbauen, von der nach Ende des Zweiten Weltkriegs allerdings nur noch der Garagentrakt geblieben ist. Zu jener Zeit war er im Versicherungsgeschäft erfolgreich. Nach dem Tod seiner Frau verbrachte Jellinek die Winter an der Riviera, wo er Kontakte zu Adel und einheimischer Geschäftswelt pflegte. Dort soll auch sein Interesse am Automobil erwacht sein. 1896 reiste er nach Cannstatt zu Gottlieb Daimler und wurde dank seiner guten Geschäftsverbindungen zum Importeur dieser Fahrzeuge. Um deren Verkauf zu fördern, sorgte er dafür, dass die „Daimlers" zu Autorennen geschickt wurden. Jellinek nahm an diesen Rennen selbst teil und nannte die beiden 28 PS starken Daimler-Tourenwagen zu Ehren seiner inzwischen zehnjährigen Tochter „Mercédès I" und „Mercédès II". Am 21. März 1899 siegte Jellinek in seinem „Mercédès" an der „Semaine Automobile" in Nizza – er hatte die stolze Durchschnittsgeschwindigkeit von 34,57 Stundenkilometer erzielt. Emil Jellinek sicherte sich den Alleinvertrieb der Automobile und machte zur Bedingung, dass sie „Mercedes" zu heißen hätten. Ab dem Jahr 1902 trugen alle Fahrzeuge den Namen seiner Tochter. 1909 wurde der dreizackige Stern eingeführt, als Symbol für den Verkehr zu Lande, zu Wasser und in der Luft.

Und Mercédès? Im Februar 1909 heiratete sie in Nizza den Wiener Baron Karl von Schlosser. Sie bekam Sohn und Tochter, trennte sich nach 14-jähriger Ehe von ihrem Gatten und heiratete den (schwindsüchtigen) Wiener Bildhauer Baron von Weigl. Weigl verstarb bald, „Mercédès" folgte ihm, nur 39-jährig, ins Grab. Der Bildhauer Kassin meißelte die Grabfigur – sie trägt dasselbe Antlitz wie die Undine im Springbrunnen inmitten des Kurparks von Baden bei Wien. Nur vier Jahre nach dem Tod von Mercédès, 1933, fuhren die Größen des NS-Staates auf, in ihren protzigen Limousinen mit dem Mercedes-Stern – und dem Namen der Enkelin eines Wiener Oberrabbiners.

Café „Damals"

Ein Luftangriff am 2. April 1945 richtete in Baden schwere Schäden an. Im Ort richtete sich das Oberkommando der sowjetischen Besatzungstruppen ein. Auf ein Kuriosum stößt man im Stadtmuseum: das offensichtlich in aller Hast hingepinselte Porträt Andreas Hofers. Die Röntgenaufnahme daneben zeigt, dass es sich ursprünglich um ein Hitler-Porträt gehandelt hatte. Der Besitzer hatte das Bild beim Herannahen der Sowjettruppen zur Sicherheit mit dem markanten Vollbart des Tiroler Nationalhelden übermalt.

In der Rathausgasse findet sich ein Café mit symbolträchtigem Namen: „Damals". Baden hat sich von der Zäsur des Zweiten Weltkriegs und der Vertreibung des jüdischen Großbürgertums, das hier zeitweise mehr als zehn Prozent der Bevölkerung bildete, nie mehr erholt. Der prosaische Stil der 1960er-Jahre, der bei Wiederaufbau und Stadtsanierung zur Anwendung kam, oder die fast schmerzhaft kitschige Neugestaltung des Kasinos zwei Jahrzehnte später brüskieren den Charme des Badener Biedermeier und sind meilenweit entfernt von Grandeur und Eleganz der Kaiserzeit.

Schutzzone für Minderheiten

(Mai 2008)

Ab sofort schreitet man nicht auf einem roten Teppich, sondern über zwei Zebrastreifen zum Amtssitz des österreichischen Bundespräsidenten. Fußgängerstreifen auf dem Ballhausplatz, wo höchstens einmal ein gemächlicher Fiaker vorüberfährt? Was von Weitem aussieht wie verkehrstechnischer Übereifer, erweist sich bei genauerem Hinsehen als eine Reihe weißer Schriftzüge. Deren Bedeutung entschlüsselt sich dem Passanten allerdings nicht sofort. „Osztrák Köztársasági Elnöki Hivatal" steht da beispielsweise, „Urad Predsednika Republike Avstrije" oder „Austritiko Presidentoskero Birovtschago".

Bundespräsident Heinz Fischer, der sich seit Jahren redlich, aber ergebnislos um eine Lösung im Dauerkonflikt um zweisprachige Ortstafeln in Kärnten bemüht, wollte jetzt vor der eigenen Haustür in der Wiener Hofburg ein Zeichen setzen. Der Tiroler Künstlerin Eva Schlegel wurde eine anspruchsvolle Aufgabe übertragen: Statt eines banalen Türschilds, auf dem „Österreichische Präsidentschaftskanzlei" steht, sollte die Mehrsprachigkeit Österreichs sichtbar gemacht werden.

Auf Inschriften in den sieben Sprachen aller in Österreich lebenden autochthonen Volksgruppen – Deutsch, Ungarisch, Slowenisch, Kroatisch, Tschechisch, Slowakisch und Romani – wird jetzt der Besucher zum Amtssitz des Staatsoberhauptes geleitet. Als „Schutzzone für die Minderheiten" sieht dies die Künstlerin. Es gebe in diesem Land Menschen, die sich vor zweisprachigen Aufschriften fürchteten, bemerkte der Bundespräsident bei der Einweihung. Doch seien selbst sieben Sprachen kein Grund zur Besorgnis, ganz im Gegenteil: Sie bildeten eine Bereicherung für diese Nation.

Wir unterscheiden …

Bregenzerwald – von Turbokühen und einem Frauenmuseum

(August 2008)

„Qualität", sagt der rotbärtige Senn auf der Wildgunten-Alp oberhalb der Ortschaft Mellau im Bregenzerwald. Einzig auf die Qualität komme es an, sagt er, während er mit geübtem Griff die mehr als 30 Kilo schweren Käselaibe vom Regal stemmt, behutsam wie einen kostbaren Schatz ablegt, sie gründlich mit einer in Salzlauge getränkten Bürste einreibt und dann sorgfältig zwischen die Holzplanken zurückschiebt. Der Alpkäse von Wildgunten schmeckt köstlich: würzig nach Kräutern, zugleich aber süß und rahmig nach frischer Milch; er erinnert an den Appenzeller, ist aber körnig wie gereifter Greyerzer. Seine typische Schärfe erhält er nach eineinhalbjähriger Lagerung. Für die Deutschen, bemerkt der Senn augenzwinkernd, sei sein Käse dann doch zu räss. Die Schweizer hätten mehr Sinn für sein Produkt, das vor allem auf Ständen an den Wochenmärkten und vor den Seilbahnen verkauft werde. Den Einkäufern der Supermärkte misstraut er. Was, wenn sie den Käse mitnähmen und er sähe sein Geld nie mehr? Dies sei sein ganzes Kapital, sagt er und weist stolz auf die rund 200 Käselaibe, die auf den Etagen der Holzregale reifen.

Risse im idyllischen Tableau

Von draußen dringt das Schellen der Kuhglocken herein: Er besitze selbst 30 Kühe und 9 Ziegen, deren Milch zu Ziegenkäse, dem zweiten Produkt der Alp, verarbeitet wird, erklärt der Senn. Außerdem betreue er 20 Kühe eines Bauern im Tal. Das ursprüngliche Montafoner Braunvieh sei im Verlauf der letzten Jahrzehnte zur Steigerung der Milchleistung hochgezüchtet und mit amerikanischen Braunviehrassen gekreuzt worden. Das seien „Turbokühe", hornlose Milchmaschinen, die mit bis zu 7000 Litern pro Jahr mehr als doppelt so viel Milch gäben wie die alten, einheimischen Rassen. Bei den modernen Züchtungen, auf die man nicht mehr verzichten könne, um konkurrenzfähig zu bleiben, sei das Erkrankungsrisiko gestiegen. Auch seien diese Kühe schwerer und schafften den Aufstieg zu den hoch gelegenen Alpen nicht. Und da ihnen die karge Bergvegetation nicht mehr ausreiche, müsse immer mehr Kraftfutter zugefüttert werden.

Im idyllischen Bild der Bergweiden mit intakter Alpwirtschaft sind Risse entstanden. Vor dem Fenster der Alphütte ragen zerklüftete Gipfel aus den Wolkenschwaden, die schwer über dem satten Grün der Alpweiden hängen; eine wildromantische Berglandschaft von fast übertriebener Dramatik. Doch bei genauem Hinsehen erkennt man mit bloßem Auge die stählernen Masten der Liftanlagen, die sich an die Steilhänge klammern, und daneben die breiten Geröllnarben, die von Baggern in die Bergwiesen geschlagen wurden. Unermüdlich arbeiten sich die Planierraupen den Berg hinauf; die nächste Skisaison will neue Pisten.

Vor knapp zehn Jahren war in der Region Bregenzerwald erstmals die Idee aufgetaucht, sich um die Aufnahme in die Liste des UNESCO-Weltkulturerbes zu bewerben. Rund 200.000 Euro wurden dafür eingesetzt, die erste Weltkulturerbe-Stätte im Westen Österreichs zu etablieren. Die anderen acht liegen im Zentrum und vor allem im Osten des Bundesgebietes. Der Bregenzerwald präsentierte sich als Region mit intakter, spezifischer Landschaft und tief verwurzelten kulturellen Eigenheiten.

Im Mittelpunkt der Bewerbung stand die Drei-Stufen-Viehwirtschaft, die im Bregenzerwald seit Jahrhunderten gepflegt wird und bei der die Ressourcen optimal genutzt werden. Im Bregenzerwald werden 270 Maiensäße und 420 Alpen gezählt, auf denen bis zu 10.000 Milchkühe und 24.000 Rinder grasen.

Divergierende Interessen

Anfang 2006 hatte die Region ihren Antrag bei der UNESCO eingereicht. Im Oktober jenes Jahres reisten Experten zum Augenschein nach Vorarlberg. Doch sie zeigten sich vom Argument der Bregenzerwälder nicht völlig überzeugt. Im Juni 2007 empfahlen sie, die Bewerbung zurückzustellen. Ein Jahr später, Ende Juni 2008, beschloss das UNESCO-Komitee, das Begehren der Vorarlberger auf die lange Bank zu schieben. Unmittelbar danach kapitulierte die Regio und zog ihren Antrag zurück. Der Traum, auf die begehrte UNESCO-Liste zu kommen, war ausgeträumt.

Der Bregenzerwald sei durch die von der UNESCO gestellten Ansprüche überfordert, begründet Urs Schwarz, der Geschäftsführer der regionalen Planungsgemeinschaft, im Gespräch den Rückzug des Antrags. Auf die UNESCO-Liste zu kommen bedeute zweifellos ein Qualitätssiegel für eine Region, aber nicht um jeden Preis. Die Chancen, den Welterbe-Status doch noch zu erlangen, seien gering und die zu erwartenden zusätzlichen Kosten hoch. Zu viele Ressourcen würden durch eine Weiterführung dieses Projekts gebunden. Gerade für eine intakte Kulturlandschaft wie den Bregenzerwald sei dies ein allzu hoher Einsatz. Dennoch, so Schwarz, würden die Ziele weiterverfolgt, die man sich im Zuge des UNESCO-Projekts gesteckt habe, besonders die Erhaltung der alten Bausubstanz und die Sicherung von Erwerbsmöglichkeiten in entlegenen Gebieten.

Eine geschlossene, intakte Region, die vor den hochgesteckten Anforderungen einer Weltorganisation kapitulieren musste? Die Dinge liegen nicht so einfach. Die Bevölkerung wurde beispielsweise nie gefragt, ob sie denn überhaupt Teil des UNESCO-Kulturerbes sein wolle. Und innerhalb des Bregenzerwaldes zeichneten sich Spaltungstendenzen zum Thema UNESCO zwischen sogenannten Vorderwäldern und Hinterwäldern ab. Letztere setzen wegen der topografischen Voraussetzungen eher auf Wintertourismus. Sie befürchteten offenbar Auflagen der UNESCO, die ihr ohnehin prekär gewordenes Geschäft beeinträchtigt hätten. Die Vorderwälder hingegen standen dem UNESCO-Projekt tendenziell positiver gegenüber. Sie erhofften sich wirtschaftlichen Aufschwung durch mehr Tourismus sowie vermehrten Schutz ihres kulturellen Erbes.

UNESCO-Biosphärenpark im Großen Walsertal

Mehr Erfolg bei der UNESCO hatte das Große Walsertal. Es ist dünn besiedelt – auf einer Fläche von 192 Quadratkilometern leben rund 3500 Einwohner in sechs Gemeinden vor allem vom Tourismus und von der Viehwirtschaft. Im Jahr 2000 hatte die UNESCO das Tal zum Biosphärenpark deklariert und es damit in eine Reihe mit weltberühmten Naturwundern wie den Galapagosinseln, den Rocky Mountains und der Serengeti gestellt.

Damüls, Fontanella, Faschina, Ladritsch, Garsella, Valentschina – Orts- und Flurnamen am Tor des Bregenzerwaldes zum Großen Walsertal; sie stehen in auffälligem Kontrast zu jenen Namen, die man hier eigentlich eher erwarten würde, wie etwa Kirchberg und Buchboden. Seit dem 10. Jahrhundert hatten Rätoromanen mit der Besiedlung dieses Tals begonnen. Das Rätoromanische ist einzig in den Ortsnamen erhalten geblieben, die gesprochene Sprache ist verschwunden. Um 1300 holten die Montforter Grafen zur Überwachung wichtiger Bergpässe Söldner aus dem Wallis und boten diesen hier Grund und Boden an. Den Söldnern folgten viele Familien und machten das Tal von Damüls her urbar.

Ein Heilbad und seine Legende

Wo die Fahrstraße durch das Metzgertobel im Großen Walsertal gegen Osten immer enger wird und schließlich endet, zweigt in südlicher Richtung das Naturschutzgebiet Gadental ab. Ein steiler Weg führt in eine immer wildere Landschaft, vorbei an tonnenschweren Gesteinsbrocken. Wasser überall: Unten in der Schlucht schäumt der Matonabach, und aus allen Felsritzen am Wegrand fließt, sprudelt, sprüht das kalte Nass.

Plötzlich erhebt sich vor uns, mitten in der Bergwildnis, ein altehrwürdiges Gebäude mit Schindelwänden und grünen Fensterläden. Davor ein verträumter Garten unter mächtigen Bäumen. 170 Jahre zählt das Bad Rothenbrunnen; noch immer kann man in der uralten Gaststube speisen und in den Zimmern mit den Holzböden und den hohen Betten nächtigen, wie einst die Kurgäste im vorletzten Jahrhundert.

Vor noch längerer Zeit lebte hier ein Hirt namens Veit, der mit seinem Geschick haderte und dem Herrgott wegen der Gegend, in der er zu leben hatte, bittere Vorwürfe machte. Plötzlich zog ein Gewitter auf. Überstürzt machte sich der Hirt auf den Heimweg. Doch in der Hast brach er sich ein Bein, stürzte den Hang hinab und blieb schwer verletzt liegen. Da erschien die Muttergottes und ermahnte ihn, nie an den Werken Gottes zu zweifeln. Sie wies ihn an, sein Bein in der roten Quelle zu baden, die an dieser Stelle aus dem Boden quoll.

Der Hirt wurde geheilt. Bereits 1460 erstellte der Stadtarzt von Feldkirch, Ulrich Ellenbog, der sich dem Studium von „gifftigen besen Tempfen" verschrieben hatte, ein Gutachten über das heilkräftige Eisenschwefelwasser, dessen Ruf sich rasch verbreitete. Mitte des 17. Jahrhunderts ließ der Grundbesitzer, das deutsche Benediktinerkloster Weingarten, zwei Badehäuser errichten, eines für Männer, eines für Frauen.

Juppe, Schappele und Krönele

Südöstlich der Landeshauptstadt Bregenz windet sich die Straße durch eine enge Schlucht, beidseitig von urtümlichen Wäldern gesäumt. Hier beginnt das rund 550 Quadratkilometer große Gebiet des Bregenzerwaldes mit 32.000 Einwohnern in 24 Gemeinden. Neben Tourismus und Landwirtschaft spielt das alte Handwerk nach wie vor eine wichtige Rolle. Berühmt ist nicht nur der Käse, auch die Trachten der Frauen gehören zu den Besonderheiten der Talschaft. Die reich bestickte „Juppe" mit ihrem fein plissierten Rock aus schwarzem Lackleinen, weißer Baumwolle oder brauner Schafwolle und den Kopfbedeckungen ist von feierlichen Anlässen wie Hochzeiten, Begräbnissen, Volksfesten oder Prozessionen im Bregenzerwald nicht wegzudenken. Dazu kommt als Kopfbedeckung das „Schappele", das auch „Jungfernkrönele" genannt wird, da es nur bis zur Hochzeit getragen wird.

Der alte Begriff „Bregenzerwald" entspricht längst nicht mehr der Wirklichkeit, denn lediglich ein Viertel der Gesamtfläche ist heute noch von Wald bedeckt. Im Mittelalter gehörte die noch vollständig bewaldete Talschaft den Grafen von Bregenz, dem Kloster Mehrerau und den Grafen von Montfort. Später fielen die Besitzungen an Hugo von Tübingen, der sich dann ebenfalls „von Montfort" nannte und das gleichnamige Grafengeschlecht begründete. 1338 wurde das Gebiet von den Montfortern zwischen den Herrschaften Bregenz und Feldkirch aufgeteilt, so entstanden „Vorderwald" und „Hinterwald".

Mit Heugabeln und Sensen gegen „die Schweden"

Nach 1380 entstand im Hinteren Bregenzerwald die sogenannte Bauernrepublik mit eigener freier Landsgemeinde, unabhängiger Gerichtsbarkeit und Verfassung. Der Landammann wurde in freier Wahl bestellt, sein Rathaus stand auf der Bezegg zwischen Bezau und Andelsbuch. Eine steinerne Säule, die „Bezegg-Sul", erinnert noch heute an das frühere Rathaus.

Die Bregenzerwälder Barock-Baumeister der Auer Zunft revolutionierten im 17. Jahrhundert den Kirchenbau. Die bedeutendsten Klöster und Kirchen des Barock in der Ostschweiz und in Süddeutschland wurden von Baumeistern dieser Schule errichtet. Seit je hatten Handwerk und Baukunst im Bregenzerwald eine große Bedeutung. Die traditionelle Holzbauweise mit den wetterfesten Schindelwänden findet ihre Fortsetzung in der zeitgenössischen Holzarchitektur mit ihren klaren Linien und Flächen.

Die Malerin Angelika Kauffmann wurde 1741 in Chur geboren, wuchs am Comersee auf und zog 1757 für einige Monate nach Schwarzenberg im Bregenzerwald. Der Aufenthalt in dem idyllischen Dorf muss der damals 16-Jährigen ausnehmend gut gefallen haben und die Schwarzenberger nehmen deshalb „ihre" Malerin gern für sich in Anspruch. Womit sich Schwarzenberg allerdings zu Recht schmückt, ist das hier und in Hohenems alljährlich abgehaltene, größte und wohl auch beste Festival zu Ehren Schuberts, die Schubertiade, eingebettet in eine malerische, gleichsam ideale Landschaft.

Gegen Ende des Dreißigjährigen Krieges zogen „die Schweden" mordend und plündernd durch die Lande. Die Männer waren im Krieg. So griffen denn die tapferen Wälderfrauen zur Selbsthilfe, zogen ihre weißen Juppen an, bewaffneten sich mit Heugabeln und Sensen und zogen mit dem Mut der Verzweiflung den Marodeuren entgegen. Leichter Nebel soll damals, so berichtet die Legende, über der Landschaft gelegen haben; als die schwedischen Reiter den Zug der weißen Gestalten erblickten, glaubten sie an Geister und flohen. Als Dank für ihre Rettung gelobten die Frauen, künftig nur noch schwarze Tracht zu tragen; zum Andenken an den legendär gewordenen Heldenmut der Wälderinnen werden noch heute, jeden Samstag um zwei Uhr nachmittags, in drei Dörfern die Kirchenglocken geläutet.

142

Frauen setzen sich durch

Historisch belegt ist hingegen der Krumbacher Weiberaufstand. 1806 kam Vorarlberg zu Bayern, das mit Napoleon verbündet war. Das bedeutete das Ende der Bregenzerwälder Bauernrepublik. Die Wälderinnen empfanden es als Zumutung, dass ihre Söhne, Männer und Brüder für fremde Interessen in den Krieg ziehen sollten. Zwei von ihnen, Christine Heidegger und Magdalena Schoch, führten Hunderte von Frauen und Männern nach Bezau, um das Landgericht zu stürmen. Sie wurden verhaftet, später aber begnadigt.

Für Elisabeth Stöckler, die im Jahr 2000 im Bregenzerwälder Dorf Hittisau Österreichs erstes und bisher einziges Frauenmuseum einweihen konnte, ist der Topos der „starken Frau" ein typisches Merkmal des Bregenzerwaldes. Das alemannische Erbrecht mit dem Prinzip der Realteilung – im Gegensatz zum Erbhof-Prinzip etwa im benachbarten Tirol – führte nach Stöcklers Ansicht nicht nur zu tief verwurzelten demokratischen Traditionen, sondern auch zu oft prekären wirtschaftlichen Verhältnissen. Die Männer mussten sich als Handwerker bewähren, den Frauen blieb die Arbeit in Haus und Hof. So kam es zu den selbstbewussten Bregenzerwälderinnen. Dem aufmerksamen Besucher muss in der Tat auffallen, dass hier viele Gastwirtschaften und andere Betriebe von Frauen geführt werden.

Der schlichte, harmonische Holzkubus des Hittisauer Frauenmuseums verkörpert die gegenwärtige Architektur des Bregenzerwaldes. Bisher wurden in den hellen, einladenden Räumen 24 Ausstellungen mit einem weiten historischen und künstlerischen Spektrum präsentiert. Dem Obergeschoss mit dem Frauenmuseum, dessen Ausblicke zum Träumen verführen, steht ein ziemlich prosaisches Untergeschoss gegenüber. Spaßigerweise gliedert sich der Bau so in einen Männer- und einen Frauentrakt, denn im Erdgeschoss wurde die Feuerwehr mit allem Drum und Dran einquartiert – hier zumindest noch eine Männergesellschaft.

Wahlen und Wachteln

(September 2008)

Österreich wählte am 28. September 2008, und das Schlüsselwort im Wahl-kampf waren weder Rentenerhöhungen noch Asylbewerber und auch schon längst nicht mehr Eurofighter. Nein, das entscheidende Stichwort hieß: Wachteleier.

Wie kam das Wachtelei in die Politik? Ganz einfach: Die Sozialdemokraten unter ihrem neuen Chef Werner Faymann haben einen Fünfpunkteplan gegen die Teuerung in den Mittelpunkt ihres Wahlkampfs gestellt. Dessen Glanzstück ist die Halbierung der Mehrwertsteuer auf Lebensmittel. Experten haben allerdings errechnet, dass dieser soziale Geniestreich den Beziehern mittlerer und kleiner Einkommen nur eine Ersparnis von 30 bis 50 Cent pro Tag bringe. Wer davon profitieren würde, ätzt ausgerechnet die bürgerliche Volkspartei, wären bloß die Reichen: Deutlich verbilligt würden nämlich Delikatessen der Luxusklasse wie Kaviar, Gänseleber – und eben Wachteleier. Für die auf Mittwoch anberaumte Abstimmung im Nationalrat wirbt die SPÖ um neue Verbündete und findet diese bei den rechtsgerichteten Freiheitlichen. „Wachteleier-Koalition" nennen die Grünen spöttisch diese Zweckallianz.

Zwar nicht um Wachteleier, sondern um Kuchen ging es bekanntlich in jener süf-fisanten Bemerkung, die der österreichischen Kaisertochter Marie-Antoinette zugeschrieben wird. Als Marie-Antoinette unserer Tage hat sich im Schatten der Teuerungs-Debatte Fiona Swarovski profiliert, Millionenerbin und Gattin des ehemaligen Finanzministers Karl Heinz Grasser. Auch sie trage, gab sie kürzlich zu Protokoll, ihr bescheidenes Scherflein zum Kampf gegen die Teuerung bei. Sie backe sich ihr Brot selber – und trinke dazu Leitungswasser statt Wein.

WACHTEL-EIER   HUMMER   KAVIAR

TRÜFFEL   SONSTIGER LUXUS   UND DAS TEUERSTE LEBENSMITTEL DER WELT

Luxuslebensmittel, die ebenfalls besteuert werden sollten

Dünne Luft für Liberale

(Oktober 2008)

Enttäuscht zieht sich die Gründerin, Spitzenkandidatin und Parteichefin des Liberalen Forums (LIF), Heide Schmidt, aus der Politik zurück. Die Kleinpartei hat bei den Nationalratswahlen vom 28. September 2008 den Einzug in den Nationalrat nicht geschafft, sie blieb mit 1,9 Prozent der Wählerstimmen deutlich unterhalb der Vier-Prozent-Hürde. Der Großindustrielle Hans Peter Haselsteiner, der die jüngste Wahlkampagne weitgehend finanziert hatte, will den Geldhahn zudrehen. Sein politisches und finanzielles Engagement sei hiermit beendet, erklärt der Chef der erfolgreichen Straßenbaufirma Strabag. Unter der Telefonnummer des LIF hebt inzwischen niemand mehr ab: Es läuft lediglich ein Tonband und auch die Bitte um einen Rückruf bleibt unerfüllt. Die Zukunft des Liberalen Forums ist mehr als ungewiss. Manches deutet darauf hin, dass diese Partei keine hat.

Von der Abspaltung zum Comeback

Auf der Website des LIF bringt Heide Schmidt ihre Enttäuschung, ja ihr Entsetzen über die Ergebnisse des jüngsten Urnengangs zum Ausdruck. Sie könne das schlechte Abschneiden des LIF weder ihren Wählern noch sich selbst erklären, schreibt sie. Schlimmer als das Scheitern ihrer Bewegung sei jedoch der bei dieser Wahl manifeste Rechtsruck. Die Luft sei für Liberale sehr dünn; unangenehme Zeiten stünden bevor. Die Wahlkampagne des LIF war auf politische Fairness und Anständigkeit ausgerichtet. Ohne Berücksichtigung der Brief- und Wahlkartenwähler kam das LIF auf knapp 85.000 Stimmen; 40.000 Wähler der Grünen beim vorletzten Urnengang haben diesmal ihre Stimme den Liberalen gegeben. Schmidt erklärte kategorisch, dass sie nunmehr mit Sicherheit nicht mehr zur Verfügung stehe. Sie sehe keinen Grund weiterzukämpfen; das Projekt sei hiermit abgeschlossen. Der Wählerwille, so Schmidt, habe gezeigt, dass eine liberale Partei in diesem Land anscheinend nicht erwünscht sei. Dies sei ihr letzter Versuch gewesen, das liberale Projekt in der österreichischen Parteienlandschaft zu verankern.

Die politische Laufbahn der 1948 in Kempten (Allgäu) geborenen Heide Schmidt hatte 1973 bei den Freiheitlichen (FPÖ) begonnen. 1988 wurde sie FPÖ-Generalsekretärin, 1990 bis 1993 war sie Stellvertreterin des FPÖ-Bundesparteiobmanns Jörg Haider. 1992 kandidierte Schmidt auf Betreiben Haiders als FPÖ-Kandidatin für das Amt der Bundespräsidentin. 1987 bis 1990 ging sie für die FPÖ in den Bundesrat und 1990 bis 1999 war sie Nationalratsabgeordnete – zuerst für die FPÖ und später für das Liberale Forum LIF. Schmidt vertrat den liberalen Flügel der FPÖ – in der politischen Nachfolge Norbert Stegers (Bundesparteiobmann der FPÖ von 1980 bis 1986). Steger – 1980 Vizepräsident der Liberalen Internationale – hatte den wirtschaftsliberalen Flügel der FPÖ verkörpert; er war bemüht, die „Kellernazis" (Zitat Steger) aus der Partei zu drängen, um dieser ein liberaleres Image zu geben und damit die FPÖ für neue Wählerschichten akzeptabel zu machen. 1986 unterlag Steger am Innsbrucker FPÖ-Parteitag in einer Kampfabstimmung gegen seinen innerparteilichen Konkurrenten Jörg Haider, den damaligen Kärntner Landeshauptmann. Der sozialdemokratische Bundeskanzler Franz Vranitzky kündigte daraufhin die „rot-blaue" Koalition seines Vorgängers Fred Sinowatz auf.

Das LIF wurde im Februar 1993 gegründet, nachdem sich Heide Schmidt an der Spitze Gleichgesinnter von Jörg Haiders Freiheitlichen abgespalten hatte, und startete erfolgreich: Die Liberalen unter Heide Schmidt schafften bei den Wahlen von 1994 und 1995 mit 6 beziehungsweise 5,5 Prozent den Einzug in den Nationalrat sowie in drei Landtage. Dann aber wendete sich das Blatt: Das LIF scheiterte in den Nationalratswahlen von 1999 knapp an der Vier-Prozent-Hürde. Heide Schmidt schied aus der Politik aus und verlagerte ihre Tätigkeit in den akademischen Bereich. Sie gründete und leitete das „Institut für eine offene Gesellschaft". Das LIF dümpelte außerhalb des Parlaments vor sich hin; Parteichef Alexander Zach kam in den Nationalratswahlen vom Oktober 2006 auf einem Ticket der Sozialdemokraten ins Parlament. Heide Schmidt lancierte im Juli 2008 ein Comeback und kehrte nach acht Jahren in die Politik zurück. Nach dem Rücktritt Zachs wegen einer der Lobbying-Affären um den Eurofighter-Hersteller EADS im unmittelbaren Vorfeld der Nationalratswahlen übernahm die LIF-Spitzenkandidatin Schmidt erneut den Parteivorsitz. Aber auch dieser Schritt konnte die Situation nicht mehr retten – das LIF verlor die Wahlen.

Fehlende Tradition

Die Luft war in Österreich allerdings schon immer dünn für liberale Ideen. Liberales Gedankengut, unter Joseph II. salonfähig geworden, kam nach der deutschen Revolution von 1848 erneut auf – verstärkt um den nationalen Aspekt. Die Liberalen waren eine Gruppe von Repräsentanten des Großbürgertums, unter ihnen auch viele Juden. Deutschnationale Ideen liefen freisinnigen Inhalten vor dem Hintergrund des gesellschaftlichen Umbruchs in der Industriellen Revolution bald den Rang ab. Georg Ritter von Schönerer, heftiger Gegner des Liberalismus, der mit seinem radikalen

Antisemitismus Adolf Hitler nachhaltig beeinflusste, gründete die deutschnationale Massenpartei der „Alldeutschen". Vor allem nach dem Aufkommen der Sozialdemokraten und Christlichsozialen, die ihre Basis im städtischen Proletariat beziehungsweise in katholischem Bürgertum und Landbevölkerung hatten, wurden großbürgerlich-freisinnige Ideale weder im neoabsolutistischen Österreich vor 1918 noch in der Ersten Republik bis 1933 nennenswert repräsentiert.

Norbert Steger versuchte, die aus dem Sammelbecken alter Nazis – dem „Verein der Unabhängigen" (VdU) – entstandenen Freiheitlichen zu einer liberalen Partei umzugestalten und scheiterte endgültig in jenem „Putsch" Jörg Haiders vom 13. September 1986. Seit damals dominiert bei den Freiheitlichen und beim später abgespaltenen BZÖ („Bündnis Zukunft Österreich") rechtsgerichtetes bis deutschnationales Gedankengut. Heide Schmidt als „Bekehrte" ging den umgekehrten Weg. Auch sie scheiterte.

Pallas Athene am Ring

(Oktober 2008)

Vor dem Parlamentsgebäude in Wien, 1874 bis 1883 im Stil eines griechischen Tempels erbaut, steht mächtig die goldbehelmte Skulptur der Pallas Athene. Dass die antike Göttin der Weisheit das Antlitz der Ringstraße, ihren Rücken jedoch dem Parlament zuwendet, hat den Volksmund von jeher zu boshaften Witzeleien animiert: Die Weisheit, so hieß es beispielsweise, habe in diesem Hause eben nichts verloren.

Vor einem Monat hat Österreich gewählt, und die Weisheitsgöttin tut gut daran, den Blick verlegen abzuwenden – zumal wenn das parlamentarische Grundwissen der neuen Nationalratsabgeordneten getestet wird. Die Tageszeitung „Kurier" hat dies getan und unter den insgesamt 183 Abgeordneten 10 zufällig befragt. Die Zeitung stellte den frischgebackenen Mandataren elementare Fragen, die jeder Primarschüler in Österreich ohne Zögern beantworten könnte.

Aus wie vielen Kammern denn das Parlament bestehe? Die Antworten tönten bei den Abgeordneten so: „Was sind Kammern?" „Da muss ich passen." Oder: „Keine. Eine. Was meinen Sie damit?" Befragt nach der Zahl der Mandatare (62) in der Länderkammer, Bundesrat: „Weiß ich nicht. Da sitz ich nicht drin." „Etwa 63." „Um die 60 oder 70." „100 glaub ich. O weh." „Das ist eine gemeine Frage, fast peinlich, 100 schätze ich." „Da haben Sie mich auf dem falschen Fuß erwischt." Und auf die steinerne Göttin vor dem Parlament angesprochen: „Die hab ich zigmal gesehen. Ich kann das aber jetzt nicht sagen." Oder, präziser: „Die griechische Dingsbums für die Gesetzgebung." Immerhin hatte die Hälfte der Befragten auch keine Ahnung, was sie künftig als Nationalratsabgeordnete verdienen werden. Ein schwacher Trost.

Freie Mehrheiten – mehr Freiheiten

Schwerer Abschied von „Sascha"

(Oktober 2008)

In Österreich ist die Stunde der Kronprinzen und der Kronprinzessinnen angebrochen. Den Anfang hatten die Sozialdemokraten gemacht, die ihren zunehmend unpopulären Parteichef Alfred Gusenbauer schon zu Beginn des Wahlkampfs,
Anfang August, durch den „Kronprinzen" Werner Faymann ersetzten. Die Volkspartei verhielt sich zögerlich, und deren Parteichef, Wilhelm Molterer, räumte seinen Platz dem seit Langem wartenden Kronprinzen Josef Pröll erst, als die Wahlen
für die ÖVP bereits in einem Desaster geendet hatten.

„Der Professor" tritt zurück

Auch die Grünen hielten vorerst an dem von seinen Freunden zärtlich „Sascha" genannten Bundessprecher, dem Ökonomieprofessor Alexander Van der Bellen, auch
nach der Wahlniederlage fest. In den Nationalratswahlen vom 28. September 2008
fielen die Grünen mit lediglich 9,8 Prozent auf den fünften Platz zurück – also nicht
nur hinter die FPÖ, sondern sogar noch hinter Jörg Haiders BZÖ (Bündnis Zukunft
Österreich). Das ambitiöse, selbst gesteckte Wahlziel von 15 Prozent haben sie damit
weit verfehlt. Noch in den Nationalratswahlen vom Oktober 2006 waren die Grünen
mit 11,1 Prozent der Wählerstimmen knapp vor den Freiheitlichen (FPÖ) die dritt-
stärkste Partei geworden, was den größten Erfolg Van der Bellens an der Spitze der
Partei darstellte. Die Grünen erwarben sich durch ihre Positionierung als Dritte den
Anspruch auf den Dritten Nationalratspräsidenten. Während zweier Jahre bekleidete
die damalige stellvertretende Parteichefin der Grünen, Eva Glawischnig, dieses Amt.
    Alexander Van der Bellen, der noch im Mai 2008 von den Grünen zum sechsten
Mal (allerdings nur mit 80 und nicht, wie in besseren Tagen, 90 Prozent der Delegier-
tenstimmen) wiedergewählt worden war, überließ nach elf Jahren an der Spitze der
Grünen seinen Sessel aus freien Stücken der stellvertretenden Parteichefin. Die 39-jäh-
rige Eva Glawischnig hatte während sechseinhalb Jahren geduldig als stellvertretende
Parteichefin fungiert. In den letzten beiden Jahren bekleidete sie immerhin auch das
Amt der Dritten Nationalratspräsidentin, das den Grünen als drittstärkster Partei zuge-
standen hatte. Nach ihrer formellen Bestätigung als Nachfolgerin Van der Bellens übernimmt Glawischnig eine Partei, die nur noch auf Platz fünf liegt – hinter den politischen Hauptgegnern, den beiden Rechtsparteien. Sie tritt ein schweres Erbe an. Die
Trennung vom charismatischen „Professor", der in jeder Situation die richtigen Worte
fand, könnte sich noch als Fehler erweisen.

Der einer kleinadligen deutsch-russischen Familie entstammende Alexander Van der Bellen wurde 1944 in Wien geboren. Er lehrte Volkswirtschaft an den Universitäten Innsbruck und Wien, wo er auch das Amt des Dekans bekleidete. Politisch kam er aus den Reihen der Sozialdemokratie, wurde aber 1992 Nationalratsabgeordneter der Grünen. Seit 1997 ist er deren Bundessprecher. Seinen Traum, Vizekanzler einer Koalitionsregierung zu werden, konnte er nicht realisieren. 2002 schien eine Einigung mit Bundeskanzler Schüssel zum Greifen nahe, doch dieser bevorzugte dann doch wieder die Freiheitlichen als willfährige Bündnispartner. Van der Bellens Liebäugeln mit einer „Kenia-Koalition" der Grünen mit SPÖ und ÖVP hat jetzt in den eigenen Reihen Kopfschütteln hervorgerufen. Diese Lösung würde den beiden Rechtsparteien das Oppositionsmonopol bescheren und sie in der Konsequenz stärken.

Im jüngsten Wahlkampf war Van der Bellen noch ein letztes Mal das Zugpferd der Grünen. Auf sämtlichen Plakaten der ersten Welle prangte sein Konterfei mit seinem Wahlspruch „Streiten – mit mir nicht". In den heftigen politischen Auseinandersetzungen der letzten Jahre wirkte Van der Bellen stets als Stimme der Vernunft in einem Chor der Unvernünftigen, wie beispielsweise in der letzten Nationalratsdebatte, als er den Vorstoß der SPÖ zur Halbierung der Mehrwertsteuer auf Lebensmittel als GAU, als „größten anzunehmenden Unsinn", verurteilte. Seine gescheiten, mit feinem Humor gewürzten, von tiefer Menschlichkeit geprägten und stets mit vornehmem Understatement vorgetragenen Voten und Reden im Parlament trugen ihm nicht nur den Applaus seiner Anhänger ein, sondern nötigten stets auch seinen Gegnern ein anerkennendes Schmunzeln ab.

Es lag ein Hauch von Märchen über der Szene, als der stoppelbärtige, 64-jährige Professor sichtlich bewegt das Szepter an die junge, dunkelhaarige Thronerbin übergab. Eva Glawischnig konnte sich schon früh als qualifizierte Kämpferin für grüne Ideale profilieren. 1969 in Villach (Kärnten) geboren, studierte sie in Graz Rechtswissenschaften und promovierte mit einer Dissertation über grenznahe Atomkraftwerke. Ihre theoretischen Kenntnisse konnte sie umgehend in eine Klage gegen das umstrittene slowakische Kernkraftwerk Mochovce umsetzen. Bis zu ihrem Einstieg in die Wiener Gemeindepolitik im Jahr 1996 war sie als juristische Beraterin der Umweltorganisation Global 2000 tätig.

Die „wunderschöne Marxistin" fischt im Bobo-Biotop

Lange vor der engagierten Umweltaktivistin hatte es schon im Alter von 18 Jahren die vielversprechende Musikerin Eva Glawischnig gegeben. Als Keyboard-Playerin der „Gerald Gaugeler Band", die es mit dem Song „Gelati" in die Top 10 der österreichischen Hitparade schaffte. In den Nationalrat zog Glawischnig im Alter von

30 Jahren als Spitzenkandidatin der Wiener Grünen ein. Rasch konnte sie sich als Umweltsprecherin und damit im wichtigsten Ressort der Grünen etablieren, zu einem Zeitpunkt, als das Thema Umwelt bei den anderen Parteien immer mehr in den Hintergrund trat. Auch Frauenthemen gehörten zu den Schwerpunkten ihrer politischen Aktivität.

Im März 2002 wurde Glawischnig zur stellvertretenden Bundessprecherin der Grünen gekürt. Der frühere ÖVP-Fraktionschef Andreas Khol machte sich damals mit seinem zweifelhaften Kompliment, Eva Glawischnig sei „zwar wunderschön, aber eine Marxistin", bei den Grünen keine Freunde. Befremdlicher waren für die Puritaner unter ihren grünen Parteifreunden allerdings die Auftritte ihrer Vize-Parteichefin, die inzwischen zum festen Bestandteil der Wiener Promi-Zirkel geworden ist, auf den Gesellschaftsseiten der Klatschpresse. Die bürgerliche „Presse" tituliert Glawischnig spöttisch als „Bobo-Königin", Monarchin jener trendigen jungen „Bourgeois Bohémiens", deren Biotop im modischen siebten Wiener Gemeindebezirk zu finden ist. Glawischnigs Herausforderung wird es sein, die den Grünen weitgehend abhandengekommene junge Wählergeneration zurückzuholen. Viele Stimmen der Grünen – man schätzt 40.000 – sind in den Nationalratswahlen 2008 an das Liberale Forum (LIF) von Heide Schmidt gegangen, die eine ähnliche, städtisch-liberale, gebildete Wählerschaft angepeilt hatte. Die Wahlanalysen waren alarmierend für die Grünen – vor allem, was die junge Generation betrifft: Während die beiden Rechtsparteien FPÖ und BZÖ bei den unter 30-Jährigen gegenüber den letzten Nationalratswahlen einen Wählerzuwachs von 24 bzw. 8 Prozent verbuchen konnten, stimmten 8 Prozent weniger Wähler unter 30 für die Grünen, die sich in ihrem Selbstverständnis doch stets als „junge" Partei gesehen hatten.

Kuschelbären

(Dezember 2008)

Kleine, kuschelige Teddybären spielen in der österreichischen Politik eine nicht zu unterschätzende Nebenrolle: als Wahlgeschenke neben Kugelschreibern, Schlüsselanhängern und Präservativen – und neuerdings auch als politische Metapher, als Signal der Opposition an die Regierung.

Die Regierungserklärung, mit welcher der neue österreichische Bundeskanzler Werner Faymann vergangene Woche das Parlament beglückte, war zugegebenermaßen wenig inspirierend. Immerhin verhieß sie der Nation eine Ära der Harmonie – und dem von ihm geführten Regierungsbündnis gewisse Überlebenschancen. Umso schärfer verhöhnte die Opposition den „Kuschelkurs" der vor Kurzem noch arg zerstrittenen Rivalen SPÖ und ÖVP. Und um diese Sicht der Dinge zu veranschaulichen, überreichte der Fraktionschef des rechtsgerichteten BZÖ (Bündnis Zukunft Österreich), Josef Bucher, dem Kanzler feierlich einen Teddybären.

Doch am Ende war es der BZÖ-Klubchef, der das Hohngelächter der Abgeordneten erntete: als er nämlich das Stofftier als „Koalabären" bezeichnete. Denn erstens handelte es sich unverkennbar um einen Panda – und zweitens ist der Koala streng genommen gar kein Bär. Sichtlich pikiert und irgendetwas von „Biologieunterricht" murmelnd, trat Bucher den Rückzug an. Schon der Gründer des BZÖ, Jörg Haider, dessen Familie auf wenig rühmliche Weise in den Besitz des „arisierten" Kärntner Bärentals gelangt war, pflegte im Wahlkampf Teddybären unters Volk zu bringen. Kein Wunder, dass der Chef der rechtsextremen Freiheitlichen (FPÖ), Heinz-Christian Strache, der ja sein Vorbild stets in allem imitiert, auch an seine Wähler kleine Bären verschenkt – heimische Braunbären.

Schluss mit Kuscheln

Wilde Bräuche

(Januar – Dezember 2007)

Dem Teufel die Hörner gestutzt

(Dezember 2007)

In Tirol, jenem österreichischen Bundesland, wo das alte Brauchtum wohl am ursprünglichsten gepflegt wird, sollen jetzt dem Teufel im wahrsten Sinne des Wortes die Hörner gestutzt werden. Die Perchten sind nach alpinem Brauch gehörnte Schreckgestalten, die mit ohrenbetäubendem Schellengebimmel die Wintersonnenwende markieren oder im Vorfrühling die Dämonen des Winters aus den Dörfern vertreiben.

Todbringende Göttin des Lichts

Doch der Name der Perchten geht zurück auf die alpine Göttin Perchta, die gleichermaßen schützt und straft und deren Name vom keltischen peraht, mittelhochdeutsch berht, hell, licht, abgeleitet ist. Perchta, Berchta oder Perachta ist die Lichtgestalt, die aber den Tod bringt; sie wacht über das Recht, beschützt Frauen und Kinder, erschreckt und stürzt Frevler, aber auch Betrunkene ins Verderben. Sie hütet die Seelen der Verstorbenen und fegt in Begleitung ihrer schrecklichen Hunde über die Berge und durch die Täler der Alpen. In ihrem stürmischen Wüten in Gestalt von Winterstürmen deckt sie Dächer ab, lässt die Fensterscheiben zerbersten, entwurzelt Bäume und wirft Zäune um. Ihre Pflanze ist der Holunder. Sie lebt weiter in vielen alpinen Sagen und Märchen, beispielsweise jenem von Frau Holle.

In den Perchtenläufen zieht die Dorfjugend, ausgerüstet mit riesigen Schellen, zottigen Fellen und Teufelsmasken, in allen Teilen der Alpen mit Getöse durch die Gassen der Dörfer und verkörpern so die wilde Jagd der alten Göttin. Nach der Christianisierung wurde Perchta durch die Gestalt der Maria verdrängt; die einstigen Opfergaben für Perchta sind heute die Votivgaben vor Marienbildern. In manchen Gegenden der Alpen werden aber der alten Perchta immer noch zu Allerheiligen Speiseopfer dargebracht – Gaben, welche die Göttin den Ahnen überbringen soll. Die furchterregenden Aspekte der Perchta jedoch wurden dämonisiert und existieren im Brauchtum in der männlichen Teufelsgestalt der „Perchten" weiter. Der Krampus, dessen Name vermutlich vom altdeutschen „Krampen" (für „Kralle") stammt, ist in der christlichen Gut-Böse- und Licht-Dunkel-Dichotomie die Teufelsgestalt, die als höllisches Gegenstück den heiligen Nikolaus begleitet und in der Schweiz unter dem Namen „Schmutzli", im Süden Deutschlands als „Knecht Ruprecht" bekannt ist. In der Vorweihnachtszeit tauchen allerlei schreckliche Krampusse aus Schokolade, Marzipan und allerlei sonstigem Zuckerzeug auf.

Krampusse mit Nummernschildern

Schon Tage vor dem eigentlichen „Krampustag", dem 5. Dezember, beginnen die Krampusse, meist in Gruppen, in Dörfern und Städten ihr Unwesen zu treiben. Zunehmend kommt es aber bei der Ausübung der alten Bräuche zu Übergriffen von Krawallmachern, aber auch zu anderen unliebsamen Zwischenfällen: In der Umgebung von Salzburg machten jüngst Schlägertrupps Jagd auf Krampusse, und am Krampus-Umzug Freistadt (Oberösterreich) ist am Samstagabend ein 17-jähriger Mann bei einem Unfall ums Leben gekommen. Andererseits kam es beim höllischen Treiben der Perchten immer wieder zu schweren Augenverletzungen, die allzu nahe stehenden Zuschauern der wilden Tänze durch die langen Hörner der Maskierten zugefügt wurden. Da Feuer bei diesen Zeremonien eine große Rolle spielt, fingen bisweilen die pelzigen Kostüme Feuer und brachten die Träger in Lebensgefahr.

Manche Tiroler Gemeinden haben jetzt zu Maßnahmen gegriffen, die den Angehörigen der Perchtenvereine wenig Freude machen: In Wörgl im Oberinntal wurde kurzerhand der Einsatz von Rauch und Feuer untersagt und eine „perchtenfreie Zone" geschaffen. Vor allem wurde nunmehr eine Höchstlänge von 40 Zentimetern für die Hörner auf den Teufelsmasken festgelegt.

Die Hörner so einfach abzusägen, gehe nicht, klagen die Perchtenläufer, und neue anzubringen, schon gar nicht. Die Masken seien äußerst aufwändig und daher teuer; neue anzuschaffen, daher meist keine Option. Auch die Stadt Kufstein hat ähnliche Maßnahmen getroffen, und die westlich von Innsbruck gelegene Gemeinde Telfs geht noch einen Schritt weiter: Künftig müssen die Krampusse, die nicht nur Opfer tätlicher Angriffe werden, sondern mitunter auch selbst recht unzimperlich zuschlagen, Nummern tragen – und damit auf die Anonymität des Maskentragens verzichten, unter deren Schutz man bisher so manche offene Rechnung mit einem Dorfbewohner handgreiflich begleichen konnte.

Winterdämonen im heiligen Land Tirol[10]

(Februar 2006)

Der uralte Brauch des Blochziehens im Tiroler Dorf Fiss dauert eine Nacht und einen Tag: Alle vier Jahre prallen in den Gassen des Tiroler Bergdorfes Fiss Dämonen und gute Geister aufeinander. Wie in alten Tagen wird das „Blochboumziacha" zelebriert. Einst war der lange Bergwinter eine Zeit der Entbehrungen, der Einsamkeit, der Gefahren. Heute, da die Wintersaison Geld und Gäste ins Bergdorf bringt, ist es genau umgekehrt. Die bösen Winterdämonen von einst haben sich in die wohltätigen Geister der Skisaison verwandelt. Doch die Abhängigkeit von der Natur ist geblieben: Erhofft wird reicher Schneefall, gefürchtet sind Schneebretter und Lawinen. Der neue Wintersegen ist zwiespältig: So manches Dorf in den verschneiten Hängen hat vielfältigen Versuchungen nachgegeben und seine Seele verschachert. Nicht so Fiss, das zusammen mit den Nachbardörfern Serfaus und Ladis mit 53 Liften und 180 Pistenkilometern zu den größten, höchsten und sicher auch schönsten Skiregionen Tirols, ja ganz Österreichs gehört. Die Ortsbilder dieser drei in die prächtige Winterlandschaft des oberen Inntals eingebetteten Bergdörfer wurden sorgsam bewahrt, historische Häuser blieben erhalten, und die Hotels fügen sich harmonisch ins gewachsene Dorfbild. – Im vergangenen Januar, unmittelbar vor dem großen Fest des Blochziehens, kam es zum Eklat: Die 309 Jahre alte, mit 36 Metern Länge und über 6 Tonnen Gewicht höchst respektable Zirbe, die stolzeste im ganzen Wald, jener Baumstamm, genannt Bloch, um den es beim Blochziehen geht, war gefällt, ins Dorf gebracht und auf hölzerne Schlitten montiert worden. Dann war es Aufgabe der Burschen des Dorfes, die sogenannte Blochwache zu halten, um den Baum vor Vandalen oder Dieben zu schützen, denn eine Beschädigung oder das Verschwinden des Baumes würde für das angebrochene Jahr wenig Gutes verheißen. Es war eine eiskalte Nacht. Die Burschen beschlossen, auf einen ganz kleinen Sprung, ein Schnapserl oder zwei, ins Wirtshaus zu gehen, um sich zu wärmen.

---

10 So definieren sich jedenfalls die Tiroler selbst. Die Erklärungsversuche oszillieren zwischen der starken Position der katholischen Kirche in Politik und Alltag – sowie, unvermeidlich, dem „Tiroler Freiheitskampf" gegen die „gottlosen Franzosen". Böse Zungen in Tirol sprechen vom „schein-heiligen Land".

Verstümmelter Bloch

Da geschah es: Saboteure machten sich über die Zirbe her und sägten ihr den Wipfel ab, kürzten den stolzen Bloch um ganze 10 Meter. Das letzte Mal war es vor 28 Jahren einer Mädchenbande gelungen, die Zugdeichsel anzusägen; das hatte die Väter getroffen, und seither halten die Söhne ein Auge auf ihre Schwestern.

Notdürftig wurde der Spitz dem Baum wieder angefügt, die Narben mit Moos kaschiert. Am Sonntag lachte man dann nur noch über den Vorfall, und kurz nach Mittag erscholl der alte Ruf: „Iatz geaht's los, iatz spring d' Schallner." Kolonnen von stämmigen Burschen mit Masken, rotem Halstuch, Schnallenschuhen und schwarzen Lederhosen, die sich je zwei Kuhschellen um den Leib geschnallt hatten, marschierten in Einerkolonne unter dem ohrenbetäubenden Gedröhne der Glocken los.

Im Lauf des Vormittags waren rund 10.000 Zaungäste eingetroffen. Inzwischen hatten sich die 270 Dorfbewohner ihre kunstvollen Holzmasken aufgesetzt und die „Maschgerergewänder" angezogen. Sie werden, maskiert oder unmaskiert, zu Akteuren, und für die Kinder werden die Gestalten der Sagen, welche ihnen vielleicht noch ihre Großmütter erzählt hatten, als „Maschgerer", als Maskenträger mit ihren knorrigen, kunstvoll geschnitzten Holzlarven, zu realen und meist furchterregenden Wesen. Vor diesen verstecken sie sich respektvoll hinter den Eltern, doch den „guten" Figuren stellen sie sich keck in den Weg und sagen ohne Stocken ihr Sprüchlein auf. Jenseits von Dämonen, Hexen und Teufeln wird auch die ganz normale Dorfbevölkerung mit ihren Berufen von Maskierten dargestellt, durch die geschnitzten Larven liebevoll-karikaturistisch überhöht. Da gibt es das „Müllerle", den Tischler, Schneider und Schuster, Senner und Sennerin und die Wirtsleute.

Bär und Miasmann

Der Bär hatte sich sein Bärenfell übergestreift und war zusammen mit dem zuvor eingefangenen wilden Mann, dem flechtenbesetzten „Miasmann", vor den Bloch gespannt worden – Sinnbild der Zähmung ungestümer Naturgewalten und wilder Tiere durch den Menschen. Das Wort „Bloch" ist verwandt mit Block und verweist auf den Stamm des Baumes, das zentrale Lebenssymbol. Zuvorderst auf dem Baumstamm prangt ein großes Antlitz, lockenumrahmt, mit blauen Augen und einem Mund, der aller Welt frech die Zunge zeigt. Von Dutzenden Männern und Frauen unter Aufbietung all ihrer Kräfte gezogen, setzte sich der schwere Baum mit dem aufgemalten Sonnen- oder Mondgesicht in Bewegung, durch die engen, steilen Gassen, um die scharfen Ecken und Kanten des Dorfes. Immer wieder verfingen sich Äste und Zweige in Türen, Nischen und Fensterläden. Der Bloch hat den Pflug zu verkörpern, der bald die winterharten Felder für die Aussaat aufbrechen wird – aber auch einen gewaltigen Besen, der die Winterdämonen aus dem Dorf fegt.

Bär und Miasmann waren keineswegs zufrieden, sie rissen sich mithilfe der Hexen los, und eine wilde Jagd begann. Der Baum schrammte durch die engen Gassen dicht an den Zuschauern vorbei, die sich an die Hauswände drückten. Zeremonienmeister ist der „Schallner", ein respektgebietender, stämmiger Kerl in schwarzer Lederhose, mit schwarzem Wams und kohlschwarzem Vollbart, der mit seiner Peitsche knallt – und wehe dem, der, wie etwa der Verfasser dieser Zeilen, vom scharfen Peitschenhieb getroffen wird!

Stämmige Männer in Hexengestalt gingen mit ihren Reisigbesen auf die Zuschauer los und sagten böse Sprüche auf, in denen sie Indiskretionen über den einen oder anderen Dorfbewohner verbreiteten. Die fürchterlichen Hexen bahnten dem Zug einen Weg durch die Menge und schlugen gnadenlos mit ihren Besen auf jeden ein, der sich ihnen widersetzte. Die beiden Ausreißer, Bär und Miasmann, wurden am Ende immer erwischt, und der Schallner proklamierte: „Das ist der große wilde Mann aus alter grauer Zeit. An Stärke ohnegleichen, können zehn von euch sich nicht vergleichen. Aber wir halten ihn gut gefangen, dass er nicht kann zu euch gelangen."

Weiter wurde der tonnenschwere, auf drei oder vier große Holzschlitten gezurrte Baum durch das Dorf gezerrt. Ging es steil abwärts, leistete der „Schrepfer", die Bremsvorrichtung am Schlitten, seine Dienste. Am Wipfel der Zirbe hatte der „Schwoaftuifl", der geschweifte und gehörnte Teufel mit Heugabel seinen Schlitten befestigt und ließ sich fröhlich von allen anderen ziehen: Am Ende gewinnt doch immer der Teufel.

„Bajatzl" und „Giggeler"

Plötzlich stoben Pulverschneelawinen von den Dächern. Mit schlafwandlerischer Sicherheit balancierte der maliziöse „Bajatzl", die lustige Person im rot-gelben Narrengewand, auf den Dachfirsten, sprang mit Todesverachtung von einem Dach zum nächsten, machte noch rasch den Kopfstand in einem Kamin und ließ dann Massen von Schnee auf das fassungslose Publikum niedersausen. Ebenso „grüerig" (wendig) sein Gegenspieler, der grimmige Schwanzteufel, der versuchte, den ganzen Zug zu bremsen – vergeblich allerdings.

Für die Fruchtbarkeit im zeremoniell beschworenen Frühling steht das Ehebett. Auf einem Wagen, von zwei Haflingern gezogen, kam auch schon das Bett heran,

samt Schrank und Aussteuer. Auf dem Bett vergnügte sich ein Hochzeitspaar, verkörpert von zwei maskierten Männern. Plötzlich, in einem unbeobachteten Augenblick, sprang ein riesiger Hahn auf den Wagen und machte sich an der Braut zu
schaffen. „Giggeler" heißt der freche, sexbesessene Hahn im kunstvollen Federkos-
tüm, der sich zuvor schon an sämtlichen jungen Mädchen des Dorfes versucht hatte,
bis ihn die Hexen vertrieben.

Endlich, es dämmerte schon, langte der Zug nach drei Stunden am Fonesplatz,
dem Hauptplatz von Fiss ein. Bürgermeister aus den Nachbargemeinden hatten sich
dort eingefunden, aber auch der Tiroler Landeshauptmann Herwig Van Staa höchstpersönlich, der ja auch das Ressort Tourismus verwaltet. Jetzt wurde der Bloch ver-
steigert; er erzielte einen beachtlichen Preis. Das Geld ging an Vereine, die das Blochziehen organisiert hatten. Bieter waren Geschäftsleute, Lokalpolitiker, aber auch der
Herr Landeshauptmann ließ es sich nicht nehmen, zumindest pro forma mitzubie-
ten. Begonnen wurde bei 1000 Euro, am Ende wurden stolze 8600 Euro erzielt.
Begeistert bimmelten die Schellenmänner mit ihren Kuhglocken. Die Kirche hält
sich traditionsgemäß heraus aus dem uralten heidnischen Treiben – doch sie ist es,
die den Schlusspunkt setzt: Nach dem abendlichen Betläuten darf sich keine Maske
mehr im Dorf blicken lassen. Mit dem unheiligen Treiben in diesem Winkel des heiligen Landes ist es wieder einmal für vier Jahre vorbei.

Maskentreiben

(Dezember 2007)

Österreich wird von einer Pandemie heimgesucht. Nicht, wie von der früheren Gesundheitsministerin Maria Rauch-Kallat (ÖVP) prophezeit, von einer Grippe-Pandemie, sondern von einer Grippemasken-Pandemie. Zu den handfesten Hinterlassenschaften der Regierung Schüssel gehören 8 Millionen Grippemasken, im Frühling 2006 von der damaligen Gesundheitsministerin bestellt – in Erwartung einer Vogelgrippe-Pandemie und wohl auch in der Hoffnung, dass sie von den Wählern im nahen Urnengang für ihre Fürsorglichkeit honoriert werde.

Doch die Wähler dankten es ihr nicht, die Regierung Schüssel wurde abgewählt, und die Nachfolgeregierung Gusenbauer blieb auf etlichen Millionen ziemlich nutzloser Grippemasken sitzen, die einer ungewissen Zukunft entgegendämmern. Das kostet jeden Monat ein paar tausend Euro an Lagergebühren – und der Grippemasken-Hersteller wartet auf die Bezahlung der offenen Rechnung in Höhe von 4,5 Millionen Euro.

Im Auftrag des Ministeriums tingelt neuerdings ein Aufklärungsteam von Ort zu Ort und bemüht sich redlich, mit warnenden Worten und aufrüttelnden Filmdokumenten die Ladenhüter loszuwerden, 20 Stück für 10 Euro. Die Begeisterung des Publikums hält sich in Grenzen – zumal der Packung ein Zettel beiliegt, auf dem zu lesen ist, dass die Maske zwar gegen Staub, nicht aber gegen Viren schützt. Dieses Detail hatte die Ex-Gesundheitsministerin in ihrem Eifer wohl übersehen. Immerhin wurden inzwischen fast 100.000 Masken abgesetzt – an ahnungslose Bürger, wie zu vermuten ist. Bleiben 7,9 Millionen. Doch die Lösung ist bereits in Sicht: das Ablaufdatum, August 2009.

Viel wird verwechselt – keiner kennt sich aus

Offene Fragen zur Vogelgrippe

Gusis Allrounder

(Januar 2007)

Nach beträchtlichen Geburtswehen hat die österreichische Koalitionsregierung endlich das Licht der Welt erblickt. Der frischgebackene Bundeskanzler Gusenbauer darf voll Stolz verkünden, das jüngste Kabinett der Zweiten Republik anzuführen.

Doch manche Minister scheinen nicht ganz zu ihren Ressorts zu passen: Da ist beispielsweise der neue Verteidigungsminister Norbert Darabos (SPÖ), der als einstiger Wehrdienstverweigerer im Ernstfall dem Bundesheer den Schießbefehl erteilen müsste – und bald die ersten Eurofighter in Empfang nehmen wird, die er doch vor noch nicht allzu langer Zeit als die teuerste Fehlentscheidung der Zweiten Republik kritisiert hatte. Die neue Gesundheits- und Familienministerin Andrea Kdolsky (ÖVP) scheint weder vom einen noch vom anderen Thema viel zu halten: Im Buch „Kinderlos, na und?" preist sie die Vorzüge der Kinderlosigkeit, isst am liebsten Schweinsbraten und will, dass in Österreichs verrauchten Gaststätten munter weitergepafft wird.

Da erscheint es nur konsequent, dass auch der Bundeskanzler neue Wege beschreitet: Dem Koalitionskonsens war das vielleicht zentrale Wahlversprechen Gusenbauers, die Studiengebühren abzuschaffen, zum Opfer gefallen. Die Regierung hat den Studierenden ersatzweise angeboten, die Studiengebühren mittels Sozialarbeit, etwa durch Erteilung von Nachhilfestunden, abzuarbeiten. Doch die Studierenden sind empört. Sie haben nachgerechnet – und sind auf einen Stundenlohn von sechs Euro gekommen. Um sie zu beschwichtigen, will nun Kanzler Gusenbauer mit gutem Beispiel vorangehen und in Wiener Schulen höchstpersönlich Nachhilfestunden erteilen. Im Fach Politikwissenschaft?

Politikerfasching 2007

Keine Kinderspiele

(Januar 2007)

Kaum hat sich der Ernst von Koalitionsverhandlungen und Regierungsbildung gelegt – schon wendet sich Österreich wieder Heiterem zu: lustigen Geschicklichkeitsspielen von Ministern und Generälen, munteren Kampfspielen eines Jungpolitikers. Der jetzige Innenminister Günther Platter (ÖVP) hatte 2003, damals als Verteidigungsminister, bei einer feuchtfröhlichen Feier zum Eurofighter-Vertrags-Abschluss mit einer Scherzpistole geschossen – angeblich auch auf das Konterfei des damaligen Finanzministers Grasser. Platter beteuert, er habe damals gar nicht erkennen können, worauf er zielte.

FPÖ-Chef Heinz-Christian Strache hingegen war kürzlich auf Jugendfotos zu sehen, martialisch gewandet, mit rechtsgerichteten Kumpanen, bei merkwürdig kriegerischen Ritualen. Jetzt ist ein Foto aufgetaucht, das Strache, diesmal im Burschenschafter-Tenue, mit einer symbolträchtigen Geste zeigt: drei gespreizten Fingern der rechten Hand am ausgestreckten Arm. War dies der „Kühnen-Gruß", nach einem deutschen Neonazi benannt – eine Abwandlung des Hitlergrußes, eine strafbare Handlung in Deutschland und Österreich?

Strache kommt mit seinen Rechtfertigungsversuchen ins Schleudern: Die Geste sei ein Zeichen des antifaschistischen Widerstandes in Südtirol – nein, korrigiert er sofort, er habe da bloß in einem Wirtshaus drei Biere bestellt. Noch ein Glück, dass er nicht fünf bestellte, witzeln Kommentatoren. Dass allerdings Bundeskanzler Gusenbauer von Straches Kriegsspielen als „Jugendtorheiten" spricht, findet niemand mehr witzig.

Aus einem „mir zugespielten" Fotoalbum

Minister-Metamorphose

(Februar 2007)

Die österreichische Öffentlichkeit hatte in den letzten Tagen Gelegenheit, die Verwandlungsfähigkeit ihrer Minister zu bewundern. Für Schlagzeilen hatte als Erster Sozialminister Erwin Buchinger gesorgt. Zur Vereidigung des neuen Kabinetts war der 52-jährige Sozialdemokrat noch in der langmähnigen Haartracht des Spät-68ers geschritten. Diese wurde zur Freude der Karikaturisten, die sich über äußerliche Erkennungszeichen all der neuen Regierungsmitglieder schon ausgiebig ihre eigenen Haare gerauft hatten, zu Buchingers Markenzeichen.

Wie einst der biblische Samson aus den Haaren seine legendäre Körperkräfte bezog, nun also dieser moderne Samson aus den seinen die Kraft des Politikers: sein Charisma. Schon einen Monat später wichen jedoch Mähne und Schnurrbart des Ministers der Schere und dem Rasiermesser eines renommierten Wiener Nobel-Friseurs. Die medienwirksame Aktion brachte Buchinger reichlich Renommee – und einem Obdachlosen-Verein eine kleine Spende in Höhe von 12.500 Euro.

Eine Metamorphose ganz anderer Art vollzog Ex-Finanzminister Karl-Heinz Grasser – der Mann also, den Ex-Kanzler Schüssel in der Regierung Gusenbauer als Finanzminister und sogar Vizekanzler platzieren wollte. Schüssel scheiterte mit seinem Vorstoß. Und Grasser wurde, wie er kokett betont, arbeitslos. Dass auch Frührentner sexy sein können, bewies Grasser, als er plötzlich auf dem Cover eines neuen deutschen Glamour-Magazins auftauchte: zwar durchaus ministeriell im dunklen Nadelstreif – doch das lässig über die Schultern gelegte Jackett entblößt die nackte, behaarte Männerbrust und einen durchtrainierten Waschbrettbauch. Sektglas und schwere Goldkette ergänzen das Bild in geradezu idealer Weise.

SEIN AMTSANTRITT MIT
SCHNAUZER UND LANGEN
HAAREN: ERFRISCHEND!

HEUTE SCHAUT
ER SO AUS.

UND DEMNÄCHST
WAHRSCHEINLICH SO.

DIE BUCHINGER-BRÜDER
WAREN DIE LETZTEN 3
SOZIALDEMOKRATEN EUROPAS!

PRIVAT GIBT
ER GERNE
GAS!

DAS HEISST, WENN
IHN DIE SCHWARZEN
LASSEN...

Minister Buchinger

„Russendenkmal"

(Mai 2007)

Am Heldendenkmal der Roten Armee am Wiener Schwarzenbergplatz beschloss der russische Präsident seinen Staatsbesuch in Österreich. Mit der zeremoniellen Kranzniederlegung gedachte Wladimir Putin nicht nur der mindestens 18.000 sowjetischen Soldaten, die im April 1945 für die Befreiung Wiens von der nationalsozialistischen Herrschaft ihr Leben gelassen hatten. Dies war, vor dem Hintergrund des Konflikts um die Verlegung eines sowjetischen Kriegsdenkmals in der estnischen Hauptstadt Tallinn, auch eine demonstrative Dankesgeste dafür, dass die Österreicher den gefallenen Sowjetsoldaten Respekt erweisen.

Das „Denkmal zu Ehren der Soldaten der Sowjetarmee" mit seinem gewaltigen Säulenhalbrund wurde am 19. August 1945 am damaligen Stalinplatz eingeweiht – als erstes Bauwerk der Zweiten Republik. Eine Inschrift verkündet den „ewigen Ruhm der Helden der Roten Armee". Knapp zehn Jahre später wurde unweit von hier, im Schloss Belvedere, der Staatsvertrag unterzeichnet. Dieser ersparte Österreich das Schicksal des geteilten Deutschland.

Der Volksmund nennt das pompöse Monument abschätzig „Russendenkmal": Ausdruck gemischter Gefühle, denn die Wiener sahen in den Sowjets eher die Besetzer als die Befreier. Davor befindet sich der mächtige Hochstrahlbrunnen, den Kaiser Franz Joseph 1873 eingeweiht hatte. Das ungeliebte Denkmal konnten die Wiener nicht loswerden. Also wurde, so berichtet die Legende, der Brunnen derart aufgerüstet, dass wenigstens im Sommer der überlebensgroße Sowjetheld auf seinem 20-Meter-Sockel komplett hinter einer 25 Meter hohen Wasserfontäne verschwindet – und mit ihm das ganze Monument.

Was aus Russland kommt

LEO – das „Letzte Erfreuliche Operntheater"

(Mai 2007)

So hat man die „Traviata" mit Sicherheit noch nie gesehen, und so berauschend das Trinklied „Libiam" noch nie vernommen: In einer temperamentvollen Kurzfassung für Sopran und Tenor – mit einem Conférencier, der das Publikum zum Mitsingen animiert, denn für einen Chor reichen im „Letzten Erfreulichen Operntheater", kurz LEO genannt, weder Budget noch Platzverhältnisse. In den knapp 60 Quadratmetern jenes Kellerraums, wo sich einst eine Tapeziererwerkstatt befunden hatte, ist seit 1998 witzigstes, traurigstes, schaurigstes und zweifellos skurrilstes Theater zu sehen: große Oper, kleine Oper, Revuen, romantische Schmachtfetzen, historisches Kabarett, Wiener Lieder, Tanzrevuen – das kleine, tapfere Ensemble schreckt vor nichts, aber auch gar nichts zurück. Dieses kleinste und schrägste Opernhaus der Musikstadt Wien will zugleich auch deren erfreulichstes sein. Vielleicht deshalb, weil Stephan Fleischhacker, der Gründer, Intendant und Star-Tenor des Leo, seinem Publikum die Schwellenangst vor der Oper nehmen und insbesondere sich in seinen Produktionen auf Handlung und Musik konzentrieren will.

Damit ist das LEO mit seinem fragilen Charme, seiner von den bescheidenen Mitteln auferlegten Improvisationsfreudigkeit und der nie versiegenden Originalität erfreulich anders als die großen, berühmten Opernhäuser. Die Zuschauer sitzen auf 44 wackeligen Gartenstühlen, vor winzigen Marmortischen. Ein gusseiserner Ofen mit schiefem Rohr verbreitet wohlige Wärme. Den Zuschauerraum erhellt ein Kristall-Lüster aus Omas guter Stube, die Bühne beleuchten fünf altgediente Scheinwerfer. An der Tür hängt noch die „Anleitung zur raschen Hilfe bei Unfällen" aus Kriegstagen, als der Raum als Luftschutzkeller diente. Auf einem ausgedienten Flügel werden die traditionellen Schmalzbrote dargeboten: deftige Kraftnahrung für das mitsingende Publikum.

Wenn sich der verschossene rote Vorhang mit den Goldborten hebt, werden selbstgebastelte Kulissen sichtbar, die umzustürzen drohen, wenn auf der Bühne die Handlung heftig wird und das Gedränge zunimmt. Denn die Hälfte der Szene wird von einem Flügel eingenommen, der ebenso das Orchester zu ersetzen hat wie das Publikum für den fehlenden Chor einspringt. Die Sänger singen für 36 Euro Gage pro Abend, an 120 Tagen im Jahr ist Vorstellung. Der köstlichste Leckerbissen im Programm ist die Revue mit Texten und Chansons des fast vergessenen jüdischen Vorkriegs-Komikers Armin Berg. Doch was wäre Wien ohne den Tod – und so gehört selbstverständlich der Abend „Tot in Wien" zu den Höhepunkten im Repertoire. Für diese Darbietung begeben sich Publikum und Ensemble ins Wiener Bestattungsmuseum.

Der permanente Störfall zwischen Wien und Prag

(Juni 2007)

Entlang der österreichischen Bundesstraße 310, die genau in nördlicher Richtung über Freistadt an die österreichisch-tschechische Grenze und über diese weiter nach České Budějovice, dem alten Budweis, führt, stehen gelbe Metalltafeln mit dem roten Sonnensymbol und der schwarzen Aufschrift „Stopp Temelin"; auf Hauswänden sind ähnliche Graffiti zu entdecken. Am mittelalterlichen Stadtturm von Freistadt informiert eine Schautafel über geplante Aktionen der Anti-Atom-Bewegung gegen Temelin. Hier, im Bundesland Oberösterreich, wurde im September letzten Jahres, unmittelbar vor den Nationalratswahlen, eine Umfrage durchgeführt. Die erste Sorge der Wähler betraf die Rentensicherung, doch schon an zweiter Stelle kam der Wunsch an die Regierung in Wien, ihren Einfluss für die Abschaltung des tschechischen Kernkraftwerks Temelin geltend zu machen.

Ein Dorf wird zum Symbol

Temelin ist ein südböhmisches Dorf mit 769 Einwohnern, rund 13 Kilometer nordöstlich von České Budějovice und rund 60 Kilometer von der österreichischen Grenze entfernt. Das Kernkraftwerk hat dem Dorf seine zwiespältige Berühmtheit beschert. Denn in Österreich ist Temelin ein Reizwort, eine Kampfparole, hinter der sich eine ganze Reihe von widersprüchlichen Motiven und vielfältigen Emotionen verbirgt. Zwischen Wien und Prag ist das Thema Temelin zum permanenten Störfall geworden. Zwar droht nicht gerade der Abbruch der diplomatischen Beziehungen, aber die Atmosphäre ist seit Längerem vergiftet. Aus Sicht österreichischer Medien ist eine politische Eiszeit zwischen Wien und Prag angebrochen. Allmählich stehen in den Meinungsumfragen nicht nur die Tschechen bei den Österreichern unter allen Nachbarvölkern konstant an letzter Stelle, die Österreicher sind umgekehrt in der tschechischen Beliebtheitsskala auf den letzten Platz gefallen.

In den Jahren 1979 und 1980, noch unter dem kommunistischen Regime, war die Entscheidung gefallen, in Südböhmen ein Atomkraftwerk zu bauen, das aus vier Druckwasserreaktoren bestehen sollte. Baubeginn war im Jahr 1987; zum Einsatz kam der Reaktortyp WWER-1000/320 sowjetischer Bauart. Drei Jahre später, nach dem Sturz des Kommunismus und dem Übergang zur Demokratie, entschied die tschechische Regierung, das Projekt auf zwei Reaktorblöcke zu reduzieren und die Reaktoren mittels westlicher Technik zu modernisieren. Der erste Reaktorblock wurde am 9. Oktober 2000 erstmals in Betrieb genommen, am 8. April 2003 der zweite Block; beide leisten je 930 Megawatt. Die endgültige Abschaltung der Reaktoren ist für das Jahr 2042 bzw. 2043 vorgesehen.

Zwentendorf, Hainburg – jetzt Temelin?

Österreich hatte sich 1978, nach einer Kampagne gegen das seit sechs Jahren in Bau befindliche Atomkraftwerk Zwentendorf an der Donau, in einer Volksabstimmung mit 50,4 Prozent gegen die Kernenergie ausgesprochen. 1984 konnte die Widerstandsbewegung auch das Donaukraftwerk im niederösterreichischen Hainburg verhindern; die Grünen zogen zwei Jahre danach erstmals in den Nationalrat ein. Als 1987 mit dem Bau von Temelin begonnen wurde, richtete die Anti-Nuklear-Bewegung ihre ganze Energie gegen dieses Projekt. Da sich Temelin jenseits des damals noch bestehenden Eisernen Vorhangs befand, konnte nicht viel bewirkt werden. Doch schon zu jener Zeit regte sich auch in der damaligen CSSR der Widerstand gegen das Atomkraftwerk. Für diese Kampagne engagierte sich auch der 1960 in Wels geborene Rudi Anschober. Wie er im Linzer Landhaus darlegt, bedeutete für ihn der Widerstand gegen Temelin den Einstieg in die Politik.

Heute ist Anschober Landesrat für Umweltfragen in der Landesregierung sowie Chef der oberösterreichischen Grünen, die hier in einer Koalition mit der Österreichischen Volkspartei (ÖVP) mitregieren. Volkspartei und Grüne führen den Kampf gegen Temelin Schulter an Schulter. Landeshauptmann Josef Pühringer (ÖVP) betont, dass Oberösterreich weit mehr als andere Bundesländer in der Gefahrenzone eines Kernkraftwerkes liege, das die erforderlichen minimalen Sicherheitsstandards nicht erfülle. Während Pühringer die gutnachbarlichen Beziehungen lobt, bleibt er in Sachen Temelin hart. Die vollständige Abschaltung der Reaktoren wäre eigentlich sein Idealziel, sagt er, doch da sich dieses realistischerweise nicht erreichen lasse, müsse er auf technischen Verbesserungen beharren.

Hoffen auf das Melker Protokoll

Im November 2001 hatten sich der damalige Bundeskanzler Schüssel und Ministerpräsident Zeman im Barockstift Melk an der Donau getroffen, um mit dem sogenannten Melker Prozess den Informationsaustausch über Temelin zu beschleunigen. Dieser Prozess wurde, wie heute die österreichische im Gegensatz zur tschechischen Seite betont, in einem völkerrechtlich verbindlichen Vertrag festgeschrieben. Die tschechische Seite anerkannte explizit das „spezifische Interesse" Österreichs an einem hohen Sicherheitsniveau ihrer Atomkraftwerke. Dass Prag damals bereit war, das Nachbarland detailliert über Sicherheitsaspekte und auch über die geringfügigsten Störfälle zu informieren, muss vor dem Hintergrund der im Jahr 2004 geplanten EU-Erweiterung gesehen werden. Einer der zehn Beitrittskandidaten war die Tschechische Republik, und man wollte sich in Prag das Wohlwollen Wiens sichern.

In Grenznähe zu Österreich stehen einige Atomkraftwerke sowjetischen Typs, manche deutlich gefährlicher als Temelin. Zugleich existiert, wie der österreichische Umweltminister Pröll betont, wohl weltweit kein offenerer und detaillierterer Informationsaustausch über ein Kernkraftwerk als jener über Temelin. Wieso erregen die anderen Atomkraftwerke in der österreichischen Öffentlichkeit im Vergleich zu Temelin kaum Emotionen? Für den österreichischen Politologen Anton Pelinka ist der Fall klar: Es handle sich, schreibt er in der „Zeit", um einen Schulterschluss von fundamentalistischer Anti-Atom-Politik mit all jenen, die das Thema für ihre xenophobe und antieuropäische Agenda zu nutzen versuchten. Österreich lasse dann die Muskeln spielen, wenn ein vermeintlich schwacher Gegner eingeschüchtert werden solle. Und er fragt, warum Österreich ausgerechnet ein tschechisches Kraftwerk benütze, um seine vermeintliche „abendländische Mission" der Speerspitze im Kampf gegen die Atomkraft zu erfüllen.

„Rückkehr des Eisernen Vorhangs"

Die Verpflichtung zur detaillierten Information im Rahmen des Melker Prozesses hatte ihre Schattenseiten. Da sämtliche, auch relativ geringfügigen Betriebsstörungen des AKW gemeldet werden mussten, entstand in Österreich die durch die Boulevardpresse, namentlich das Massenblatt „Kronen Zeitung", systematisch geschürte Wahrnehmung, Temelin sei ein „Schrottreaktor", von dem tödliche Gefahren für Österreich ausgingen. Die Freiheitliche Partei (FPÖ), damals noch unter Jörg Haider, versuchte die Atomängste in politisches Kapital umzumünzen und veranstaltete im Jahr 2002 ein Volksbegehren, dass einen Beitritt Tschechiens zur EU mit der Stilllegung Temelins verknüpfte. Es erzielte fast eine Million Unterschriften und damit das drittbeste Ergebnis in der Geschichte der Zweiten Republik; in Oberösterreich unterschrieben 23,5 Prozent der Wahlberechtigten die Forderung der FPÖ.

Diesseits und jenseits der Grenze wurden alte Ressentiments freigelegt und neue hervorgerufen. Die Grenzblockaden österreichischer Anti-Atom-Aktivisten, das Errichten neuer, wenn auch symbolischer Barrieren an der Stelle des vor einem Jahrzehnt gefallenen Eisernen Vorhangs stießen die Tschechen begreiflicherweise vor den

Kopf. Pavel Kohout spricht in einem von der österreichischen Wochenzeitschrift „Profil" veröffentlichten Artikel davon, dass da neuer Stacheldraht errichtet werde, geflochten aus Unkenntnis und Starrsinn. Der Politologe Anton Pelinka bezeichnet das Geschehen geradewegs als „Rückkehr des Eisernen Vorhangs". Ein Übriges tat die gehässige, von der „Krone" zusätzlich angeheizte Kampagne der FPÖ. Gerade in Oberösterreich haben sich viele aus der ehemaligen Tschechoslowakei vertriebene Sudeten-Deutsche angesiedelt, bei denen sich jetzt der Temelin-Konflikt mit dem alten Groll vermischte. In sämtlichen österreichischen Meinungsumfragen erzielen die tschechischen Nachbarn die geringsten Sympathiewerte. Anderseits sind sich die Tschechen sehr wohl bewusst, dass ihr Land in den dreißiger Jahren zu den zehn führenden Industrienationen weltweit zählte. Sie sehen daher nicht ein, weshalb sie sich ihre technische Kompetenz von diesen „Bauern und Beamten" südlich der Grenze absprechen lassen sollten.

Der Strom geht auch nach Österreich

Als im November letzten Jahres die tschechischen Behörden die baurechtliche Genehmigung für Temelin erteilten, nahm das Atomkraftwerk den kommerziellen Betrieb auf. Der dort produzierte Strom wird unter anderem nach Deutschland exportiert und gelangt dann offenbar auch nach Österreich, so dass dort ironischerweise Strom aus dem AKW Temelin aus den Steckdosen kommt. Nach Meinung der Vizevorsitzenden der Grünen, Eva Glawischnig, sind von acht am AKW Temelin monierten Sicherheitsmängeln sieben nach wie vor nicht beseitigt. Demnach sei auch der Melker Prozess noch nicht abgeschlossen und die kommerzielle Inbetriebnahme des Werks vertragswidrig. Zugleich aber gibt Glawischnig zu, dass gewisse ihrer Nationalratskollegen „jede Schraube" in Temelin kennten, dass also der Informationsstand vorbildlich sei.

Im Dezember 2006 wurde die damals noch amtierende Regierung Schüssel vom Nationalrat mit den Stimmen aller Parteien aufgefordert, eine Völkerrechtsklage gegen die Tschechische Republik einzuleiten. Das Problem dabei ist nur, dass Prag die Zuständigkeit des Internationalen Gerichtshofes nicht anerkennt. Anfang Juni hoben Bundeskanzler Alfred Gusenbauer (SPÖ) und Umweltminister Pröll (ÖVP) in einer gemeinsamen diplomatischen Note an den tschechischen Ministerpräsidenten Topolanek die offenen Sicherheitsfragen hervor und forderten zu neuen Verhandlungen auf. Die Antwort aus Prag war höflich, aber letztlich nichtssagend: Man sei sich bewusst, dass man auf österreichischer Seite Sicherheitsbedenken habe. Doch aus tschechischer Sicht seien die Ziele des Melker Abkommens erfüllt.

Das Bundesland Oberösterreich ist nun seinerseits aktiv geworden und hat beim Landesgericht Linz eine Unterlassungsklage gegen das Kernkraftwerk mit dem Argument der „unmittelbar drohenden Gefährdung" durch Temelin eingereicht. Wenn das Land mit seiner Klage durchkommt, müsste Temelin nachgerüstet oder gar stillgelegt werden. Im Gegenzug hat der tschechische Energiekonzern (CEZ) im Kreisgericht Budweis eine Klage gegen Oberösterreich eingereicht. Begründet wird diese mit Rufschädigung; das Eigentum der Aktionäre müsse gegen „grundlose Attacken" geschützt werden.

Doch wie gravierend waren die bisherigen, von der Boulevardpresse und Politikern in Österreich hochgespielten rund 100 „Störfälle" in Temelin wirklich? Offenbar bewegten sie sich in der siebenstufigen Skala der INES (International Nuclear Event Scale) auf Stufe 1 und darunter („nicht sicherheitsrelevant"). Normalerweise müssen „Anomalien" der Stufe 1 nicht international, sondern nur gegenüber nationalen Atombehörden gemeldet werden. Temelin bildet wohl weltweit die einzige Ausnahme: Selbst Bagatellfälle müssen innerhalb von 72 Stunden dem Nachbarn gemeldet werden.

TSCHECHIEN IST EIN NÖRDL. WALDGEBIET

TSCHECHEN TRINKEN GERNE BIER

UND BAUEN DANN ATOMKRAFTWERKE.

NACH DEREN PLÄNEN EIGENE WÖRTER BE-NANNT WERDEN

SIE TRAGEN SELTSAME NAMEN

& SPIELEN NUR ETWA 300× BESSER FUSS-BALL, ALS WIR.

Was wir über TSCHECHIEN wissen

Staatsgäste

(Dezember 2007)

Fest steht: Die Österreicher sind perfekte Gastgeber – in ihren Hotels und erst recht in der Hofburg. Dort war vor Kurzem das schwedische Königspaar zu Gast, und die Gastgeber zeigten, was sie können: opulentes Staatsbankett unter funkelnden Kristalllüstern, Fanfaren und ordenbehangene Fräcke, Hymnen und strenges Hofzeremoniell – als ob da noch der alte Kaiser an der Spitze der Tafel thronte und nicht bloß ein demokratisch gewählter Bundespräsident.

Für den Connaisseur war da ein besonderes Detail zu bewundern: die Servietten. Grundfläche je ein Quadratmeter und präzis nach der althergebrachten, komplizierten Tradition der Kaisertafel gefaltet, die – nirgendwo schriftlich festgelegt – im ganzen Land nur zwei Damen vertraut ist, die das Staatsgeheimnis zu gegebener Zeit an die nächste Generation tradieren.

In Sachen Sicherheit haben dann allerdings die Gastgeber kurz darauf deutlich weniger Perfektionismus an den Tag gelegt: Unmittelbar nachdem erneut ein Video einer islamistischen Gruppe mit Drohungen gegen Österreich aufgetaucht war, schüttelten Bundeskanzler Gusenbauer und Bundespräsident Fischer an zwei Empfängen zum Abschluss des Ramadan einem Palästinenser die Hand, der unter akutem Terrorverdacht steht. Die Gästeliste des Kanzlers war zwar offenbar routinemäßig ans Innenministerium übermittelt worden. Dieses hat aber die Liste nicht überprüft. Weil das Kanzleramt nicht darum gebeten und die Präsidentschaftskanzlei gar keine Liste geschickt habe, entschuldigt Innenminister Platter (ÖVP) die Sicherheitspanne. Derselbe Platter versucht sich gegenwärtig mit dem Ruf nach neuen, weitreichenden Befugnissen zur Terrorbekämpfung zu profilieren.

Der gefürchtete „Buffet-Terrorist" bei seinem letzten Anschlag

Waldheims Vermächtnis

(Juli 2007)

Der Höhe- oder vielmehr Tiefpunkt der Waldheim-Kontroverse war der berüchtigte Ausspruch des damaligen ÖVP-Generalsekretärs und Justizsprechers Michael Graff. Dieser wollte dem 1986 als Kandidaten der ÖVP gewählten und im Jahr darauf von den Amerikanern auf die „Watchlist" gesetzten Bundespräsidenten unter die Arme greifen und gab damals zu Protokoll: „Wenn man Waldheim nicht nachweisen kann, dass er sechs Juden mit eigenen Händen erwürgt" habe, sei dieser „jedenfalls unschuldig". Zwei Tage danach musste Graff als ÖVP-Generalsekretär den Hut nehmen.

Kürzlich hat der britische Verleger und Kolumnist Lord George Weidenfeld über eine frühe Begegnung mit Kurt Waldheim berichtet: Es war im Jahr 1938, kurz nach dem „Anschluss". Arthur Weidenfeld, 1919 in Wien geboren, wurde als Jude vom Vorlesungsbesuch an der Universität ausgeschlossen. Da habe sich ihm ein älterer Kommilitone genähert: „Herr Kollege, kann ich Ihnen behilflich sein?" Dieser hieß Kurt Waldheim. Er habe ihm dann jeweils die Vorlesungsunterlagen nach Hause gebracht – der Beginn einer schönen Freundschaft.

Ein halbes Jahrhundert – und vor allem die NS-Zeit – lagen zwischen der Begegnung Weidenfeld/Waldheim und der üblen Entgleisung des ÖVP-Generalsekretärs Graff. Wäre Waldheim in seiner Funktion als Bundespräsident dem seinetwegen grassierenden Antisemitismus ebenso beherzt entgegengetreten, wie er damals seinem jüdischen Kommilitonen Arthur Weidenfeld beigestanden war, hätte er sich und seiner Nation viel erspart. Das plötzlich postum aufgetauchte Vermächtnis Waldheims mit seinen halbherzigen Einsichten kommt zu spät.

Was bleibt von Kurt Waldheim

Die Königin der Torten feiert Geburtstag

(Mai 2007)

Lange her ist es seit der großen Tortenschlacht – wobei es, man beachte den feinen Unterschied, nicht um die übliche Schlacht mit, sondern um die weit seltenere Schlacht um Torten ging. Vorbei ist, vielleicht nicht für immer, der Kampf um die „Original-Sachertorte", der Lärm des Schlachtengetöses hallt nur noch gedämpft und von ferne nach – denn jetzt wird gefeiert. 175 Jahre Sachertorte: Die Königin aller Torten feiert Geburtstag. Wenigstens diese Tatsache hat nie jemand ernsthaft in Frage gestellt.

Inbegriff des Bösen – oder des Guten

Zwar wird in der kürzlich von der – selbst nicht gerade schlanken – Gesundheitsministerin Andrea Kdolsky präsentierten Aufklärungsbroschüre „Fett sparen leicht gemacht" die Sachertorte mit obligatem Schlagobers als „Inbegriff des Bösen" bezeichnet. Aber für die vielen Touristen der Donaumetropole ist die Sachertorte nach wie vor der Inbegriff des Guten: des kaiserlichen, des köstlichen Wien. Die kulinarische Apotheose gewissermaßen der alten Kaiserstadt. Und so wird das dunkelbraune Tortenstück neben dem schneeweißen Schlagobers auf fragilem Porzellanteller in sämtlichen Wiener Kaffeehäusern mit fast zeremonieller Sorgfalt auf den marmornen Kaffeehaus-Tischchen platziert, traditionsgemäß eskortiert vom „Einspänner", dem Wiener Kaffee mit Milchschaum und dem unabdingbaren Glas Wasser, während draußen auf dem Kopfsteinpflaster die Zweispänner, die Fiaker, vorbeiholpern. Auf dem Flughafen jedoch wird die Sachertorte, liebevoll eingebettet in eine Holzschachtel, von Geschäftsleuten in die Aktentaschen geschoben. Als eiliges Mitbringsel aus Wien.

Im Schaufenster des Hotels Sacher hinter der Staatsoper ist neben einer riesigen Sachertorte für den wissbegierigen Betrachter eine Schautafel aufgestellt: „Woran erkennt man das Original?" Denn nur die Original-Sachertorte, so heißt es da, werde nach dem Originalrezept von Franz Sacher aus dem Jahr 1832 hergestellt. Knapp fünf Gehminuten weiter, am Kohlmarkt, gegenüber der kaiserlichen Hofburg, der „k. u. k. Hofzuckerbäcker" Demel. Im Schaufenster dreht sich auf einem Podest eine überdimensionierte Sachertorte. Nicht original, stellt der mittlerweile kundige Betrachter sofort fest, denn das Schokoladesiegel ist nicht rund, sondern dreieckig. Schmeckt dennoch köstlich. Welche aber mundet besser, die von Sacher oder die von Demel? Die Gretchenfrage für sämtliche Wiener.

Jener erbitterte Disput vor österreichischen Gerichten zwischen Sacher und Demel erinnerte lebhaft an den blutigen Krieg zwischen den Königreichen Liliput und Blefuscu, nachzulesen in „Gullivers Reisen". Vergleichbar mit dem im frühen 18. Jahrhundert von Jonathan Swift geschilderten Dogmenstreit zwischen den „Big-Endians" und ihren Gegnern, ob weiche Eier am breiten oder am schmalen Ende zu öffnen seien, ging es im Wien des 20. Jahrhunderts um die Prinzipienfrage, ob die obligatorische Schicht Marillen-[Aprikosen-]Marmelade der berühmten Torte in einer Zwischenlage (Sacher) oder lediglich unter der Schokoladeglasur (Demel) zu applizieren sei. Nie wird man die Wahrheit erfahren. Das Originalrezept liegt unter Verschluss im Safe des Hotels Sacher. Das Rezept geht, so will es die Überlieferung, zurück auf das Jahr 1832, als der damals 16-jährige Kochlehrling Franz Sacher für einen erkrankten Koch am Hof Metternichs einzuspringen und für dessen verwöhnte Gäste ein Dessert zu kreieren hatte. So entstand die erste Sachertorte oder deren Vorläuferin, die sich bald in der Monarchie größter Beliebtheit erfreute.

Süße Rache

Als die legendäre, zigarrenrauchende Anna Sacher 1930 verstarb, wurde die Sache kompliziert: Sie hatte ihren Sohn Eduard teilweise entmündigt, dieser rächte sich postum, indem er zur kaum weniger legendären Anna Demel überlief und in der Konditorei Demel die „original Eduard-Sacher-Torte" lancierte. Darüber, ob diese eine Weiterentwicklung oder Verfeinerung der Original-Torte war, streiten sich die Gelehrten noch heute. 1993 ging Demel in die Offensive und stellte nach einer Lebensmittelanalyse fest, dass offenbar dem Teig der Sacher'schen Sachertorte ein Sechstel Margarine beigemischt wurde. Es konnte sich also, so argumentierte Demel, gar nicht um eine Sachertorte handeln, denn diese musste laut Lebensmittelkodex aus reiner Butter bestehen: Streng genommen sei diese Sachertorte nur eine prosaische Schokoladetorte. Doch trotz des unrühmlichen Ergebnisses für Sacher bestätigten damals die Gerichte, dass nur Sacher seine Torten als Originale bezeichnen darf.

Zwischen Kärntner Straße und Oper werden pro Jahr 320.000 Original-Sachertorten in die Welt gesetzt. Die Konkurrenz am Kohlmarkt hat sich mit 50.000 „Demel-Sachertorten" jährlich zu begnügen. Doch es gibt einen weiteren, kleinen Unterschied: Bei einer 175-jährigen Original-Torte ist für Sacher die Haltbarkeitsgarantie von drei Wochen gar kein Thema. Demel hingegen besteht darauf, seine Torten möglichst frisch auf den Teller und Gaumen zu bringen.

Auf leisen Hufen

(August 2007)

W as wäre Wien ohne Fiaker? Die zweispännigen Kutschen gehören zur Donaumetropole wie die Gondeln zu Venedig oder die bauchigen schwarzen Taxis zu London. Nostalgisch widerhallt in den Gassen der Wiener Innenstadt das Klappern der Pferdehufe, duften frische Pferdeäpfel. In einem der populärsten Wienerlieder, dem von Gustav Pick 1885 zum 100-Jahr-Jubiläum komponierten Fiakerlied, wurde ihm ein musikalisches Denkmal gesetzt. Obwohl es heute keinem Wiener in den Sinn käme, sich in einer Kutsche befördern zu lassen, nimmt er es widerspruchslos hin, dass den 58 Fiakern eine ganze Fahrspur auf der Ringstraße vorbehalten bleibt.

Und doch ist der Fiaker Gegenstand von Kontroversen. Am ätzenden Gestank der Urinpfützen an den Fiaker-Standplätzen haben die Anwohner keine Freude; Tierschützer verurteilen die Arbeitsbedingungen der Fiakerpferde in Sommerhitze und Stoßverkehr. Jetzt hat sich auch die Bezirksvorsteherin der Innenstadt, Ursula Stenzel, zu Wort gemeldet: Wagenräder und Hufeisen beschädigten den Straßenbelag, verursachten Schäden in Millionenhöhe.

Als Gegenmaßnahme will sie ab Herbst Kunststoff-Hufeisen für die Pferdehufe einführen. Diese Idee stößt bei den „Fiakern" auf ebenso wenig Gegenliebe wie die Einführung der Auffang-Beutel für Pferdeäpfel, die vorschriftsgemäß an den Pferde-Hinterteilen befestigt werden müssen: Da sollte man doch auch Auspuffgase und Stöckelschuhe verbieten, raunzen die Kutscher. Zumeist sind sie Anhänger des Bürgermeisters Michael Häupl (SPÖ) – doch ihre Routen führen durch den 1. Bezirk, die politische Insel der ÖVP-Politikerin Stenzel inmitten des „roten Wien".

Uschi Stenzels Pläne für den ersten Bezirk

Ein Tunnel ins Tiroler Kaisertal

(August 2007)

Beschwerlich ist der Aufstieg für den ungeübten Berggänger, denn nicht weniger als 282 Stufen zählt die steile Sparchenstiege, und in der Bruthitze dieses Sommernachmittags sind das genau 282 zu viel. Doch für die mittlerweile nur noch 35 Bewohner des Tiroler Kaisertals war dieser mühsame Weg, der in mehreren Windungen über eine fast senkrechte Felsstufe in das Naturparadies zwischen dem Wilden und dem Zahmen Kaiser führt, seit je die einzige Verbindung zur Außenwelt, abgesehen von der bald 50-jährigen und etwas altersschwach gewordenen Materialseilbahn, die den Talbewohnern zweimal pro Woche zur Verfügung steht. Doch im nächsten Frühling soll endlich der Straßentunnel eingeweiht werden, der ausschließlich den Talbewohnern zur Verfügung stehen und deren Dasein erleichtern soll. Rettung für ein von der Abwanderung bedrohtes Bergtal oder Anfang vom Ende für ein alpines Naturparadies?

Bergromantik und Entbehrungen

Unten im Inntal, das mit jedem Schritt bergwärts weiter im hitzeflimmernden Dunst versinkt, donnert der Schwerverkehr zwischen Deutschland und Italien auf einer der meistbefahrenen Autobahnen des Alpenraums. Die bayrischen Städte Rosenheim und München sind nah, und der Parkplatz, von dem aus wir unseren Aufstieg begonnen haben, liegt unmittelbar am Stadtrand von Kufstein, der zweitgrößten Stadt Tirols. Umso erstaunlicher ist es, dass ein paar hundert Meter oberhalb der Stadt und des Schwerverkehrs-Infernos im Inntal sich diese so ganz andere Welt erhalten konnte.

Das Kaisertal ist ein von der Außenwelt fast völlig abgeschnittenes Naturschutzgebiet, das Jägern, Holzfällern, Bauern, Wanderern und Bergsteigern vorbehalten ist und in dem es kein einziges Dorf gibt, nur eine Handvoll weit verstreuter Bauernhöfe, Gasthäuser und Berghütten. Die Bewohner des Kaisertals leben in erster Linie vom Tourismus; die Viehwirtschaft auf den winzigen, steilen Bergweiden wäre für den Lebensunterhalt bei Weitem nicht ausreichend. Deshalb muss mit großem Aufwand der Nachschub für die Restaurationsbetriebe oder Unterkünfte organisiert werden. Zweimal pro Woche wird der beschränkte Platz auf der Materialseilbahn reserviert.

Die 5000 bis 6000 Besucher pro Woche, die in der Hochsaison jene schweißtreibende Treppe hinaufkeuchen, sind auf der Suche nach einem unberührten

Bergidyll ohne asphaltierte Straßen. Doch diese Romantik hat ihren Preis. Schon beim Aufstieg ins Hochtal fallen die Steintafeln auf, die in die Felswände am Wegrand eingelassen wurden. Sie erinnern an Talbewohner oder Besucher, die dort tödlich verunglückt sind. Sie waren vom Weg abgekommen, in die Schlucht gestürzt und im tosenden Kaiserbach ertrunken – ein Arbeiter, der mit der Erhaltung der kunstvoll angelegten Treppe beschäftigt war, ein nächtlicher Heimkehrer aus dem Tal, ein Gymnasiast auf Schulreise, beklagt von seinen Mitschülern. Angesichts dieser stummen Zeugen beginnt man zu ahnen, was es heißt, in diesem Tal zu leben.

Der Preis der Abgeschiedenheit

Bewegend sind die Berichte der Talbewohner vom erkrankten Kind, das sich mit letzter Kraft hinunter ins Inntal zum Arzt schleppt, vom alten „Pfandl"-Wirt, der, an Krebs erkrankt, von seinen Kollegen auf einer Bahre über die vielen Stufen ins Tal zur unten wartenden Ambulanz geschleppt wird, vorbei an hemmungslos gaffenden Bergtouristen. Bei Nacht oder Unwetter kann der Notfall-Helikopter im engen Tal nicht landen, und wenn die Krankenversicherung nicht zahlt, will man sich die paar tausend Euro pro Flug nicht bei jeder Erkrankung leisten.

Vielleicht herrscht auch nur der Wunsch, der Abgeschiedenheit für einen Abend zu entkommen und in Kufstein ins Kino zu gehen. Dafür hat man ein Zweitauto unten am Parkplatz, wo eine zweite Garnitur Kleider bereitliegt und Bergschuhe sowie wetterfeste Ausrüstung mit dem Ausgeh-Tenue vertauscht werden. Nach der Kinovorstellung oder dem Tanzabend muss man in stockdunkler Nacht, womöglich noch bei strömendem Regen, im Schein der Taschenlampe wieder die Treppen hinauf. Im Winter, wenn der Weg vereist ist, wird der Aufstieg selbst für geübte Berggänger zu einer lebensgefährlichen Unternehmung.

So wird das Verlangen der Kaisertal-Bewohner nach einer praktischeren Verbindung zur Außenwelt, wird ihr jahrzehntelanger erbitterter Kampf um eine Seilbahn- oder Straßenverbindung verständlich. Josef Ritzer, der Bürgermeister der Gemeinde Ebbs unten im Inntal, zu dessen Sprengel auch das Kaisertal gehört, schildert im Gespräch, dass die Bemühungen, eine Verbindung zum Hochtal zu schaffen, weit zurückreichen. Ursprünglich dachte man dabei wohl weniger an die Bedürfnisse der Bewohner und das Problem der stetigen Abwanderung aus dem Kaisertal als an dessen touristische Erschließung. Schon im Jahr 1896 sei das Projekt einer Zahnradbahn lanciert worden, das ebenso wie die verschiedenen Schwebebahn-Pläne im 20. Jahrhundert letztlich aus finanziellen Gründen gescheitert sei. Seit den siebziger Jahren gewann die Idee eines Straßentunnels an Aktualität. Von Anfang an war klar, dass es sich um ein sehr teures Projekt handeln würde. Bürgermeister Ritzer deutet an, dass die Stadt Kufstein als Eigentümerin der großen Waldbestände im Südteil des Tales, jenseits des Kaiserbachs, den Tunnelbau jahrelang blockierte und damit die Kaisertaler verärgerte.

Starke Gegnerschaft

Von den Kaisertal-Bewohnern ist dann Konkreteres zu erfahren. Für die Stadt Kufstein sei das Kaisertal das wichtigste Naherholungsgebiet; im Sommer kämen die Stadtbewohner herauf und beschlössen hier den Tag mit einem Bier oder einer Mahlzeit im Gasthaus. Die da unten in Kufstein hätten gefürchtet, der unberührte Charakter „ihres" Tales könnte durch eine Zufahrt verloren gehen. So hätten sich die Kufsteiner zu Schutzherren des vermeintlichen Alpenidylls aufgeschwungen und dabei die Bedürfnisse der Bewohner in den Wind geschlagen, ja diese, wie sie sagen, wie „Bürger zweiter Klasse" behandelt. Und weil der frühere Tiroler Landeshauptmann Wendelin Weingartner mit dem Bürgermeister der Stadt Kufstein eng befreundet gewesen sei, habe sich dieser durchgesetzt und den Tunnelbau jahrelang verhindert, während die Frustration der Talbewohner stetig gewachsen sei. Der gegenwärtige Landeshauptmann, Herwig Van Staa, seit 2002 im Amt, sei mit dem Versprechen angetreten, jedem Tiroler Bauern eine direkte Zufahrt zu dessen Hof zu verschaffen. Er habe dies gehalten und sei gegenüber den Kufsteinern energisch aufgetreten, um der Diskriminierung der Talbewohner ein Ende zu bereiten.

Im letzten März ist der Durchstich bei den aufwändigen Tunnelbauten erfolgt. Der nur 830 Meter lange, in einer steilen, engen Kurve mit einer Steigung von mehr als zwölf Prozent errichtete Tunnel wird am Ende sechseinhalb Millionen Euro verschlingen. Da über die Stufen nur kleinere Baumaschinen zum bergseitigen Ende geschleppt werden konnten, musste der Tunnel einseitig vom Tal her gebaut werden. 75 Prozent der Kosten teilen sich Bund und Land Tirol. Die nur 5000 Einwohner zählende Gemeinde Ebbs übernimmt einen Viertel der Baukosten, für Bürgermeister Ritzer, im Hauptberuf Landwirt, ein Akt bemerkenswerter Solidarität.

Spricht man allerdings mit Kufsteinern, zeigen diese herzlich wenig Verständnis, dass für die Bedürfnisse von zwei Dutzend Bergbewohnern über sechs Millionen Euro ausgegeben werden. Zumal der Zugang zum Tunnel strikte beschränkt werden soll. Nur die Bewohner des Kaisertals und einige wenige Zulieferer sollen Zugang zum Tunnel erhalten; die Güter aus dem Tal sollen in einem noch zu errichtenden Lagerhaus an der bergseitigen Tunnelausfahrt gelagert und von den Ansässigen selbst dort abgeholt werden. Bürgermeister Ritzer beteuert, dass diese Praxis äußerst restriktiv gehandhabt werde. Wenn nämlich einmal die Ausnahmen einrissen, sei dies der

Anfang vom Ende für das Tal. Der Österreichische und der Deutsche Alpenverein, die beide im Kaisertal Berghütten betreiben, sind gegen das Tunnelprojekt Sturm gelaufen. Zum Ärger der Kaisertaler postierten sich Aktivisten an den Parkplätzen unten im Tal und sammelten Unterschriften gegen den Tunnel bei den Bergtouristen.

Ein Hauch von Gesetzlosigkeit

Majestätisch erstrahlt das Bergmassiv des Wilden Kaisers mit seinen schroffen, hellgrauen Kalkfelsen in den Strahlen der Nachmittagssonne. In diesem Augenblick wird deutlich, was einst diesem Bergstock zu seinem Namen verhalf: Ein Zackenkranz von Berggipfeln, würdig, das Haupt eines Kaisers zu krönen.

Am oberen Ende der Treppe erwartet den überraschten Wanderer ein kleiner Parkplatz mit verbeulten Autos. Hier haben die Bewohner des Kaisertals ihre geländegängigen Fahrzeuge abgestellt. Alle diese Vehikel waren einst mit dem Warenlift, der dann jeweils ächzend an die Grenze seiner Tragfähigkeit kam, hier heraufbefördert worden. Es verwundert kaum, dass ein Hauch von Gesetzlosigkeit diese abgeschnittene Bergwelt durchweht: Keines der Fahrzeuge ist amtlich zugelassen, keines besitzt ein Nummernschild, abgesehen von einem selbst gemalten „Kaisertal". Dies hat der stolze Eigentümer auf sein improvisiertes Nummernschild gepinselt.

Nach einem weiteren, kurzen Aufstieg taucht zur Linken eine große Baustelle auf: Der Ausgang des umstrittenen Tunnels, der das Leben der Bewohner erleichtern, aber auch das von den Schattenseiten der Zivilisation bisher verschonte Tal massiv verändern könnte. Bald erreichen wir das Gasthaus „Pfandlhof", das mit seinen Nebengebäuden schon fast so etwas wie einen Weiler bildet. Schon im 17. Jahrhundert hatten die Vorfahren der Wirtsleute hier ein Wirtshaus betrieben. Die Gaststube mit grünem Kachelofen, mit im Lauf der Jahrzehnte nachgedunkeltem Holztäfer, uralten Familienporträts, zahlreichen Gamsgeweihen sowie ausgestopften Hirsch- und Wildschweinköpfen ist so etwas wie das Herz des Tales.

An der Wand neben dem Stammtisch prangt, sorgsam unter Glas gerahmt, eine ehrwürdige Urkunde: Am Pfingstmontag 1901 trafen sich hier im „Pfandlhof" beherzte Männer, um die Gründung des Unterinntaler Volkstrachten-Erhaltungs-Vereins „D'Koasara Kuffstein" zu beschließen. Heutzutage versammeln sich die beherzten Männer des Tales, rund zehn an der Zahl, jeden Montagabend unter dem kunstvoll aus Hirschgeweih gefertigten Leuchter am Stammtisch. Nach der obligaten Kartenpartie findet die informelle, aber pflichtbewusst frequentierte Gemeindeversammlung des Kaisertales statt. In den letzten Jahren gab es hier nur ein Thema: den Tunnel, ob er kommt, wann er kommt und mit welchen Konsequenzen für das Tal.

Bildung und Vorbild

(August 2007)

B evor Wien samt aller Politik endgültig in der August-Lethargie zu versinken drohte, gaben sich die beiden Regierungsparteien SPÖ und ÖVP nochmals einen Ruck. Doch in der vor sich hin dösenden Bundeshauptstadt wurden diese Aktivitäten kaum noch wahrgenommen – und das war wohl auch besser so. Ihr hochsommerliches Betätigungsfeld suchten die Großparteien in der Bildungspolitik – einem Sektor, auf dem die Regierung Schüssel der Nation nach allgemeiner Auffassung (und laut Pisa-Testergebnissen) ein Debakel hinterlassen hat. Doch die Ideen, welche die rivalisierenden Partner der großen Koalition anzubieten hatten, ernteten nur Hohn und Spott und säten neue Zwietracht.

Die von der Volkspartei vorgelegten Konzepte gipfelten im Vorschlag, Intelligenztests für dreijährige Kinder durchzuführen. Dies provozierte die Sozialdemokraten umgehend, die Instrumente staatlicher Bildungspolitik in noch zarterem Alter anzusetzen. Schon an der Erziehung der Neugeborenen sollen nach den Vorstellungen der Sozialdemokraten Österreichs Väter mitwirken, im Rahmen eines staatlich finanzierten „Papa-Monats".

Vielleicht aber sollte man das Augenmerk gelegentlich auch auf die erwachsenen Vorbilder der Nation richten. Nur mit Mühe konnte sich ausgerechnet Wissenschaftsminister Johannes Hahn (ÖVP) vom Vorwurf befreien, ganze Passagen seiner vor 20 Jahren verfassten Dissertation abgeschrieben zu haben – ohne Quellenangabe natürlich.

Der Hahn am Mist

Wikimania in Wien

(September 2007)

Alle tun's – Prinzen und Prinzessinnen, Könige und Geheimdienstleute, Manager und Medienstars. Doch als Österreichs Öffentlichkeit entdeckte, dass auch ihre Politiker in der Wikipedia herumfuhrwerken, dass sie da eifrig löschen und lustvoll ergänzen, um die eigene Person in ein besseres Licht und den politischen Gegner ins moralische Abseits zu rücken – da herrschte Bestürzung.

So wurde im Eintrag über Bundeskanzler Alfred Gusenbauer von flinker Hand die Bemerkung, dass der SPÖ-Chef in der Partei umstritten gewesen sei, durch den Zusatz „in den Medien" und „angeblich" abgemildert. Jetzt steht dort „durchaus". Auch die Biografie der sozialistischen Ikone Bruno Kreisky wurde geschönt. Auf der anderen Seite verschwand ein kritisch formulierter Link zur früheren Außenministerin und Präsidentschaftskandidatin Benita Ferrero-Waldner (ÖVP). Stattdessen erschien bei Bundespräsident Heinz Fischer ein kurzlebiger Hinweis auf den „roten Heinzi". Auch die Grünen sollen sich gelegentlich an dem munteren Spielchen beteiligt haben.

Wer mitspielen oder das Hin und Her amüsiert mitverfolgen will, kann dies ab sofort auch im gepflegten Ambiente mancher altehrwürdiger Wiener Kaffeehäuser: Wo traditionsgemäß sämtliche Tageszeitungen aufliegen, wird neuerdings die kostenlose LAN-Verbindung ebenso mitgeliefert wie das obligate Glas Wasser zum Einspänner, zur Melange oder zum kleinen Braunen. Der Begriff Wikipedia kommt vom hawaiischen „wiki", was „schnell" bedeutet. Das allerdings ist nun mit dem Wiener Kaffeehaus, dieser Oase kultivierter Langsamkeit, ganz und gar nicht vereinbar.

Das Gusenbauer-Monument in den letzten Wochen

Der Papst und die Sintflut

(September 2007)

Es schüttet wie aus Kübeln, es ist bitter kalt – und bald rieseln nasse Schnee-
flocken hernieder, sie bleiben auf den steilen Straßen von Mariazell als klebri-
ger Schneematsch liegen. Der Wintereinbruch Anfang September ist höchst unge-
wöhnlich. Kein gutes Omen für den Besuch von Papst Benedikt XVI., dessen
Helikopter am Samstag in dem Pilgerort, rund hundert Kilometer südwestlich von
Wien, pünktlich um 9 Uhr 15 landen soll. Durchnässte, durchfrorene Fernseh-
techniker schleppen Metallkoffer mit Hightechgerät durch die Regenvorhänge in
die Regiekabinen. Längst sind riesige Zuschauertribünen, deren Skelette aus 300
Tonnen Stahl bestehen, vor der barocken Basilika aufgebaut. Diese wurde während
acht Jahren renoviert, und das Scheinwerferlicht lässt sie jetzt in frischem zartrosa
Glanz erscheinen.

„Nicht unten durch"

33.000 Gläubige konnten Platzkarten für die Tribünen ergattern. 3000 Schirme mit
dem offiziellen Motto „Auf Christus schauen" werden vorsorglich bereitgehalten,
falls sich die Wasser nicht doch noch teilen. 400 Polizisten, 500 Feuerwehrleute und
200 Sanitäter stehen bereit. Die traditionellen Läden vor der Basilika, die auf
Hochglanz herausgeputzten Hotels und Gasthäuser – alles rüstet sich fieberhaft für
das Geschäft des Jahrzehnts. Immerhin werden 50.000 eigens hergestellte „Leb-
zelten" kostenlos an die Pilger verteilt.

Der Bürgermeister hat alle Einwohner aufgefordert, ihre Häuser für den großen
Tag zu schmücken. Die Landstraße nach Mariazell ist von durchnässten Flaggen im
Gelb-Weiß des Vatikans gesäumt; sie führt unter einer Brücke hindurch, auf der ein
Transparent verkündet: „Bei mir bist Du nicht unten durch – Gott." Groß ist die
Aufregung, denn der letzte Papstbesuch, als Johannes Paul II. in den nordsteirischen
Wallfahrtsort gepilgert war, liegt nun schon fast ein Vierteljahrhundert zurück.

Die Legende um das Heiligtum von Mariazell weist ins Jahr 1157. Damals soll
ein Benediktinermönch namens Magnus in diese Gegend mit ihren undurchdring-
lichen Gebirgswäldern entsandt worden sein. Im Gepäck führte er eine aus Linden-
holz geschnitzte Madonna. Ein Felsblock versperrte ihm die Passage. Als er sich
hilfesuchend an die Muttergottes wandte, spaltete sich der mächtige Stein auf
wundersame Weise und gab den Weg frei. Die Marienstatue „Magna Mater Austriae"

machte Mariazell im Laufe der Jahrhunderte zu einer der wichtigsten Pilgerstätten für ganz Zentraleuropa. In der Kirche zeugen Hunderte selbst gemalte Votivbilder vom Weiterwirken der Gnadenmutter, von der Errettung Gläubiger aus schwerer Krankheit und höchster Not. Unterhalb der Basilika blüht der Devotionalienhandel. In Holzbuden wird feilgeboten, was der Pilgerort an Mitbringenswertem zu bieten hat – neben den üppig verzierten Bienenwachskerzen, Lebkuchen und Kruzifixen in allen Größen und Ausführungen der berühmte Mariazeller Kräuterlikör. Natürlich auch allerlei Krimskrams mit aufgemalter Basilika sowie frommen und weniger frommen Sinnsprüchen – wie etwa diesem: „Gewiss, der Brave lebt gesünder / schöner aber lebt der Sünder".

„Der Papst am Handy"

Halb Wien wird gesperrt, wenn der Papst schon am Tag seiner Ankunft eine Gedenkminute am Holocaust-Denkmal in der Innenstadt einlegt, in der Hofburg den Bundespräsidenten begrüßt und nach seinem Abstecher nach Mariazell am Sonntagvormittag im Stephansdom die Messe zelebriert. Plakate im ganzen Land propagieren die SMS-Aktion „Der Papst am Handy", bei der man sich täglich einen neuen Segensspruch des Heiligen Vaters auf sein Display senden lassen kann – und das gratis. Kinder erhalten auf Wunsch schulfrei. Für den Staatsrundfunk ORF allerdings bedeutet die Pilgerreise Benedikts XVI. einen Großeinsatz. 16 Stunden Live-Übertragung sind geplant, 250 Mitarbeiter mit 50 Kameras und vier Übertragungswagen vermitteln das Ereignis dem Publikum lückenlos.

Doch dessen Interesse scheint sich in Grenzen zu halten. Jedenfalls zeigen Umfragen, dass 82 Prozent der Befragten dem Besuch keine oder nur geringe Bedeutung zumessen; in der Altersgruppe unter 30 sind es gar 96 Prozent. Bei den drei Besuchen von Johannes Paul II. in den Jahren 1983, 1988 und 1998 hatte sich der Publikumszulauf von einer halben Million über 300.000 auf 100.000 konstant verringert. Laut Umfragen geben nur noch knapp über 32 Prozent der Bevölkerung an, zur Kirche ein gutes Verhältnis zu haben; 26 Prozent der Befragten bringen ihre Enttäuschung zum Ausdruck. Als regelmäßige Kirchgänger bezeichnen sich nur noch 15 Prozent der Katholiken in Österreich. Im Vorfeld des Papstbesuches wurde Kritik am „Event-Katholizismus" laut – zu kurz komme in diesem „Huldigungsprogramm" vor allem der Dialog.

Den Papst verpasst

Anschließend an den Augenschein über die Vorbereitungen zum Papstbesuch in Mariazell übernachten wir im nahe gelegenen Alpenhotel Gösing. Nach Einbruch der Dunkelheit verwandelt sich der Regen in dichtes Schneetreiben, stürmische Winde fegen durch die wildromantischen Täler am Fuß des Ötschers, zerzausen die dichten Wälder, in denen ein Dutzend Bären hausen soll. Am folgenden Morgen teilt man uns an der Rezeption mit, dass wir von der Umwelt abgeschnitten sind. Das Telefon funktioniert nicht mehr, und die nunmehr verschneiten Waldstraßen, die zu dem abgelegenen Hotel führen, sind durch mächtige, umgestürzte Tannen blockiert Deren Beseitigung, teilt man uns bedauernd mit, werde wohl mindestens 24 Stunden in Anspruch nehmen. Nur eine Handvoll Zimmer sind belegt, und der Umstand, dass die wenigen Gäste, die sich zu dieser Jahreszeit hierher verirrt haben, gleichsam durch höhere Gewalt gezwungen sind, eine weitere Nacht in diesem Haus zu logieren, kann dem Hotelmanagement nur recht sein. Man vertreibt sich die Zeit in der Isolation, so gut es geht; die Wanderwege sind zugeschneit und wegen der immer wieder herabstürzenden Äste nicht ganz ungefährlich. Kurz nachdem die Dämmerung eingesetzt hat, verlöschen sämtliche Lichter im Haus. Die Strompanne wird bis zum Morgen anhalten. Bald huschen gespenstische Schatten durch die Korridore des alten Gebäudes, flammen Kerzen auf. Ein ohrenbetäubendes Scheppern aus Richtung Küche lässt Schlimmes vermuten. Unheimlich wird die Sache, als einer aus dieser unfreiwilligen Schicksalsgemeinschaft (ein Weidmann? ein Meuchelmörder?) mit Gewehr im schummrigen Speisesaal eintrifft. Er lehnt die Waffe neben sich an die Wand und lässt sie während des ganzen Nachtessens nicht mehr aus den Augen. Fast erwartet man, nach Mitternacht einen durchdringenden Schrei zu vernehmen und beim Frühstück wilde Geschichten, etwa von einer Leiche in der Schwimmhalle – aber nichts dergleichen. Uns wecken die milden Strahlen der Septembersonne, die gerade hinter dem Ötscher aufgestiegen ist, es gibt Strom, das Telefon funktioniert und die Straße ist wieder passierbar. Alles schrecklich normal – und irgendwie enttäuschend. Der Papst jedenfalls ist längst aus dem regennassen Mariazell abgereist, ohne dass wir ihn gesehen hätten.

PAPST BENEDIKT GILT ALS MODEBEWUSST... SEINE KOPFBEDECKUNGEN,...

ACCESSOIRES UND   MESSGEWÄNDER SIND.   (FAST) IMMER NACH DEN AKTUELLEN TRENDS!

Der Papst und die Sintflut

DIE LETZTEN DETAILS WERDEN FIXIERT,

DIE FESTKLEIDUNG AUSGESUCHT

DAS MENÜ FESTGELEGT UND..

.. DAS PAPAMOBIL HERAUSGEPUTZT!

Allerletzte Vorbereitungen

Gorbachs Darling

(Oktober 2007)

Hubert Gorbach, Vizekanzler, Verkehrsminister und Frontmann Jörg Hai-ders in der abgewählten Regierung Schüssel, sorgt wieder für Stimmung – und die vom politischen Alltag der großen Koalition leicht gelangweilte Nation dankt es ihm. Fröhlich erinnert sie sich an Gorbachs (abgelehnten) Wunsch, mit Blaulicht auf dem Dienstauto durch Wien zu brausen, an das (ad acta geleg-te) Projekt „Tempo 160", an die (abgeschaffte) Maßnahme „Licht am Tag" für Österreichs Autofahrer, an den preisgünstigen Verkauf der ÖBB-Bodenseeflotte an seinen künftigen (jetzt ehemaligen) Arbeitgeber, einen Vorarlberger Touristik-Unternehmer. Und mit leiser Wehmut denkt man an die entzückende „Miss Vorarlberg", die Gorbach höchstpersönlich als Vorzimmerdame im Verkehrs-ministerium platziert hatte.

Nach der Wahlniederlage lukrative Jobs für die Querausssteiger aus Schüssels Ministerriege zu finden, gestaltete sich nicht ganz so einfach wie erwartet. Während Schüssels Finanzminister Karl-Heinz Grasser – auch er entstammte Jörg Haiders Dunstkreis – im Sog der Affäre um die Meinl-Bank strampelt, befindet sich der Mann aus dem „Ländle" wieder auf Jobsuche.

„The world in Vorarlberg is too small", und deshalb sei er „available anytime" für „any area of operation for myself": In holprigem Austro-English bittet Gor-bach seinen „long-time friend Alistar" – den britischen Finanzminister Alistair Darling – um einen Job. Das Schreiben amüsiert die Öffentlichkeit, es beschäf-tigt die Medien – und wohl bald auch die Justiz. Abgefasst wurde es nämlich auf dem Briefpapier der Republik, komplett mit Bundesadler – und dieses ist amtie-renden Regierungsmitgliedern vorbehalten.

Ex-Vizekanzler sucht Job

Im wilden Tschickistan

(Oktober 2007)

Tschick – vom italienischen Cicca – heißt auf Wienerisch Zigaretten-stummel. Die „rauchfreie Republik Katschickistan" hat kürzlich die öster-reichische Gesundheitsministerin Andrea Kdolsky (ÖVP) ausgerufen. Gemeint ist natürlich nicht Österreich, wo auch künftig munter weitergepafft werden kann. Nein, die Privatautos der Österreicher sollen zu rollenden rauchfreien Republiken werden, in denen zur Schonung der Mitinsassen aufs Rauchen ver-zichtet wird. Die Zugehörigkeit zu diesem Staat im Staate wird durch den Auto-Aufkleber „Ka'Tschick ist an!" manifestiert. Zu gewinnen gibt es ein japanisches Hybridauto (www.katschickistan.at).

Wenig gewonnen ist allerdings mit dem neuen Tabakgesetz, das soeben aus der Begutachtung gekommen ist: Lokale ab 75 Quadratmetern Fläche können auch künftig die Hälfte ihrer Plätze Rauchern zur Verfügung stellen, und kleinere Betriebe dürfen frei entscheiden, ob sie sich als Raucher- oder Nichtraucherlokal deklarieren wollen. Selbst für diese milde Regelung gilt eine Übergangsfrist bis Ende 2012.

Die Medizinische Fakultär der Universität Wien nennt den Gesetzesvorschlag schon wegen der Schädigung des Personals durch Passivrauchen „medizinisch und moralisch hoch problematisch". Bundeskanzler Gusenbauer zeigt sich er-staunt, dass sich in seiner eigenen Regierung vehementere Kämpfer für Rauch-beschränkungen finden als ausgerechnet die Gesundheitsministerin, deren Vor-gängerin mit dem ominösen Namen Rauch-Kallat allerdings noch weniger unternommen hatte. Im derzeitigen Ranking der Schweizer Krebsliga ist Öster-reich im europäischen Vergleich auf den 30. und damit allerletzten Platz abge-rutscht. Willkommen in Tschickistan!

Es fehlen etliche Rauch-Regeln in der Gastronomie

Ganoven mit Pensionsanspruch

(Dezember 2007)

Der „Einbrecherkönig" Ernst Walter Stummer konnte kürzlich eine ganz persönliche Premiere feiern: seinen ersten Freispruch. Das Wiener Straflandesgericht sprach ihn vom Einbruch in ein Sportgeschäft frei, aus dem vor einem Jahr unbekannte Täter 15 T-Shirts und 837 Euro 50 Cent in Bargeld entwendet hatten. Am Tatort wurde lediglich eine Zange vorgefunden, auf der Stummer allerdings eindeutig identifizierte DNA-Spuren hinterlassen hatte. Dem Angeklagten gelang es jedoch, den Geschworenen plausibel zu machen, dass oft Gäste in seiner Wohnung ein und aus gingen, dass er dort viele Werkzeuge aufbewahre – und es daher durchaus sein könnte, dass einer seiner Besucher eine Zange habe mitlaufen lassen. Einem alten Profi wie Stummer könne doch wohl ein derart stümperhafter Lapsus kaum unterlaufen, machte sein Verteidiger mit Erfolg geltend: Die Verwendung von Handschuhen sei doch für Routiniers von Stummers Kaliber das kleine Einmaleins. Und um ein mit Alarmanlage gesichertes Geschäft mache sein Mandant grundsätzlich einen großen Bogen.

Der bald 70-jährige „Bruch-Ernstl", wie ihn die Kollegen nennen, hat genau 30 Jahre und einen Monat im „Häfn" verbracht; sein Sündenregister weist 19 Vorstrafen auf und er soll über 1000 Geschäften einen Besuch nach Ladenschluss abgestattet haben. Seine Laufbahn begann er im Jahr 1959 mit einem Velodiebstahl, für den er drei Tage sitzen musste. Dann begann er, größere Dinger zu drehen – und entsprechend erhöhte sich der Tarif, wenn er erwischt wurde.

In den Jahren hinter schwedischen Gardinen war Stummer allerdings nicht müßig, denn er hat in den Strafanstalten gearbeitet: als Drucker, Setzer, Bäcker oder Tellerwäscher. Jetzt befindet er sich zwar auf freiem Fuß – aber zugleich auch am Rande des Existenzminimums. Der Sozialstaat versorgt den offiziell Arbeitslosen mit 400 Euro Notstandshilfe und 75 Euro Wohnungszuschuss monatlich. Stummer gibt jetzt ein Single-Magazin und eine Sicherheitszeitschrift heraus – aus der Sicht des Einbrechers, wie er betont. Doch Stummer verfügt, obwohl er jahrelang für den Staat gearbeitet hat, über keinen Pensionsanspruch. Häftlinge sind lediglich gegen Arbeitsunfälle versichert und zahlen überdies seit mehr als 10 Jahren auch in die Arbeitslosenversicherung ein. Das könnte jetzt anders werden: Stummer hat gegen die

Republik Österreich vor dem Europäischen Gerichtshof für Menschenrechte Klage erhoben – und seine Chancen stehen offenbar gar nicht so schlecht. Wenn Stummer seinen Prozess gegen die Republik gewinnt, wäre dies sein größter Coup. Und für diesen müsste er nicht einmal hinter Gitter.

Räuberparadies Österreich

Schild-Bürger-Streich

(Januar 2006)

Die Schildbürger, so berichtet das Volksbuch von 1598, hätten ihre Narrheiten nur vollführt, um ihre Weisheit zu verbergen – bis ihnen die Narrheit zur zweiten Natur wurde. Was den Bürgern der sächsischen Stadt Schilda im 16. Jahrhundert recht war, ist heute dem Regierungschef des österreichischen Bundeslandes Kärnten billig.

Der österreichische Verfassungsgerichtshof besteht auf zusätzlichen deutsch-slowenischen Ortsschildern. Landeshauptmann Haider ist diese Anordnung ein Dorn im Auge. Nicht weil er etwas gegen die slowenische Minderheit hätte. Aber die wohl letzte Chance für seine neue Partei, Bündnis Zukunft Österreich (BZÖ), in den Nationalrat zu kommen, das wäre ein „Grundmandat" im Wahlkreis Kärnten Ost. Die dortige deutschsprachige Mehrheit, auf deren Stimmen Haider in den kommenden Nationalratswahlen angewiesen ist, wehrt sich mit Händen und Füssen gegen die slowenischen Ortsbezeichnungen. Denn Haider hatte seiner Klientel feierlich gelobt: keine zusätzlichen Ortstafeln.

Jörg Haider weiß jetzt, wie er das Verfassungsgericht austricksen kann. Er will die bestehenden Ortsschilder entfernen und dann ganz einfach einen halben Meter weiter neu einpflanzen. Diese Aktion würde, so kalkuliert Haider messerscharf, den bestehenden Richtspruch außer Kraft setzen. Die slowenischen Aktivisten müssten ihren Gang zum höchsten Gericht erneut antreten. Damit wäre schätzungsweise ein Jahr gewonnen – und vielleicht das erhoffte Grundmandat. Ein lustiger Schild-Bürger-Streich. Doch wenn man sich vor Augen hält, dass Haiders Partei in der österreichischen Bundesregierung sitzt, könnte einem fast das Lachen vergehen.

ZWEISPRACHIGE KÄRNTNER ORTSTAFEL

ZWEISPRACHIGE KÄRNTNER TOILETTENBESCHILDERUNG

BZÖ-PROGRAMM UND ZUKUNFTSKONZEPT

UND ANDERE, WENIG SINN-VOLLE SCHILDER...

Zeit im Schild

Muskelmanns Rache

(Januar 2006)

W as als heiteres Volksstück begann, musste ja wohl fast als tragikomische Provinzposse enden. Die Vergötterung „unseres" steirischen „Arnie", der es in der großen, weiten Welt – im fernen, mächtigen Amerika – zu jener Größe gebracht hat, von der mancher Österreicher insgeheim träumen mag: vom „Terminator" der Filmleinwand zum „Governator" im reichen Kalifornien. Die Politiker des Landes Steiermark, ja der ganzen Nation standen damals Schlange, um vor laufenden Fernsehkameras Wortspenden abzugeben und Tränen der Rührung abzusondern.

Plötzlich war alles anders. Auf die Hinrichtung in Amerika folgte die Empörung in der Heimat. Nach der Weigerung des Gouverneurs, Stanley „Tookie" Williams zu begnadigen, waren die Ehren, mit denen die Grazer ihren vergötterten Muskelmann einst überhäuft hatten, über Nacht zu Peinlichkeiten geworden. Doch der Ex-Steirer Arnold Schwarzenegger kam mit nunmehr amerikanischer Effizienz der Demütigung zuvor: Auf seine Anweisung musste noch am Stephanstag sein Namenszug am Stadion Graz-Liebenau abmontiert werden. Sein zugkräftiger Name darf künftig nicht mehr für Grazer Imagewerbung Verwendung finden.

Graz ist Stadt der Menschenrechte. Man ist bemüht, dem hehren Anspruch gerecht zu werden. Allerdings kommt, wie Brecht bekanntlich gesagt hat, erst das Fressen, dann die Moral. Der Grazer Bürgermeister Siegfried Nagl rechnete seiner finanziell arg gebeutelten Stadt vor, wie viel sie der Liebesentzug ihres verlorenen Sohnes kosten könnte: Millionen. Dies sei ja bloß eine von den Linksparteien inszenierte „Provinzposse", schrieb er in einem demutsvollen Brief an Schwarzenegger – und bat ihn um Gnade für Graz.

Probleme mit dem großen Sohn der Steiermark

Hamlet Haider

(Januar 2006)

Im Wahnsinn liege Methode, diagnostiziert Oberkämmerer Polonius auf Schloss Helsingör (Dänemark) in Sachen Hamlet. In der Methode liege Wahnsinn, diagnostiziert umgekehrt der österreichische Oppositionsführer Gusenbauer in einem Wirtshaus in Reutte (Tirol) in Sachen Haider und seiner Methoden im Kärntner Ortstafelstreit: „Der Haider läuft nur noch frei herum, weil wir in Österreich die offene Psychiatrie haben."

Vor knapp zwei Jahren waren in Kärnten langbeinige, nur mit einem Fell-Bikini bekleidete Wesen zu beobachten, die mit Inbrunst Jörg Haiders Wahlkampfsong in die Mikrofone brüllten und dazu die Hüften schwangen: „Kärnten is a Wahnsinn!" Selten wurde ein Wahlversprechen so wörtlich genommen. Die ver-rückten Ortsschilder in Haiders Orangenrepublik legen davon beredtes Zeugnis ab.

Haider, der ja bekanntlich mit manch launig-deplatziertem Spruch für Aufregung gesorgt hat, kostet jetzt seine Empörung über die Entgleisung Gusenbauers weidlich aus. Die wackeren Mannen von Haiders orangefarbenem Bündnis Zukunft Österreich (BZÖ) übertrumpfen sich gegenseitig in ihrer Entrüstung über den Chef der Sozialdemokraten. Polonius hat seine scharfsinnige Diagnose Hamlets in Shakespeares Drama mit dem Leben bezahlt. Auf der politischen Bühne Österreichs dürfte die Sache doch etwas glimpflicher ablaufen.

Die Rollenverteilung im Kasperltheater

Mozart und Marzipan

(Februar 2006)

Deutlich mehr als bei anderen Völkern geht des Österreichers Liebe durch den Magen. Selbst jene zu Vaterland und Kultur. Denn was wäre Österreich ohne sein kulinarisches Wahrzeichen, die Mozartkugel? Im Burgtheater hat man ihr ein Theaterstück gewidmet, und der Bundeskanzler bediente sich ihrer gar am Nationalfeiertag als Metapher.

Mozart ist ohne Marzipan kaum mehr denkbar. Obwohl inzwischen ein Metzgermeister Mozart-Würste (in Geigenform) lanciert hat. Bekanntlich ist das Mozart-Jahr über die Nation hereingebrochen, und selbst Bundeskanzler Schüssel wird derzeit mit Mozart-Perücke und mozärtlicher Gewandung dargestellt: als Fotomontage auf Magazin-Titelseiten und im Schaufenster des weltberühmten k. u. k. Hofzuckerbäckers Demel. Dort dreht sich der Kanzler, auf einer Weltkugel aus Zuckerguss montiert, ganz Mozart aus Marzipan, in schweigendem Endloswalzer mit seiner Marzipan-Außenministerin. Niemand, der hier nicht voll Entzücken innehielte.

Kein Mensch jedoch bleibt vor jenem futuristischen Dings stehen, das wenige Meter weiter, zwischen Bundeskanzleramt und Hofburg, leicht prätentiös als „Speaker's Corner" errichtet wurde. Liegt es wohl daran, dass es zwar in Leuchtschrift pausenlos Tiefsinniges zu EU und Demokratie liefert – aber nichts Essbares? Dafür hat das politische Jubiläumsjahr 2005, spät, aber doch noch ein handfestes Resultat erbracht: ein Kochbuch. Mit köstlichen Rezepten der vier alliierten Besatzungsmächte. Und dies, nachdem die Nation während eines langen Jahres in allerlei Gedenkritualen die Entbehrungen der Nachkriegszeit beschworen hat.

Wir sind Mozart

Genie und Irrsinn

(Februar 2006)

G enie und Irrsinn, so eine alte Volksweisheit, liegen oft beisammen. Der einstige Tummelplatz der Irren als Wirkungsstätte künftiger Genies: Ein stillgelegtes Irrenhaus im niederösterreichischen Wallfahrtsort Maria Gugging wird, nach dem Willen der österreichischen Regierung, nunmehr zum Standort der geplanten Elite-Universität Österreichs. Das Austrian Institute of Advanced Sciences and Technology, kurz AIAST, soll ab Oktober „Forschung auf höchstem Niveau" betreiben und das Land mit hochkarätigen Absolventen beliefern.

Doch der Wiener Experimentalphysiker Anton Zeilinger, der Vater des Projekts, hätte sich seine „University of Excellence" eher in Wien vorgestellt. Aus Protest gegen die Standortwahl der Regierung legte er sein Mandat nieder – und mit ihm die anderen beteiligten Wissenschafter. Bildungsministerin Gehrer begründet ihren Entscheid damit, dass das Gebäude der ehemaligen Nervenheilanstalt unverzüglich als Universitätscampus benutzbar wäre.

Freilich könnte da auch anderes mitspielen: Dank einer glücklichen Fügung des Zufalls dürfte die Eröffnung der Elite-Uni mit den Nationalratswahlen zusammenfallen. Der Urnengang in diesem Herbst ist für das weitere Schicksal der Kanzlerpartei ÖVP entscheidend. Wien wird von den Sozialdemokraten regiert, Niederösterreich hingegen vom starken Mann der ÖVP, Erwin Pröll. Das erhoffte Prestige der Elite-Universität ans rote Wien zu verschenken, wäre wahltaktischer Irrsinn. Die ÖVP-Hochburg Niederösterreich im Wahlkampf davon profitieren zu lassen, hingegen ein kleiner Geniestreich.

„Genies" für Gugging

Wiens vergessenes Kulturdenkmal

(Februar 2006)

„Betreten des Friedhofes aus sicherheitstechnischen Gründen verboten!" ist auf einem Schild zu lesen. Hinter einer zerbröckelnden Ziegelmauer im Wiener Stadtviertel Währing verbirgt sich ein historisches Juwel. Im Mozartjahr pilgern noch mehr Touristen als sonst zum Mozartgrab im berühmten St. Marxer Friedhof; dieser gilt als Wiens einziger noch erhaltener Friedhof des Biedermeier. Doch das trifft nicht zu. Der jüdische Friedhof Währing ist der andere, der vergessene Biedermeier-Friedhof Wiens. Er führt ein Schattendasein. Das Tor zu dieser Begräbnisstätte bleibt verschlossen, kein Tourist findet den Weg hierhin.

Toleranzpatent und Ringstraßen-Ära

Weder den Wienern noch den Besuchern der Stadt ist bewusst, dass die sonst so geschichts- und kulturbewusste Donaumetropole hier ein Kulturgut verkommen lässt, das in absehbarer Zeit für immer verloren ist, wenn nichts geschieht. Von der Sanitätsreform des Kaisers Joseph II. im Jahr 1784 bis zur Gründung des Wiener Zentralfriedhofs 1874 war der Währinger Friedhof die offizielle Begräbnisstätte aller in Wien verstorbenen Juden. Joseph II. hatte, beeinflusst von aufklärerischen Ideen aus Frankreich, 1782 ein „Toleranzpatent" erlassen. Damit gewährte er einer beschränkten Anzahl ausgewählter Juden Aufenthalt und Arbeit in der Reichshauptstadt und Residenzstadt Wien. Sie kamen vor allem aus Böhmen, Mähren und Ungarn. „Siegfried Philipp Wertheimber k. k. priv. Großhändler geb. 1777 gest. 1836", ist auf einem der Grabsteine zu lesen – Wertheimber war einer jener vom Kaiser in Wien zugelassenen Juden.

Doch schon zuvor hatten sich in Wien Juden aus dem Osmanischen Reich niedergelassen. Als Untertanen der Hohen Pforte genossen sie, im Gegensatz zu Juden aus allen anderen Ländern, aufgrund von Friedensverträgen mit dem Habsburgerreich das Aufenthaltsrecht. Zu Beginn des 19. Jahrhunderts machten sie Wien zu einem Zentrum des europäischen Orienthandels. Die sephardischen Juden sind in einer eigenen Abteilung des Währinger Friedhofs beerdigt. Ihre Grabstätten, Stelen oder Grabhäuser unterscheiden sich auffällig von jenen der aschkenasischen Juden.

Viele der hier bestatteten jüdischen Familien gehörten zu den führenden Exponenten der kulturellen Blüte Wiens in der frühen Ringstraßen-Ära und des wirtschaftlichen Aufschwungs der industriellen Revolution. Hier liegt beispielsweise

Heinrich Ritter von Sichrovsky begraben, Mitbegründer und Direktor der Kaiser-Ferdinand-Nordbahn, einer der ersten Eisenbahnlinien der Monarchie, welche die Kohlenreviere Schlesiens mit Wien verband. Der aus Odessa stammende Bankier Joachim Ephrussi, einer der Väter der Creditanstalt, ruht unter einem prunkvollen Marmorsarkophag mit Löwenfüßen. Fanny von Arnstein führte den ersten literarisch-politischen Salon Wiens. Ihr Haus war Mittelpunkt festlicher Empfänge. Am Rande des Wiener Kongresses trafen sich dort die führenden Staatsmänner Europas wie der Herzog von Wellington und Wilhelm von Humboldt. Sie unterstützte den Freiheitskampf der Tiroler gegen Napoleon, und in ihrem Salon soll der erste Weihnachtsbaum Wiens gestanden sein – eine aus ihrer Heimatstadt Berlin mitgebrachte Tradition, die bald große Verbreitung fand. – Vier Jahre nach der Machtübernahme der Nationalsozialisten, im Jahr 1942, wurde das im Eigentum der Israelitischen Kultusgemeinde stehende Friedhofsareal von 24.000 Quadratmetern an die Gemeinde Wien zwangsverkauft; der Erlös ging auf ein Sperrkonto, auf das nur die Behörde Adolf Eichmanns Zugriff hatte. In einem rund zehn Prozent des Areals umfassenden Sektor wurde ein Löschteich ausgehoben, an die 2000 Gräber wurden dabei zerstört. Das Aushubmaterial wurde für Planierungsarbeiten verwendet, unter anderem für den Platz vor dem Wiener Westbahnhof. Zahlreiche Grabstätten wurden in der NS-Zeit vandalisiert. Die Gebeine von Hunderten hier begrabener Juden wurden exhumiert und im Rahmen des nationalsozialistischen Rassenwahns pseudowissenschaftlichen Knochenvermessungen zugeführt. Für diese makabren Experimente wurden auch die sterblichen Überreste jener längst zur Legende gewordenen Fanny von Arnstein missbraucht. Sie wurden seither nicht wiedergefunden. Viele der im Währinger Friedhof ausgegrabenen Schädel landeten im sogenannten Rassensaal, dem berüchtigten Saal XVII des Wiener Naturhistorischen Museums. Dieser wurde erst Mitte der neunziger Jahre geschlossen. Ob sich allerdings noch Gebeine in dem Museum befinden, ist bis heute nicht geklärt.

Ein Sozialbau für Arthur Schnitzler

Im Jahr 1955 wurde das Areal der wiedergegründeten Kultusgemeinde zurückerstattet. Den für den Bau des Löschteichs zerstörten Teil des Friedhofs hat die Kultusgemeinde der Stadt Wien gegen eine Entschädigung und unter der ausdrücklichen Zusicherung überlassen, dass dieser künftig als Grünfläche bewahrt und nicht überbaut werde. Dies war entscheidend, denn gemäß jüdischen Religionsvorschriften darf ein Grab bis zum Erscheinen des Messias nicht aufgelöst und auch nicht überbaut werden. Trotz der Zerstörungen durch den Aushub des Löschteiches befanden sich hier noch Gräber. Aber die Gemeinde Wien errichtete ungeachtet ihrer Garantien wenige Jahre später ein Hochhaus. Der Sozial- oder Gemeindebau erhielt den Namen des jüdischen Schriftstellers Arthur Schnitzler.

Der Friedhof Währing mit seinen ursprünglich mehr als 8000 Gräbern und den kunsthistorisch wertvollen Grabdenkmälern ist in den Worten der Wiener Historikerin Tina Walzer ein einzigartiger steinerner Zeuge jüdischer Geschichte in Wien. Seit Jahren führt diese Expertin für jüdische Friedhöfe in Österreich einen einsamen Kampf um die Sanierung und wissenschaftliche Aufarbeitung dieses kulturellen Schatzes. Wer den Friedhof Währing in den letzten Jahren besuchte, konnte den fortschreitenden Zerfall nicht übersehen: Umgestürzte Bäume und herabgefallene Äste haben reihenweise Grabmäler zertrümmert, Umwelteinflüsse machen Reliefs und Inschriften unkenntlich, Dornengestrüpp überwuchert die Wege. Walzer unterstreicht die Bedeutung dieses Kulturdenkmals: Hier liegen die Väter jener kulturellen, wissenschaftlichen und wirtschaftlichen Elite, welche die Donaumetropole in ihrer Glanzzeit des Fin de Siècle prägte.

Die Nachkommen der hier beerdigten Juden sind dem Holocaust zum Opfer gefallen oder wurden als Flüchtlinge über die ganze Welt zerstreut. Es gibt kaum noch Angehörige, die sich um die Gräber kümmern könnten. Diese gehen nach Erbrecht als erbenloses Gut an den Staat. Die heutige Kultusgemeinde mit ihren 7000 Mitgliedern, Rechtsnachfolgerin der zerstörten Gemeinden, ist wegen der Überalterung ihrer Mitglieder sowie der Aufnahme von Flüchtlingen so stark gefordert, dass sie keine Kapazitäten für die Pflege der insgesamt wohl 200.000 Gräber aus der Zeit vor 1938 übrig hat.

Die Stadt Wien hat bisher ihre Verantwortung für die dringend notwendige Sanierung vor sich hergeschoben. Der Restitutionsbeauftragte der Stadt Wien, Kurt Scholz, macht im Gespräch deutlich, dass er ein verstärktes Engagement des Bundes erwarte. Im sogenannten Washingtoner Abkommen vom Januar 2001, das Entschädigungsleistungen für Vermögensverluste und Zerstörungen regelt, hatte sich die Republik dazu verpflichtet, „zusätzliche Unterstützung für die Restaurierung und Erhaltung aller jüdischen Friedhöfe in Österreich" zu leisten. Wie alle Einrichtungen der anerkannten Religionsgemeinschaften steht auch der Währinger jüdische Friedhof unter nationalem Denkmalschutz. Genützt hat ihm das allerdings bisher nichts.

Schutzmacht für Südtirol

(April 2006)

Der – aus einem Südtiroler Elternhaus stammende und in Südtirol aufgewachsene – Nationalratspräsident Andreas Khol will die Funktion Österreichs als Schutzmacht für Südtirol in der Präambel zur neuen österreichischen Verfassung verankern. Dafür wäre eine Zweidrittelmehrheit im Nationalrat notwendig; diese könnte nur durch das Einverständnis der oppositionellen Sozialdemokraten zustande kommen. Die SPÖ hatte mit ihrer Einwilligung die italienischen Wahlen abwarten wollen, um den Urnengang nicht indirekt zu beeinflussen. Die ebenfalls oppositionellen Grünen hingegen signalisieren Skepsis. Es sei absurd, über eine Schutzmacht-Funktion für Südtirol zu diskutieren, wenn gleichzeitig die Minderheitsrechte der Kärntner Slowenen mit Füßen getreten würden, sagte die stellvertretende Vorsitzende der Grünen, Eva Glawischnig. Der Vorstoß zur Verankerung der Schutzmacht-Funktion für Südtirol war im Österreich-Konvent zur Ausarbeitung einer neuen Bundesverfassung von der regierenden Volkspartei eingebracht worden.

In einer Petition hatten im Januar Südtiroler Gruppierungen den Nationalrat in Wien ersucht, die Schutzmacht-Funktion Österreichs künftig in der Verfassung festzuschreiben. Diese Initiative löste in Italien namentlich innerhalb der Forza Italia Empörung aus. Der inzwischen abgewählte italienische Regierungschef Berlusconi nannte damals das Vorpreschen jener Südtiroler verantwortungslos und unbegründet; sein designierter Nachfolger Prodi wandte ein, dass Klauseln in der Verfassung eines Landes weder rechtliche noch politische Auswirkungen auf eine andere Nation haben könnten. Khol, der selbst aus Südtirol stammt, präzisierte im Januar gegenüber den „Salzburger Nachrichten", dass „nicht von Schutzmacht, sondern vom Schutz unserer Volksgruppen" gesprochen werden sollte.

Österreich wird als Schutzmacht für Südtirol im Abkommen anerkannt, das am 5. September 1946 zwischen dem italienischen Ministerpräsidenten De Gasperi und dem österreichischen Außenminister Gruber in Paris unterzeichnet worden war. In den fünfziger Jahren hat die UNO in einer Resolution dieses sogenannte Pariser Abkommen bestätigt. Der italienisch-österreichische Streit um Südtirol wurde allerdings erst im Jahre 1992 formell beigelegt. Bundespräsident Heinz Fischer wandte sich gegen die Festschreibung der Schutzmacht-Rolle Österreichs in einer neuen Bundesverfassung. Berechtigte Interessen Südtirols könnten auch auf andere Weise vertreten werden, gab das Staatsoberhaupt zu bedenken. Zwar gelten die Südtiroler aus völkerrechtlicher Sicht als „österreichische Minderheit", aber durch die bilateralen Verträge zwischen Italien und Österreich seien deren Rechte gut gesichert. Die

Südtirolerinnen und Südtiroler könnten sich darauf verlassen, dass sich Österreich für die genaue Einhaltung dieser Verträge und damit „für eine gute, zukunftsreiche Entwicklung Südtirols" einsetzen werde, unterstrich der Bundespräsident. In Rom rief das Vorhaben Khols Missfallensäußerungen hervor.

Addio, Adele!

(April 2006)

Als die Wiener eines Morgens erwachten und „Adele Bloch-Bauer I" von 300 großformatigen Plakaten ernst und sinnlich inmitten der Klimt'schen Gold-ornamentik auf sie hinabblickte, hob ein großes Rätselraten an. Ganz Wien versuchte sich damals einen Reim auf das Wie und Warum dieser mysteriösen Plakatkampagne zu machen. Immerhin ging es um den aufsehenerregendsten Restitutionsfall der Zweiten Republik: Nach jahrelangem Tauziehen mussten den Erben der einstigen Eigentümer die fünf wertvollen Klimt-Bilder zurückerstattet werden.

„Ciao Adele" in fetten Lettern – das war der einzige Text auf den Plakaten. Den Tonfall musste sich jeder dazudenken: wehmütig, ironisch, hämisch, ressenti-mentgeladen? Findige Köpfe errieten jedoch rasch, um was es da ging – um nichts anderes als einen „Teaser", um Eigenwerbung der Monopol-Plakatgesell-schaft Gewista, die alsbald des Rätsels Lösung nachlieferte: Adele geht, Werbe-wirkung bleibt.

Die Österreichische Galerie Belvedere hingegen bringt ihren Trennungsschmerz über fünf der berühmtesten Klimt-Gemälde drastisch zum Ausdruck: Wo-chenlang hing ein leerer Bilderrahmen an jener Stelle, die einst „Adele" vorbe-halten war. Inzwischen steht hier eine solide Vitrine. Doch in dieser findet sich nicht mehr als ein kümmerliches A4-Blatt mit Abbildungen der fünf Bilder, das so aussieht wie eine herausgerissene Seite aus einem Schulbuch. Und daneben ein Text mit der Chronologie des Dramas um die Restitution der Klimt-Ge-mälde, der mehr Fragen aufwirft, als er beantwortet. Als „Adele" noch hier weil-te, suchte man eine Erläuterung zu den kontroversen Eigentumsverhältnissen vergeblich.

Demnächst in der Galerie Belvedere

Späte Geste für NS-Opfer

(Januar 2006)

D er Spruch des Schiedsgerichts im Rechtsstreit zwischen den Erben der jüdischen Industriellenfamilie Bloch-Bauer und der Republik Österreich um fünf Meisterwerke von Gustav Klimt war der bisherige spektakuläre Höhepunkt eines Trauerspiels, das sich nunmehr seit Jahrzehnten dahinzieht. Die Erkenntnis, dass die Republik Raubgut aus der NS-Zeit den – vorwiegend jüdischen – Beraubten zurückzugeben hat, kam reichlich spät. Das Versäumnis gründet in der Fiktion, Österreich sei das erste Opfer Nazideutschlands und nicht begeisterter Erfüllungsgehilfe der NS-Verbrechen gewesen. Im Fall der fünf Klimt-Bilder hat die jahrelange Realitätsverweigerung völlig überflüssigerweise Millionenbeträge verschlungen. Die Kosten des zähen Rechtsstreits, an dessen Anfang die von der Republik schnöde verschmähte Kompromissbereitschaft der Bloch-Bauer-Erbin Maria Altmann gestanden hatte, werden auf dreieinhalb bis vier Millionen Euro veranschlagt. Zur Kasse gebeten wird – ungefragt – der Steuerzahler.

Druck aus den USA

Im Fall der Klimt-Bilder geht es um Naturalrestitution, um Wertgegenstände, die physisch noch vorhanden sind und daher den Eigentümern bzw. deren Erben zurückerstattet werden können, zumal sie sich zu einem Großteil im Besitz der öffentlichen Hand befinden. Doch in Zehntausenden von Fällen ist die Beute des systematischen Raubes und Raubmords im NS-Staat nicht mehr greifbar: Liegenschaften, die „arisiert" wurden, Bankkonten, Versicherungen und Aktien, die den Eigentümern vor ihrer Flucht ins Ausland oder ihrer Deportation in die Todeslager abgepresst wurden, Groß- und Kleinunternehmen, die von den Nazis „liquidiert" oder auf Günstlinge des Regimes überschrieben wurden, Hausrat und persönliche Wertgegenstände, mit deren öffentlicher Versteigerung unmittelbar nach der Machtübernahme der Nazis in Österreich begonnen wurde. Erst im Jahr 2001 hat der österreichische Nationalrat einstimmig das „Entschädigungsfondsgesetz" beschlossen. Gestützt darauf, sollen bisher nicht abgegoltene Verluste der NS-Opfer mit einer allerdings mehr symbolischen als wirklich substanziellen Entschädigung abgegolten werden.

Das Entschädigungsgesetz war Ausfluss eines wenigstens teilweise erfolgten Umdenkens: Österreich sieht sich jetzt nicht mehr nur als Opfer, sondern auch, wie Bundeskanzler Schüssel seinerzeit in einem Gespräch mit der NZZ festhielt, gleichzeitig als Täter – und anerkennt somit eine Mitverantwortung für die Untaten des NS-Regimes. Doch ebenso wie im Falle der Klimt-Bilder wäre ohne Druck von außen – konkret: der Vereinigten Staaten – mit Sicherheit nichts geschehen. Im nicht unumstrittenen Washingtoner Abkommen hatten sich Repräsentanten Österreichs, der USA sowie eine Anzahl NS-Opfer-Verbände auf die Etablierung des Allgemeinen Entschädigungsfonds geeinigt. Dotiert wurde dieser mit einer Gesamtsumme von 210 Millionen Dollar. Diese verteilen sich auf den Bund (60 Millionen), die Banken (45 Millionen), die Stadt Wien (35 Millionen) sowie Industrie, Versicherungen und Wirtschaftskammer. Mit knapper Not ist es gelungen, noch vor Ende des mit großem Pomp gefeierten österreichischen Jubiläumsjahres 2005 mit den Zahlungen an die NS-Opfer aus dem Entschädigungsfonds zu beginnen. Möglich war dies nach Erfüllung einer Bedingung, der sogenannten Rechtssicherheit. Im Klartext bedeutet dies, dass auch die letzten Kläger in den USA ihre Verfahren gegen die Republik Österreich bzw. österreichische Unternehmen einstellen. Dies war Anfang Dezember 2005 der Fall. Dass nun endlich der Weg für die Entschädigungszahlungen frei war, wurde von der Regierung Schüssel mit großer Genugtuung verkündet. Dies umso mehr, als sie wegen ihres „Teufelspakts" mit Jörg Haider von den europäischen Partnern zumindest anfänglich misstrauisch beäugt wurde.

Nur symbolisch

Die Regierung Schüssel schreibt sich all dies stolz auf die eigenen Fahnen. Der längst fällige Schritt einer österreichischen Entschuldigung bei den NS-Opfern war allerdings schon vor Jahren von einem sozialdemokratischen Vorgänger Schüssels getan worden, nämlich von Franz Vranitzky, der im Sommer 1993 in Jerusalem die richtigen Worte gefunden hatte. Im November 1994 hatte der damalige Bundespräsident Klestil in der Knesset eine symbolische Verbeugung vor den Opfern vollzogen und die österreichische Mitschuld anerkannt.

Die Antragsteller haben bei Weitem keine umfassende Entschädigung zu erwarten, sondern lediglich eine symbolische Geste. Der auf 1,336 Milliarden Dollar in heutiger Währung veranschlagten Summe geraubter Werte stehen lediglich 210 Millionen Dollar an verfügbarem Fondsvermögen gegenüber. Die Verluste können demnach nur zu einem geringen Teil abgegolten werden. Die auszurichtende Entschädigung verhält sich proportional zur Höhe der ursprünglichen Verluste. Die Rede ist von 13 Prozent im Forderungsverfahren (konkrete Verluste) und 18 Prozent im sogenannten Billigkeitsverfahren (nur pauschal bezifferbare Verluste). Die Antragsteller müssen eine Verzichtserklärung auf sämtliche weiteren Forderungen unterschreiben. Außerdem werden die Opfer in die Rolle von Bittstellern gedrängt, also einmal mehr erniedrigt.

Wolf und Lämmer

(Mai 2006)

Der Österreichische Rundfunk mit seinen rund 4000 Mitarbeitern beschäftigt einige der besten Journalisten des Landes; der Starmoderator Armin Wolf wurde kürzlich mit einem Preis ausgezeichnet. Seine Dankesrede geriet zum Eklat. Couragiert nannte Wolf beim Namen, was viele seiner Kollegen nur hinter vorgehaltener Hand äußern – lammfromm praktiziert so mancher die landesübliche Überlebensstrategie: vorauseilenden Gehorsam.

Ebenso schonungslos, wie er Politiker vor der Kamera befragt, legte Wolf die Situation im De-facto-Monopol-Sender ORF dar. Unter der jahrelang regierenden großen Koalition hätten beide politischen Lager ihre Parteigänger im ORF platziert – ein „Gleichgewicht des Schreckens". Dann sei die Regierung Schüssel mit dem Anspruch angetreten, den Staatsrundfunk zu „entpolitisieren". Heute, so Wolf, sei das Gleichgewicht verschwunden, der Schrecken hingegen geblieben: die „nahezu hemmungslose Einflussnahme der Politik" auf Radio und Fernsehen unter Schüssel.

Wolfs oberste Chefin, Monika Lindner, vernahm solche Wahrheit aus dem Munde eines ihrer fähigsten Journalisten höchst ungern. Prompt geißelte sie Wolf für seine „Brandrede", seine „öffentliche Selbstinszenierung", seine „mangelnde Solidarität". Allerdings hat die ÖVP-nahe Generaldirektorin des Staatsrundfunks kürzlich selbst einiges Aufsehen erregt. Bei einer als Staatsakt kaschierten PR-Großveranstaltung der Österreichischen Volkspartei, Schüssels „Rede zur Lage der Nation", saß Lindner ganz vorn und spendete heftig Beifall – vor den laufenden Kameras des ORF.

Parteieneinfluss

Der Wiener Kongress tanzt … Samba

(Mai 2006)

Zwar hatte der Wiener Kongress von 1814/15 Europa nachhaltig verändert. Welche Assoziation aber verbindet sich heutzutage noch mit jenem historischen Anlass? Doch sicher „Der Kongress tanzt", Titel eines süßlichen Tonfilms aus dem Jahr 1931. Der kürzlich in Wien abgehaltene EU-Lateinamerika-Gipfel hat an Dimension den legendären Wiener Kongress womöglich noch übertroffen. Was aber wird die Nachwelt mit diesem Großereignis verbinden?

Vermutlich Argentiniens Sambakönigin Evangelina Carrozzo. Zumindest war ihr unkonventioneller Auftritt sofort in aller Munde – und am Tag nach dem Wiener Gipfel auf den Titelseiten vieler Zeitungen. Die wohlproportionierte Öko-Aktivistin hatte sich als Journalistin getarnt, unbemerkt entblättert und posierte dann mit ihrem Protestplakat vor dem wohlgeordneten Gruppenbild der sechzig Staats- und Regierungschefs.

Die Königin des Samba stammt aus der argentinischen Stadt Gualeguaychú. Dort wird alljährlich ein Karneval abgehalten, der das weltberühmte Spektakel von Rio de Janeiro an Enthusiasmus und Farbenpracht deutlich in den Schatten stellt. Davon sind zumindest die Argentinier überzeugt. Zwei Zellulosefabriken im nahen Uruguay könnten dereinst diese Unbeschwertheit überschatten: daher Carrozzos beherzte Aktion im Namen von Greenpeace. Der venezolanische Präsident Hugo Chávez hatte eigentlich fest damit gerechnet, dem Lateinamerika-Gipfel die Schau zu stehlen, doch er musste sich dieses Privileg wohl oder übel mit seinem bolivianischen Kollegen Evo Morales teilen – und der bis dahin außerhalb Argentiniens völlig unbekannten Sambakönigin aus der Provinz Entre Ríos.

Die berühmte „Federkrone des EU-Vorsitzenden"

Zu Tisch mit Gottes Segen

(Juli 2006)

„Kulinarisch ruht der Segen Gottes auf Österreich" – das steht in der Einleitung zu einem neuen Kochbuch. Dem apodiktischen Satz ist nicht zu widersprechen, denn bekanntlich stehen die Österreicher mit dem lieben Gott auf gutem Fuß. Doch ausnahmsweise wichtiger als neue Kochrezepte ist gegenwärtig die Bilanz des österreichischen EU-Vorsitzes.

Dass man mit sich selbst zufrieden sein würde, war vorauszusehen. Zu erreichen war für den Kleinstaat Österreich in der großen EU nicht allzu viel, dafür hat jeder Verständnis. Doch eines kann man den Österreichern nicht nehmen: Sie waren perfekte Gastgeber. Im Jahr Mozarts erfreuten sie ihre Gäste von Salzburg bis Schönbrunn mit großartigen Konzerten – und üppigen Tafelfreuden.

An der Sonderkonferenz der EU-Gesundheitsminister zur Vogelgrippe wurden Hühnersuppe, gerollte Eiercrêpes, gehackte Truthahnlaibchen, gekochte Wachteleier, tranchierte Entenbrust und natürlich Wiener Backhendl serviert. Deutlich wirkungsvoller als alle Beteuerungen, dass es keinen Anlass zur Panik gebe. Für Präsident Bush wurde in der prunkvollen Hofburg ein schlankes Menü gereicht: Rucola-Salat mit Saibling und Forelle, dann Kalbsfilet mit Pfifferlingen. Zum Dessert gab es Wachauer Marillenknödel. Riskant – denn eigentlich wären diese tabu bei hochpolitischen Diners. Wer da nämlich ahnungslos hineinbeißt oder -sticht, könnte mit der süß-heißen Aprikosenfüllung sich selbst oder, schlimmer, sein Visavis bespritzen. Diplomatische Verstimmungen wären die unvermeidliche Folge. Dass die Gastgeber dieses kulinarische Wagnis eingegangen sind, verdient höchste Anerkennung.

EINE SCHÖNE LIPIZZANER-
KEULE KURZ ANBRATEN

MOZARTKUGELN AUF-
SCHLAGEN UND
BEIMENGEN

EINE PRISE VERGANGEN-
HEITSBEWÄLTIGUNG - VOR-
SICHT! NICHT ZU VIEL!!

MIT RAAB&FIGL-WODKA
& KREISKY .ON THE ROCKS'
AUFGIESSEN

2:3 CORDOBA
1978er
HINZUKICKEN

UNTER REICHLICH ALKOHOL-
KONSUM LANGSAM ZU EI-
NER DICKEN SUPPE EIN-
KOCHEN

… und fertig ist die österreichische Identitätssuppe

233

Wahlkampfburger

(Juni 2006)

Ö sterreich ist nicht Weltmeister und kann es auch gar nicht werden. Denn Österreich ist an der Fußball-WM nicht mit dabei. Schade. Doch Österreich, diese esslustige Nation, „isst Weltmeister". Diese kannibalische Behauptung ziert einen rotweißroten Fußballfan-Schal, den der österreichische Bundeskanzler Schüssel begeistert und mit rotweißroter Kriegsbemalung in die Höhe hält: auf den Plakaten des Fast-Food-Konzerns McDonald's, die jetzt landauf, landab die österreichischen Plakatwände zieren.

Als schamlose Wahlpropaganda wollen die oppositionellen Sozialdemokraten die McDonald's-Werbung entlarvt haben. Für die SPÖ, heilfroh, dass wenigstens für ein paar Augenblicke irgendetwas vom täglich eskalierenden Gewerkschafts-Desaster ablenkt, ist das „ganz glasklar eine abgekartete Sache". Eine Fotomontage, die ohne Zustimmung des Kanzlers entstanden sei – dies beteuert hingegen Schüssels Pressesprecherin. Da werde McDonald's einiges an Schadenersatz hinblättern müssen; das Sühnegeld gehe an wohltätige Zwecke.

Wolfgang Schüssel ist zwar aktiver Fußballer. Dass er sich aber für Hamburger zu begeistern vermöchte, passt kaum zur klösterlichen Askese, in der er regelmäßig Zuflucht sucht. Und dass er seinen Wahlkampf-Einstieg ausgerechnet mit Fast-Food-Werbung verknüpfen sollte, erscheint daher wenig plausibel. Nur in einem ist die Sache durchaus stimmig. Bundeskanzler Schüssel lässt keine Gelegenheit aus, sich selbst und seine Österreichische Volkspartei mit rotweißroten Streifen zu schmücken. Wer Schüssel kritisiert und die ÖVP nicht mag, der kann doch, so die zwingende Logik, kein Patriot sein.

234

Warum wir so hundsmiserable Kicker sind

In Tirol fließt das Wasser aufwärts

(Juli 2006)

Seltsame Dinge geschehen in Tirol: Wasser fließt bergaufwärts, Kraftwerke schalten sich wie von Geisterhand ein und aus, Wasserfälle versiegen plötzlich des Nachts und verspritzen am nächsten Morgen ihre Wasserfülle, als ob nichts gewesen wäre. Tirols „größter und schönster Wasserfall", wie die Tourismuswerbung schwärmt, befindet sich unweit der Ortschaft Umhausen im Ötztal. Der Bürgermeister, der zugleich als Abgeordneter im Tiroler Landtag sitzt, habe – so zumindest behaupten Umweltschützer – mit der TIWAG, der im Eigentum des Bundeslandes stehenden Tiroler Wasserkraft AG, ein Abkommen geschlossen: Nachts, wenn die Touristen weg sind, dürfe die TIWAG das Wasser des gewaltigen Wasserfalls durch Rohre im Berginnern in ihre Speicherseen leiten. Dafür liefere sie abends, als besondere Attraktion für die letzten Kurgäste, gratis Strom zur Beleuchtung des Naturschauspiels. Im Nordosten, auf der anderen Seite des Berges, des 3007 Meter aufragenden Acherkogels, befindet sich die leistungstärkste Kraftwerkgruppe der TIWAG, eine der größten der ganzen Ostalpen, namens Sellrain-Silz. Die TIWAG plant einen weiteren Ausbau in großem Stil. Die Bevölkerung macht dagegen mobil.

Geisterhaus in 82 Meter Tiefe

Das Kraftwerk Kühtai liegt auf 1900 Meter Höhe, am Rande des Speichersees Längental mit 3 Millionen Kubikmeter Fassungsvermögen. Als uns der Techniker, der hier mutterseelenallein seinen 12-Stunden-Turnus absolviert, einlässt, betreten wir eine gespenstische Welt, die uns auf 82 Meter unter Tag bringt. Riesige Betonhallen von peinlicher Sauberkeit, gespenstisch widerhallen unsere Stimmen. Wir klammern uns an die Metallgeländer, um unsere Schwindelgefühle in den Griff zu bekommen. Jähe Abgründe tun sich auf, tief unter uns erkennen wir die beiden Pumpturbinen mit 289 Megawatt Turbinen- und 250 Megawatt Pumpleistung, die sich 48 Meter unterhalb des Seespiegels befinden. Der Techniker berichtet, dass er während seiner Schicht jeweils zwei Kontrollgänge in dem Bau absolviert; jeder von etwa sieben Kilometer Länge.

Sein spezielles Mobiltelefon, mit dem er stets erreichbar sein muss, erlaubt ihm auch kurze Aufenthalte draußen, an der frischen Luft – doch die Reichweite des Telefons, eine Art unsichtbarer Kette, endet knapp beim Seeufer. Früher seien sie wenigstens zu zweit gewesen, berichtet er, doch damit sei es jetzt vorbei: Sparmaßnahmen. Im Kontrollraum läuft ein Radio; seine einzige Verbindung zur realen Welt draußen. Sonst sind da nur Laptop-Bildschirme mit farbigen Grafiken, deren Faszination für ihn offenbar ungebrochen ist. Sie vermitteln die neuesten Daten, geben ständig Auskunft über die Lage in sämtlichen Tiroler Kraftwerkanlagen. Unten im Tal, am Ende eines Wasserstollens mit 1238 Meter Fallhöhe, liegt das zur Kraftwerkgruppe Sellrain-Silz gehörende Kraftwerk Silz mit einer Gesamtleistung von 500 Megawatt.

Der heimliche Atomstrom

Doch das eigentlich Gespenstische am Kraftwerk Kühtai ist der Umstand, dass dieser Techniker die Turbinen seines Kraftwerks nicht selbst in Betrieb setzt. Ja, er weiß nicht einmal, wann sie mit höllischem Dröhnen anlaufen und wann sie wieder stillstehen. Sie werden nämlich ferngesteuert. Irgendwo in Deutschland, im fernen Düsseldorf oder Köln. Da es sich um Pumpturbinen handelt, können sie in zwei Richtungen rotieren und somit zwei Funktionen ausüben: Nachts, wenn Deutschland Strom-Überkapazitäten hat und diese, um Überlastungen vorzubeugen, ableiten muss, werden die Turbinen mit billigem Atomstrom, aber auch mit fossiler Elektrizität aus dem Nachbarland als Pumpen betrieben, die Wasser aus dem tiefer liegenden Längental-Stausee in den 400 Meter höher gelegenen Speicher Finstertal hinaufpumpen. Insgesamt 20 Mal pro Jahr wird angeblich dieser Speichersee mit importiertem thermischem Strom gefüllt.

Wenn dann in Deutschland abends die Lichter angehen, Kochplatten und Fernsehapparate eingeschaltet werden und die Fußballspiele in den Stadien beginnen, wird in Hunderten von Kilometern Entfernung das Kraftwerk Kühtai per Fernsteuerung zugeschaltet, und die Turbinen, die sich nunmehr in die Gegenrichtung drehen, produzieren teuren Spitzenstrom. Kritiker rechnen vor, dass für 100 Kilowattstunden mit Wasserkraft erzeugten Strom jeweils 130 Kilowattstunden für das Hinaufpumpen des Wassers eingesetzt werden müssten. Dabei bemängeln sie vor allem die „Doppelmoral", die darin liege, dass sich Österreich prinzipiell gegen Atomstrom entschieden habe und gegen die unsicheren Kernkraftwerke in Grenznähe polemisiere, aber stillschweigend „schmutzigen" Atomstrom importiere, um dann mit „sauberem" Strom aus Tiroler Wasserkraft ein gutes Geschäft zu Spitzentarifen zu machen.

Nicht genug: Die TIWAG plant als eine von vier Optionen für den massiven Ausbau ihrer Kraftwerke oberhalb des bestehenden Stausees einen zusätzlichen, weit größeren Stausee mit der neunfachen Kapazität (27 Millionen Kubikmeter) des

Speichers Längental. Den Abschluss soll ein 115 Meter hoher Damm bilden. In der Informationsbroschüre der TIWAG wird beschwichtigt: Eine Beeinträchtigung des Alpin- und Wandertourismus, der Erlebniswelt rund um die Hütten und oberhalb bis zu den Berggipfeln „gibt es nicht", wird kategorisch behauptet.

Ziemlich anders sehen es Naturschützer, Alpinisten und Bergbauern. Durch die Fassung und Umleitung zahlreicher Gletscherbäche und aus den Hochtälern komme es zu Trockenheit, und die Alpenflora verkümmere. Allein der kleine Speichersee Längental wird von 13 Bächen aus dem Sellrain-, Stubai- und Ötztal alimentiert. Obwohl die TIWAG versichert, dass den Bächen nur eine limitierte Wassermenge entnommen wird, beharren die ortskundigen Alpinisten darauf, dass dennoch Bachläufe austrocknen. Das Bachbett wächst zu und verkommt, es ist nicht mehr in der Lage, große, plötzlich auftretende Wassermengen zu kanalisieren. Nach starken Regenfällen schießen die Wassermassen unkontrolliert zu Tal und schwemmen Geröll und Schlamm mit sich. Überschwemmungen oder Schlammlawinen sind die Folge. Im Kaunertal werde zudem vom geplanten Speichersee ein geschütztes Moränen-Gebiet überschwemmt.

Wachsende Energieabhängigkeit Tirols

Die TIWAG hat jetzt ihren Bericht zu vier Kraftwerkprojekten der Tiroler Landesregierung übergeben; die Entscheidung wird bis Mitte Juli erwartet. Die Tiroler Kraftwerkgegner sind alarmiert. Sie sprechen vom bei Weitem größten Eingriff in die Natur, der in Tirol jemals durchgeführt worden sei. Für Naturschützer und für den Tourismus seien die Projekte, vor allem jene, die das berühmte Ötztal tangieren, ein potenzieller Super-GAU. Und das alles nur, um international mit Strom zu handeln.

Bruno Wallnöfer, der TIWAG-Vorstandsvorsitzende, sieht die Dinge naturgemäß völlig anders. Jene Kritik sei sachlich völlig unhaltbar, erklärt er im Gespräch in der TIWAG-Zentrale unmittelbar neben dem Sitz der Tiroler Landesregierung in Innsbruck. Wallnöfer bezieht sich auf Prognosen, nach denen sich der Stromverbrauch in der EU bis zum Jahr 2030 um mehr als 50 Prozent erhöhen werde. Das Bergland Tirol sei trotz all seiner Wasserkraft zum Strom-Importland geworden. Der Anteil der Eigenversorgung Tirols aus Anlagen der TIWAG habe sich seit 1981 von 79 Prozent auf 53 Prozent verringert. Wenn Tirol nicht neue Großkraftwerke baue, werde sich der Anteil der Eigenversorgung aus TIWAG-Anlagen auf 39 Prozent reduzieren (56 Prozent, wenn man Stadtwerke und private Kraftwerke einbezieht). Dies würde, sagt Wallnöfer warnend, die Versorgungssicherheit und damit die Unabhängigkeit Tirols gefährden.

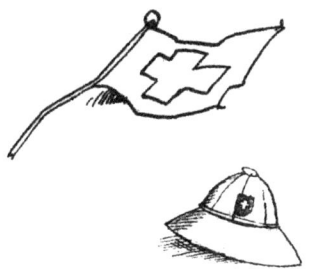

Völkerverbindend

(Juli 2006)

Musik sei, so wird leichtfertig behauptet, völkerverbindend. Mag sein. Das Gegenbeispiel sind Nationalhymnen. Sie dienen dazu, das eigene Volk von allen anderen abzuheben. In ihren Texten ist der Himmel über dem Vaterland von tieferem Blau, flattern die Fahnen stolzer, kämpft das eigene Volk tapferer. Mehr noch bei jenen Musikstücken, die sich das Volk selbst zu seiner Hymne kürt. Edward Elgars Militärmarsch „Pomp and Circumstance" Nr. 1 in D-Dur, zu Beginn des vergangenen Jahrhunderts komponiert, verkörpert geradezu den britischen Imperialismus. Erklingt „Land of Hope and Glory", diese inoffizielle Nationalhymne, verfallen Briten oft in einen kollektiven Rausch. Vom Patriotismus übermannt, erhebt sich ein jeder, singt mit und schwenkt im feierlichen Takt den Union Jack.

Kürzlich erklangen diese Töne an einem Ort, an dem man sie kaum vermutet hätte: als Zugabe beim Festakt zur Eröffnung der Bregenzer Festspiele. Die Hymne passte durchaus zum Anlass und zu den Dimensionen des neu gebauten Festspielhauses – aber weniger zum Staats- und Ehrengast, der irischen Präsidentin Mary McAleese. Bekanntlich hatten die Iren einst den britischen Kolonialismus aus nächster Nähe zu spüren bekommen. Und Präsidentin McAleese hatte ihrerseits Anfang des Jahres, in einer Rede zum 90. Jahrestag des irischen Osteraufstandes nationalistische Töne angeschlagen. Der Intendant der Bregenzer Festspiele, David Pountney, ist Brite.

Dass es da zu keiner Verstimmung kam, lag daran, dass beide, das irische Staatsoberhaupt und der englische Festspieldirektor, die Sache mit Humor genommen haben. Dieser mag zwar bei diesen beiden Inselvölkern unterschiedlich ausgeprägt sein. Völkerverbindend wirkt er allemal.

UNGENIESSBARES
BIER...

VERSOFFENE
DICHTER...

ÜBERFLÜSSIGE
BRÄUCHE...

SONG-CONTEST
GEWINNER...

FALSCH GESCHRIE-
BENER WHISKY...

UND IMMER
DIESES „NO!"

Was aus IRLAND kommt

Heilige Anna

(September 2006)

Als „zweite Callas" bejubeln sie die Medien: Anna Netrebko gilt, weit über die Grenzen Österreichs hinaus, als die neue Primadonna assoluta der Opernbühne. Auch die Kasse stimmt: Die Schwarzmarkt-Festspielkarten erzielen vierstellige Summen, TV-Einschaltquoten und CD-Einspielungen sechsstellige Ziffern. Und eine Tageszeitung rätselt, ob es denn Zufall sei, dass die Salzburger Festspielpremiere der „Nozze di Figaro" mit Anna Netrebko just am Tag der heiligen Anna anberaumt wurde.

Kein Zufall ist jedenfalls, dass die gefeierte Diva, eine gebürtige Russin, unmittelbar vor jener Premiere zwar nicht heiliggesprochen, aber doch immerhin zur österreichischen Staatsbürgerin gemacht wurde: Aufgrund ihrer „besonderen Verdienste" habe die Regierung sie von dem – für sämtliche anderen Bewerber obligatorischen – Staatsbürgerschaftstest dispensiert. Dies sei, wie Vizekanzler Gorbach stolz verkündete, eine „Bestätigung für die Kulturnation Österreich". Seine Partei, Jörg Haiders Bündnis Zukunft Österreich, zieht derweilen mit der Forderung nach Ausschaffung von 300.000 unerwünschten Ausländern in den Wahlkampf.

Wenig später gedachte die Kulturnation des 50. Todestags von Bertolt Brecht – und erinnerte sich daran, dass auch ihm seinerzeit, im Jahr 1950, die österreichische Staatsbürgerschaft verliehen worden war. Während die Nation die heilige Anna der Opernbühne mit tosendem Beifall als Mitbürgerin willkommen heißt, sprach man einst im Falle Brechts vom „Poeten des Teufels". Und die „Salzburger Nachrichten" meldeten damals, dass eine „kulturbolschewistische Atombombe auf Österreich abgeworfen" worden sei.

Das strengste Einwanderungsgesetz weit und breit

Das Zimmer des „Führers"

(September 2006)

Das österreichische Gedenk- und Jubiläumsjahr 2005, von Bundeskanzler Schüssel sinnigerweise zum „Gedankenjahr" proklamiert, liefert weiterhin so manchen ungeplanten Denkanstoß. Beispielsweise im Wiener Volkstheater: Nach dem „Anschluss" Österreichs 1938 wurde das Volkstheater eilfertig zum „Kraft-durch-Freude-Theater" umbenannt und auch in manchen architektonischen Details den stilistischen Erfordernissen des Regimes angepasst. Unter anderem wurde, in freudiger Erwartung einer „Führer"-Visite, ein ansprechend gestalteter Empfangsraum für den Diktator bereitgestellt. Dieser sollte dieses Zimmer allerdings nie betreten.

Hitler ist tot, das Tausendjährige Reich untergegangen – doch das „Führerzimmer" lebte weiter. Bis vor Kurzem zumindest. Denn der neue Direktor des Volkstheaters, Michael Schottenberg, wollte in besagtem Raum sein Büro einrichten; er mochte aber begreiflicherweise nicht ständig an jenen vergeblich erwarteten Gast erinnert werden. So ließ er kurzerhand die Nussbaum-Täfelung samt Beleuchtungskörpern abmontieren. Für die Versatzstücke wusste er als Theatermann eine sinnige Verwendung: Sie wurden zum Bühnenbild für Thomas Bernhards „Vor dem Ruhestand" umfunktioniert. Dort geht es um einen SS-Obersturmbannführer und KZ-Kommandanten, der in der Nachkriegszeit – hierzulande keine völlig untypische Karriere – zum hoch geachteten Gerichtspräsidenten aufstieg.

Doch das Bundesdenkmalamt war von dem Theatercoup keineswegs amüsiert. Dieser Raum sei nicht nur ein „beispielhaftes Interieur" seiner Zeit, sondern auch ein schützenswertes „Dokument einer vergangenen Phase des Theaters": Man hätte ja stattdessen, so das Denkmalamt, das Interieur ganz einfach kaschieren

244

können. Eine nicht nur praktische, sondern auch durch und durch österreichische Lösung: Geschichte sei, so ein geflügeltes Wort, bei den Österreichern äußerst beliebt – solange sie diese nicht an ihre Vergangenheit erinnere.

Jubiläumsjahr Merchandising

Gibt es „Österreich"?

(September 2006)

Dass es Österreich gibt, ist eine unbestreitbare Tatsache. Aber gibt es „Österreich"? Dies fragten sich am Freitagmorgen unzählige Österreicher, die dem Erscheinen der neuen Tageszeitung dieses Namens entgegenfieberten. Geworben wurde landauf, landab, mit Riesenplakaten, auf denen Politiker unterschiedlichster Couleur in seltener Einmütigkeit ihre Köpfe in dieselbe Zeitung steckten – das neue „Österreich"!

Am Vorabend hatten die Herausgeber in der Pferderennbahn Freudenau am Rande des Wiener Praters ein Fest zur Lancierung ihrer neuen Zeitung gegeben, das jeden Rahmen sprengte: Zehntausend potenzielle Leser und tausend Prominente waren geladen, dem Blatt ihren Segen in die Wiege zu legen, bekocht von zwölf der berühmtesten Köche Österreichs.

Doch als die Nation am nächsten Morgen erwachte und die nach ihr benannte Zeitung vor der Haustür, dann im Briefkasten und schließlich in der Trafik, dem Zeitungsladen, suchte – war sie nirgends zu finden. Spitzfindige munkelten sofort, das Ganze sei natürlich ein gigantischer Schwindel, ein „Teaser", Werbegag einer politischen Partei im beginnenden Wahlkampf. Aber als sich am Ende alles als Auslieferungspanne herausstellte und die ersten Exemplare noch vor dem Mittagessen leibhaftig in den Kiosken auftauchten, war die Ernüchterung groß. Statt der verheißenen journalistischen Revolution – ein bunter, wirrer Papierhaufen mit fetten Schlagzeilen. Und auf dem Titelblatt das Phantombild der Natascha Kampusch, des mittlerweile weltberühmten Entführungsopfers. Das allerdings war die geringste aller denkbaren Überraschungen.

Wir sind Schlagzeile

Gedenkgedankenjahr

(Januar – Dezember 2005)

Hymnen, Helden und Bußen

(Dezember 2004)

Wer falsch singt, zahlt. Die Verhunzung der Tiroler Landeshymne, so beschloss der Landtag zu Innsbruck, kommt dem Missetäter künftig teuer zu stehen: Mit einer Verwaltungsstrafe von bis zu 2000 Euro werden hinkünftig Verstöße gegen die Würde jenes Epos geahndet, das den Tiroler Freiheitshelden Andreas Hofer und dessen grandioses Scheitern besingt. Bisher kamen Hymnen-Verhunzer deutlich günstiger weg: Das Gesetz aus dem Jahr 1948, welches das Andreas-Hofer-Lied zur Tiroler Nationalhymne erklärte, stellte diese unter Schutz und bedrohte Verunglimpfungen mit einer Buße von 1000 Schilling (€ 72.67) oder bis zu vier Wochen „Arrest".

Melodie und Text, so wurde argumentiert, bildeten ein „untrennbares Ganzes". Das zur Landeshymne erhobene Lied über den „treuen Hofer" beruht auf dem Gedicht eines Julius Mosen aus dem Jahre 1831. Der Niederösterreicher Leopold Knebelsberger komponierte später die zugehörige Melodie. Dabei machte er Anleihen bei einem namhaften Zeitgenossen: Die ersten vier Takte finden sich fast Note für Note im dritten Satz von Beethovens Klavierkonzert Nr. 1.

Nun wurde aber ein Jahrhundert lang noch manch anderes zur Melodie des Andreas-Hofer-Liedes gesungen, ohne dass jemand daran Anstoß genommen hätte. Beispielsweise das Lied „Ihr Brüder in den Städten dort" der steirischen Partisanen im Kampf gegen die Nazis oder das Arbeiterlied „Dem Morgenrot entgegen". Das durfte nicht sein. Dass Verfassungsrechtler in dem weit gefassten Hymnenschutzgesetz Verstöße gegen verbriefte Freiheitsrechte erblicken, vermag die Tiroler Patrioten nicht zu irritieren. Im Gegenteil. Sie haben die Strafandrohung drastisch verschärft.

DAS VERHUNZEN DER TIROLER HYMNE IST STRAFBAR : 2000€

UND STEINIGUNG SOWIESO. GESUNGEN WIRD DORT ABER EH IMMER WENIGER....

Ade, mein Land Tirol

Eine Tiroler Legende gerät ins Wanken

(Februar 2005)

E ine Welle der Erschütterung geht in diesen Tagen durch das österreichische Bundesland Tirol: Der legendäre Eduard Wallnöfer, der Tirol fast ein Vierteljahrhundert lang als Landeshauptmann regierte, war Mitglied der NSDAP. Dies hat laut der neuesten Ausgabe des politischen Wochenmagazins „profil" ein österreichischer Zeithistoriker, der aus naheliegenden Gründen ungenannt bleiben will, offenbar rein zufällig bei Recherchen zu einem ganz anderen Thema im Bundesarchiv in Berlin herausgefunden. Ihm fiel Wallnöfers NSDAP-Mitgliedskarte in die Hände, die während 60 Jahren in den Karteien des einstigen, von den Amerikanern verwalteten Berlin Document Center angeblich nicht auffindbar war.

Ein politischer Übervater

Was der Fund für die Tiroler bedeutet, kann nur ermessen, wer in Tirol mit der Legende Wallnöfer konfrontiert wird. Der Name begegnet hier dem Besucher auf Schritt und Tritt: Ein Platz im Zentrum der Landeshauptstadt Innsbruck ist nach dem früheren Landeshauptmann benannt, ebenso Straßen und Plätze in vielen Tiroler Städtchen und Gemeinden. Es gibt einen nach ihm benannten Preis der Industriellenvereinigung und ein „Eduard-Wallnöfer-Zentrum für medizinische Innovation" an der Innsbrucker Universität. Der 1989 verstorbene Wallnöfer war der Schwiegervater des heutigen Landeshauptmanns, Herwig Van Staa. Wallnöfer war für seine Nachfolger eine Art politischer Übervater, und für die Tiroler Bevölkerung stellte er einen Mythos dar. Er regierte nicht weniger als 24 Jahre (1963 bis 1987) und er konnte sich damals mit seiner Partei, der Österreichischen Volkspartei (ÖVP), stets auf eine solide Zweidrittelmehrheit im Bundesland Tirol abstützen.

Eduard Wallnöfer hatte schon drei Monate nach dem Einmarsch, am 30. Juni 1938, einen Antrag auf NSDAP-Mitgliedschaft gestellt. Aufgenommen wurde er allerdings erst Anfang 1941. Er war keineswegs einer von wenigen: 45.000 Tiroler waren eingeschriebene NSDAP-Mitglieder. Schon ein Jahr vor Wallnöfer war auch sein stellvertretender Landeshauptmann, der Sozialdemokrat Karl Kunst, der NSDAP beigetreten. Der während 23 Jahren gleichzeitig mit Wallnöfer amtierende Innsbrucker Vizebürgermeister Ferdinand Obenfeldner, ein Sozialdemokrat und ebenfalls NSDAP-Mitglied, war in der Gestapo-Leitstelle Innsbruck tätig und trat später der SS bei. In einem Strafverfahren in den fünfziger Jahren wurde Obenfeldner beschuldigt, an der Hinrichtung von zwei polnischen Zwangsarbeitern beteiligt gewesen zu sein und zwei Tirolerinnen, die mit diesen sexuelle Beziehungen gehabt haben sollen, ins KZ Ravensbrück gebracht zu haben. Das Innsbrucker Landesgericht stellte das Verfahren gegen Obenfeldner bald ein.

„Politisch unverlässlich"

Die schockierende Enthüllung um die Vergangenheit der politischen Legende Wallnöfer hat eine Vielzahl von Stellungnahmen ausgelöst. So ließ Wallnöfers Tochter durch das Büro des Landeshauptmanns ausrichten, dass sie und ihre beiden Brüder von der NSDAP-Mitgliedschaft ihres Vaters nichts gewusst hätten. Am Familientisch sei später nur negativ über die Nazis gesprochen worden. Die „Tiroler Tageszeitung" druckte in ihrer Dienstagausgabe die Fotografie eines NS-Polizeiberichts der Bezirkshauptmannschaft Imst vom 16. Januar 1939 ab. In der Rubrik „über die politische Führung" wird Wallnöfer als „politisch unverlässlich" abqualifiziert: „Machte bei der Führerede (sic!) nach dem Umbruch feindliche Äußerungen über Partei und Staat."

Die Tiroler mögen aufatmen – ihr Mythos scheint wiederhergestellt. Bleibt aber ein anderer unschöner Fleck, diesmal aus der Amtszeit des Landesvaters Wallnöfer. Als der österreichische Neonazi-Führer Norbert Burger mit Komplizen 1965 unter der Anklage, Anschläge in Südtirol verübt zu haben, in Graz vor Gericht stand, sandte ihm der gebürtige Südtiroler Wallnöfer auf Kosten seines Bundeslandes einen der besten Anwälte Tirols. Burger wurde freigesprochen.

Minister-Upgrade

(Januar 2005)

D er österreichische Finanzminister Karl-Heinz Grasser ist ein Glückspilz. Vielleicht wird er gerade deshalb von missgünstigen Oppositionspolitikern und Medienkommentatoren so erbarmungslos ins Visier genommen. Obwohl die Tsunami-Katastrophe über die Malediven hereingebrochen war, als Grasser mit seiner Verlobten dort die Ferien verbrachte, blieben beide unversehrt. Doch statt zu Krisensitzungen der Regierung nach Wien zurückzueilen, harrten die Grassers tapfer bis zum Ferienende in ihrem Inselparadies aus.

„Alles ausgebucht", lautete die Begründung. „Alles noch verfügbar" allerdings die Auskunft bei Austrian Airlines. Nach der Rückkehr dann die neue Begründung: Die Regierung der Malediven habe ihn, Grasser, persönlich zum Bleiben aufgefordert; er habe dort wichtige Gespräche mit wichtigen Leuten geführt. Die Regierung der Malediven dementiert: Man habe nicht einmal von der Anwesenheit des Ministers gewusst.

Die Opposition schäumt: „Geschmack- und pietätlos" (die Sozialdemokraten); „völlig abgehoben" (die Grünen). Als dann aber bekannt wurde, dass sich die Grassers ihren Flug in die Ferien von der AUA mit Gratis-Upgrades und allerlei VIP-Privilegien versüßen ließen, brach der Entrüstungssturm erst richtig los. Am Rande der letzten Folge in der Grasser-Saga war zu erfahren: Als die freigiebige AUA angefragt wurde, ob sie eventuell die Flugkosten für drei notleidende KZ-Überlebende aus Osteuropa zur jährlichen Gedenkfeier im österreichischen Konzentrationslager Mauthausen übernehmen würde, war ein kaltes Nein die Antwort. Schwechat, der Heimatflughafen der AUA, war in der NS-Zeit eines der 49 Nebenlager des KZ Mauthausen, in dem es kaum Überlebende gab.

Was wird aus Karl-Heinz Grasser?

Patentierter Charme

(April 2005)

Tönt wie ein Aprilscherz – ist aber keiner. Die Österreicher wollen sich, allen Ernstes, ihren Charme patentieren lassen. Genauer gesagt: Sie wollen diese Eigenschaft, die sie von allen Völkern des Erdballs abhebt, zum UNESCO-Weltkulturerbe deklarieren lassen. Neben dem Übereinkommen zum Schutz des Weltkultur- und Naturerbes von 1972 gibt es seit Oktober 2003 auch eine UNESCO-Konvention zur Erhaltung des mündlichen und immateriellen Weltkulturerbes. Dieses umfasst beispielsweise mündliche Überlieferungen, medizinisches Wissen, religiöse Riten und Handwerkstechniken, aber auch Theater und Musik. Bisher wurden 57 kulturelle Errungenschaften in die Liste des immateriellen Weltkulturerbes aufgenommen. So die vedischen Gesänge, die Gelede-Riten der Yoruba, ägyptische Erzählkunst oder das Heilwissen der Kallawaya am Titicacasee.

In diese Liste wollen sich nun auch die Österreicher einreihen – mit ihrem sprichwörtlichen Charme. Hat nicht die frühere Außenministerin Benita Ferrero-Waldner mit ihrem gefürchteten „Kampflächeln" gegen die EU-Sanktionen den Charme gar zur politischen Waffe umgeschmiedet? Und hofft nicht insgeheim jeder Tourist, ihm möge im Wiener Kaffeehaus der leibhaftige Wiener Charme begegnen?

Dies dachte sich auch die Österreich-Werbung (ÖW), die in Sachen Charme bei der UNESCO vorstellig werden will. „Zuvorkommend und galant, aber niemals devot" – und vor allem: „Ohne Suche nach einem bestimmten Zweck." Trinkgeld – bewahre. Weiter, Originalton Österreich-Werbung: Was der Nobelpreis für die Literatur, sei für den Charme der Opernball. Allen Ernstes.

Der Bundesrat – föderalistische Verlegenheitslösung?

(April 2005)

Die Affäre um die skandalösen Äußerungen zweier Bundesräte mit freiheitlichem Hintergrund im Zusammenhang mit dem Nationalsozialismus hat der alten Diskussion um die Problematik des Bundesrats, der österreichischen Länderkammer, neue Nahrung gegeben. Dies kommt nur drei Monate nach dem vorläufigen Abschluss des großen Reformwerks einer neuen österreichischen Bundesverfassung, die, weniger juristisch als politisch betrachtet, von vielen als Totgeburt abqualifiziert wird. Wie dem auch sei – der im Januar vom Präsidenten des sogenannten Österreich-Konvents, Franz Fiedler, vorgelegte Entwurf für eine neue österreichische Bundesverfassung hätte ohnehin keine Aufwertung des Bundesrates mit sich gebracht, dessen Bedeutung in keinerlei Verhältnis zu der prunkvollen Marmorkulisse steht, vor der er seine Sitzungen abhält.

Reformieren oder abschaffen?

Der – noch keineswegs abgeschlossene – Skandal um die Bundesräte Kampl und Gudenus hat dem Ansehen der Länderkammer geschadet, daran besteht kein Zweifel. Der Bundesrat, so bemerkt beispielsweise die Tageszeitung „Kurier" in ihrer Ausgabe vom Freitag, falle „entweder gar nicht oder unangenehm auf". Der Grund für diese „magere Performance" liege in der geringen Bedeutung des Bundesrates im Staatsgefüge. Die ohnedies schon schwache Länderkammer sei jetzt noch ärger angeschlagen. Der Bundesrat brauche eine echte Funktion und eine andere Geschäftsordnung, stellt das Blatt fest. Oder man solle ihn abschaffen.

Die einzige nennenswerte Kompetenz des Bundesrats liegt in seinem Recht zum Einspruch gegen Gesetzesbeschlüsse des ungleich wichtigeren Nationalrats, der ersten Kammer des Parlaments. In den meisten Fällen hat dieses Veto aber nur aufschiebende Wirkung, nämlich bis zur erneuten Beschlussfassung im Nationalrat. Verhindern kann also der Bundesrat ein Gesetz grundsätzlich nicht. Denn durch den sogenannten Beharrungsbeschluss kann der Nationalrat allfällige Klippen im Bundesrat leicht umschiffen. Einzige Ausnahme bilden Verfassungsgesetze oder Verfassungsbestimmungen in Bereichen, in denen die Kompetenzen der Bundesländer eingeschränkt werden. Hier kann der Bundesrat ein echtes Veto einlegen. Außerdem darf der Bundesrat Gesetzesanträge an den Nationalrat stellen. Aber es gibt auch Bereiche, in denen der Bundesrat keinerlei Mitwirkungsrechte geltend machen kann – so insbesondere beim Bundesfinanzgesetz.

Durch welche Kanäle machen nun aber angesichts der faktischen Machtlosigkeit der Länderkammer die neun Bundesländer ihre Ansprüche geltend? Die Antwort lautet: in der Landeshauptleutekonferenz. Diese verfügt zwar als Institution über keine verfassungsmäßige Grundlage, dafür aber umso mehr über realen Einfluss. Bezeichnend ist, dass man die Landeshauptleute „Landesfürsten" nennt. Das ist keine von der monarchischen Vorgeschichte Österreichs geprägte Karikatur, sondern eine nicht ganz unrealistische Einschätzung ihrer tatsächlichen Macht. Und das keineswegs nur in ihrem Bundesland, sondern, je nach parteiinterner Positionierung, auch in den Wiener Machtzentren ihrer jeweiligen Partei. Beispiele sind der niederösterreichische Landeshauptmann Erwin Pröll (Österreichische Volkspartei, ÖVP) und seine sozialdemokratische Salzburger Kollegin Gabi Burgstaller.

„Geriatrisches Zentrum"

Der Bundesrat zählt derzeit 62 Mitglieder (der Nationalrat hat 183 Abgeordnete). Die für fünf Jahre gewählten Bundesräte werden von den Landtagen der Bundesländer entsandt. Die Anzahl der den einzelnen Bundesländern zustehenden Abgeordneten wird periodisch aufgrund von Volkszählungen neu berechnet. Derzeit verfügt die regierende Volkspartei über 27 Abgeordnete, ihnen sitzen 26 sozialdemokratische Bundesräte gegenüber. Dazwischen 4 Grüne, 3 Bundesräte der FPÖ und 2, die nunmehr offenbar Haiders BZÖ (Bündnis Zukunft Österreich) angehören.

Es ist ein offenes Geheimnis, dass die Parteien den Bundesrat als Abstellgleis für verdiente, aber politisch nicht sehr zukunftsträchtige Parteifunktionäre oder als weich gepolstertes Altenteil für Politiker benützen, die ihre politische Zukunft bereits hinter sich haben. Dies wirkt sich unter anderem auf die altersmäßige Zusammensetzung dieser Institution aus: 39 Prozent der Bundesräte sind zwischen 50 und 60 Jahre alt, 14,5 Prozent über 60 – was beispielsweise den Fraktionschef der steirischen Volkspartei, Christoph Drexler, zur Abqualifizierung des Bundesrates als „geriatrisches Zentrum" verleitete. Und dort, so Drexler, tummle sich überdies nur „drittklassiges Personal" – eine Aussage, die zumindest im Falle der Bundesräte Gudenus und Kampl durchaus ihre Berechtigung hat. Angesichts solcher Figuren kann man eigentlich nur aufatmen, dass der Bundesrat nicht über mehr wirkliche Macht verfügt: Man stelle sich vor, dass ein Gudenus und ein Kampl tatsächlich die Politik in diesem Lande beeinflussen könnten.

Angemessene Besoldung

Neben der einseitigen Altersstruktur offenbart die Statistik eine weitere unbefriedigende Tatsache: Obwohl in den achtziger Jahren insbesondere die Sozialdemokraten bemüht waren, die selbst auferlegte Frauenquote via Entsendungen in den Bundesrat aufzufüllen, hatte diese gutgemeinte Maßnahme keine Nachhaltigkeit. Denn heute liegt der Frauenanteil im Bundesrat lediglich knapp über einem Viertel – gegenüber dem Nationalrat mit 34 Prozent. Mindestens so Bedenkliches offenbart die Statistik, was den Vergleich der Akademikerquote zwischen den beiden Kammern betrifft. Denn im Nationalrat sitzen 44 Prozent Akademiker, im Bundesrat 19 Prozent.

Attraktiv ist allerdings das Verhältnis zwischen Aufwand und Ertrag für den verdienten Parteifunktionär oder Alt-Politiker, der von Partei und Landtag in den Bundesrat entsandt wird: 3806 Euro verdienen Ratsmitglieder, dies 14-mal jährlich. Dafür nehmen sie einmal monatlich im Plenum Einsitz und zwischendurch auch gelegentlich in parlamentarischen Ausschüssen. Der Bundesratspräsident – ein Amt, für das der mittlerweile zurückgetretene Siegfried Kampl turnusgemäß vorgesehen war – verdient das Doppelte. Deshalb wird gemunkelt, dass manche Parteien honorige Funktionäre in den Bundesrat befördern, um die Parteikasse zu entlasten – zumindest einen Teil der Lohnkosten übernehme, so argumentieren scharfsinnige Kritiker, der Steuerzahler.

Neben einer angemessenen Besoldung bietet das Amt seinem Inhaber einen weiteren Vorzug: die Immunität. Aktuell ist dieser Punkt im Fall des Grafen Gudenus, der ja nach einem behaglichen Schattendasein im Bundesrat mit seinen Aussagen zu den Gaskammern im Dritten Reich schlagartig zu zweifelhafter Berühmtheit gelangt war. Sollte die inzwischen eingeschaltete Staatsanwaltschaft Wien zum Schluss kommen, dass Gudenus mit jenen Äußerungen gegen das sogenannte Verbotsgesetz verstoßen haben könnte, das die Leugnung des nationalsozialistischen Völkermords mit Gefängnisstrafen von einem bis zu zehn Jahren bestraft, müsste Bundesrat Gudenus mittels Ratsbeschluss in aller Form durch den Bundesrat an die Justizbehörden „ausgeliefert" werden.

Gedankenlosigkeiten im Gedenkgedankenjahr

(Juni 2005)

Nicht nur die Touristen, auch manche Wiener kommen in diesen gedenken- und gedankenschwangeren Tagen aus dem Staunen nicht mehr heraus: Im Barockpark des Schlosses Belvedere weiden ordinäre Milchkühe, vor dem ehemaligen Kaiserpalast, der Hofburg, wurde ein Gemüsegarten angelegt, und die beiden heroischen Reiterstatuen auf dem Heldenplatz verbergen sich hinter einer Backsteinverschalung, die sich bei genauerem Hinschauen und -klopfen als schnöde Plastikimitation entpuppt.

Was geht hier vor? Das von Bundeskanzler Schüssel proklamierte „Gedankenjahr" erschöpft sich nicht in festlichen Reden und aufwändigen Ausstellungen, es treibt auch manch seltsame Blüte. Der Gedanke, den heutigen Österreichern Geschehnisse und Empfindungen von damals plastisch vor Augen zu führen und im öffentlichen Raum sichtbar zu machen, brachte der Nation das ganzjährige Projekt mit der spielerischen Bezeichnung „25 Peaces". Federführend sind der Intendant von „Graz 2003", Wolfgang Lorenz, und der Chef der Bundestheater, Georg Springer. Finanziert wird das Erinnerungsspektakel im Stil von Themenparks aus der Staatskasse.

Prinz Eugen und Erzherzog Karl samt Pferden verschwanden hinter Mauern, um an die Schutzmaßnahmen gegen alliierte Bomben in den letzten Kriegstagen zu erinnern, Kühe und Gemüse sollen den Heutigen die prekäre Ernährungslage vor Augen führen. Manch großartige Idee musste allerdings kleinlaut ad acta gelegt werden, beispielsweise der Einfall, vom Balkon der Hofburg, von dem einst Adolf Hitler das Wort an sein Volk gerichtet hatte, zum Gedenken an die Opfer des Nationalsozialismus eine Kaskade weißer Grabkreuze auf den Heldenplatz sich ergießen zu lassen. Denn ein findiger Kopf fand heraus, dass das Kreuz als Symbol für gewisse Opfer des Nationalsozialismus nicht unbedingt sehr passend gewesen wäre – eine kleine Gedankenlosigkeit zum Gedankenjahr. Stillschweigend in der Schublade verschwand auch die Idee einer Hommage an die amerikanischen „Care"-Nahrungsmittelpakete für die hungernde Bevölkerung unter dem Titel „McCare"; in den neuen Lebensmittelpaketen hätte sich ein von einer bekannten Fast-Food-Kette gespendeter Hamburger befinden sollen.

Aber auch die kleinen historischen Ungenauigkeiten hat man den Initiatoren gerne verziehen: So wurde am 15. Mai, dem 50. Jahrestag der Staatsvertragsunterzeichnung, in jede Landeshauptstadt Österreichs eine fahrbare Hebebühne auf Reisen geschickt, die symbolisch den Balkon des Schlosses Belvedere zu verkörpern hatte. Jeder Bürger, dem dies Spaß machte, durfte sich auf dieses Podium stellen und wie seinerzeit Außenminister Figl das geflügelte Wort „Österreich ist frei" in eine imaginäre Volksmenge rufen. Dass Figl seinen historischen Satz damals nicht auf dem Balkon, sondern drinnen im Marmorsaal – und, was man heute nicht mehr weiß, schon erstmals 1945 anlässlich der Befreiung von den Nazis – gesagt hatte, störte dabei niemand. Hauptsache, es kamen keine Extremisten auf die Idee, die Gelegenheit zu missbrauchen. Einzig eine australische Touristin, deren Land gern mit Österreich verwechselt wird, stieg auf die Hebebühne und rief aus: „Austria is free – visit Australia." Beim Licht-und-Ton-Spektakel zur „Bombennacht" vom 12. März 1945, mit welchem an die Zerstörung der Wiener Staatsoper und anderer wichtiger Gebäude erinnert wurde, fiel den wenigsten auf, dass es sich historisch um einen „Bombentag" gehandelt hatte – aber Lichtinstallationen sind eben bei Tageslicht nicht sehr effektvoll.

Um jenes Dutzend Kühe, die vor dem Belvedere friedlich grasten, gab es allerdings Wirbel, als plötzlich eine fehlte. Ein bisher nicht aktenkundiges „kommando freiheit 45" (kf45) verkündete in einem an das Bundeskanzleramt gerichteten E-Mail- Communiqué, es sei in den Park eingedrungen und habe eine dort weidende Kuh der Bundesregierung in seine Gewalt genommen. Die Kuh namens Rosa sei „ab sofort politische Gefangene der Zellen Kämpfender Widerstand". Die Organisation, die „zum Äußersten entschlossen" sei, legte als Beweismittel ein Foto mit Kuh Rosa und den vermummten, bis an die Zähne bewaffneten Terroristen bei, nebst einer Liste ultimativer Forderungen, bei deren Erfüllung die politische Gefangene auf freien Fuß gesetzt werde. Die allgemeine Aufregung legte sich allerdings umgehend, als festgestellt wurde, dass Rosa friedlich im Stall stand – mit einem verstauchten Knöchel.

Im Labyrinth der Geschichte

(Juni 2005)

Als „ein Labyrinth, in dem sich jeder auskennt", bezeichnete Helmut Qualtinger seine von ihm mit scharfsichtiger Ironie durchschaute Heimat Österreich. Das Zitat wird auch angeführt in der wohl wichtigsten Ausstellung des österreichischen Jubiläumsjahres unter dem Titel „Das neue Österreich" im Schloss Belvedere. Durch das Labyrinth Österreich führt den Besucher ein Ariadnefaden in Form eines 250 Meter langen rotweißroten Flaggenbandes. Und anstatt auf den Minotaurus stoßen wir in der Mitte dieses barocken Labyrinths, im prächtigen Marmorsaal, auf einen argusäugigen Wächter, und dieser beschützt das in einem plumpen Schaukasten unter bruchsicherem Glas liegende Nationalheiligtum dieses neuen Österreich in Gestalt der Zweiten Republik: den Staatsvertrag.

Molotows Champagnerglas

Doch das 283 Seiten starke, gebundene Dokument mit seinen neun schweren Siegeln, das nach Hunderten von Verhandlungsrunden am 15. Mai 1955 die volle Souveränität und territoriale Integrität Österreichs statuierte, gehört den Österreichern nicht. Es befindet sich nur leihweise im Oberen Belvedere und muss danach zurück ins Archiv des russischen Außenministeriums. Dort wird es seit einem halben Jahrhundert verwahrt, weil der damalige sowjetische Außenminister Molotow bei den Staatsvertragsverhandlungen den Vorsitz geführt hatte.

Von Molotow findet sich in der Ausstellung ein skurriles Erinnerungsstück: das Champagnerglas, das er nach Sitte seines Landes hinter sich geworfen hatte. Geistesgegenwärtig sammelte damals ein junger Aufseher namens Michael Schantl die Scherben auf. Das liebevoll zusammengeklebte Glas ist in der Schau zu besichtigen – neben einer rührenden Art-Brut-Darstellung der Unterzeichnungszeremonie mit den Original-Champagnerkorken, die jener geschichtsbewusste Museumsbeamte ebenfalls zusammengelesen hatte.

Ein erster Kunstskandal

Um die offizielle künstlerische Dokumentierung des historischen Augenblicks allerdings entbrannte damals ein aufsehenerregender Kunstskandal – dieses für Österreich später so typische Phänomen wurde der Nation also gleichsam in die Wiege gelegt. Zu sehen sind im Marmorsaal zwei Gemälde: das inspirierte Ölbild von Sergius Pauser und das „offizielle" Gegenstück des Robert Fuchs. Pauser hatte von Unterrichtsminister Drimmel den ehrenvollen Auftrag erhalten, an der Zeremonie teilzunehmen und an Ort und Stelle Pastellskizzen anzufertigen. Dies tat er virtuos. Doch dem damaligen Bundeskanzler Raab war das Resultat entschieden zu „modern", vor allem waren da keine Gesichter zu erkennen. Er soll daher ausgerufen haben: „Fahrt's ab mit dem Dreck." Und auch seine Minister waren empört: Sie wollten der Nachwelt nicht als gemalte „Wasserleichen" im Gedächtnis bleiben.

Kurzerhand beauftragte der Kanzler seinen Lieblingsmaler Fuchs, der bei der Zeremonie gar nicht anwesend war, den Vorgang anhand von Fotografien und Atelierporträts nachträglich zu rekonstruieren. Natürlich mussten jetzt auch Politiker und Hofräte – insgesamt 80 – aufs Bild, die bei der Zeremonie ebenso wenig dabei gewesen waren wie der Maler selbst, und selbstverständlich in einer Aufstellung, die ihrem Rang und ihrer Wichtigkeit entsprach. Die tatsächlich anwesenden Presseleute wurden kurzerhand weggelassen. Dafür war das offizielle Gemälde mehr als doppelt so groß als jenes des verschmähten Pauser. Es erhielt einen Ehrenplatz im Bundeskanzleramt. Später wurde Pausers Bild „rehabilitiert"; es hängt heute – ein gut österreichisch-partnerschaftlicher Kompromiss – einträchtig gegenüber dem Fuchs'schen Mammutwerk.

Vergeblich sucht der Besucher im Marmorsaal die auf beiden Gemälden abgebildeten vier barocken Tische samt goldenen Sesseln, auf denen das Dokument damals unterzeichnet wurde. Die Möbel hat man zwar in aller Eile fachkundig restauriert und sie standen für die Jubiläumsfeiern bereit. Doch wer sie sehen will, muss den Umweg in den siebten Bezirk, ins Hofmobiliendepot, auf sich nehmen. Auch so eine österreichische Geschichte.

Historische Rückblende

Symmetrisch um den Marmorsaal angeordnet ist die Geschichte vor und nach dem Wendepunkt 1955. Richtig wurde erkannt, dass der Staatsvertrag und seine Tragweite nicht verständlich gemacht werden können ohne Rückgriff auf die Vorgeschichte, die hier bis zum Ersten Weltkrieg, also bis zum Untergang der Monarchie, dokumentiert wird. Da findet sich als Gruselstück das blutgetränkte Hemd des Thronfolgers Erzherzog Franz Ferdinand und dazu die beiden Pistolen der Attentäter von Sarajevo. Auch eine kunstvoll gefertigte Beinprothese aus Leder und Metall – gegenüber einer wenig schmeichelhaften Handpuppe, die Kaiser Karl darstellt.

Mit Fotos und Dokumenten ist die Erste Republik präsent, in ihrer inneren Zerrissenheit, die im sogenannten Bürgerkrieg ausartete, und ihrem sozialen Elend. Zu wenig werden dabei die Pionierleistungen des „Roten Wien" mit seiner zukunftsweisenden Wohnbaupolitik in den „Gemeindebauten" gewürdigt. Und auch dem Zwiespalt um den „austrofaschistischen" Kanzler Dollfuß – Märtyrer im Kampf gegen den Nationalsozialismus oder dessen Wegbereiter – stellt sich die Ausstellung kaum. Feindselig standen sich damals die Parteien gegenüber, doch einig waren sie schon in den frühen dreißiger Jahren in ihrer hemmungslosen Verwendung antisemitischer Klischees auf den politischen Plakaten.

„Deutsches Blut"

Dass das rotweißrote Flaggenband über den Räumen der Ersten und der Zweiten Republik identisch ist, irritiert: Unter Dollfuß prangte das austrofaschistische Symbol auf der Flagge, und Demokratie ebenso wie Nationalbewusstsein waren im Österreich der Ersten Republik im Vergleich zur Zweiten höchst problematisch. Doch der rotweißrote Ariadnefaden wird an einer Stelle jäh unterbrochen – da berührt das scheinbar endlose Band der Flagge den Fußboden, wird unwillkürlich, zögerlich erst, dann unachtsam von den Schritten der Besucher verschmutzt, entweiht. An dieser Stelle, wo nun plötzlich keine Flagge und kein Österreich mehr ist, marschieren Soldaten im perfekten Stechschritt über das Kopfsteinpflaster, die vorderste Reihe hat die Arme zum Hitlergruß emporgereckt, Sequenz eines Propagandafilms als Endlosprojektion in gnadenloser Schwarz-Weiß-Ästhetik – und man weiß, was jetzt kommt.

Dazu knattert aus einem alten Radiogerät die Stimme des letzten Kanzlers der Ersten Republik, Kurt Schuschniggs. Noch am 24. Februar 1938 hatte er der Nation jenes heroische „Rotweißrot bis in den Tod" entgegengeschleudert und sie zum Einsatz all ihrer Kräfte und ihres ganzen Willens aufgefordert – doch schon am 11. März 1938, am Tag vor Hitlers Einmarsch, blieb nur noch „Gott schütze Österreich", für Schuschnigg bemerkenswerterweise ein „deutsches Wort". Eines der aufschlussreichsten Details dieser Ausstellung: Schuschnigg sagte damals nicht bloß den verhängnisvollen Satz, „dass wir der Gewalt weichen", sondern dass er „vom Bundespräsidenten beauftragt" worden sei, dem Volk dies mitzuteilen. „Ohne nennenswerten Widerstand" – der Kanzler korrigierte sich umgehend –, „ohne Widerstand" werde man nunmehr dem Einmarsch der deutschen Truppen entgegensehen, „um kein deutsches Blut zu vergießen".

Verantwortungsvakuum

Nach dem Einmarsch Hitlers wurden sämtliche rotweißroten Fahnen – Symbole der Souveränität Österreichs – binnen Stunden aus dem öffentlichen Raum entfernt. Die Abwesenheit der rotweißroten Flagge, das plötzlich aufgetretene Vakuum, ist zwiespältig. Es verkörpert nicht nur die nunmehrige Nichtexistenz Österreichs, es symbolisiert auch das Verantwortungsvakuum, welche direkt in die verhängnisvolle Opfertheorie und die Tabuisierung der österreichischen Mitschuld in der Nachkriegszeit mündet. „Mit Respekt", so verkünden die Aussteller an der Eingangspforte zu diesem Geschichtslabyrinth, habe man den Blick auf die Vergangenheit gerichtet. Von großen Leistungen, Menschlichkeit und Größe, „aber auch von Unmenschlichkeit, Verbrechen, von niederer Gesinnung, Fehlern und Versäumnissen" sei hier zu erzählen. Nach dem österreichischen Selbstverständnis zu fragen, bedürfe „weder der Beschönigung noch des vorschnellen Urteils". Gewissenhaftes Abwägen sei gefordert.

Die Texte des Ausstellungskatalogs sind ebenso ausführlich wie aufschlussreich. Aber man vermisst im zweiten Teil der Ausstellung, dem Nachkriegsteil, jenen Aspekt, der Österreich bis in die aktuelle Tagespolitik hinein zu schaffen macht: das Problem des unaufrichtigen Umgangs mit der eigenen Geschichte, die Verdrängung und Relativierung der Täterrolle, die schäbige Haltung während Jahrzehnten gerade gegenüber den jüdischen Opfern der Naziherrschaft. Das unerfreuliche Kapitel Restitution wird von Ausstellung und Katalog weitgehend übergangen – da haben die Kuratoren die von ihnen selbst am Ausgang angebrachte Mahnung Hans Weigels missachtet: „Wenn Österreich eine Zukunft haben soll, darf es nicht gegen seine Vergangenheit sündigen."

„Kulturelle Wüste"

Immerhin ist auf einer Beschriftung eine unbequeme Erkenntnis festgehalten: „Die Tatsache, dass das offizielle Österreich es nach 1945 verabsäumte, die jüdischen Vertriebenen zur Rückkehr aufzufordern, trug wesentlich dazu bei, dass die kulturelle Wüste, die die NS-Herrschaft hinterlassen hatte, bis in die Gegenwart nachwirkt." Zur Illustration sind im „Oktogon West" weiße Transparente aufgehängt mit den eindrucksvoll langen Listen der Berühmtheiten unter den 150.000 aus Österreich Geflohenen. Namenlos bleiben all die Emigranten, die sich keinen Namen machten. Und namenlos bleiben die, denen die Flucht nicht gelang – mit den bekannten Folgen.

Dafür werden ausführlich die österreichischen Nachkriegs-Errungenschaften Neutralität, Wien als Standort internationaler Organisationen, die humanitäre Hilfsbereitschaft Österreichs angesichts der Tragödien in den kommunistischen Nachbarländern zelebriert. Und unser Ariadnefaden, die rotweißrote Flagge, verwandelt sich flugs in eine munter aufwärtshüpfende Konjunkturkurve, wenn es gilt, voll Stolz auf den rasanten Wirtschaftsboom jener Aufbaujahre zu verweisen.

Zweierlei Unsinn

Radetzky und der Heldenberg

(Mai 2005)

E ine knappe Fahrstunde nordwestlich von Wien, im sonst eher unauffälligen Kleinwetzdorf, befindet sich auf einer bewaldeten Anhöhe ein Kuriosum, das jetzt zum Anlass und Mittelpunkt der diesjährigen niederösterreichischen Landesausstellung geworden ist: der Heldenberg. Da dehnt sich zu Füßen einer pompösen Säulenhalle mit grandioser Freitreppe ein weiter Platz, der mit Monumenten übersät ist: Kreisförmig angeordnet stehen da 169 Büsten auf Sockeln, Siegessäulen, Ritter in voller Rüstung, Sagengestalten und andere Denkwürdigkeiten. An schattigen Waldwegen äugen metallene Feldherren, Herzöge und dergleichen mehr aus dem Dickicht. Alles ist schaurig-schön, und mit Sicherheit mehr schaurig als schön.

Zwiespältiger Held Radetzky

Geschaffen hatte diese Monstrosität, die schon kurz nach ihrer Entstehung – und dies keineswegs nur aus Gründen des guten Geschmacks – höchst umstritten war, ein gewisser Joseph Pargfrieder. Dessen Geburtsort ist genauso unbekannt wie das Geburtsdatum; selbst gab er sich als illegitimer Sohn Kaiser Josephs II. und einer jüdischen Bürgerlichen aus. Seine kaiserliche Abstammung konnte allerdings nie belegt werden. Im böhmischen Znaim in ärmlichen Verhältnissen aufgewachsen, erwarb er sich ein großes Vermögen, unter anderem als Armeelieferant. Pargfrieder war ursprünglich ein glühender Verehrer Napoleons und Anhänger revolutionärer Ideen. Doch als im Mai 1848 die Revolution tatsächlich ausbrach, war der Schock im Bürgertum so groß, dass es sich einer patriotisch-loyalen, kaisertreuen und restaurativen Gesinnung zuwandte. So wurde denn auch der damals schon greise Feldmarschall Radetzky, der an der militärischen Niederschlagung der Revolution maßgeblichen Anteil hatte, zum neuen Helden Pargfrieders.

Die kalte Haltung des österreichischen Reichstages gegenüber Radetzky, dem offizielle Ehren samt Denkmal verweigert wurden, empfand Pargfrieder als schreiendes Unrecht. Pargfrieder beschloss nun in eigener Regie, seinem Helden Radetzky und der österreichischen Armee ein Monument zu setzen. Vorsorglich ließ er Büsten und Statuen größtenteils im Zinkguss herstellen. Es heißt, er habe damit verhindern wollen, dass seine Skulpturen im Kriegsfall zu Kanonenkugeln umgegossen würden. Sein Vorbild war wohl die vom Bayernkönig Ludwig I. bei Regensburg erbaute Walhalla. Deshalb nannte man den Heldenberg früher „Österreichs Walhalla".

Ein seltsames Arrangement

Pargfrieder, der sich als Wohltäter einen Namen gemacht hatte, wollte seinen Heldenberg an Kaiser Franz Joseph I. für eine Million Gulden verkaufen. Das Angebot wurde empört abgelehnt. Schließlich machte Pargfrieder den Heldenberg dem Kaiser zum Geschenk, im Gegenzug wurde er in den Adelsstand erhoben. Mit Radetzky, inzwischen ein persönlicher Freund, hatte Pargfrieder eine eigenartige Abmachung getroffen: Er übernahm dessen beträchtliche Spielschulden und ließ sich dafür zusichern, dass sich der Feldherr nach seinem Ableben auf dem Heldenberg beisetzen lasse. Da ruht er jetzt seit seinem Tod im Jahr 1858. Fünf Jahre später ließ sich sein Gönner Pargfrieder in derselben Gruft, wenn auch im benachbarten Raum, zur Ruhe legen und verknüpfte so seinen Namen für immer mit dem zwiespältigen Ruhm des Feldmarschalls. Dass später eine Bahnlinie quer durch das Grundstück gelegt wurde, die den Heldenberg vom Schloss Pargfrieders trennte, war gewissermaßen ein postumes Naserümpfen des Wiener Hofes über den exzentrischen Parvenü. Jahrzehntelang dämmerte die Anlage in einem Dornröschenschlaf dahin, bis sie im Mai 2005 durch die Landesausstellung „Zeitreise Heldenberg" in einem neuen Zeitalter zu neuem Leben erweckt wurde.

Clockwork Orange

(April 2006)

Die forsche Kampfansage an Filz, Freunderlwirtschaft und Postenschacher hatte einst Jörg Haider und seine „blaue" FPÖ in luftige Erfolgshöhen gehoben. In jähe Abgründe hat der abgetakelte Polit-Star seine orangefarbene Neugründung BZÖ (Bündnis Zukunft Österreich) inzwischen geführt. Das BZÖ liegt laut Umfragen mit drei Prozent in der Wählergunst und sitzt mit drei Ministern sowie drei Staatssekretären in der Regierung. Die Wiener Stadtzeitung „Falter" hat die Leistungsbilanz von einem Jahr BZÖ gezogen – und eine leere Seite publiziert.

Das „Z" steht für „Zukunft". Dass das BZÖ auf Bundesebene eine Zukunft haben könnte, glaubt fast niemand; am allerwenigsten die BZÖ-Politiker selbst. Deshalb arbeiten sie jetzt emsig wie noch nie: daran nämlich, ihren Leuten noch rechtzeitig vor den großen Wahlen fette Posten zu sichern. Die Tageszeitung „Kurier" veröffentlichte eine lange Liste abgetakelter Politiker aus den Reihen der Freiheitlichen, die sich ihre jetzige Bedeutungslosigkeit vergolden ließen. Ein Oppositionspolitiker spricht von „Komposthaufen für faule Orangen".

Der jüngste Fall: Mathias Reichhold (48), der einmal sagte, wenn „der Jörg" es wünsche, schreibe er seinen Vornamen selbstverständlich mit zwei „t". Reichhold, kurzzeitig glückloser Verkehrsminister und für 40 Tage gar FPÖ-Chef, wird jetzt Vorstand der staatlichen Autobahngesellschaft Asfinag. Da ist er auch zuständig für Tempo 160, des Verkehrsministers Glanzidee. Zufällig beginnt gerade jetzt die Testphase, und rein zufällig in Kärnten, wo „der Jörg" als Landeshauptmann waltet. Haiders Statthalter in Wien, Vizekanzler und Verkehrsminister Hubert Gorbach, lächelt still: Er hat sich seinen Job in der Privatindustrie längst gesichert.

MANCHE HABEN DIE
NASE VOLL...

ANDERE STRICKEN
DOLCHSTOSS- LEGENDEN

WIRD JETZT ALLES
ANDERS ?

ODER WIRD DER **KURS**
BEIBEHALTEN ?

BZÖ-Krise

Tempo hundertsechzig

(Dezember 2005)

„Ich hab zwar ka Ahnung, wo i hinfahr, aber dafür bin i gschwinder dort." Dies sang einst der unsterbliche Helmut Qualtinger. „Der Halbwilde" hieß jene Ballade vom Halbstarken, der träumte, ein Marlon Brando zu werden – und zwar mittels Erwerbs eines schweren und vor allem schnellen Motorrads.

Das war Mitte der fünfziger Jahre des letzten Jahrhunderts. Plötzlich aber ist Tempo wieder hochaktuell. 130 oder 160 – keine andere Frage versetzt die Nation so heftig in vorweihnachtliche Erregung wie diese. Hubert Gorbach, Vizekanzler und Verkehrsminister, träumt weniger von Marlon Brando als vielmehr vom österreichischen Wähler. Und dessen Stimmen hätte Gorbachs Partei, das glanzlose Bündnis Zukunft Österreich (BZÖ), auch bitter nötig. Wähler fahren Auto. Am liebsten schnell. Mehr Tempo, mehr Wähler, kalkuliert Gorbach. Und da sich in Österreich ohnehin kaum jemand ans Tempolimit halte, so lautet Gorbachs scharfsinniges Argument, könne man dieses genauso gut erhöhen. Normative Kraft des Faktischen.

Unermüdlich eilte der Verkehrsminister von Bundesland zu Bundesland, auf der Suche nach einer Teststrecke für Tempo 160. Doch überall schlugen dem dynamischen Innovator umweltpolitische und andere kleinliche Bedenken entgegen. Zum Glück gibt es Kärnten. Denn der dortige Landeshauptmann und BZÖ-Chef Jörg Haider stellte seinem Parteifreund Gorbach umgehend zwölf eher kurvenreiche Testkilometer auf der Tauernautobahn zur Verfügung. Am liebsten würde Haider Tempo 160 in ganz Kärnten bereits morgen einführen. Denn die beiden Bundesländer, in denen das geltende Tempolimit 130 schon jetzt am eifrigsten überschritten wird, sind Vorarlberg, die Heimat Gorbachs, – und Kärnten.

Kärntner Geisterfahrer

Tempo null

(Juni 2006)

Genau Tempo null betrug die Geschwindigkeit auf dem zwölf Kilometer langen Abschnitt der Tauernautobahn, der als Teststrecke für Tempo 160 vorgesehen war. Aktivisten der Umweltorganisation Greenpeace, politisch unterstützt von den österreichischen Grünen, blockierten die Autobahn auf der Höhe der Ortschaft Paternion nordwestlich der Stadt Villach. Die Demonstranten führten Sicherheits- und Umweltbedenken gegen Tempo 160 ins Feld und trugen Transparente gegen den „Geisterfahrer" Hubert Gorbach mit, der in seiner Funktion als Verkehrsminister die Erhöhung des Tempolimits auf ausgewählten Autobahnteilstücken zu seinem Anliegen gemacht hatte.

Besonders kritisiert wurde die Wahl dieser ersten Versuchsstrecke auf einem lediglich zweispurigen und noch dazu kurvenreichen Autobahnabschnitt. Pikanterweise wurde zugleich mit dem Versuch Tempo 160 auf allen Autobahnen Österreichs eine Plakat-Aktion „Bleib am Leben – geh vom Gas" lanciert.

An der Tauernautobahn wurden diese Plakate allerdings umgehend entfernt – offenbar auf Anordnung des Kärntner Verkehrs-Landesrats Gerhard Dörfler. Mit seiner beherzten Aktion schaffte es der bis dato unbekannte Dörfler erstmals in Zeitungen jenseits der Kärntner Landesgrenzen. Einige Jahre später tauchte sein Name erneut auf: Als Nachfolger Haiders im Amt des Kärntner Landeshauptmanns. Unzweifelhaft hatte sich Dörfler schon damals mit seinem entschlossenen Vorgehen gegen jene Plakate für die ungleich schwierigere Mission des Abmontierens zweisprachiger Ortsschilder in Kärnten qualifiziert.

Sand im Getriebe

Pragmatisierte Faulheit

(Juni 2005)

Das schöne Bundesland Kärnten, das den Rest der Nation immer wieder mit Denkwürdigem beliefert, hat einmal mehr eine beachtenswerte Schlagzeile produziert: Da wurde ein Beamter vom Landesgericht Klagenfurt zu 15 Monaten bedingter Haft wegen Amtsmissbrauchs verurteilt. Nicht etwa, weil er Amtsgeheimnisse ausgeplaudert hätte oder gar leichtfertig mit öffentlichen Geldern umgegangen wäre. Dies bleibt in Kärnten anderen überlassen. Nein, der Mann war ganz einfach – faul.

Eigentlich tat er nur das, was Beamte in den viereinhalb Wochentagen, an denen sie sich in unermüdlichem Einsatz befinden, ohnehin tun: Akten vom einen Ende des Schreibtisches zum anderen schieben und Antragsteller unter präziser Angabe einschlägiger Gesetzesparagraphen an andere Dienststellen verweisen. Die Beamten waren, neben dem Militär, eine der beiden Säulen der k. u. k. Monarchie. Diese ist bekanntlich untergegangen, doch den klingenden Amtstitel „wirklicher" oder gar „vortragender" Hofrat verleiht auch die Republik ihren Beamten, obwohl da längst kein Hof mehr zu beraten ist. An Titeln und Orden herrscht hierzulande kaum Mangel, aber „Pragmatisierung" (Unkündbarkeit) heißt – vorerst noch – das große Privileg des österreichischen Beamten.

Unser Mann in Kärnten allerdings hat den Bogen überspannt: Während dreier Jahre war er erfolgreich bemüht, die Akten auf seinem Pult zu ignorieren. Dies hatte ihm nicht weniger als fünf Disziplinarverfahren eingebracht, bis er vor einem Jahr vom Dienst suspendiert wurde. Immerhin wurde jetzt auch dem säumigen Staatsdiener ein Titel verliehen. Die Medien kürten ihn zum „faulsten Beamten Österreichs". Und das darf etwas heißen.

Amtsschimmels Gnadenbrot

Mehr Licht

(November 2005)

„Mehr Licht" soll Goethes letzter Ausspruch gewesen sein. Witzbolde ergänzen: „Mehr licht (liegt) nicht drin", hätte, weniger feierlich und dafür etwas nüchterner, der volle Satz mit Frankfurter Zungenschlag gelautet – wenn es dem Dichter vergönnt gewesen wäre, ihn zu vollenden. Was die gebildete Nachwelt seit fast zwei Jahrhunderten erfreut, erhält nunmehr in Österreich prosaische Aktualität. Denn neuerdings gilt hier für Automobilisten ganztägige Lichtpflicht, auch bei Sonnenschein.

Die österreichischen Autofahrer halten sich weitgehend an die neue Vorschrift. Nur die aufmüpfigen Tiroler mögen zuweilen ihre Scheinwerfer nicht einschalten – zumindest dann nicht, wenn die Sonne scheint. Auch stellt die Polizei besorgt „ein gewisses Rudelverhalten" fest: Wenn ein Autofahrer ohne Licht entgegenkomme, schalteten andere sofort ihre eigenen Lichter aus.

Die angedrohten Strafen sind allerdings kaum allzu drastisch: 15 Euro für Dunkelfahrer. Außerdem gilt eine Schonfrist bis April. Überhaupt wird dem fehlbaren Automobilisten hierzulande mitunter erfreuliche Milde anstelle unnachgiebiger Strenge zuteil. So wurde dem Schreibenden erst kürzlich eine Geschwindigkeitsbuße innerorts mit der Begründung großmütig erlassen, „der Beschuldigte" zeige „eine geständige Verantwortung". So gibt es, und das ist ja gerade das Sympathische an Österreich, zu manchem Vergehen einen Gnadenakt und zu (fast) jeder Regel eine Ausnahme. So auch zu dieser: Von der Scheinwerferpflicht am Tag befreit sind „sehr alte und damit historische Fahrzeuge, die über keine Beleuchtung verfügen".

Aus für Licht am Tag

Wie von Canaletto gemalt

(Juni 2005)

E in Zufall ? Das Wiener Kunsthistorische Museum zeigt gegenwärtig eine umfassende Schau des Werks des Vedutenmalers Bernardo Bellotto, der den berühmten Beinamen seines Onkels und Lehrmeisters, Canaletto, übernahm. Auf drei Gemälden aus den Jahren 1759/60 ist aus zwei Perspektiven ein Barockschloss inmitten weitläufiger Parkanlagen dargestellt, das bis vor kurzem wenig bekannt war: Schloss Hof. Die Gemälde zeugen von einer heiteren bukolischen Welt fernab der kaiserlichen Metropole Wien. Eine vierspännige Kutsche ist im Ehrenhof vorgefahren, Damen in üppigen Gewändern und ein galanter Herr mit Dreispitz schreiten zwischen Springbrunnen und mächtigen Steinlöwen hindurch, am linken Bildrand in angeregtem Gespräch zwei Diener in ländlicher Gewandung, und erst bei genauerem Hinsehen wird eine ärmlich gekleidete Figur erkennbar, die am Brunnenrand rastet, und auch ein eher derbes Liebespaar, das die Szene von der Balustrade herab beobachtet. Kulissenwechsel: Schlosspark. Um das Bassin, inmitten der streng gegliederten Parkanlagen, promenieren adlige Herrschaften, die Herren mit weiß gepuderten Perücken, die Damen mit Fächern.

Phönix aus der Asche

Noch im aktuellen Katalog zur Canaletto-Ausstellung heißt es: „Der Garten selbst ist heute verwüstet und in seiner Struktur nur mehr ungefähr zu rekonstruieren, zumal sich das, was von den Gartenskulpturen hier noch übrig ist bzw. an andere Orte verbracht wurde, zum Teil in erbärmlichem Zustand befindet." Doch diese Sätze sind, kaum wurden sie gedruckt, glücklicherweise schon überholt. Fast ein Vierteljahrtausend nachdem Canaletto die Szenen festgehalten hatte und just während diese Bilder in Wien zu sehen sind, erwacht jetzt Schloss Hof nach jahrzehntelangem Vergessen aus seinem Märchenschlaf. In alter Pracht, für 25,5 Millionen Euro aus der Staats- und der Landeskasse akribisch und liebevoll restauriert, doch vorerst noch ohne die Patina, die auf der Schlossfassade in Canalettos Bildern sichtbar wird, ist Schloss Hof im Marchfeld erstanden. Und die barocke Lebensfreude mit ihrer heiteren Eleganz, die uns aus jenen Bildern so lebendig entgegenströmt, dass wir vermeinen, ganz leis die Klänge eines Menuetts zu vernehmen, auch diese Lebenslust soll wieder einkehren in Schloss und Gärten: Als „Festschloss" wird Schloss Hof der Öffentlichkeit präsentiert, als „barocke Erlebniswelt", eine knappe Fahrstunde von

Wien entfernt. Ohne das Attribut „Erlebnis" verkauft sich im erlebnishungrigen Österreich von heute kein Tourismusprodukt, sei es Hotel, Thermalbad oder Wanderweg.

Schloss Hof war das Lieblingsschloss des „Edlen Ritters", des großen Feldherrn, Staatsmannes und „dilettierenden" Universalgelehrten, Liebhaber der Künste und vor allem der Baukunst: Eugen, Prinz von Savoyen, eine der bedeutendsten Figuren der österreichischen Geschichte. 1663 wurde er in Paris geboren, als illegitimer Sohn des Sonnenkönigs Ludwig XIV., wie von Historikern angenommen wird. Hätte der französische König damals gewusst, wen er da wegen seiner Schmächtigkeit und seiner geringen Körpergröße als Militärkommandanten zurückwies! Eugen verließ Frankreich nach dieser schmachvollen Ablehnung umgehend, trat ins kaiserliche Heer der Österreicher ein, erwarb sich Verdienste um die Befreiung Wiens von der Türkenbelagerung und hernach Ruhm als siegreicher Oberbefehlshaber in den Türkenkriegen. Er baute Befestigungen um die Hauptstadt und diente drei Kaisern als Ratgeber. Seine private Büchersammlung, die „Eugeniania", ist im Prunksaal der Nationalbibliothek zu sehen. Im Wiener Schloss Belvedere richtete er eine Menagerie samt Löwen ein, Vorläufer des Schönbrunner Tiergartens.

Als Bauherr war der mittellos nach Wien gekommene, schon zu Lebzeiten zur Legende gewordene Volksheld Auftraggeber der namhaftesten Architekten seiner Zeit: Fischer von Erlach und Johann Lukas von Hildebrandt, der Schloss Hof 1726 bis 1732 nach seinen Vorstellungen umbaute. Prinz Eugen hatte das frühere Kastell „mit merklicher Überzahlung" erworben, wie uns die Annalen berichten. Schloss und Umgebung müssen dem Staatsmann ganz besonders ans Herz gewachsen sein. Vielleicht hatte es ihm der Blick auf die romantische Ruine Theben angetan, die am Horizont den Weg nach Osten weist.

Nach des Prinzen Tod im Jahr 1736 wechselte Schloss Hof mehrfach den Besitzer, geriet in die Hände von, wie es heißt, „vergnügungssüchtigen Prinzen", wurde Schauplatz aufwendiger Festlichkeiten für Adel und Kaiserhof, der die weite Reise aus der Residenzstadt Wien aufs Land nicht scheute, um sich hier in barocker Manier zu amüsieren. Schließlich kaufte Kaiser Franz Stephan 1755 das Schloss, es wurde zum bevorzugten Jagdschloss und dann auch zum Witwensitz seiner Gattin, Kaiserin Maria Theresia. Das vielleicht größte Fest wurde hier 1766 gefeiert: die Hochzeit ihrer Lieblingstochter Maria-Christine mit Herzog Albert von Sachsen-Teschen.

All diese Erinnerungen schwingen mit, wenn man die zu neuem Leben erwachten Prunkräume betritt und durch die langsam wieder erwachenden Gärten promeniert. In mühevoller Kleinarbeit war es gelungen, die in alle Winde zerstreuten originalen Möbel, Bilder, Stoffe und Tapisserien wieder zu versammeln und nicht nur die Räume, sondern auch ein Stück weit die Atmosphäre von damals wiederherzustellen.

Einen Raum allerdings hat der Geschäftsführer von Schloss Hof, Kurt Farasin, der sich mit fachkundiger Geschmackssicherheit und vorbehaltlosem Einsatz der Wiederherstellung „seines" Schlosses gewidmet hat, in jenem Zustand belassen, in dem er ihn vor der Renovation vorgefunden hatte – als eindrückliches Dokument des Vorher und Nachher. Auch die Schlosskapelle bleibt glücklicherweise unrenoviert und so mit ihrer ganzen Patina erhalten. Diskret, bisweilen mit subtil eingespielter Geräuschkulisse, wird dem Besucher das höfische Leben von damals vor Augen geführt.

Auf der großartigen, siebenstufigen Freiluftbühne der Gartenanlage sollen bald schon die prunkvollen Festivitäten von damals wiedererstehen. Im Laufe der Jahrhunderte hatte dieser vielleicht prächtigste aller Gärten der Habsburger und mit 50 Hektaren eine der größten Barock-Parkanlagen Österreichs unter einer ganz gewöhnlichen Wiese geschlummert. Nach den erhaltenen Originalplänen und sicher auch aufgrund der Canaletto-Gemälde wurden die gigantischen Orientteppiche der ornamentalen Beete aus weißem Marmor, schwarzer Kohle und dunkelroten Ziegelfragmenten aufwendig wiederhergestellt – ein gartenhistorisches Unternehmen von Weltrang. 47.000 Buchsbäumchen und 14.000 blühende Büsche wurden eingesetzt. Viele der Blumensamen kommen von weit her: aus dem Garten, den der amerikanische Präsident Jefferson in Monticello (Virginia) anlegen ließ und wo sich die Pflanzen reinsortig und unveredelt jahrhundertelang erhalten haben. Kein Aufwand wurde gescheut.

Barocker Alltag

Das treffsichere Geschick des Direktors Farasin widerspiegelt sich selbstverständlich auch in all den Dingen, die nicht zum Historischen, sondern zur touristischen Infrastruktur der Anlage gehören. Der obligate „Shop" ist eine Fundgrube des guten Geschmacks und mancher Kuriositäten, das Angebot ist mit dem Sortiment des üblichen miefigen Souvenirladens nicht zu vergleichen. Hier wird deutlich, wie erfolgreich sich Farasin an den großen Vorbildern von English Heritage und National Trust orientiert hat. Aber auch die Cafeteria, natürlich mit köstlichsten Torten aus der Wiener Mehlspeisen-Schatzkammer bestückt, und das Restaurant, das mit seiner raffinierten „Haubenküche" allein schon die Reise ins Marchfeld wert wäre, sprechen von der großen Liebe selbst zum kleinsten Detail.

Schloss Hof ist bei aller historischen Authentizität kein Museum. Gartenfeste in allen Größen und Preislagen samt köstlichen Barockmenüs in vielen Varianten werden in diesem einmaligen Ambiente angeboten. Der teils restaurierte, teils im romantischen Originalzustand belassene „Meierhof" fasst einen Streichelzoo mit alten Haustierrassen; altösterreichische Pferde und Walachenschafe sind da zu sehen, und – was wäre eine Barockwelt ohne Exotik – von fern nimmt man Kamele aus, die majestätisch durch die Parklandschaft schreiten. Kinder spielen am Gänseteich, Kutschenfahrten durchs Gelände werden angeboten und Werkstätten alten Stils sowie eine Kräuterapotheke bringen dem Besucher den Alltag der barocken Welt jenseits der Prunkappartements und Parkanlagen näher.

Wer das Schloss durch den Haupteingang betritt, ist mit seinem Mobiltelefon im österreichischen Netz. Am Ausgang Richtung Garten zeigt das Display an, dass man sich bereits im slowakischen Netz befindet. Von hier gleitet der Blick über die Weite der gleichsam noch brachliegenden Parkanlagen, bis er am Horizont jäh an Grenzen stößt: klotzige Hochhäuser, monströse Fabrikanlagen im nahen Bratislava, der slowakischen Hauptstadt. Der Besucher wird daran erinnert, dass er sich hier noch vor wenigen Jahren am Ende einer Welt befunden hätte: In Sichtweite des Schlosses, zum Greifen nahe, verlief der Eiserne Vorhang – das tödliche Dornengebüsch, hinter dem Schloss Hof seinen Dornröschenschlaf gehalten hatte, aus dem es heute in neuer Pracht und mit festlichem Jubel erwacht ist. Das prunkvolle schmiedeeiserne Tor, das sich jahrzehntelang in Wien im Schloss Belvedere befunden hatte, ist heute wieder ein offenes Portal zwischen Ost und West. Und Schloss Hof, jahrzehntelang ein verkümmertes Dornröschenschloss am Weltenrand, wird wieder glanzvoller Mittelpunkt.

Gefangenenlektüre

(November 2005)

Es war ein beachtlicher Coup, der da den österreichischen Justizbehörden gelang, als Beamte der steirischen Autobahnpolizei den britischen Holocaust-Leugner David Irving dingfest machten. Der größte Fang seit Richard Löwenherz, wird immerhin gesagt. Das stattliche Lösegeld, das damals für die Freilassung der englischen Geisel ausgezahlt wurde, finanzierte seinerzeit den Bau von Wiener Neustadt sowie der mittelalterlichen Stadtbefestigungen Wiens. Die international akklamierte Verhaftung David Irvings war auf andere Weise ertragreich. Fast hätte sie die kleinen Pannen vergessen lassen, die das Jubiläumsjahr 2005 überschattet hatten – aber eben nur fast.

Einen Sommer lang hatte das Gespann Gudenus/Kampl[11] im Bundesrat dem wohlinszenierten Jubiläum die Schau gestohlen – von „wissenschaftlichen" Zweifeln an den NS-Gaskammern faselnd der eine, dunkel über „brutale Nazi-Verfolgungen" nach dem Krieg fantasierend der andere. Ein Do-it-yourself-Großhändler bot ein Gartenhausmodell namens „Mauthausen" an – mitten im „Gedankenjahr". Und als neuesten Beitrag zum gedankenschweren Jubiläumsjahr erklärt nun der ehemalige Präsident der Kärntner Finanzlandesdirektion Siegfried Lorber in einem Leserbrief an die Kirchenzeitung „Der Sonntag", das österreichische KZ Mauthausen sei nachweislich erst nach dem Krieg für touristische Zwecke errichtet worden.

Aber ein Irving lässt sich seine Pointe nicht nehmen. Er berichtet, in der Gefängnisbibliothek der Grazer Justizanstalt habe er zu seiner Begeisterung zwei seiner Hauptwerke entdeckt und diese umgehend mit einer persönlichen Widmung versehen. Hier sprach Irving die Wahrheit, ausnahmsweise – und, für die österreichischen Justizbehörden, peinlicherweise.

282

11   Siegfried Kampl, Bürgermeister von Gurk (Kärnten) und FPÖ-Bundesrat. Öffentliches Aufsehen
     verursachte eine Rede Kampls im Bundesrat am 14. April 2005 – ausgerechnet inmitten des „Ge-
     denkjahres" –, in der er sich gegen die Rehabilitierung von Wehrmachtsdeserteuren aussprach, die
     er als „zum Teil Kameradenmörder" klassifizierte. Auch stellte Kampl die Behauptung auf, dass es
     nach dem Ende der NS-Herrschaft und des Zweiten Weltkrieges in Österreich zu einer „brutalen
     Nazi-Verfolgung" gekommen sei. John Gudenus, Oberst des österreichischen Bundesheeres und
     FPÖ-Bundesrat. Im April 2006 wegen NS-Wiederbetätigung verurteilt, weil er den Holocaust leug-
     nete bzw. gröblich verharmloste.

„Cobra"

(Dezember 2005)

Wir verlassen die Südautobahn wenige Kilometer von Wien entfernt. Biegen ab vor einem Palisadenzaun: „No Name City" – verheißungsvoller Name jener Wildweststadt, in der sich Wochenende für Wochenende Cowboys und Indianer dramatische Pistolenduelle mit Platzpatronen liefern, zur Gaudi von Groß und Klein. Kurz danach taucht rechter Hand eine Umzäunung auf, an deren Ernsthaftigkeit nicht zu rütteln ist: Der Doppelzaun mit Video-Überwachungsanlagen und allerlei elektronischen Finessen ist zweifellos keine Kulisse. Nach genauen Kontrollen passieren wir das Eingangstor und betreten eine Welt der Perfektion und der Professionalität: Einsatzkommando „Cobra".

Ehemals „Gendarmeriekommando Bad Vöslau"

Nach ihrer jüngsten Reform zählt die Truppe 376 Beamte und Beamtinnen. Auf knapp 25.000 Österreicher kommt somit ein „Cobra"-Angehöriger, der in Extremfällen für deren Sicherheit sorgen soll. Als solche werden betrachtet: Flugzeugentführungen, Geiselnahmen, Amokläufe, grenzüberschreitende Kriminalfälle, Festnahmen von Gewalttätern und Zugriffe nach Observationen. Zudem wird die „Cobra" zum Schutz gefährdeter Personen sowie österreichischer diplomatischer Missionen eingesetzt. Die „Cobra"-Leute werden bei Flügen österreichischer Gesellschaften auch als Sicherheitsbegleiter eingesetzt. Aber auch bei Naturkatastrophen, bei schweren Lawinenabgängen und Hochwassern, wie bei den großen Überschwemmungen im August 2002, kam die „Cobra" zum Einsatz.

Die Sondereinheit ist seit der Reform im Juli 2005 auf fünf Standorte in Wiener Neustadt, Wien, Linz, Graz und Innsbruck und zusätzlich drei operative Außenstellen in Feldkirch, Salzburg und Klagenfurt verteilt: Jeder Punkt in Österreich soll in spätestens 70 Minuten erreicht werden; die maximale Distanz zu den möglichen Einsatzorten beträgt 100 Kilometer. Die Einheit ist international vernetzt und „eurokompatibel"; daher ist eine effiziente Koordination grenzüberschreitender Einsätze jederzeit möglich. Aus- und Weiterbildung der Einsatztruppe sind in ganz Österreich standardisiert. Die Polizei kann systematisch von Know-how-Transfers aus der „Cobra" profitieren.

Vorläufer der „Cobra" war das im Mai 1973 aufgestellte „Gendarmeriekommando Bad Vöslau". Die kleine Spezialeinheit hatte die Aufgabe, die Transfers jüdischer Emigranten aus der damaligen Sowjetunion vom Wiener Ostbahnhof zu zwei Flüchtlingslagern abzusichern, wo die Auswanderer provisorisch untergebracht waren. Zudem wurde die Truppe zum Schutz von Flugzeugen der israelischen Gesellschaft El Al eingesetzt, mit denen die Auswanderer nach Israel weiterreisten. Schon ein halbes Jahr nach Gründung des Kommandos, im September 1973, nahmen schwerbewaffnete Angehörige der palästinensischen Splitterorganisation „As-Saika" ein jüdisches Emigrantenehepaar und einen österreichischen Zollbeamten als Geiseln. Von da an sicherte das Gendarmeriekommando auch die Transfers ab den Grenzbahnhöfen Marchegg und Hohenau und wurde personell aufgestockt.

Im September 1974 wurde die Truppe in „Gendarmeriekommando Wien" umbenannt. Der Schock des Überfalls auf die OPEC in Wien im Dezember 1975 und dann die Entführung und Ermordung des deutschen Arbeitgeberpräsidenten Hans-Martin Schleyer durch Angehörige der Terrororganisation Rote-Armee-Fraktion sowie die Entführung der Lufthansa-Maschine „Landshut" nach Mogadischu mit anschließender Stürmung des Flugzeuges und Befreiung aller Geiseln durch Angehörige der deutschen Einsatztruppe GSG 9 führten noch im Herbst 1977 zum Beschluss der österreichischen Regierung, ebenfalls eine schlagkräftige Anti-Terror-Einheit aufzustellen. Schon Anfang 1978 wurde die damals 127 Mann starke Einheit etabliert. Gendarmeriebeamte aus dem gesamten Bundesgebiet konnten sich zum Dienst bei der neuen Einheit melden.

Die James Bonds der Alpenrepublik

Wenn man sich mit den großgewachsenen, höflichen jungen Männern unterhält, wird sofort deutlich: Beim freiwilligen Einsatz dieser Gendarmerie- bzw. Polizeiangehörigen bei der „Cobra" geht es ausschließlich um Enthusiasmus für eine spannende Aufgabe und die Freude an der Herausforderung. Die Ausbildung ist hart und verlangt den Männern und Frauen das Letzte an körperlicher und geistiger Fitness ab. Die Einsätze sind mitunter sehr gefahrvoll, die Einsatzzeiten lang. Doch zusätzliche Besoldung zu den üblicherweise 1500 Euro netto monatlich ist nicht vorgesehen. „Kein Cent mehr" liege drin, sagen die jungen Leute nüchtern: Beim Einsatz in der „Cobra" spielt neben Berufsstolz auch eine Portion Idealismus mit – und die Bereitschaft, einen Teil des Privatlebens dieser Aufgabe zu opfern.

Die Grundausbildung bei „Cobra" dauert sechs Monate. Täglich sind vier bis fünf Stunden Sport vorgesehen. Großgeschrieben wird der Teamgeist. Nahkampfübungen, Schulung an modernen Waffen und auch eine gründliche Tauchausbildung gehören ebenso ins Pflichtenheft wie Theoriestunden.

Regelmäßig wird die physische Tüchtigkeit überprüft. Wer die Anforderungen nicht mehr erreiche, gehe zurück zur Polizei, sagen die Ausbildner. Üblicherweise verpflichten sich die „Cobra"-Leute für fünf Jahre. Die meisten von ihnen gehören der Alterskategorie 20 bis 30 an; der älteste „Cobra"-Angehörige in Wiener Neustadt ist 44-jährig.

Die „Cobra"-Leute geben zum Abschluss unseres Besuches eine Probe ihres Könnens: Der 20 Meter hohe Betonturm wird von vier Seiten unterschiedlicher Beschaffenheit mit akrobatischem Geschick und in atemberaubendem Tempo erklommen. Dann Abseilen, mit den Stiefeln wird die Fensterscheibe eines Innenraumes zerschmettert. Diese Leute sind zweifellos topfit. Noch mehr fühlt man sich an einen Action-Film erinnert, als ein Handgranatenangriff auf eine zu schützende Persönlichkeit supponiert wird: Die „Cobra"-Eskorte zerrt den Mann blitzschnell in ein Begleitfahrzeug, dieses dreht sich 180 Grad um die eigene Achse und braust mit kreischenden Reifen davon – in Sicherheit.

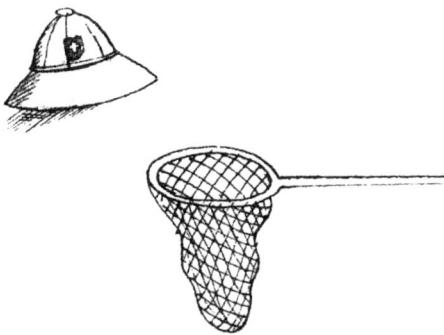

Ein bisserl Revolution

(Dezember 2005)

Die österreichischen Grünen sind in der Krise. Obwohl, ganz wie bei den deutschen Nachbarn, die Krise sich hochpolitischer Terminologie bedient und wichtig von „Fundis" und „Realos" spricht, ist es doch in manchem eine durch und durch österreichische Krise.

Der nationale Vorsitzende oder „Bundessprecher" der Grünen, Professor Alexander Van der Bellen, ist gleichsam die gemütlich-menschliche Antithese zum knallharten und stets hektischen Politiker – und genau deshalb fliegen ihm selbst die Herzen all jener Wähler zu, die ihn im Ernstfall des Urnengangs keinesfalls wählen würden. Auf dem Höhepunkt des Wiener Wahlkampfes, in einem Einkaufszentrum des heißumkämpften Arbeiterviertels Kagran, war der Professor nirgendwo zu finden – bis er in einer winzigen Buchhandlung auftauchte, wohin er sich vor dem profanen Trubel des Shoppingcenters geflüchtet hatte. Dort hielt er stumme Zwiesprache mit einem Regal voll Reclam-Bändchen, während sich wenige Meter entfernt der Rechtspopulist Heinz-Christian Strache gnadenlos einen potenziellen Wähler nach dem anderen vorknöpfte.

So recht österreichisch fiel nach dem enttäuschenden Wahlergebnis auch die parteiinterne Kritik an den Grünen aus. Die Gründerin der grünen Bewegung, Freda Meissner-Blau, forderte die junge Generation der Grünen eindringlich auf, sie solle sich doch „ein bisserl radikalisieren". Österreich dürfte die einzige Nation der Welt sein, wo man sich das tatsächlich vorzustellen vermag: ein bisserl Revolution. Die Erklärung seines Kanzlers Metternich, dass es sich bei dem Lärm vor den Fenstern der Hofburg im Jahr 1848 um eine Revolution handle, soll der verdutzte Kaiser Ferdinand I. („der Gütige") bekanntlich mit der Frage quittiert haben: „Ja dürfen s' denn des ?"

Der Professor und seine grünen Freunde

Schweigekanzler

(Dezember 2005)

„Sei standhaft, duldsam und verschwiegen!" lautet die weise Lehre der drei Knaben aus der „Zauberflöte". Wie der jugendliche Prinz Tamino beschreitet bald auch der österreichische Bundeskanzler Schüssel gefahrvolle Pfade und will sich schweren Prüfungen unterziehen. Doch der Kanzler ist bestens gerüstet für seinen Aufbruch ins Jahr Mozarts und der EU-Präsidentschaft. Standhaftigkeit hat er hinlänglich bewiesen, und duldsam war er stets, egal wie wild der freiheitliche Koalitionspartner sich gebärden mochte.

Jetzt hat das Institut für Germanistik der Universität Graz auch die dritte und edelste dieser Tugenden gewürdigt: „Schweigekanzler" wurde zu Österreichs „Wort des Jahres" gekürt. Plappermaul Papageno, kurzzeitig per Vorhängeschloss zum Schweigen gebracht, unterlag hingegen knapp: „Vogelgrippe" kam bloß auf Platz zwei. Feinfühlig diagnostizierte die Grazer Jury einen Widerspruch zwischen den „Erwartungen, die an ein zentrales politisches Amt gestellt" würden, und dem „zuweilen gegenläufigen Eindruck" einer „zurückhaltenden Mitteilungsbereitschaft", ja „verbalen Sparsamkeit" des Kanzlers.

Und doch, gerade im Verlauf des zu Ende gehenden „Gedankenjahres" hat der Schweigekanzler manch mutiges Wort geäußert. So qualifizierte Wolfgang Schüssel die Ausfälle des iranischen Präsidenten Ahmadinejad über Israel und den Holocaust immerhin als „Entgleisung". Denn „die Lösung der jüdischen Frage" werde, bemerkte der Kanzler in Radio Ö3, „sicher nicht so stattfinden können". Die Antwort auf diese „Frage" wird er uns im neuen Jahr gewiss nicht verschweigen.

Reklamation

Vom Knopfkönig zur Leichwendfeier

(Januar – Dezember 2004)

Das Ende des Knopfkönigs

(Mai 2004)

Allmählich verschwinden in Wien viele der letzten Traditionsgeschäfte, die über ein Jahrhundert in Familienbesitz gestanden und noch den Kaiserhof beliefert hatten. An ihre Stelle treten Allerwelts-Boutiquen und Ramschläden mit Touristenkitsch.

Am Wiener Heldenplatz steht der violette Flieder in voller Blüte, Ströme von Touristen gliedern sich, kaum den Reisebussen entstiegen, unter der Hofburg-Kuppel diszipliniert in Sisi-Nostalgiker (links) und Lipizzaner-Freunde (rechts), die Fiaker wissen sich nach der Winterflaute plötzlich vor der Kundschaft kaum zu retten und trösten sich ein bisserl darüber hinweg, dass ihre Pferde auf Geheiß der Stadtverwaltung ab Juni Pferdewindeln anzulegen haben – andernfalls droht ihnen eine Buße von bis zu 3500 Euro. In der Fußgängerzone zwischen Michaeler- und Stephansplatz ist wieder der alljährliche Streit um die ausufernden „Schanigärten", die Kaffeehausterrassen, ausgebrochen. Kurz, der Frühling, Wiens liebste Jahreszeit, hat wieder Besitz von der Donaumetropole ergriffen. Und alles gedeiht, blüht üppig und floriert.

Vornehme Alte Welt

Alles? Gerade dort, wo Wien am berühmtesten und belebtesten ist, im „goldenen Dreieck" zwischen Kohlmarkt, Graben und Kärntner Straße, hat ein langsames, aber verheerendes Sterben eingesetzt, das nur den wenigsten Besuchern auffällt, aber den alteingesessenen Wienern kaum entgeht. Die Signale sind deutlich: Ausverkauf. Mitten in der Saison. Braun & Co., dieses einst edelste aller Modehäuser, in einem der prunkvollsten, 1887 im Stil der Gründerzeit erbauten Paläste am noblen Graben, verschleudert seine teure Ware zu immer noch respektablen Preisen.

Noch prangen über der edlen Messing-Drehtür in goldenen Lettern die Namen jener Städte, die Symbole waren für die untergegangene vornehme Alte Welt: Berlin, Karlsbad, Prag. 1892 war die Firma von den Brüdern Emanuel und Josef Braun gegründet worden, 1911 wurde sie von Seiner Allerhöchsten Kaiserlichen Majestät

Franz Joseph I. zum kaiserlich-königlichen Hoflieferanten ernannt, 1938 „arisiert" – also der jüdischen Besitzerfamilie geraubt – und in der Nachkriegszeit „restituiert". 1962 war Braun & Co. an die dritte Generation der Familie gegangen. Im Dezember 2000 übernahm ein bekannter Wäschekonzern das Haus mit seinen 1500 Quadratmetern Verkaufsfläche. Bei einer kostspieligen Totalrenovation büßte der unter Denkmalschutz stehende Bau viel von seinem altmodischen Charme ein. Jetzt übernimmt ein gesichtsloser Textilkonzern, dessen Filialen in fast jeder europäischen Stadt zu finden sind, das Gebäude.

Des Königs Knöpfe für den Kaiser

Wenige Schritte weiter, gleich um die Ecke beim Petersplatz, spielt sich auf nur 30 Quadratmetern ein ähnliches Drama ab. Nicht weniger als 160 Jahre, über viele Generationen hinweg, hatte sich der alte Knopfkönig, die „älteste Knopf-Niederlage der Haupt- und Residenzstadt Wien", im Besitz der Familie Frimmel befunden. Auch Knopfkönig Alois Frimmel war anno 1911 Hoflieferant Seiner Majestät geworden. Seither prangt stolz inmitten des wunderbaren Geschäftslokals mit seinen alten Leuchtern, seinen vielen Fächern und kleinen Schubladen, der von hölzernen Säulen umrahmten „Cassa" der große, goldene Doppeladler der Monarchie. Der „Kaffeehausliterat" Peter Altenberg soll während Jahren täglich hergekommen sein und auf dem Verkaufspult mit Büffelhornknöpfen herumgespielt haben, wohl um sich jene Inspiration zu holen, die er dann im nahen Café Central (wo man ihn heute als lebensgroße Figur begrüßen kann) zu Literatur werden ließ.

Die 73-jährige heutige Besitzerin, Erika Frimmel, will sich ins Privatleben zurückziehen. In wenigen Tagen wird Wien um eine einzigartige Kuriosität ärmer sein. Das Interieur aus dem Jahr 1844 gehöre ins Museum, der Denkmalschutz zeige Interesse, doch zahlen wolle keiner, klagt sie. Berühmte Schauspieler und vor allem der Adel, der Hochadel gar, seien hier ein und aus gegangen. Längst sind die Zeiten vorbei, da ein Knopf noch ein Schmuckstück war. Unwiderruflich vergangen die Zeit, als hier die kaiserlichen Kammerdiener an ihrer Livree und Offiziere an ihren Uniformen die Goldknöpfe ersetzten. Doch bis heute, so betont Frau Frimmel stolz, gibt es in ihrem Geschäft keinen Kunststoff, dafür echte Perlmutter-, Büffel- und Hirschhorn- sowie Steinnussknöpfe. Aber Ersatzknöpfe werden kaum mehr verlangt; sie werden heutzutage mit den Kleidungsstücken mitgeliefert. Reiß- und Klettverschlüsse ersetzen vielfach die Knöpfe. Der Knopfkönig steht in allen besseren Reiseführern; Touristen kommen von früh bis spät, fotografieren, bewundern das riesige, auf 3500 Schachteln verteilte Sortiment – und gehen, ohne auch nur einen einzigen der insgesamt wohl gegen eine Million Knöpfe erworben zu haben.

„Demel's" vergangene Größe

Aber diese beiden legendären Geschäfte sind leider kein Einzelfall. Von den knapp 500 Geschäften im „goldenen Dreieck" in der Wiener Innenstadt hat in den letzten sechs Jahren knapp ein Fünftel den Besitzer gewechselt und dabei fast immer den traditionellen Charakter eingebüßt. Die Buchhandlung Prachner, der traditionsreiche Fleischhauer Weishappel am Petersplatz, der Schreibwarenhändler Huber & Lerner und bald auch die britisch angehauchten noblen Modehäuser House of Gentleman und House of England am Kohlmarkt, die Buchhandlung Gerold am Graben, verschiedene Kaffeehäuser. Die Besitzer ziehen sich aus Altersgründen zurück, Erben gibt es keine, und die sprunghaft gestiegenen Mieten sowie astronomisch hohen Ablösesummen können nur international tätige Konzerne zahlen.

So stößt man auf der Wiener Nobelmeile immer mehr auf Boutiquen, die es überall gibt; dazwischen zunehmend Ramsch und Kitsch von Mozart bis Klimt, Hundertwasser und Sisi für anspruchslose Touristen. Was aber besonders schmerzt, ist, dass sich der „k. u. k. Hofzuckerbäcker Ch. Demel's Söhne" am Kohlmarkt, der immerhin seit 1786 existiert, dem schnöden Kommerz-Trend des 21. Jahrhunderts angebiedert hat. Wo man einst mit der Großmutter andächtig in prächtigen Rokoko-Räumen die Schokolade mit Schlagobers geschlürft hatte, sind jetzt Verkaufsräume eingerichtet. Die nach wie vor köstliche Schokolade und den klassischen „Einspänner" servieren die „Demelinerinnen" jetzt im ersten Stock, in einer deutlich banaleren Umgebung, aber immer noch im traditionellen schwarzen Kleid – und selbstverständlich wird der Gast nach wie vor mit ausgesuchter Zuvorkommenheit bedient, die immer noch in der althergebrachten Formel zum Ausdruck kommt: „Haben schon gewählt?"

Sisi – Mythos und Realität

(April 2004)

Mit einem als „Inszenierung" gestalteten kleinen Museum soll den Besuchern der Kaiserappartements in der Wiener Hofburg die Doppelexistenz der Kaiserin Elisabeth bewusst gemacht werden. Sisi wird zum idealisierend-verkitschten Mythos und zur historischen Figur – ihrer Zeit weit voraus.

Kein Zufall war die Wahl des Datums: Am 24. April, auf den Tag genau 150 Jahre nach der Vermählung des jungen Kaisers Franz Joseph mit der 16-jährigen Elisabeth, ist in der Wiener Hofburg unter enthusiastischer Teilnahme der Weltpresse das von Touristen aller Länder herbeigesehnte Sisi-Museum eröffnet worden. Das neue Sisi-Museum, eigentlich eine Art Präludium in sechs Räumen zum Schauspiel der frisch restaurierten Kaiserappartements, soll dem üblicherweise an der Kaiserin mehr als am Kaiser selbst interessierten Besucher diese legendenumwobene Figur näherbringen. Genauer: Der Mythos Sisi – dies ist die historisch korrekte Schreibweise des Kosenamens von Elisabeth – soll illustriert, bewusst gemacht und mit der „wirklichen" Kaiserin konfrontiert werden.

Todesahnung und Todessehnsucht

Dafür wurde eine neue Form gewählt – jene der quasi-theatralischen „Inszenierung", unter Verwendung zeitgemäßer akustischer und optischer Mittel. Konsequenterweise hat hier nicht ein traditioneller Museumsarchitekt den Ton angegeben, sondern ein Mann des Theaters, der Bühnenbildner Rolf Langenfass, der technische Direktor des Theaters in der Josefstadt. Der kurze Rundgang durch das von Tragik und Wehmut, Flucht und Poesie erfüllte Leben der schönen Kaiserin beginnt mit dem Tod, mit der (wohl nicht ganz authentischen) Totenmaske, und endet mit dem Tod, genauer mit dem Original-Mordinstrument, das der italienische Anarchist Luigi Lucheni am 10. September 1898 der 60-jährigen Kaiserin in die Brust gestoßen hatte, als sie in Genf das Dampfschiff zurück nach Montreux besteigen wollte. Das Instrument heißt „Dreikant-Feile mit Holzgriff", temporäre Leihgabe des Wiener Gerichtsmedizinischen Instituts.

Tragisch wie letztlich ihr Leben war ihr Tod. Denn Luigi Lucheni war eigentlich nach Genf gekommen, um den Prinzen Henri von Orléans zu ermorden. Elisabeth hatte sich nur eine Nacht und unter einem gräflichen Pseudonym in Genf aufgehalten, doch eine lokale Zeitung hatte ihr Geheimnis gelüftet, und Lucheni verlegte seine Mordpläne umgehend auf ein unvergleichlich mehr Aufsehen verheißendes Opfer. „Eine entsetzliche, niederschmetternde Nachricht, soeben eingetroffen", stammelte tags darauf die Extraausgabe der „Neuen Freien Presse" in Wien.

Todesahnung, ja Todessehnsucht dieser ungewöhnlichen Frau, die in vieler Hinsicht ihrer Zeit um Jahrzehnte voraus war, finden in den Gedichten Ausdruck, die jahrzehntelang das wohl gehütete Geheimnis des Schweizerischen Bundesarchivs in Bern geblieben waren. In einem der Verse, die den Besucher durch die Räume des Museums geleiten, bezeichnete sie sich als „ein Sonntagskind, ein Kind der Sonne", der sie Thron und Krone zu verdanken habe – „doch wenn sie schwindet, muss ich sterben". Elf Jahre bevor sie auf jenem Dampfschiff, das sie mit letzter Kraft erreicht, tot zusammenbricht, ahnt die Kaiserin: „Ich kann den Strand nicht mehr erreichen . . . Ich fühle meine Kräfte weichen, mein Atem glüht".

Weltflucht und Eitelkeit

Eine Vielzahl von Exponaten illustriert den romantisch-schauerlichen Mythos, genährt von gewaltsamem Tod und unglücklicher Liebe: verkörpert in kleinen Gipsstatuetten, gemalt auf Teetassen, schwärmerisch in Groschenromanen geschildert und in zahlreichen Verfilmungen, die doch nur ein kolorierter Abklatsch der historischen Person geblieben sind. Deshalb wird hier Sisi immer wieder als Silhouette, als schattenhafte Figur präsentiert, die sich zunehmend den Blicken der Öffentlichkeit entzogen hatte. Stets war sie auf der Flucht; das Museum dokumentiert Stationen, Zielpunkte und Vehikel. Im Mittelpunkt steht die Nachbildung des Interieurs jenes einzigen noch erhaltenen Salonwagens der Kaiserin (das Original befindet sich im Technischen Museum Wien).

Vor den zeremoniellen Ketten des Hofes und der Verlogenheit der Höflinge („Ich fliehe vor der Welt samt ihren Freuden . . . Ich stehe einsam, wie auf and'rem Stern") flieht die Heimatlose, auf dem Rücken ihrer geliebten Pferde und immer wieder übers Meer: Mit Spiegeleffekten, Meeresrauschen und Möwengekreisch wird das Panische ihrer Flucht „von Welle zu Welle" inszeniert: „Eine Möwe bin ich von keinem Land. Meine Heimat nenne ich keinen Strand."

Aber auch der Schönheits- und Schlankheitswahn der Kaiserin wird dem Besucher vor Augen geführt. Die sichtlich abgenutzte Waage und daneben die Fleischpresse, später die im üppig-barocken Ambiente ihres Arbeitszimmers seltsam anachronistisch-deplaziert wirkenden Turngeräte. Doch zugleich mit anderen Mythen wird das Gerücht ihrer Magersucht widerlegt: So mag sich der Besucher anhand der „für Ihre Majestät die Kaiserin Elisabeth" höchstpersönlich ausgestellten Originalrechnungen davon überzeugen, dass Sisi die köstlichen Naschereien des Hofzuckerbäckers „Demel's Söhne" durchaus nicht verschmähte.

Des Kaisers neue Tiere

(Mai 2004)

Der Tiergarten Schönbrunn feiert dieses Jahr sein 250-Jahr-Jubiläum. Der älteste Zoo der Welt ist zugleich einer der schönsten. Er wird seit 1997 zusammen mit dem Schloss und dem weitläufigen Park zum Weltkulturerbe gezählt. Im Naturhistorischen Museum Wien, das seit Langem eine enge Zusammenarbeit mit dem Tiergarten pflegt, ist am Donnerstag von Zoodirektor Pechlaner und Kulturministerin Gehrer eine Ausstellung eröffnet worden, welche die wechselhafte Geschichte dieses Tiergartens mittels rund 500 Exponaten illustriert. Diese wurden in jahrelanger akribischer Arbeit durch eine Gruppe von Historikern zusammengetragen – von der bedauerlichen Vorgeschichte, der „Bärenhatz", diesem „sehr sehenswürdigen Thierkampf" im „kaiserlich-königlich privilegierten Hatzamphitheater", über die 1716 gegründete „Menagerie" des Prinzen Eugen im Belvedere bis hin zur Gründung der neuen Menagerie im Schönbrunner Schlosspark durch Kaiser Karl VI., deren Eröffnung am 31. Juli 1752 erfolgte. 1779, ein Jahr vor ihrem Tod, machte Kaiserin Maria Theresia ihren Tierpark der Öffentlichkeit zugänglich.

Eifersüchtiger Löwe

In der Ausstellung erfahren wir von den vielen aufwendigen Expeditionen, in denen Pflanzen und Tiere aus entlegenen Weltgegenden herbeigeholt wurden. Jedes österreichische Kriegsschiff war angewiesen, lebendige Fracht nach Hause zu bringen. Doch beim Einfangen, während des Transports und später durch unsachgemäße Tierhaltung, wegen nur rudimentär vorhandener veterinärmedizinischer Kenntnisse gingen die meisten Tiere ein. Später war ihnen ein melancholisches „Nachleben" im Naturhistorischen Museum beschieden – in ausgestopftem Zustand, hinter Glas. Dieses Schicksal hatte auch der „kettenrauchende" Schimpanse der fünfziger Jahre, trauriger Zeuge eines skandalösen Umgangs des Menschen mit den Tieren – vor nicht allzu langer Zeit.

Nach Schönbrunn kamen anfänglich nur die „friedlichen" Kreaturen; die „reißenden" Tiere wurden nach Schloss Neugebäude verbracht, wo sich ein alsbald legendenumwobener Vorfall ereignete. Dort wurde nämlich die Tochter des Gärtners und Zoodirektors von einem Löwen zerrissen, den sie zeitlebens umsorgt hatte. Dass sich das Drama ausgerechnet am Tag ihrer Hochzeit ereignete, nährte die Legende, dass der Löwe die junge Frau aus Eifersucht tötete: Sie hatte den Käfig mit dem Futter für das Tier im Hochzeitsgewand betreten. Nüchterner betrachtet, reagierte das Raubtier allerdings wohl eher auf die ungewohnte weiße Kleidung seiner Betreuerin. Dieser Vorfall, so die Legende weiter, sei der Grund dafür gewesen, dass Kaiserin Maria Theresia keine „gefährlichen" Tiere in ihrer Menagerie wollte. Doch die neuere Forschung, so erfahren wir in der Ausstellung, liefert eine prosaischere Erklärung: Ihr Gatte, Franz Stephan von Lothringen, hatte angeordnet, keine Fleischfresser nach Schönbrunn zu holen: „A cause de l'odeur." Die kaiserliche Hoheit, die im kleinen Pavillon im Zentrum der Menagerie das Frühstück einzunehmen pflegte, mochte dabei nicht durch unangenehme Gerüche irritiert werden.

Auch heute noch ist jener Frühstückspavillon der architektonische Höhepunkt der konzentrisch angelegten Barockanlage, doch heutzutage ist es der bürgerliche Zoobesucher, der, erschöpft nach ausgedehnten Streifzügen durch den Zoo, im zierlichen Pavillon seine Jause mit Einspänner und Sachertorte-cum-Schlagobers einnimmt – entweder auf der Terrasse, die durch streng geschnittene Alleen Durchblicke zum Schloss gewährt, oder im Innern, wo sein Blick über die mit dunklem Edelholz getäfelten Wände zu der mit Fresken üppig bemalten Kuppel streift.

Giraffomanie 1828

Dieser einmalige Tiergarten fasziniert seine jährlich rund 1,5 Millionen Besucher mit einem doppelten Erlebnis: dem Kontrast zwischen der intakten Barockanlage in „Mariatheresiagelb" mit den historischen Käfigen, die inzwischen den Erkenntnissen aktueller Zootierhaltung angepasst wurden, und zeitgenössischer Zooarchitektur sowie Erlebnisbereichen, zu denen sich im Juli ein Regenwaldhaus gesellen wird. Dreimal in seiner wechselhaften Geschichte war der Tiergarten Schönbrunn von der Schließung bedroht, und dreimal wurde die Krise überwunden: nach dem Ende der Monarchie, als der kaiserliche Besitz an die Republik überging, nach dem Zweiten Weltkrieg, als der Zoo wegen der Bombenangriffe auf eine nahe gelegene SS-Kaserne weitgehend in Trümmern lag, und in den achtziger Jahren, als zu Recht auf die inakzeptabel gewordene Tierhaltung in den veralteten Käfigen hingewiesen wurde. Seit einem Jahrzehnt wird der Tiergarten Schönbrunn von der glücklichen Hand des „Veterinärrats" Helmut Pechlaner, eines gebürtigen Innsbruckers, geleitet und der seither wehende frische Wind macht sich bei jedem Zoobesuch sofort bemerkbar. Leider wurde das Jubiläumsjahr kürzlich durch einen tragischen Vorfall überschattet, der an jene Löwenlegende erinnert: Eine junge, aber dennoch erfahrene Wärterin wurde im März wegen eines Versehens von drei schwarzen Jaguaren getötet. Doch der Eröffnungstag begann mit einem freudigen Omen: Im Zoo wurde ein Giraffenjunges geboren, das zu Ehren der Kulturministerin Elisabeth Gehrer umgehend „Lisl" getauft wurde – die Gunst der Politiker weiß Zoodirektor Pechlaner mit großem Geschick zu nutzen. Unwillkürlich erinnert man sich an die in der Ausstellung besonders gut dokumentierte „Giraffomanie", die in der Donaustadt ausbrach, als 1828 das erste dieser langbeinigen Wesen in Wien eintraf. Noch heute lässt die Kunde von einem neugeborenen Tierkind die Zoobesucher sofort in Scharen nach Schönbrunn pilgern. In der Wiener Kleider- und Frisurenmode dürfte allerdings diese neue Giraffe keine Akzente setzen – im Gegensatz zu jenem verrückten Sommer des Jahres 1828.

Große Oper und Provinzpossen

(Aus dem Buch: „Die Ära Dietmar Pflegerl 1992 – 2007"; Copyright Wieser Klagenfurt 2007)

Puccinis „Tosca", erster Akt, Chiesa Sant' Andrea della Valle: Der Maler Cavara-
dossi hat sich für seine Darstellung der Maria Magdalena von der Gräfin
Attavanti, der Schwester des politisch verfolgten Cesare Angelotti, inspirieren lassen.
Cavaradossis Geliebte, die Sängerin Floria Tosca, macht ihm wegen der frappanten
Ähnlichkeit zwischen der gemalten Maria Maddalena und der Attavanti in der
Kirche eine Szene. Cavaradossi beschwichtigt sie. Als Tosca, einigermaßen besänf-
tigt, den Schauplatz verlässt, ermahnt sie ihren Geliebten, doch der Frau auf dem
Gemälde wenigstens ihre, Toscas, dunkle Augenfarbe zu geben. Vor dem Weggehen
dreht sie sich ein letztes Mal zu Cavaradossi um und macht, in Dietmar Pflegerls
Inszenierung, eine winzige Geste: Sie formt Mittel- und Zeigefinger zu einer Pistole,
wie dies Buben im Spiel so gerne tun – als scherzhafte Drohung, die ihrer Forderung
Nachdruck verleihen soll. Doch dem Zuschauer wird unwillkürlich das Ominöse
an dieser nur scheinbaren Nebensächlichkeit bewusst: Diese Geste im ersten Akt
kommt harmlos-unschuldig daher, doch sie verweist geradezu schicksalhaft auf das
schreckliche Ende im dritten Akt: Dort wird Toscas Geliebter Cavaradossi als
Konsequenz jenes zynischen Täuschungsmanövers des Bösewichts in dieser Oper,
des römischen Polizeichefs Baron Vitellio Scarpia, tatsächlich erschossen. Die kind-
lich-zärtliche Drohgeste der Tosca offenbarte die große Kraft, welche die Bühne dem
kleinsten Detail verleiht, wenn dieses nur im richtigen Augenblick zum Einsatz
kommt. Diese dramatischen Kräfte freizusetzen, darin offenbart sich das Genie eines
Regisseurs. Pflegerl hat es an jenem Abend im Grazer Opernhaus mit seiner bis ins
Letzte konsequent durchdachten „Tosca" geschafft, mich in meinem Theaterfauteuil
festzunageln, gebannt, schier atemlos, von der ersten Note bis zum Schlussvorhang.

Eine hochpolitische Oper

„Tosca" ist eine hochpolitische und zugleich hochaktuelle Oper: Sie handelt vom
heroischen Kampf der Einzelnen, des unpolitischen Künstlers und des politischen
Idealisten, gegen die reaktionär-totalitäre Staatsmacht. Als sich der gefolterte Cavaradossis von seinen Fesseln losreißt und sich in diesem kurzen, trügerischen
Augenblick der Befreiung zu ekstatischem Jubel („Vittoria") emporschwingt, als er
vernimmt, dass Napoleon in der Schlacht bei Marengo gesiegt hat – diese Sekunden
des letztlich ohnmächtigen Triumphs gegen die Macht im Schatten von Scarpias

Folterkammer war für mich immer schon der erhebenste Moment in sämtlichen Opern, die ich bisher gesehen habe; ein Moment, der mich jedes Mal erschauern ließ, in den Dutzenden Malen, da ich die „Tosca" an den großen Opernhäusern der Alten und Neuen Welt, der nördlichen und der südlichen Hemisphäre besuchte. Doch nie zuvor hatte mich eine „Tosca" so sehr gefesselt wie jene, die Dietmar Pflegerl im Dezember 2001 für das Stadttheater Klagenfurt inszeniert hat. Die „Tosca" ist eine politische Oper und Pflegerl ist ein politischer Mensch. Vielleicht zieht mich, den politischen Journalisten, der einst über das Thema Menschenrechte dissertiert hatte, diese Oper aus durchaus ähnlichen Gründen in ihren Bann wie den Regisseur Dietmar Pflegerl.

Als Intendant des Stadttheaters Klagenfurt hat Pflegerl in den 14 Jahren seines äußerst erfolgreichen Wirkens eine Kulturoase in einem oftmals schwierigen Umfeld geschaffen. Durch ihn wurde dieses Haus zur „international geachteten Stimme des geistigen Kärnten", wie in einem Kärntner Blatt zu lesen war. Dass Pflegerl das einstige Provinztheater Klagenfurt durch seine Tätigkeit als Intendant und Regisseur auf die kulturelle Weltkarte gesetzt hat, ist keine Frage. Nicht nur seine „Tosca", auch seine „Butterfly" und andere seiner Opernproduktionen, die ich dort und an anderen Häusern sehen durfte, hatten Weltformat; für seine Schauspiel-Inszenierungen wurde er mehrfach preisgekrönt.

Eigentlich hatten sich, ohne dass wir voneinander wussten, unsere Wege schon vor Jahren gekreuzt: Am Stadttheater St. Gallen, das in der Schweiz einen ausgezeichneten Ruf genießt, war Pflegerl 1972 als Oberspielleiter tätig. St. Gallen war für mich nicht nur die Stadt, in der ich das Gymnasium besucht und meine akademische Ausbildung abgeschlossen habe – am Stadttheater St. Gallen hatte ich mich im zarten Alter von 11 Jahren in durchaus klassischen Stücken (Shakespeares „Wintermärchen", Grillparzers „Medea" und Horváths „Figaro lässt sich scheiden") als Schauspieler und später, allerdings wenig zukunftsweisend, als Regie-Assistent versucht. Doch erst nachdem ich meinen Posten als Österreich-Korrespondent der „Neuen Zürcher Zeitung" angetreten hatte und Pflegerl im Kontext einer Reportage für die NZZ über das Bundesland Kärnten am Stadttheater Klagenfurt interviewte, kamen wir ins Gespräch. Sein Mut und seine Klarsicht, mit der Pflegerl die politische Situation in Kärnten kommentierte, hinterließen bei mir einen tiefen Eindruck.

Ein „Hort des Widerstands"

Kärnten ist aus der Sicht des Auslandskorrespondenten aus dem Nachbarland ein in mancherlei Hinsicht ziemlich merkwürdiges Biotop: Prächtige Landschaften, harmonische Stadtbilder und spektakuläre Burgen kontrastieren mit mancherlei Skurrilem und vielerlei Befremdlichem. In Wien kenne ich zahlreiche höchst sympathische Kärntner, die in der Donaumetropole ein doch recht komfortables Emigrantendasein betreiben – doch andererseits, wenn man in Wien von Kärnten spricht, verdrehen die Wiener in aller Regel spontan die Augen: Eine völlig andere Welt, da unten. Sie mögen dabei an den berühmt-berüchtigten Ulrichsberg denken, auf dem sich seit 1958 ordensgeschmückt oder von Schmissen verunziert die so verharmlosend „Ewiggestrige" genannten NS-Nostalgiker treffen – und nicht nur dort. Oder die lustige Provinzposse, die jener andere große Kärntner Intendant und Regisseur namens Jörg Haider nun schon seit einigen Jahren in geistvollen Variationen inszeniert: Das große Kärntner Ortstafelverrücken oder Zusatztafelanbringen, oder was auch immer das landespolitische Repertoire zu bieten hat.

Diese beiden Intendanten, der Theaterintendant und der politische, sind gnadenlos aufeinandergeprallt: Einen „Hort des Widerstands" nennt der Wiener „Standard" Pflegerls Stadttheater mit dramatischem Unterton. Landeshauptmann Haider versucht, den unbotmäßigen Theaterdirektor abzusägen. Warum? Weil dieser schlechtes Theater macht? Keineswegs. Weil er sich dem unbestrittenen Herrscher über Kärnten nicht bedingungslos unterwirft, schlimmer noch: die Dinge beim Namen nennt – und den Landespotentaten öffentlich zu kritisieren wagt. Das macht aus Jörg Haiders Sicht den Theaterintendanten in Haiders Hauptstadt zur Persona non grata. Von „Theatermord", von einem „schauerlichen Blut-und-Boden-Drama" war in einem durch die Creme der österreichischen Literatur- und Theaterszene (Elfriede Jelinek, Peter Turrini, Martin Kusej, Peter Handke, Gerhard Ruiss) unterzeichneten offenen Brief vor zwei Jahren, im Dezember 2004, die Rede. Landeshauptmann Haider wird in diesem Schreiben beschuldigt, so lange auf das Stadttheater Klagenfurt einzustechen, bis dieses finanziell ausgeblutet und dessen Intendant Dietmar Pflegerl aus Kärnten vertrieben worden sei.

Pflegerls Positionsbezug gegen den mitunter selbstherrlichen Kärntner Landeskaiser, mit dem er wissentlich seine eigene Stellung untergräbt, hat etwas Heroisches an sich – etwas von jenen Opernhelden in der „Tosca". Zwar betreibt Haider, im Gegensatz zu Scarpia keine Folterkammern, aber hier wie dort geht es um den Zweikampf zwischen Liberalität und Repression – und darum, was der Einzelne gegen die Staatsmacht auszurichten vermag. Vielleicht hat Pflegerl deshalb seine „Tosca" mit einem genialen Funken zum flammenden Appell für Liberalität und wider den Ungeist der Reaktion entfacht. Und vielleicht hatte er dabei auch an seine Geburtsstadt Klagenfurt, an seine Heimat Kärnten gedacht.

Kärntner Wahlkampf – Wahnsinn mit Methode

(März 2004)

„Kärnten is a Wahnsinn, Kärnten is a Hit, Kärnten find i guat, Kärnten is o. k.", brüllen vier unsägliche Gestalten in Schottenrock und Wanderschuhen ins Mikrofon. Zwei von ihnen sind verkrampft grinsende Go-go-Girls, eines mit fellbedeckter, praller Oberweite. Die fünfte Erscheinung, die da auf der Bühne des sonst eher nüchternen Kulturhauses der Marktgemeinde Treibach-Althofen inbrünstig den Kärntner Wahnsinn beschwört, ist keine andere als die des wahlkämpfenden Landeshauptmanns Jörg Haider. Im Vorfeld der Landtagswahlen am 7. März vermischen sich heuer frohes Faschingstreiben und erbitterte Wahlkämpferei zum unentwirrbaren Mammut-Event. Selbst bayrische Haider-Fans mit Bierbäuchen sind erwartungsvoll aufmarschiert, mit 1000 Münchner Weißwürsten als Wahlkampfmunition im Gepäck und einem großen Transparent: „Wir tauschen Schröder und Stoiber sofort gegen Jörg Haider."

Umstrittene Bilanz des Landesfürsten

Aber die bayrischen Schlachtenbummler sind kaum auf ihre Rechnung gekommen. Denn ungeachtet der wilden Gestalten, die seine Wahlkampfhymne intonierten, gab sich Jörg Haider bei der diesjährigen Aschermittwochsrede dezidiert gemäßigt, ja geradezu staatsmännisch. Sein Lieblingsfeind Schüssel und dessen Kabinett blieben auffälligerweise verschont, antisemitische Zoten blieben diesmal aus. Als garantiert risikofreie Angriffsziele hatten lediglich die ausländischen Regierungs- oder Staatschefs Schröder, Blair und Chirac herzuhalten, sowie natürlich die EU. Immerhin wurde Haiders politischer Gegenspieler, der sozialdemokratische Kandidat und Kärntner SPÖ-Chef Peter Ambrozy, gleichsam noch rasch im Vorbeigehen, mit dem Attribut „Jammerlappen" bedacht.

Erstmals agiert Haider nicht als jugendlich-kühner Held, der sich „was traut" und schonungslos das verkrustete politische Establishment attackiert, denn er hat nun die eigene Bilanz seiner fünf Jahre als Landesfürst zu verteidigen. Ob diese in wirtschaftlicher und kultureller Hinsicht positiv ausfällt, ist zumindest umstritten. So meint der Präsident der Wirtschaftskammer Kärnten, Franz Pacher, skeptisch, das Bundesland sei im nationalen Vergleich stets auf dem letzten oder vorletzten Platz. Ein Aufstieg ins Mittelfeld wäre an sich machbar, doch Haider widme sich mit enormem Energieverschleiß zugkräftigen, aber wirtschaftlich wenig nahrhaften Dingen wie seiner Eventkultur und schmücke sich bei tatsächlichen Erfolgen, etwa im Elektronikbereich, zudem mit fremden Federn.

Ein-Mann-Show mit Panda

Doch eines hat sich seit der letzten Aschermittwochsrede vor einem Jahr unbestreitbar verändert: Damals stand Haider deutlich im Abseits. Der von ihm inszenierte parteiinterne Putsch von Knittelfeld und dessen verheerende Folgen für die Freiheitlichen wurden ihm persönlich angelastet, selbst hier, im loyalen Kärnten. Jetzt wirkt er wieder selbstbewusst und gelassen, ja jugendlich-energiegeladen. Er hat allen Grund zum Optimismus. Im Verlauf des Wahlkampfs hat er, aus einer denkbar schlechten Startposition, in den Umfragen massiv aufgeholt und kämpft jetzt, in diesen letzten Tagen, Kopf an Kopf mit dem Hauptgegner SPÖ.

In diesem Wahlkampf geht es kaum um politische Inhalte, sondern nahezu ausschließlich um die Person Haiders – und für Jörg Haider geht es um alles oder nichts, um sein politisches Überleben in Kärnten. Die Kampagne ist aufwendig und personenbezogen wie noch nie. Aus sämtlichen Geschützen wird gefeuert, kein Mittel bleibt unversucht. Es gibt Gratisflüge und Gratisskitage sowie einen Wettbewerb: „Welcher Landeshauptmann brachte Kärnten seit 1999 nach Jahren in der Schlusslichtposition auf die Überholspur und sichert den Aufschwung auch in Zukunft?" Bei richtiger Antwort sind vier Fiat Panda zu gewinnen.

Für ihre Wahlkampagne hat die FPÖ einen massiven Kredit bei der Landes-Hypobank aufgenommen und dafür ihre Parteienförderung bis zum Jahr 2014 im Voraus verpfändet. Merkwürdigerweise scheint fast nirgendwo das Kürzel „FPÖ" auf, weder auf den ungezählten Plakaten noch auf den riesigen blauen Kugelschreibern und anderen mit vollen Händen verteilten Wahlgeschenken – überall nur der Name „Jörg Haider", selbst auf der Wahlliste Nummer eins. Ein Wahlkampf, der nicht nur in Österreich Aufsehen erregt. „Selbst die New York Times" sei hier vertreten, wird mit unverhohlenem Stolz in den Aschermittwochsreden wiederholt bekannt gegeben; auch andere Weltblätter und große Fernsehstationen widmen dem abgelegenen Bundesland am Karawankenrand mit seinen 560.000 Einwohnern ihre Aufmerksamkeit. Ein Grund mehr, auf „unseren Jörg" stolz zu sein.

Böse Freunde

Im „roten" Villach, der ehemaligen Eisenbahnerstadt und heutigen Hightech-metropole Kärntens, springt allerdings dem Besucher an der Autobahneinfahrt Richtung Klagenfurt ein riesiges Plakat ins Auge: Diesmal lächelt einem ausnahms-weise nicht der omnipräsente Landesvater entgegen, dafür prangen dort die finsteren Konterfeis Saddams und Ghadhafis: „Wir vertrauen ihm – weil er uns versteht." Doch die Ironie der sozialistischen Jugend, Urheberin dieser listigen Gegen-propaganda, dürfte bei der Mehrzahl der Kärntner auf steinigen Boden fallen. Sie nehmen ihrem Landeshauptmann die Reisen zu den arabischen Potentaten kaum übel und pflichten ihm bei, wenn er ausruft, er lasse sich von niemandem vorschrei-ben, wo er hinreise. „Mein Gott", tönt es da beschwichtigend, „er is halt a Drauf-gänger." An einer Podiumsdiskussion antwortete er denn auch angriffig auf die Frage, wo er denn nach einer Wiederwahl hinreisen wolle: „In den arabischen Raum."

Einleuchtender sind da schon die allgegenwärtigen, leuchtend gelben Wahl-plakate für Haider, die suggerieren: „An Bessern kriag ma nimma" – obwohl natür-lich in Villach konsequent das „n" übermalt wurde. Da tönt das Gegenargument für die Kandidatin der Österreichischen Volkspartei (ÖVP), Elisabeth Scheucher, („A Bessere kriag ma imma") fast so flach wie die Behauptung „Frauen denken anders". Ebenso eindeutig wie der Krieg der Wahlplakate fiel letzte Woche die große Gegenüberstellung der Spitzenkandidaten im Auditorium maximum der Universität Klagenfurt aus. Spätestens dort wurde klar, dass dieser Urnengang für Haider, der seinen Gegnern betont sachlich, souverän und mit fein dosierter Aggressivität ent-gegentrat, schon jetzt eine „gemähte Wiese" ist, wie man in Kärnten sagt. Sicher-heitshalber ließen Haiders Leute dennoch zwei Busse voll Claqueuren auffahren.

Haiders Stärke – die Schwäche der Gegner

Haiders Stärke ist nicht zuletzt die Schwäche seiner Gegner. Der SPÖ-Kandidat Peter Ambrozy wirkte in der Gegenüberstellung humorlos-hölzern und durch Haider sicht-lich verunsichert. Dass er, vor 24 Stunden noch als „Jammerlappen" tituliert, mit Haider vor Publikum vertraulich tuschelte, dürfte sozialdemokratischen Haider-Gegnern kaum Vertrauen einflößen. Die Hoffnungen der Haider-Gegner richten sich weniger auf die Sozialdemokraten als auf die Grünen. Erstmals haben diese reelle Chancen, in den Kärntner Landtag einzuziehen. Sie müssen dabei eine Zehn-Prozent-Hürde, die einst die SPÖ der slowenischen Minderheit in den Weg gestellt hatte, in einem der vier Wahlkreise überwinden. Als Spitzenkandidat tritt der sympathische Kabarettist Rolf Holub an, der über die schier unbegrenzte Freiheit des Hofnarren verfügt. Er hofft, dass den Grünen dereinst im Landtag die Rolle des Züngleins an der Waage zufallen könnte. Aus Sicht der Grünen manifestiert sich der Kärntner Wahnsinn schon in Klagenfurt: In den gigantomanischen Plänen für ein Fußballstadion mit 30.000 Plätzen, ein riesiges Einkaufszentrum im historischen Stadtzentrum und ein Kongresszentrum im Naturschutzgebiet am Wörther See.

Die ÖVP-Kandidatin Scheucher, Gattin des Bürgermeisters der Landeshauptstadt Klagenfurt, ist zwar voll guter Absichten, wirkt aber im öffentlichen Auftritt eher unbedarft. Nach ihrer geradezu heroischen Festlegung, Haider nach den Wahlen bei der Kür des Landeshauptmanns im neuen Landtag die Unterstützung zu versagen, sind laut Umfragen die Wähler gleich scharenweise zur FPÖ übergelaufen. Bundeskanzler Schüssel, der große Stratege, machte kein Hehl aus seiner Missbilligung dieses Positionsbezugs. Er hat zu befürchten, dass Haider nach einer allfälligen Kärntner Niederlage in Wien Unruhe stiften könnte – ganz besonders, falls er seine Wahlschlappe der ÖVP anlasten sollte. Haiders ungewöhnliche Zurückhaltung hat, so gesehen, etwas Bedrohliches.

Die mobile Künstlergarderobe

Das Dorf Brückl, rund 20 Kilometer nordöstlich von Klagenfurt. Mehr missmutig und frierend als erwartungsvoll stehen die Bauern in ihren grünen Filzhüten vor der verrauchten, bierdunstgeschwängerten Gaststube und warten auf ihren Landeshauptmann, während ihnen eine eloquente Vorrednerin, die sie eigentlich gar nicht hören wollen, mit Haiders Errungenschaften die Köpfe vollschwatzt. Haiders selbstauferlegter Rhythmus ist gnadenlos – bisweilen jede halbe Stunde eine Wahlkampfrede irgendwo in der Provinz.

Jetzt endlich ist er eingetroffen. Sein Mercedes ist eine fahrende Künstlergarderobe. Soeben noch im smarten dunklen Anzug vor Geschäftsleuten, bei der Aschermittwochrede im saloppen Manchesterveston, tritt er jetzt in der bäuerlich-schweren Kärntnerjacke mit Silberknöpfen auf. Überall dieselben Geschichten – von jenem Ausländer, der hier noch nie gearbeitet habe, aber Sozialleistungen beanspruche, während die alleinerziehende Mutter nahezu leer ausgehe. Er sei der erste Landeshauptmann, der es geschafft habe, für Kärnten in Wien viel Geld herauszuholen, sagt Haider. Sein Hauptargument: Jetzt, endlich, seien die Kärntner aufgewacht, weil es gelte, einen „roten Landeshauptmann" zu verhindern. Und jede Stimme für die ÖVP sei lediglich eine verlorene Stimme. Dann tritt Haider beiseite, geduldig hört er sich Klagen und Wünsche von Bittstellern an.

Geschickt hat sich Haider die politischen Kontroversen im fernen Wien zunutze gemacht. Von der Renten- bis zur Steuerreform, immer ist er eine Nasenlänge voraus und wahrt die Rechte des „kleinen Mannes". Aufsehen erregte er, als er Rentner ins Landhaus kommen ließ und ihnen – wie einst ein gnädiger Fürst seinen Untertanen die Almosen – zur Kompensation des von der Regierung im fernen Wien verfügten „Unrechts" ein paar Euro persönlich in die Hand drückte. Spät erkannte die Regierung Schüssel die Peinlichkeit und zog nach. Doch zu spät, einmal mehr blieb Jörg Haider der Schnellere und Schlauere.

Ortstafeln als Wahlkampfschlager

Für den Intendanten des Klagenfurter Stadttheaters, Dietmar Pflegerl[12], wäre die Wiederwahl Haiders ein „Super-GAU". Das Wahlverhalten der Kärntner wäre dann, nach den Besuchen bei Saddam und ähnlichen Eskapaden dieses „Kasperls" mit seinem „Kult der Oberflächlichkeit", für ihn nicht mehr nachvollziehbar. Pflegerls einziger Schutz in den ständigen Konfrontationen mit Haider, dem der kritische und erfolgreiche Theatermann mitten in der Landeshauptstadt ein Dorn im Auge ist, ist die hervorragende Auslastung seiner Vorstellungen. Pflegerl sieht sich selbst als Vorkämpfer für eine Kärntner Aufklärung: „Wenn Haider wieder Landeshauptmann wird, bin ich mit meiner Theaterarbeit gescheitert."

Schwerer wiegt allerdings für manche, dass Haider noch am Vorabend der EU-Erweiterung die Gespenster des Kärntner Abwehrkampfs beschwört und die Karawankengrenze als unantastbar bezeichnet. Kärnten hätte als Drehscheibe zwischen Österreich, Italien und Slowenien eine strategisch privilegierte Position. Doch der letzte der „zehn guten Gründe", Jörg Haider zu wählen, lautet: „Weil er die Aufstellung zusätzlicher zweisprachiger Ortstafeln verhinderte." Auch bei diesem entscheidenden Urnengang bemüht sich Haider, aus dem Auftrumpfen gegen die slowenische Minderheit politisches Kapital zu schlagen. Sowohl in der Podiumsdiskussion an der Universität als auch bei den Wahlveranstaltungen in der bäuerlichen Provinz vermochte Haider die Gemüter mit keinem anderen Thema mehr in Wallung zu bringen.

---

12 Dietmar Pflegerl, mit dem ich freundschaftlich verbunden war, starb am 17. Mai 2007 in Klagenfurt.

Klettermax und Ordensschwester

Der Kampagnenstart der Kärntner ÖVP – im Zirkuszelt – stand unter dem Titel „Schluss mit dem Zirkus!". Mit „Zirkus" waren unverkennbar Haider und seine muntere „Eventkultur" gemeint, in der jeweils Inhalte durch Showeffekte und Sportereignisse ersetzt werden. Haider selbst lancierte seinen Wahlkampf volksnah, schulterklopfend und von Wählerschicht zu Wählerschicht eilend. Es macht den Eindruck, dass seine Anhänger keineswegs nachtragend sind, was seine politischen und verbalen Fehlleistungen betrifft. Haider ließ alle Kärntner, die dies wollten, an seinem 54. Geburtstag teilnehmen und funktionierte das Wiegenfest zu einem Kampagne-Event um. An der vor einem einschlägigen Bierlokal angebrachten Kletterwand stellte der stets auf sein sportlich-jugendliches Image bedachte Haider seine Fitness unter Beweis: Nach wie vor in Topform, dies signalisiert er seinen Freunden, trotz allen Rückschlägen für die Freiheitlichen, an denen Haider selbst ja nicht ganz unschuldig war.

Ungebührlichen Übereifer allerdings zeigte die 69-jährige „barmherzige Schwester" Johanna, die sich in einem „unabhängigen" Komitee für die Wiederwahl ihres „Buam" nützlich machte, wie sie ihn zärtlich zu nennen pflegte, wenn sie ihm persönlich begegnete und ihm dabei laut Augenzeugenberichten jeweils die Haare zerzauste und rasch „ein Kreuzerl auf die Stirn" machte. Die rührige Ordensschwester wurde nun von der Generaloberin der Barmherzigen Schwestern, Gerlinde Kätzler, mit den harschen Worten: „Das geht zu weit", zurückgepfiffen.

„Radetzkymarsch" 2004

(Mai 2004)

Plötzlich fühlt man sich um ein ganzes Jahrhundert zurückversetzt, mitten in eine Szene aus Joseph Roths „Radetzkymarsch". Husaren in ihren rot-blauen, gold- und silberbetressten Uniformen, die hohen Fellmützen über den verwegenen Gesichtern, hoch zu Ross auf prächtigen Schimmeln. Davor haben sich standesbewusst zwei kaiserlich-königliche Offiziere aufgebaut, stolz geschwellt in himmelblauer Uniformjacke die ordensgeschmückte Brust. Jetzt nähert sich aus Ungarn eine Abordnung magyarischer Husaren, ebenfalls zu Pferd, schneidig in ihren hellgrünen, mit Silber- und Goldbrokat verbrämten Uniformen. Der österreichische Offizier, wohl beleibt und mit sich und der Welt zufrieden, überreicht dem ungarischen Kommandanten feierlich eine Fahne. In wohl gesetzten Worten spricht er davon, dass nach den harten Jahren der Trennung nun endlich der Zeitpunkt gekommen sei, dass diese Grenze wieder falle.

Zeitsprung in die Utopie

Doch dies ist keine Zeitreise ins Österreich-Ungarn der Monarchie, sondern der Samstagmittag des 1. Mai 2004, des Tags der EU-Erweiterung. Wir befinden uns im Niemandsland der österreichisch-ungarischen Grenze, im burgenländischen Klingenbach, vor der Kulisse der eher prosaisch wirkenden Grenzstation. Und die Flagge, die da in einer kleinen, von der Öffentlichkeit kaum beachteten Zeremonie vom einen Reiterdetachement dem anderen übergeben wird, ist nicht etwa ein kaiserliches Banner, sondern die aktualisierte Version der blauen Europafahne mit den nunmehr 25 goldenen Sternen. Und die Illusion eines magischen Zeitsprungs in die glorreiche k. u. k. Vergangenheit zerplatzt endgültig, als neben den Reitern überraschend eine schwarze Limousine hält, der ein Herr in Nadelstreif und Sonnenbrille entsteigt, welcher sich für die eilends herbeigeeilten Pressefotografen vor die pittoresk arrangierten Husaren stellt: Bundeskanzler Schüssel, auf einer eiligen Tour von einer Grenze zur nächsten, um Österreichs Nachbarn in der EU willkommen zu heißen.

Während die Husaren vom Pferd steigen und sich den verdienten brüderlichen Trunk – sicherlich den bei Joseph Roth mehrfach erwähnten „Neunziggrädigen" – gönnen, braust Wolfgang Schüssel, eskortiert von ungarischer Polizei mit Blaulicht, in Richtung des historischen Städtchens Sopron (Ödenburg), wo er mit seinem

Kollegen Peter Medgyessy zusammentrifft und gemeinsam die neue österreichisch-ungarische Vereinigung feiert, diesmal die Vereinigung von zwei souveränen Staaten unter dem Dach der EU. Dann besteigen die beiden Ministerpräsidenten zusammen ein Flugzeug und starten nach Dublin, in eine lichte, gemeinsame, europäische Zukunft.

Von der Bruchstelle zur Nahtstelle

Ist schon Österreich, auf der Landkarte zumindest, der vorgeschobene Posten, der in die neuen EU-Nationen hineinragt, so gilt dies für das Burgenland in ganz besonderem Maße. Dieses Bundesland grenzt an drei neue EU-Mitgliedstaaten: Ungarn, Slowakei und Slowenien. Früher, so formulierte der sozialdemokratische Landeshauptmann Hans Niessl, sei das Burgenland eine „Bruchstelle zwischen den Machtblöcken" gewesen – heute sei es die „Nahtstelle der Erweiterung". Zehn Autominuten von Eisenstadt entfernt ist sie zu sehen, diese frühere Bruchstelle, die zur Nahtstelle geworden ist. Sie liegt mitten in einem Wald bei St. Margarethen. Hier hatte vor knapp 15 Jahren das berühmte „Paneuropäische Picknick" stattgefunden, das in die Massenflucht von Hunderten von DDR-Bürgern gemündet hatte und zu jenen historischen Umwälzungen führte, die wenige Monate danach im symbolträchtigen Fall der Berliner Mauer gipfelten.

Noch heute ist das mit Stacheldraht bewehrte, hölzerne Gatter vorhanden, durch das an jenem 19. August 1989 die Menschen in die Freiheit drängten. Schautafeln mit verbleichten Schwarz-Weiß-Fotos erinnern an jene dramatischen Szenen. Doch an diesem 1. Mai 2004 steht das schicksalhafte Tor weit offen und der ungarische Grenzbeamte winkt mit lässiger Geste ein vereinzeltes ungarisches Auto durch, das durch den früheren Eisernen Vorhang nach Österreich rollt. Von den paar Besuchern, die auf der einstigen Nahtstelle zwischen West und Ost hin und her schlendern, nehmen weder die ungarischen Grenzwächter noch die österreichischen Gendarmen Notiz. Offene Grenzen sind rasch zur Routine geworden.

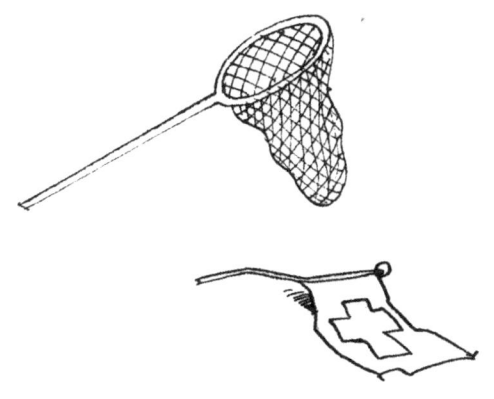

Zu viel Hertz für Haupt

(November 2004)

Der österreichische Sozialminister Herbert Haupt (FPÖ) ist der populärste Minister der Regierung Schüssel. Das hat er der unfreiwilligen Komik seiner legendären Schlangensätze zu verdanken: Riskant gewundene Formulierungen, deren tödlicher Umschlingung sich Haupt, anders als Laokoon, jeweils mit knapper Not zu entwinden vermag. In Kürze erscheint übrigens eine CD mit den beliebtesten – weil unverständlichsten – Haupt-Sätzen.

Während der jüngsten Rentendebatte im Nationalrat allerdings ging es weniger ums Sprechen als ums Hören. Als ihm nämlich die Abgeordnete einer Oppositionspartei eine Frage stellte, wies der frühere freiheitliche Frauenminister darauf hin, dass er Frauenstimmen wegen einer Hörbehinderung nicht verstehen könne: Frequenzen über 3000 Hertz seien für ihn unhörbar. Worauf der Vorsitzende die Interpellantin aufforderte, ihre Frage doch mit tieferer Stimme erneut zu formulieren. Was diese folgsam tat.

Nebenbei war Haupt, so gleichsam en passant, auch FPÖ-Parteichef, Dritter Nationalratspräsident, ja sogar Vizekanzler. Aber als Frauenminister (2000 bis 2003) hat er sich dem Gedächtnis der Nation dank einer singulären Errungenschaft eingeprägt: der Einrichtung einer „Männerabteilung" – im Frauenministerium. Zuständig etwa für Midlife-Crisis, Altersverwahrlosung und Diskriminierung von Männern am Arbeitsplatz. Dies trug dem einzigen Frauenminister Europas stracks die Bezeichnung „Herr Frauenministerin" ein. Was ihn jedoch nicht weiter bekümmern musste, denn die Frau an der Spitze der Steiermark, Waltraud Klasnic, besteht schließlich auch darauf, mit „Frau Landeshauptmann" tituliert zu werden.

Warum Herbert Haupt?

Vandale als Innenminister?

(Dezember 2004)

Heinz-Christian Strache, der stellvertretende Parteichef der österreichischen Freiheitlichen und Chef der Wiener FPÖ, hält seine Stunde für gekommen: Er will jetzt Innenminister werden. Die Gelegenheit scheint günstig. Ernst Strasser (ÖVP) hat mit seinem überraschenden Rücktritt ein Vakuum hinterlassen.

Die FPÖ wittert eine Unsicherheit bei ihrem sonst so selbstsicher agierenden Regierungspartner. Flugs fordert sie das Innen- oder wenigstens das Verteidigungsministerium für sich. Der keineswegs zimperliche Strasser war den Freiheitlichen in Sachen Sicherheit und Asylpolitik viel zu zahm. Jetzt wollen sie zeigen, wie man es besser macht. Strache wäre da zweifellos der richtige Mann. Denn sein Wahlspruch lautet „Hart, aber herzlich". Auf Cartoons stellt er sich als „Superman" dar, der den sozialdemokratischen Wiener Bürgermeister Häupl das Fürchten lehrt. Und Strache darf laut Urteil des Wiener Oberlandesgerichts „Nähe zu nationalsozialistischem Gedankengut" attestiert werden.

Dass der rechtsnationale Strache kein Mann der leeren Worte ist, hat er jüngst bewiesen. Nach einer Meinungsverschiedenheit bei einem Burschenschaftertreffen forderte er seinen Kontrahenten kurzerhand zum Duell. Der 35-jährige Strache hat keine Matura, ist daher lediglich Mitglied einer Mittelschülerverbindung. Diese nennt sich „Vandalia" (Motto: „Deutsch, einig, treu – ohne Scheu"). Mittelschul-Burschenschafter dürfen nur mit stumpfen Klingen und Kopfschutz fechten. Deshalb gab es statt einer zünftigen Mensur bloß blaue Flecken. Ganz ähnlich dürfte auch der Kampf ums Innenministerium ausgehen.

Beliebte Spiele im Wald

Fast gar nix

(Oktober 2004)

Über der Donaumetropole kreisten die Helikopter, über die Ringstraße rasten die Motorräder mit blinkendem Blaulicht, gefolgt von gepanzerten Wagenkolonnen: Die Sicherheitsmaßnahmen für den ersten Staatsbesuch eines israelischen Staatspräsidenten in Wien waren ohne Beispiel an Aufwand und Perfektion. Als sich beim Anflug der Helikopter mit Staatsgast und Bundespräsident ein Sportflugzeug in die Sperrzone verirrte, stiegen sofort Abfangjäger auf und brachten die Situation unter Kontrolle.

Und doch gab es da, von niemandem bemerkt, eine winzige Sicherheitslücke. Sie befand sich in einer Manteltasche. Peinlicherweise gehörte der Mantel einem prominenten Journalisten des Landes. Und was er da fand, in seiner Manteltasche, in der Garderobe, nach dem Staatsbankett in der Hofburg, war unverkennbar nur für die Augen von Sicherheitsleuten bestimmt – und zwar ausschließlich: der detaillierte Programmablauf für eine „sehr hochgestellte Persönlichkeit". Samt handschriftlichen Anmerkungen.

Verwechslungen können vorkommen, Pannen passieren. Anderswo, beispielsweise in London, hätte dieser kleine Vorfall unweigerlich große Folgen: fette Schlagzeilen auf der Frontpage, süffisante Attacken des Oppositionsführers, vielleicht eine Stellungnahme des Premierministers. Anders in Wien: Der Journalist gab am folgenden Tag sein nächtliches Erlebnis so ganz nebenbei zum Besten – bei einem Glaserl Wein. Manche Skandale finden hier ebenso wenig statt wie sämtliche angekündigten Weltuntergänge. Wie sang doch einst Hans Moser alias Jean Juliet, dieser Inbegriff des philosophierenden Urwieners: „Wann der Herrgott net will, nutzt des gar nix. Schrei net rum, bleib schön stumm, sag: Es war nix. Sei net bös, net nervös – denk: Es war nix."

316

Die imperiale Republik

(Oktober 2004)

Die Seligsprechung des letzten Habsburgerkaisers, Karl I., im Vatikan hat im fernen Wien für Aufregung gesorgt. Empört waren die einen, dass die Republik sich durch den Nationalratspräsidenten offiziell vertreten ließ. Empört die anderen, dass man sich respektlos über das Wunder mit den verschwundenen Krampfadern mokierte und Karls Verdienste als „Freund des Friedens" anzweifelte. „Kaiser-Karl-Komödie", feixten die Schlagzeilen. Oder es wurde Karl Kraus zitiert, dem zu Kaiser Karl nur „neuwienerische Operettenfigur" eingefallen war. Gelinde Verwunderung hatte zuvor schon der Direktor des Kunsthistorischen Museums, Seipel, ausgelöst, als er den Kaisersohn Otto Habsburg devot als „Kaiserliche Hoheit" titulierte.

Doch der illustre Museumsdirektor hat in seinem Überschwang nur zum Ausdruck gebracht, was die „Kaiserstadt" Wien ohnehin verkörpert: den nostalgisch verbrämten Flirt mit der imperialen Vergangenheit – und die ehrerbietig-unterwürfige Verbeugung vor deren Nachkommen. Über jenem Balkon der Hofburg, auf dem sich einst Adolf Hitler von den Wienern bejubeln ließ, flattert zwar rotweißrot die Flagge der Republik, aber unmittelbar darunter prangt gülden der gekrönte Doppeladler der Monarchie. Minister, Vizekanzler und Kanzler der kleinen Alpenrepublik halten Hof in Barockpalästen, die noch auf ein imperiales Weltreich zugeschnitten sind. Und die mächtigen Landeshauptleute sind keineswegs ungehalten, wenn man sie schmeichlerisch als „Landesfürsten" oder gar „Landeskaiser" tituliert.

Diese Republik schmückt sich eben gerne mit Symbolen und Figuren aus einer sentimental verklärten Kaiserzeit – vielleicht weil die Jahrzehnte danach noch so manche Frage offen lassen.

MARIA THERESIA   MARINKA-TERESA SiMič

Frauenkarrieren in der Hofburg

Schwarz-grünes Testlabor Oberösterreich

(November 2004)

„Ich bin der gute Haider", sagt schon beim Hereinkommen der oberösterreichische SPÖ-Vorsitzende und stellvertretende Landeshauptmann Hans
Haider, wobei er das Wort „gut" betont und dazu selbstbewusst strahlt. Denn der
kumpelhaft-populistisch auftretende Sozialdemokrat hatte bei den Landtagswahlen
Ende September letzten Jahres einen beachtlichen Stimmenzuwachs von 12 Prozentpunkten erzielt. Vor allem bei der Arbeiterschaft des Schwerindustriezentrums Linz
fand der „andere" Haider Anklang. Der Urnengang kam zu einem für die oberösterreichische SPÖ günstigen Zeitpunkt; sie profitierte von dem Ärger über die von
der Regierung in Wien mit wenig Fingerspitzengefühl und Transparenz durchge-
führte Privatisierung des Linzer Stahlkonzerns Voest.

Zerrüttetes Verhältnis

Doch jener spektakuläre Wahlerfolg des „guten Haider" half der oberösterreichischen SPÖ letztlich wenig. Während der Regierungsverhandlungen mit der Österreichischen Volkspartei (ÖVP) verschlechterte sich das Klima zusehends; die
Sozialdemokraten warfen ihren damaligen bürgerlichen Regierungspartnern vor,
Tendenzen und Maßnahmen der schwarz-blauen Bundesregierung kritiklos auf die
oberösterreichische Landespolitik zu übertragen. Großer Streitpunkt war und ist die
Spitalsreform, die eine Streichung von 1100 Spitalsbetten vorsieht. Die spannungs-
geladene Atmosphäre zwischen den beiden Parteien erinnerte immer mehr an eine
hoffnungslos zerrüttete Ehe.

Kaum verwunderlich, dass die Volkspartei alsbald eine vielversprechende neue
Liaison einging – mit den Grünen. Dies wäre bis vor einem Jahr kaum vorstellbar
gewesen, denn noch im Februar 2003 waren Koalitionsverhandlungen zwischen
dem ÖVP-Chef und Bundeskanzler Wolfgang Schüssel sowie dem Vorsitzenden der
Grünen, Alexander Van der Bellen, gescheitert. Was nun in Linz anfänglich vor
allem den Charme des politisch Innovativen an sich hatte, erwies sich bisher als solide und zumindest nach außen konfliktfreie Partnerschaft: Schwarz-Grün hält.

320

Neue dritte Kraft

Die Entwicklung dieser Beziehung wird von allen vier Bundesparteien in Wien mit Argusaugen beobachtet. Die Grünen haben in der österreichischen Politik an Terrain gewonnen – nicht nur in den Umfragen, sondern ganz konkret bei sämtlichen Landtagswahlen der letzten Monate. In Gegenbewegung zum dramatischen Niedergang der Freiheitlichen beginnen sie sich als dritte Kraft zu etablieren. Sie könnten nach den nächsten Nationalratswahlen für beide Großparteien zum begehrten Koalitionspartner werden oder gar, je nach Wahlresultat, zum Zünglein an der Waage. Dass heute die Grünen anders dastehen als nach den gescheiterten Koalitionsgesprächen im Februar 2003, ist keine Frage. Sie sind selbstbewusster geworden. Und sie können auf ein Jahr erfolgreicher Regierungsbeteiligung verweisen – noch dazu in Oberösterreich, dem Industrieschwerpunkt der Nation. Das Zauberwort heißt: Regierungsfähigkeit.

Das ist harte Währung bei künftigen Koalitionsverhandlungen, in denen die Grünen voraussichtlich auf Äquidistanz zu den beiden Großparteien gehen und sich beide Bündnisoptionen offenhalten. Allerdings sind die Grünen in Wien aus anderem Stoff gemacht als ihre Parteikollegen in Linz und im übrigen Oberösterreich. Für sie wird sich die Grundsatzfrage nach den Kosten eines Rollentausches stellen: zwischen dem keineswegs unattraktiveren Part der Oppositionspartei und den kaum kontrollierbaren Risiken einer Regierungsbeteiligung. Das Fiasko der FPÖ, die binnen Kurzem von der boomenden Oppositionspartei zur serbelnden Regierungspartei wurde, gilt als mahnendes Beispiel.

Grüne Handschrift

In der oberösterreichischen „Konzentrationsregierung" hält die SPÖ weiterhin vier von neun Sitzen, gleich viele wie die ÖVP, und der Sozialdemokrat Hans Haider ist als Chef der zweitgrößten Landespartei trotz aufgekündigter Partnerschaft mit der ÖVP immer noch stellvertretender Landeshauptmann. Im Gespräch lässt er kein gutes Haar an der schwarz-grünen Regierungszusammenarbeit und tönt dabei wie der sprichwörtliche Fuchs, der die unerreichbaren Trauben als zu sauer erachtet. Die Grünen hätten zu große Kompromisse gemacht und viele ihrer Prinzipien fallen lassen. Sie ließen sich von der ÖVP über den Tisch ziehen. Die von den Grünen verwalteten Ressorts seien in Wirklichkeit voll von ÖVP-Leuten, welche letztlich die politischen Inhalte bestimmten. Dennoch stagniere wegen des hemmenden Einflusses der Grünen die Infrastrukturentwicklung.

Doch die unablässigen Sticheleien der Sozialdemokraten lassen die neuen Partner kalt. Sie tragen allfällige Konflikte nicht nach außen. Und Reibungsflächen sind im Industrie- und Exportland Oberösterreich genügend vorhanden. Da wäre die Autobahn A 8, auf der 45 Prozent der oberösterreichischen Exporte Richtung Deutschland rollen. Die Grünen wollen den Ausbau auf je drei Spuren verhindern, nächtliche Geschwindigkeitsbeschränkungen für den Güter- und Personenverkehr sowie ein generelles Überholverbot für Lastwagen einführen. Außerdem wollen die Grünen das Schließen einer Lücke im Stromnetz verhindern, denn eine geplante Hochspannungsleitung zwischen Salzburg und Schärding würde über ein schüt-zenswertes Moorgebiet im Innviertel führen.

Bei der Umweltverträglichkeitsprüfung für die Milliardenprojekte der Voest-Stahlwerke konnte jedoch ein beidseits befriedigender Kompromiss zwischen den Regierungspartnern erzielt werden. Für die Grünen war das die erste eigentliche Bewährungsprobe. Und die Erhöhung des Sozialbudgets in diesem Bundesland um sieben Prozent sowie der vermehrte Einsatz von Biomasse bei der Fernwärme-Produktion tragen ebenso die Handschrift der Grünen wie der – inzwischen vom Verfassungsgericht weitgehend gutgeheißene – Einspruch gegen das von Innen-minister Strasser (ÖVP) durchgesetzte Asylgesetz.

Ambitiöse Wirtschaft

Vom Präsidenten der Wirtschaftskammer Oberösterreich, Rudolf Trauner, sind denn auch im Gespräch bemerkenswert positive Töne über die bisherigen Erfahrungen mit der schwarz-grünen Regierungszusammenarbeit zu vernehmen. Viele der Vorhaben dieser Regierung deckten sich „absolut" mit den Vorstellungen der Wirtschaft, auch wenn dort punkto Transitregelungen und Energiekosten weiterhin Befürchtungen bestünden. Besonders beeindruckt zeigt sich Trauner vom klaren Bekenntnis dieser Koalition zum Arbeits- und Wirtschaftsstandort Ober-österreich, insbesondere zur Garantie, dass durch Umweltschutzmaßnahmen keine Gefährdung von Betrieben erfolgen dürfe.

Auch das schwarz-grüne Versprechen für den Ausbau der Verkehrsinfrastruktur – Schienennetz, Wasserstraße Donau, Aktivierung des Flughafens Linz – versetze die Wirtschaft in eine optimistische Stimmung. Die Ambitionen der Wirtschafts-kammer sind klar definiert: Bis 2010 soll das Bundesland, das noch vor einem Jahr-zehnt als Krisenregion galt, zu den zehn wirtschaftlich führenden Regionen Europas gehören.

„Grüne Ideen – schwarze Zahlen"

Landesrat Rudi Anschober vertritt die Grünen als einziger Landesrat mit Ressort Umwelt, Energie und Konsumentenschutz in der neunköpfigen oberösterreichischen Landesregierung. Der 44-jährige Politiker kommt aus einer in der Volkspartei verankerten Familie; im Gespräch wirkt er, in schwarzen Jeans und schwarzem T-Shirt, ebenso ernst wie unkonventionell. Entscheidend sei bei den Regierungsverhandlungen der gegenseitige Respekt gewesen; man habe stets um die Sache gerungen, niemals um abstrakte Prinzipien. Die Sozialdemokraten wollten einen Keil zwischen Grüne und Volkspartei treiben, doch dies stärke deren Verbindung eher noch. Mit ihrer konstruktiven Zusammenarbeit sei es den schwarz-grünen Partnern gelungen, Ängste der Wirtschaft vor der grünen Regierungsbeteiligung zu entkräften. Gerne gibt er sein plakatives Lieblingsmotto preis: „Mit grünen Ideen schwarze Zahlen schreiben."

Anschober hat jetzt in Wien die Bilanz des Experiments Oberösterreich in Buchform präsentiert, unter dem stolzen Titel „Grün regiert". Im letzten Satz seiner tagebuchartigen Aufzeichnungen resümiert Anschober, dass die grüne Regierungsbeteiligung einen neuen politischen Stil hervorgebracht, die Implementierung grüner Inhalte, Werte und Konzepte ermöglicht und einen „ökosozialen Kurswechsel" bewirkt habe. Unverkennbar wird betont, dass die Grünen keineswegs ein kleiner, willfähriger Mehrheitsbeschaffer für die Volkspartei seien, sondern in einer Regierung durchaus ihre Prinzipien zum Tragen brächten: „Grün wirkt, wenn Grün regiert."

Ausbruch aus der Opposition

Im Vorwort seines Buchs beschwört Anschober den raschen Wandel von der Oppositions- zur Regierungspartei. Der Grünen-Chef Van der Bellen betont vielsagend, dass er das Büchlein „mit großem Interesse" gelesen habe, ja er bezeichnet es geradezu als „Pflichtlektüre", nicht zuletzt für die beiden Großparteien. Die nächsten Nationalratswahlen sind im zweiten Halbjahr 2006 zu erwarten. Die Parteien begeben sich schon jetzt in die Startblöcke.

„Der Tod, das muss ein Wiener sein"

(November 2004)

Der Tod, so schwärmt der Wiener Kabarettist Georg Kreisler im gemütvollen Dreivierteltakt, das müsse ein Wiener sein, „genau wie die Lieb' a Französin". Denn nur der Wiener bringe einen „pünktlich zur Himmelstür", und nur er treffe in Sachen Tod „den richtigen Ton". Insbesondere im Wienerlied, in dem die Liebe zur Statistin degradiert ist, dem Tod jedoch fast immer die Hauptrolle zufällt – stets in Verbindung mit dem Wein. Denn der Rauschzustand ist gleichsam die diesseitige Vorwegnahme des wienerischen Nirwana, dieser, in der barocken Vorstellung der Wiener „goldenen Himmelsbastei". In Wien ist der Tod neben dem Wein die am innigsten besungene Angelegenheit, und auf den Wiener Friedhöfen hat er immer Saison. Aber am schönsten ist es dort im November, wenn sich die Nebel senken, Krähenschwärme über endlosen Friedhofsalleen kreisen und der Gräberkult Urständ feiert.

Feuchtfröhliche „Leichwendfeier"

Weltweit wohl einzigartig ist die „Leichwendfeier", die mir ein befreundeter Arzt in eben jenem „Heurigen" (Weinlokal) schilderte, wo sie, einer der Höhepunkte seines Medizinstudiums, abgehalten wurde: Zur feuchtfröhlichen Feier der Tatsache, dass die zu Lehrzwecken sezierte Leiche „gewendet", also vom Bauch auf den Rücken gedreht wurde – oder auch umgekehrt, so genau weiß das mein Freund nicht mehr.

Vor hundert Jahren wurden im Zentralfriedhof neben der „Pracht-Classe" und „Halb-Pracht-Classe" mit zahlreichen Kutschen, einem Heer von Herolden, Pagen, Fackelträgern und Priestern und einem ganzen Orchester sieben weitere Begräbnisklassen angeboten. Die Wiener „Pompfüneberer" (Pompes Funèbres), die Bestattungsunternehmer, haben bis heute ungebrochen Hochkonjunktur. Denn die sprichwörtliche „schöne Leich", das Prunkbegräbnis, gehört bis heute zu den beliebtesten Spektakeln, die Wien zu bieten hat – unvergesslich der Trauerzug für den Staatsmeister des Wiener „Schmäh", Heinz Conrads, im April 1986. Den verstorbenen Ehrenmitgliedern des Burgtheaters steht übrigens – abgesehen von der obligaten schwarzen Trauerflagge an der Fassade – ein besonderes Privileg zu: Der Sarg wird auf der prunkvollen Feststiege des Theaters aufgebahrt, Bühnenpersonal in eigens zu diesem Anlass vorgesehenen Kostümen halten die Ehrenwache und die Kollegen erweisen dem Dahingegangenen die letzte Ehre. Dann wird der Sarg feierlich um das Burgtheater getragen (oder gefahren), wobei, wie gemunkelt wird, der Zug der Trauernden im Verlauf der Theaterumkreisung dahinschmelze wie der Schnee an der

Frühlingssonne, weil ein Kollege nach dem anderen sich diskret aus dem Staub macht, um in der Kantine weiterzufeiern. Nur bei Josef Meinrad, der am 18. Februar 1996 im Alter von 83 Jahren verstarb, soll es um eine Nuance anders gewesen sein: Diese „unnachahmliche Inkarnation des Wienerischen, das bewunderte, liebgewordene Stück des unverwechselbaren Österreichischen" (so Bundespräsident Klestil etwas holprig in seiner Trauerrede) wurde offenbar in einem weißen Rolls-Royce-Cabriolet um die Stätte seines Wirkens gefahren. Zu Lebzeiten eine Legende, verwundert es kaum, dass sich auch um seinen Tod ein Mythos rankt. Tatsache ist jedenfalls, dass der Platz neben dem Burgtheater nach Josef Meinrad benannt wurde.

„Zürcher von der Pute"

Wenn zu Allerheiligen vor Tor 2, dem Hauptportal des Wiener Zentralfriedhofs, Hochstimmung herrscht und neben Kerzen und Kränzen heiße Würstel und Leberkässemmeln angeboten werden, denkt man unwillkürlich an den alten Ladenhüter, der hier jedem Schweizer sofort als das allerneueste Bonmot aufgetischt wird: Nur halb so groß wie Zürich sei er, der Wiener Zentralfriedhof, aber doppelt so lustig. Nun, mit über drei Millionen Gräbern ist er um einiges größer als Zürich, und so recht heiter wird einem hier kaum zumute, wenn über den endlosen Kastanienalleen die Novembernebel lasten, über den schwarz glänzenden Marmortempeln der großen Wiener Familien krächzend die Krähenschwärme kreisen, in ihrer Gier auf die vielen fetten Friedhofswürmer, die hier reichlich Nahrung finden.

Aber schon beim Tor 1 fällt einem jenes uralte Bonmot wieder ein, denn gegenüber, im skurrilen Kaffeehaus „Schloss Concordia", wo den frisch vom Begräbnis kommenden Gast eine meterhohe Jesus-Statue mit ausgebreiteten Armen willkommen heißt, stehen auf der Speisekarte „Zürcher von der Pute". Und von drei lustigen Kartonköchen wird „Gabelfrühstück und Jause" angeboten für „zwischendurch" und, bedeutungsvoll, für „nachher". Nachher? Labung fürs Jenseits?

Mozart und Autobahn

Doch gehaltvoller Stärkung bedarf der Wanderer bereits bei seinem strapaziösen Friedhofsstreifzug durchs diesseitige Wien, und dazu eines guten Reiseführers. Denn viel gibt's zu sehen und an Anekdoten zu erfahren in der todesverliebten Wienerstadt. Der erste Gang müsste ins Bestattungsmuseum im vierten Bezirk führen, wo das Schaustück der radikalen Friedhofsreform unter Kaiser Joseph II. zu besichtigen ist: der wiederverwendbare „Sparsarg" mit Klappboden. Die josephinische Kargheit

325

stand allerdings in unvereinbarem Widerspruch zur barocken Wiener Prunksucht, vor allem in Todesdingen, und die Reform war denkbar kurzlebig.

Wolfgang Amadeus Mozart allerdings wurde noch in einem kollektiven Schachtgrab gemäß josephinischen Vorschriften begraben. So ist Mozarts mit allerlei romantischen Versatzstücken dekoriertes Grab auf dem St. Marxer Friedhof nicht authentisch, was aber die Pilgerscharen kaum stört. Dieser Biedermeier-Friedhof im Schatten der Südtangente, dieses meistbefahrenen Autobahnstücks Europas, ist dennoch Wiens stimmungsvollster Ort. Vollends zur romantischen Idylle wird der St. Marxer Friedhof, wenn hier der Flieder blüht und duftet. Doch das Beste sind hier die Grabinschriften. Vom „bürgerlichen Kanalräumer" und dem „bürgerlichen Lust- und Ziergärtnerssohn" bis zur „kaiserlich-königlichen Oberbeamtenswitwe" und der „fürstlich-Esterházyschen Oberbuchhalterswitwe" neben zahllosen stolzen Hausbesitzern und dem Walzerkomponisten Josef Strauß liegt hier abseits und verkannt ein gewisser Joseph Madersperger (1768 bis 1850), der doch immerhin der Erfinder der Nähmaschine war.

Die Namenlosen aus der Donau

Nach der obligaten Visite der Kapuzinergruft, wo gleichsam herzlose Habsburger in ihren mächtigen Prunksarkophagen ruhen, müsste man eigentlich den ausgelagerten Bestandteilen der 12 hier ruhenden Kaiser und 19 Kaiserinnen und Königinnen im „Herzgrüftel" der Augustinerkirche und dann im Stephansdom seine Aufwartung machen. Deutlich gruseliger ist jedoch der Besuch bei den Mumien in der Gruft der nahen Michaelerkirche. Und recht nachdenklich wird man auf dem Judenplatz, wo an die einander gar nicht so unähnlichen Wiener Judenpogrome der Jahre 1420 und 1938 erinnert wird: Wien und der Tod.

Der verschwiegenste aller Wiener Friedhöfe ist jener der „Namenlosen" an der Donau in Albern bei Schwechat. Unter schlichten, schwarzen Eisenkreuzen ruhen jene, die hier vom Fluss angeschwemmt wurden. Es waren Hunderte – Selbstmörder, fremde Seeleute –, die in den anderen Friedhöfen keine Aufnahme fanden. „Unbekannt männlich" lautet eine der Grabinschriften, „verunglückt" eine andere. Namenlos sind hier nicht alle. So heißt es bei einem Wilhelm Töhn ominös „ertrunken durch fremde Hand" – er war zum Zeitpunkt seines Todes elfjährig. Jemand hat auf sein Grab ein Windrädchen gepflanzt, das sich munter dreht. An der Kapelle das Gedicht eines Grafen Albrecht Wickenburg: „Denn sie schlafen hier gemeinsam, die, die Fluten still und einsam angeschwemmt. Alle, die sich hier gesellen, trieb Verzweiflung in der Wellen kalten Schoß. Drum die Kreuze, die da ragen, wie das Kreuz, das sie getragen, namenlos."

Heimliches und Unheimliches

(Januar – Dezember 2003)

Gruselpartie in die Eingeweide Wiens

(Oktober 2002)

Wer auf diesem Weg zu den Tiefen der Wiener Psyche vordringen will, muss einiges an feuchtkalten Strapazen auf sich nehmen – wer den Abstieg zum Schauplatz des klassischen Filmdramas „Der Dritte Mann" wagt, benötigt zudem gute Nerven und eine möglichst geruchsunempfindliche Nase. Zweimal wurde im spätsommerlichen Wien dem Theatergänger auf abenteuerlichen Abwegen fern der etablierten Bühnen und der zahllosen Off-Ring- und Off-Josefstadt-Kleinbühnen Außergewöhnliches geboten: Dabei ging es weniger um das schauspielerische Niveau als um den Schauplatz – und um das Ausloten der jähen Abgründe hinter den barocken, großbürgerlichen Fassaden der glanzvollen Kaiserstadt.

2200 Kilometer unterirdische Wasserläufe

„Achtung", heißt es auf einem Warnschild an einem Platz, der außer der Verkehrsflut, die ihn umspült, wenig Bedrohliches und dafür viel Historisches an sich hat: links zwischen Baumwipfeln die Karlskirche, hinter uns das schmuddelige, aber von Adolf Loos gestaltete und daher Kultstatus genießende Café Museum, vor uns dagegen die Büste des kaum noch bekannten Erfinders des Esperanto, Ludwig Zamenhof. Leicht könnte man den Schacht übersehen, der sich auf eine Eisentreppe öffnet, die hinabführt in den Hades Wiens, wäre da nicht das Schild, das Besucher mit heiklem Herzen, beschädigter Wirbelsäule, nicht Schwindelfreie, unter Platzangst Leidende aufs Eindringlichste vor dem Abstieg warnt. Da wir keines dieser Leiden vorschützen können, steigen wir hinab, eskortiert von zwei derben Männern in Arbeitskleidung, mit Kopflaternen, Kanalarbeiter augenscheinlich.

Zunehmend umgeben einen Düsterkeit, nie gehörte Geräusche, die unbekannte Gefahren ankünden. Immer penetranter wird der Gestank. Wir halten auf einer Brücke inne. Trübe Laternen werfen Lichtkreise über die schweren Steinbögen, durch die sich eine bräunliche Brühe wälzt. In urwüchsigem Wienerisch wird erklärt: 2200 Kilometer messen insgesamt die unterirdischen Abwässerkanäle, mehr als nach Paris und zurück, vier Fünftel davon begehbar. Von 350 Arbeitern werde das Kanalsystem instand gehalten. In vier nächtlichen Schichten werden jeden Monat 60 bis 70 Tonnen Sand und Schutt aus den Kanälen geschaufelt. Bei seiner Entstehung 1837 war der unterirdische Ottakringer Kanal eine Pionierleistung; zuvor seien die offenen Kloaken Ursprung zahlreicher Seuchen gewesen. Der Cholerabach erinnert noch an jene Missstände. Heute fließen die Abwässer Wiens in die zeitgemäße Simmeringer Kläranlage. Genussvoll schildert der vermeintliche Kanalarbeiter die unsäglichen Dinge, die so durch die Abwässer Wiens treiben. Im Wien-Fluss wurde letztes Jahr auch der junge Alligator namens Florian gefunden, der nun im Tiergarten Schönbrunn residiert.

Spiel und Wirklichkeit

Da unterbricht jähe Aufregung die wortreichen Schilderungen, Schritte hallen durch die Gewölbe, ein Lichtschein von irgendwoher, Schatten tauchen auf, werden riesengroß, verschwinden wieder. Plötzlich fallen Schüsse; das Echo macht sie zu scharfen, schmerzhaften Peitschenhieben. Die Besucher hetzen durch die engen, kaum beleuchteten Gänge. Jetzt wird klar: Man befindet sich mitten im Film, schwarzweiß ist hier unten ohnehin alles. Später, am Gestade des unterirdischen Wienflusses, besänftigen die Zitherklänge des weltberühmten Harry-Lime-Themas die bloßgelegten Nerven und der Führer erzählt, dass sich der Hygiene-Fanatiker Orson Welles, der stets Handschuhe trug, geweigert habe, in Berührung mit der stinkenden Kloake zu kommen. So musste ein Double gefunden werden, ein Wiener Fleischermeister, der sich dafür nicht zu schade war und auch nicht so abgehärmt wie damals fast jeder im Nachkriegs-Wien.

In diesem Reich der Schatten verschwimmen die Konturen, und so wird unklar, was Geflunker ist und was authentischer Bericht. Dass man, wie der Begleiter jetzt behauptet, Parfum aus Paris in Literflaschen herbeischaffte und die Kanalwände mit heißem Wasser abspülte, um Orson Welles die Dreharbeiten zu erleichtern, gehört wohl doch eher ins Reich der Dichtung. Aber frei erfunden war schließlich auch die im Film selbst vorkommende Polizei-Spezialeinheit für das Kanalsystem. Die grobschlächtigen Kanalarbeiter entpuppten sich anschließend übrigens als Schauspieler. Die echten Kanalarbeiter waren allerdings für die effektvollen Schüsse aus Schreckschusspistolen (und nebenbei auch für die Sicherheit der verschreckten Besucher) verantwortlich. Mit dem baldigen Umbau des Kanalsystems hat es nun ein Ende mit der lebensnahen Hommage an den Dritten Mann.

Nächtlicher Spuk im Naturhistorischen Museum

(April 2003)

Schemenhaft huschen Liebespaare durch das Halbdunkel zwischen den rigoros geschnittenen Zierbäumen, den barock-verspielten Reiterstatuen und den noch winterlich holzverschalten Brunnen. Im Zentrum der streng symmetrischen Parkanlage, im Zentrum der habsburgischen Welt, zwischen den beiden kaiserlichen Museen, die sich wie Zwillinge gleichen – jenem für Kunst und jenem für Natur –, sitzt Maria Theresia auf ihrem kolossalen Marmorthron. Gönnerhaft streckt die Kaiserin, überlebensgroße Übermutter der Nation und ihrer Völker, dem verliebten Paar die Rechte entgegen, als erteilte sie, die einstmals Sittenstrenge, in postumer Altersmilde und resignierter Anerkennung gewandelter Sitten den nächtlichen Liebenden nun doch noch ihren Segen. Ein Mann und sein Hund werfen lange Schatten auf dem Kies. Am Rand des Parks, an der Ringstraße, schlummern Reisebusse dem kommenden Tag entgegen. Irgendwo schlägt es zehn. Vorverlegte Geisterstunde im Naturhistorischen Museum.

Sammelwütiger Franz I.

Eine Anzahl abenteuerlustiger Besucher, fröstelnd und in ungewisser Erwartung, hat sich zu dieser ungewöhnlichen Stunde am Nebeneingang des Museums eingefunden. Mit gebührender Verspätung erscheint der Führer mit seinem wichtigen Requisit: einer imposanten Taschenlampe. Elektrisches Licht gibt es in diesem Museum noch nicht lange. Die Gruppe setzt sich in Bewegung, vorbei an ausrangierten Gipsplastiken, an denen der Zahn der Zeit bedenklich nagt. Wir betreten die riesige Eingangshalle, schrecken zurück: Links schälen sich plötzlich die Umrisse eines gigantischen Ungetüms aus dem Dunkel – ein Walross, so groß, wie es zweifellos nie existiert haben kann. In dem gewaltigen Raum mit seiner scheinbar ins Leere führenden Treppe hallen von fern unheimliche Geräusche, deren Ursprung und Natur sich – vorerst – nicht bestimmen lassen.

Doch jetzt hält der Führer inne und richtet den Lichtkegel seiner Lampe auf ein Ölbild von Franz Stephan von Lothringen (1708–1765), dem Ehemann Maria Theresias und späteren Kaiser Franz I. (1745–1765). Franz, der Stammvater des Hauses Habsburg-Lothringen, hatte Mitte des 18. Jahrhunderts den schon damals respektablen Grundstock für die Naturaliensammlung gelegt. Diese 30.000 Stück, anfänglich vor allem Mineralien und Versteinerungen, bilden noch immer den

Kernbestand der Sammlungen. Heute verfügt das Museum allerdings über 20 Millionen Gegenstände aus der Natur. Jenes Gemälde zeigt, wie Franz Stephan die ersten Stücke seiner Sammlung – ein Sortiment Fossilien, einen Bergkristall und einen mächtigen Smaragd – erwirbt. Und der Lichtkegel der Taschenlampe fällt jetzt unter dem Bild auf genau diese Objekte, in natura, die durch alle Stürme der Zeit erhalten geblieben sind.

Allein die Meteoritensammlung umfasst heute 1000 Exemplare, die paläontologischen Sammlungen mit 3 Millionen Fossilien und die Insektensammlung mit ihren 6 Millionen Exemplaren zählen zu den größten des Erdballs. Viele der Tiere, ebenso wie die Pflanzen im Schönbrunner Palmenhaus, stammen von österreichischen Expeditionen vergangener Jahrhunderte in exotische Weltgegenden. Aber auch archäologische Funde weist das Museum auf. Die ältesten und berühmtesten sind die auf respektable 25.000 Jahre geschätzte „Venus von Willendorf" und die mit 32.000 Jahren auch nicht mehr ganz jugendfrische „Fanny vom Galgenberg". Die kleine Plastik gilt als das älteste Kunstwerk der Nation.

„Der zweitgrößte Friedhof von Wien"

Wir betreten die Räume mit den ausgestopften Tieren. Penetrant der Geruch nach Konservierungs- und Mottenmittel, für unsere Sinne intensiviert von der Dunkelheit. Die Geräusche sind stärker geworden. Ein Scharren, Jaulen, Zwitschern, Zirpen, Flügelschlagen. Immer schärfer hebt sich das Heulen von Wölfen von der Vielzahl der Tiergeräusche ab. Das Geheul wird stärker, und es scheint aus dem nächsten Saal zu kommen. Fahl scheint der Vollmond durch hohe Fenster. Mit gemischten Gefühlen stolpern wir weiter durch das Dunkel. Im Schein der Taschenlampe werden die präparierten Tiere plötzlich lebendig, riesenhafte Schatten tasten sich über die Wände. Kinder klammern sich an ihre Mütter. Aber auch wir Erwachsenen sind fast froh, dass Glas uns von den im Dämmerlicht übergroß erscheinenden Bestien trennt.

Unverkennbar schätzt unser Führer makabre Geschichten, und seine Vorliebe gilt jenen Tieren, die einst zu gruseligen Legenden Anlass gaben. Mit sichtlichem Genuss berichtet er von Werwölfen, unheimlichen Katzentieren, blutsaugenden Vampir-Fledermäusen und dem heimischen Käuzchen, das den Ruf als nächtlicher Totenvogel seinem Schrei verdankt, der als „komm mit" gedeutet wurde. Aber auch das begehrte Horn des sagenumwobenen Einhorns wird uns gezeigt – und der Schädel des Narwals, dem es in Wahrheit entstammt. Der Gruppe folgt schweigend ein Schließer mit klirrendem Schlüsselbund; zyklopische Holztüren öffnen sich ächzend und fallen hinter uns ins Schloss. Doch das Unheimlichste erwartet uns im obersten Stock, unzugänglich für das gewöhnliche Publikum, das es vorzieht, diesen Ort am helllichten Tag aufzusuchen: die anthropologische Sammlung, „der zweitgrößte Friedhof von Wien", wie der Führer sichtlich stolz betont. Hinter Glas, genau geordnet und pedantisch etikettiert, starren den Besucher 40.000 Totenschädel mit leeren Augenhöhlen an.

Hier befand sich auch die makabre, von „Rassenforschern" angelegte Sammlung menschlicher Schädel, die ab dem späten 19. Jahrhundert auf verschiedenen, vorrangig europäischen Friedhöfen ausgegraben oder auf anderen Wegen gesammelt wurden. Jene Gebeine, die von der anthropologischen Abteilung 1943 auf dem jüdischen Friedhof Währing zu „rassekundlichen" Familienforschungen enterdigt worden sind, wurden 1947 zum überwiegenden Teil, soweit sie erhalten waren, an die Israelitische Kultusgemeinde Wien übergeben, die diese dann am Zentralfriedhof Tor 4, neue jüdische Abteilung, wiederbestattete.

Atemberaubendes Panorama

Rasch gehen wir weiter. Und was uns jetzt, zum Abschluss der denkwürdigen Visite, erwartet, ist nun gar nicht mehr makaber oder gruselig, sondern nur noch spektakulär: Mit einem Becher voll wärmenden Punschs betreten wir durch ein Fenster das Dach des Museums, und vor uns breitet sich das großartigste Nachtpanorama aus, das die Donaumetropole zu bieten hat: die Ringstraße mit ihren dunklen, von den Lichtperlen unzähliger Laternen übersäten Parkanlagen, majestätisch erleuchtet Hofburg und Burgtor, dahinter Türme und Kuppeln der Innenstadt. Die athenischen Säulen des Parlaments, daneben das neugotische Rathaus. Vom Turm des Stephansdoms schlägt es elf Uhr. Unser Cicerone weiß auch aus dieser Perspektive manch Naturhistorisches zu berichten: Als beim Bau des Stephansdoms ein Mammutknochen gefunden wurde, hielten diesen die Wiener für die Überreste eines Riesen, und das Haupttor des Stephansdoms wird seither Riesentor genannt. Eigentlich sollte es Mammuttor heißen.

Paläste für das Proletariat

(November 2003)

Das Auge noch geblendet von der barocken Pracht der Adelspaläste in der Wiener Innenstadt, gerät der Besucher eher zufällig in die Außenbezirke – und stößt dort auf Paläste und Burganlagen ganz anderer Art: die Trutzburgen des roten Wien, Bollwerke des Proletariats, steingewordene Träume von Utopia, aber vor allem reale Errungenschaften des sozialen Wohnungsbaus, die auf der Welt ihresgleichen suchen.

Spaziergänge durch Utopia

In der rasch expandierenden Donaumetropole des ausgehenden 19. Jahrhunderts, in deren aufstrebende Industrien weitgehend mittellose Arbeitskräfte aus allen Teilen der Donaumonarchie strömten, herrschte eine prekäre Wohnungssituation. 1917 waren nahezu drei Viertel aller Wiener Wohnungen hoffnungslos überbelegte Kleinwohnungen in eigentlichen Zinskasernen. Die hygienischen Zustände spotteten jeder Beschreibung, es wütete die Tuberkulose, die damals nicht zufällig „Wiener Krankheit" genannt wurde. Mit der politischen Trennung Niederösterreichs von Wien 1922 erhielt die Hauptstadt Steuerhoheit; 1923 wurde die zweckgebundene Wohnbausteuer eingeführt. Die Gemeinde Wien, bei Kriegsende noch finanziell am Rande des Zusammenbruchs, erstellte in den zwanziger und dreißiger Jahren Zehntausende von Sozialwohnungen in repräsentativen Komplexen: den Gemeindebauten.

Grünflächen, Waschküchen, Spielplätze, Lesesäle und das engagierte Theater Rabenhof, oft auch Kindergärten, Zahnkliniken, Polikliniken, Lebensmittelgeschäfte und Gasthäuser gehörten zur obligaten Ausstattung dieser fast mittelalterlich anmutenden, geschlossenen Anlagen – für die damalige Zeit eine einmalige Pionierleistung. In vielen dieser monumentalen Bauten stößt man auf schöne Details, entdeckt bemerkenswerte Stilelemente von Art déco, Jugendstil und Bauhaus. Obwohl im Erscheinungsbild und in Details sogleich als Gemeindebau identifizierbar, unterstreicht jedes dieser Bauwerke seine Individualität. Ein hervorragender Führer, verfasst von der Kunsthistorikerin Inge Podbrecky aus der Serie City Walks des Falter-Verlags, Wien, führt nach historischer Einführung den Besucher auf fünf überaus spannenden Entdeckungsreisen zu diesen geschichtsträchtigen Baukomplexen – und ins Amalienbad, benannt nach einer „Kämpferin für die Rechte der Arbeiterschaft, in ihrer zärtlichen, mütterlichen Güte eine nie rastende Beraterin und Helferin für alle Bedrückten", wie es in der Gedenktafel am Eingang heißt.

Steinerne Geschichtsbücher

Die Botschaft der Gemeindebau-Architektur war unverkennbar: Es dämmere die neue Epoche des Proletariats heran, der neuen Herren über Burgen und Schlösser. Und so ging es weiter: Viele dieser „Burganlagen" – namentlich der gigantische Karl-Marx-Hof – wurden in den Februarkämpfen von 1934 mit dem sozialdemokratischen „Schutzbund" tatsächlich zur Festung, die aber dem Artilleriebeschuss des Bundesheeres nicht standhielten. Der nachfolgende autoritär-klerikale Ständestaat ersetzte umgehend die teuflischen durch harmlose Benennungen – so wurde der Karl-Marx-Hof über Nacht zum Heiligenstädter Hof. Auch obskure Heilige wurden ausgegraben: Das Familienasyl zum Heiligen Engelbert sollte dem damaligen Bundeskanzler Engelbert Dollfuss zur Ehre gereichen.

Dann kamen die Nazis und an einer Fassade prangt heute noch ein großflächiges Keramikbild, 1938 nach dem Anschluss an Nazideutschland entstanden, das eine Familienidylle so recht nach dem Gusto der NS-Ideologen zeigt. 1945 hat man den Hakenkreuz-Wimpel entfernt, geblieben ist der uniformierte Hitlerjunge, der ihn getragen hat. 2002 verfremdete die Künstlerin Ulrike Lienbacher mit der spiegelverkehrten Aufschrift „Idylle" auf einer Glastafel über dem Bild jene ideologiebehaftete Darstellung. So reflektieren die Wiener Gemeindebauten die dramatische Geschichte Wiens mit ihren erbitterten Polarisierungen, Kämpfen, Geschichtslügen – und dem aktuellen Versuch, die dunklen Jahre zu reflektieren, statt sie zu verdrängen.

Wien in Weiß

(Dezember 2002)

Über Nacht hat sich eine flaumige Daunendecke über Wien, die Stadt an der – mehr grauen als blauen – Donau gesenkt. Nach Tagen klirrender Kälte rieselt nun mild und leise der Schnee, bedeckt die schwarzen Baumskelette in den vielen Parkanlagen wie Puderzucker den Gugelhupf in den Kaffeehäusern. Nahezu unmöglich, in diesen frostigen Tagen eines der Marmortischchen zu ergattern, auf denen durchfrorene Japaner ihre Stadtpläne und winterlich gewandete Wiener ihre Tageszeitungen ausbreiten, zum Kleinen Braunen oder einer köstlichen, heißen Schokolade mit obligatem Schlagobershäubchen. Auf den Lüftungsgittern von Tiefgaragen und U-Bahn-Stationen sitzen frierend die Tauben. Den Fiakerpferden hat man Winterdecken umgehängt, dass sie sich nur ja nicht verkühlen. Der Verkehrslärm am Ring istgedämpft, man vernimmt vor allem das Kratzen der Schneeschaufeln auf dem Asphalt. Mit orangefarbenem Blinklicht eskortieren emsige Schneepflüge die Fiaker. Doch für Spätaufsteher hat sich der weiße Flaum längst in braunen Matsch verwandelt, „Gatsch", wie die Wiener den Brei aus Schmutz und schmelzendem Schnee nennen.

Doch in den Gartenanlagen und im Prater, wo die Schienen der saisonbedingt stillgelegten Liliputbahn trist ins Leere führen und Eisläufer sich auf dem schon zugefrorenen Heustadelwasser üben, erstickt der Schnee jeden Laut und jede Farbe, eine stille Landschaft in Schwarz-Weiß – bis plötzlich mit ohrenbetäubendem Gekreisch ein Krähenschwarm den grauen Winterhimmel verdunkelt. Längst sind die Brunnen mit Brettern verschalt, die Palmen aus dem Burggarten in Glashäuser evakuiert, die berühmten Rosenbüsche im Volksgarten sorgsam mit Sacktuch umhüllt – eine Schar erstarrter, mit Puderzucker überstreuter Gnomen. Ältere Damen, tief in ihre Pelze eingemummt, zerren ihre kleinen, unfolgsamen Hündchen hinter sich her, verspätete Passanten, deren Autos auf den Parkplätzen hoffnungslos eingefroren sind, hasten zu den Straßenbahnstationen. Parkwächter kratzen missmutig an eisverkrusteten Scheiben und kritzeln mit klammen Fingern Parkbußen; sie machen reiche Beute in diesen Tagen.

Auf allen Plätzen der Stadt werden Christbäume verkauft, es ertönt das durch und durch unstädtische Dröhnen von Motorsägen, mit denen die Stämme zurechtgestutzt werden. Überall sind Punschbuden aufgestellt, an denen sich die Passanten wärmen, dazwischen Maroni- und Bratkartoffelstände. Durchfrorene Musiker aus dem Osten hoffen auf eine milde Gabe der gehetzten Weihnachtseinkäufer. Auf dem Graben steht ein überdimensionierter Adventskranz, in der Kärntner Straße ein riesiger Weihnachtsbaum, acht Tage lang sogar ein Chanukka-Leuchter. Vor dem Kaffeehaus „Mozart" steht ein Tannenbaum, dessen Christbaumschmuck sinnigerweise aus übergroßen Mozartkugeln besteht. Die Fassade des neugotischen Rathauses hat sich in einen gigantischen Adventskalender verwandelt, davor leuchten rote Herzen und Lampions auf den kahlen Bäumen, darunter drängen sich die Besucher des Christkindlmarkts, erstehen Leckereien, wärmende Handschuhe und Schals. Die „Kronen Zeitung", der Österreicher liebstes und daher auch größtes Boulevardblatt, drückt in dieser Vorweihnachtszeit mit einer Plakataktion buchstäblich auf die Tränendrüsen: Als Werbung für das von ihr – nicht völlig selbstlos, versteht sich – unterstützte Nationale Tierschutzgesetz porträtiert sie angeblich irgendwie bemitleidenswerte Hündchen und Kätzchen mit je einer riesengroßen, schimmernden Träne im Tierauge.

Ob so viel herzzerreißendem Tierleid vergisst man womöglich jenes der Menschen, der extremen Fälle unter den rund 4500 Wiener Wohnungslosen – jener schätzungsweise 300 bis 500 chronisch Obdachlosen nämlich, die sich, aus welchen Gründen auch immer, der Betreuung entziehen, die regelmäßig vom Aufsichtspersonal aus den U-Bahn-Stationen hinausgeworfen werden, um dann auf dem Karlsplatz, in den Heizräumen öffentlicher Gebäude, in den Toiletten des vergammelten Bahnhofs Praterstern Schutz und ein bisschen Wärme zu suchen. Das sind die Kehrseiten der selbstverliebten Barock- und Biedermeierstadt – die allerdings pro Jahr immerhin 14,5 Millionen Euro ausgibt und rund 4000 Unterbringungsmöglichkeiten zur Verfügung stellt, um das im Winter besonders harte Elend der Obdachlosen zu lindern. Wenig Freude herrscht auch auf den Umfahrungsautobahnen, wo sich nicht nur die Besucher aus den nahen Ostländern ohne Winterreifen ihre ersten Schleudererfahrungen holen und dramatische Unfälle und ein handfestes Verkehrschaos produzieren.

Die einst üppigen Blumenbeete in den Gärten wurden bereits vor Wochen von ganzen Heerscharen von Stadtgärtnern geplündert, umgegraben und mit Tannenzweigen bedeckt. Doch zuvor war bereits für den nächsten Frühling vorgesorgt worden: „Hier schlafen Blumen", heißt es auf warnenden Hinweisschildern. Woher kommt jedoch die Million schlafender Blumenzwiebeln, woher werden die rund 300.000 Pflanzen und Blumen herbeigezaubert, die gleichsam diese Stadt verschönern werden, sobald die Frühlingssonne wieder zu wärmen beginnt? Die Antwort: Aus den bisher „Reservegärten" genannten, öffentlich zugänglichen Blumengärten Hirschstetten und Hänischgasse im 22. Bezirk mit ihren kilometerlangen Gewächshäusern und ihren Musterbeeten. Hier holen sich die Stadtgärtner und Lokalpolitiker ihre Inspirationen, hier werden neue gartenästhetische Trends lanciert. Doch das ist gewissermaßen Zukunftsmusik, denn vorerst sind es nicht die leuchtenden Farbsinfonien, sondern die Schwarz-Weiß-Grafiken von Schnee und Geäst, die das Antlitz der Stadt prägen.

Wien in Grau

(Januar 2003)

D ie Winteridylle in der tief verschneiten Donaustadt ist – fürs Erste zumindest – vorüber. Statt dem alles dominierenden Weiß, vor dem sich scherenschnitt-artig die kahlen, schwarzen Bäume der Alleen und Parkanlagen abhoben, dominiert jetzt wieder winterliches Grau das Straßenbild. Letzte Woche noch hatten nächtliches Schneetreiben und klirrende Kälte Wien mit einem eisigen Hauch von russischem Winter überzogen. Doch dann setzte über Nacht plötzlich Tauwetter ein, und im Morgengrauen waren die Schneemassen verschwunden wie ein schöner Traum. Die hässliche Realität dessen kam zum Vorschein, was sich auf Wiesen und Wegen so nach und nach in den romantischen Schneetagen auf der weißen Pracht abgelagert hatte, in sie eingesunken und versickert war: weggeworfene Papiertaschentücher, Bonbon- und Schokoladenhüllen und Tonnen von Hundekot.

Die Straßen und Trottoirs jedoch knirschten vor Kies, leider bald auch die Parkettböden der Wohnungen, der Amts- und Repräsentationsräume in den prächtigen Palästen der Inneren Stadt, zerkratzt von hartnäckigen Kieselsteinen, die sich in den Sohlenprofilen des Schuhwerks festgekrallt hatten. Bald schon wurde ein platter Reifen am Auto geortet: Ein besonders spitzer Kieselstein hatte dem Reifen den Garaus gemacht. Und auf der Fahrt zur Garage machten sich auch noch die auf der rutschigen Kiesunterlage deutlich verlängerten Bremswege unangenehm bemerkbar.

Nicht weniger als 19.000 Tonnen Splitt wurden in den Tagen von Schnee und Eis über das Wiener Straßennetz verstreut. Übrig geblieben ist eine wahre Kieswüste, und nachdem zahllose Kiesel von unzähligen Autoreifen zermalmt worden sind, hängt wie ein grauer Nebel eine große Staubwolke in der üblicherweise doch so köstlich-frischen Wiener Luft, setzt sich, durchmischt mit allerlei bedenklichen Schmutzpartikeln, als spürbarer Belag in den Atemwegen und auf dem Gaumen nieder, löst im Tram, in der U-Bahn und mitunter auch in Oper und Konzertsaal lautstarken Hustenreiz aus. Eine Messstelle des Umweltbundesamtes in der Wiener Innenstadt hat vor wenigen Tagen zu Spitzenverkehrszeiten eine Verdreifachung der Staubbelastung im Vergleich zu den Normalwerten festgestellt. Beschwichtigend wird im Wiener Rathaus eine Normalisierung der Zustände in Aussicht gestellt: Ein Heer von Straßenkehrern wird allmählich die Splittmassen unter Kontrolle bringen. Doch noch ehe es so weit sein wird, sind neue Schneefälle angesagt.

Tiefschnee wie Schlagobers

(März 2004)

Lawinengefahr herrscht. Talwärts donnern die tonnenschweren Schneemassen, dazwischen messerscharfe Eisstücke, und begraben unter sich, was sich ihnen in den Weg stellt. Gefahren drohen gegenwärtig nicht oder nicht nur dem waghalsigen Skitouristen in den wilden Ötztaler Alpen, sondern auch und vor allem dem unerfahrenen Fußgänger in Wien. Tagelange Schneefälle wechseln sich mit kurzen Tauwetterperioden ab. Beim Balancieren durch den glitschigen Schneematsch in den von altehrwürdigen Gründerzeit-Bauten gesäumten Straßenschluchten fällt dem Passanten ganz plötzlich eine Riesenladung Schnee oder Eis vor die Füße (wenn er Glück hat), die von ganz oben, nämlich den schrägen Dächern der historischen Bauwerke stammt. Fürsorgliche Hausbesitzer haben nicht etwa Lawinenverbauungen oben auf ihren Dächern angebracht, sondern unten die Trottoirs vor ihren Bauten mit Latten versperrt, auf denen vor „Dachlawinen" gewarnt wird. Unkonventionell verformte Karosserien sorglos parkender Autos, Haufen feinster Kristallsplitter, wo einmal eine Heckscheibe war, legen beredtes Zeugnis davon ab, dass hier vor nicht allzu langer Zeit ein „Lawinenniedergang" stattgefunden haben muss.

Rekordschneemengen sind auf die Donaumetropole niedergegangen. Inzwischen lautet die Bilanz der Saison 105 Zentimeter. In den Parkanlagen sprießen bereits die Frühlingsblumen, vor wenigen Tagen noch haben optimistische Kaffeehausbesitzer in der Innenstadt ihre „Schanigärten" installiert, Tische und Stühle vor ihrem Lokal aufgestellt. Sie sind jetzt von einer dicken Schneeschicht bedeckt. 105 Zentimeter, das ist zwar ein Acht-Jahres-Rekord, doch im Winter 1969/70 war die doppelte Menge gemessen worden. Die Stadt Wien, welche die Schneeräumung privaten Firmen anvertraut, kann sich auf eine saftige Rechnung gefasst machen. Im letzten Winter waren es noch 5,9 Millionen Euro, dieses Jahr wurden bereits 8 Millionen für 220 im Einsatz stehende Räumfahrzeuge und die 1400 Schneeschaufler ausgegeben.

Die älteste Skipiste Österreichs

Doch es gibt in Wien einen Ort, wo Schnee nicht Last, sondern Lust bedeutet, wo er weiß, weich und üppig ist wie das Schlagobers zur Sachertorte. Dieser Ort liegt genau 20 Autominuten westwärts vom tief verschneiten Stephansplatz, im 14. Wiener Gemeindebezirk, dort, wo der viel besungene Wienerwald beginnt. Dieser Ort

namens Hohe-Wand-Wiese an der Mauerbachstraße 172–174 ist ein veritables
Skigebiet mit einem 400 Meter langen Skilift, einem respektablen Gefälle von
25 Prozent, einer renntauglichen Piste, Schikanen wie Flutlicht- und Beschneiungs-
anlagen und eher ruppigen Angestellten, die dem alpinen Ambiente gewissermaßen
den letzten Schliff geben. Und die Tageskarte für dieses Vergnügen kostet kaum
20 Franken. Wer hätte gedacht, dass die älteste Skipiste Österreichs fernab der
berühmten Skigebiete Tirols, Vorarlbergs oder Salzburgs ausgerechnet in der Hauptstadt Wien liegt?

Duell am Ballhausplatz

Der Eingang zur Hofburg – genauer: zu deren Leopoldinischem Trakt, dem Amtssitz des österreichischen Bundespräsidenten – liegt dem Bundeskanzleramt genau gegenüber. Die beiden Machtzentren, jenes der formellen, zeremoniellen und das der tatsächlichen trennt (oder, je nachdem: verbindet) ein Platz – der Ballhausplatz. Mit zunehmender Ehrfurcht durchschreitet der Besucher der Hofburg einen Saal nach dem anderen, Säle ohne Zahl, gespenstisch menschenleere Räume von blendendem Gold und Weiß. Schon vor langer Zeit, so will dem Besucher scheinen, hat er die lärmende Außenwelt hinter sich gelassen, das 21. Jahrhundert, die Republik. Kein Geräusch ist zu vernehmen als das Ticken der kostbaren Barockuhren und unter dem roten Läufer das leise Knirschen des Parketts. Alles atmet kaiserlichen Glanz, imperiale Pracht, und es würde den Besucher keineswegs erstaunen, wenn ihn jetzt im letzten der Säle Seine Majestät huldvoll zur Audienz erwartete, in seiner weißen, goldbetressten Galauniform. Stattdessen ist es der Pressesprecher des Bundespräsidenten der Republik im grauen Anzug, der den Gast aus dem Nachbarland empfängt, ihn – in landesüblicher Respektbezeugung gleich um zwei Rangstufen erhöhend – mit „Herr Chefredakteur" tituliert und ihm ein Glas Orangensaft anbietet. „Fair Trade", wie der Bundespräsident kurz danach betonen wird, um Political Correctness und Environmental Awareness zu unterstreichen. Nach dem üblichen Austausch von Floskeln und Förmlichkeiten werden die Regeln festgelegt: Der „Herr Chefredakteur" dürfe dem Staatsoberhaupt alle gewünschten Fragen stellen, er dürfe, nach Absprache mit ihm (dem Pressesprecher) die Antworten auch zitieren – bloß auf Tonband aufnehmen dürfe er nichts. Der letzte Saal ist nur scheinbar eine Sackgasse, denn jetzt öffnet sich die berühmte Tapetentür, der Gast betritt einen großen Raum mit Blick auf den Heldenplatz – das Arbeitszimmer des österreichischen Staatsoberhauptes.

Mehr als nur Zeremonienmeister der Nation

Thomas Klestil, seit bald elf Jahren österreichischer Bundespräsident, will im letzten Jahr seiner Amtszeit im Leopoldinischen Trakt der Wiener Hofburg besonders markante Spuren hinterlassen. Was den 71-jährigen Politiker dabei treibt, ist, wie er im Gespräch mit der NZZ betont, die Sorge um ein halbes Jahrhundert konsensueller Tradition in Österreich. Diese politisch-soziale Harmonie sei durch Stil und

Vorgehen der Regierung Schüssel namentlich in der aktuellen Kontroverse um die Pensionsreform akut gefährdet. Deutlich mehr als seine Vorgänger, so Klestil, habe er die Möglichkeit, sein Amt mit mehr als nur zeremonieller Bedeutung zu versehen – und er habe vor, diese Chance in seinem letzten Amtsjahr zu nutzen. Ein „aktiver Bundespräsident" zu sein, hatte Klestil schließlich seinerzeit als Wahlversprechen abgegeben. Dass er letzte Woche die im Streit um die Rentenreform gefährlich auseinandergerückten politischen Akteure zum Dialog am Runden Tisch in die Hofburg gebeten hatte, gehört für Klestil ebenso zu diesem aktiveren Gestaltungswillen wie die Einladung zum umfassenden Mitteleuropa-Gipfel, der diese Woche in Salzburg abgehalten wird.

Regierungskrise am Horizont?

Bundespräsident Klestil fürchtet, dass die Nation am kommenden 4. Juni, dem Datum der Abstimmung über das Budget und damit auch über die umstrittene Pensionsreform, Abfangjäger und andere kontroverse Themen, gefährlich nahe an den Abgrund einer Regierungskrise heranrücken könnte. Aus Klestils Sicht könnte der Kärntner Landeshauptmann Haider seine wohl letzte Chance nutzen, durch Mobilisierung loyaler Kärntner Nationalratsabgeordneter den Gesetzesentwurf der Regierung zu Fall zu bringen und damit das Überleben der Regierung Schüssel in Frage zu stellen. Klestil betont, dass er von zwei Dritteln der Stimmbürger gewählt wurde und damit legitimiert sei, die Interessen einer Mehrheit von Österreichern zu vertreten. Wenn diese demokratischen Interessen durch das Vorgehen von Bundeskanzler Schüssel gefährdet würden, bliebe dem Staatsoberhaupt theoretisch, nach dem Buchstaben der Verfassung, die Möglichkeit, den Bundeskanzler ohne weitere Begründung zu entlassen. Bemerkenswerterweise, so fügt Klestil hinzu, habe er nicht die verfassungsmäßige Kompetenz, einzelne Minister zu entlassen – dies sei Sache des Bundeskanzlers –, wohl aber den Kanzler selbst.

Die in letzter Zeit immer wieder in die Diskussion gebrachte Variante eines „fliegenden" Wechsels zu den Grünen als „Ersatzpartner" für Schüssels Österreichische Volkspartei, sollte der gegenwärtige Koalitionspartner FPÖ erneut in die Sackgasse einer parteiinternen Krise geraten, lehnt Klestil kategorisch ab. Dieser Weg wäre seiner Ansicht nach demokratisch nicht legitimiert. Sollte die Regierung scheitern, sollte es nach Klestil zu Neuwahlen kommen.

Wien als Partner im Donauraum

Mit seiner Initiative, in Salzburg die Präsidenten von 17 Nationen zu einem umfassenden Mitteleuropa-Treffen einzuladen, will Thomas Klestil ein konstruktives Zeichen zur Neupositionierung Österreichs im Zentrum des Donauraums setzen. Fast alle dieser 17 Staaten liegen am großen Strom. Die Kooperation dieser Nationen in Wirtschaftsfragen, Kultur und touristischen Belangen nach der EU-Erweiterung soll intensiviert werden. Generell soll in Salzburg das Thema der Rolle Europas in der Weltpolitik in Anbetracht der gegenwärtigen geopolitischen Lage erörtert werden. Mit Stolz hebt Thomas Klestil hervor, dass dies das umfassendste Treffen von Staatsoberhäuptern in Wien seit dem historischen Wiener Kongress von 1815 darstellt.

Klestil ist sich jedoch der Empfindlichkeiten bewusst, die eine Anknüpfung an die historische Rolle Wiens bei den neuen EU-Partnern wecken könnte: Der Bundespräsident legt Wert auf ein betont partnerschaftliches und nicht paternalistisches Auftreten Wiens gegenüber den neuen EU-Mitgliedern im Donauraum. Klestil appelliert an die Einheit Europas. Nur wenn alle europäischen Nationen im Integrationsprozess eingeschlossen seien, nur wenn Stabilität und Prosperität in allen Teilen des Kontinents vorherrschten, könne Europa auch künftig eine Rolle in der Weltpolitik spielen, die seinem wirtschaftlichen, kulturellen und historischen Gewicht entspreche. Die Einführung des Mehrheitsprinzips in allen außenpolitischen Fragen innerhalb der EU hält Klestil für ebenso unumgänglich wie eine gemeinsame europäische Verteidigungspolitik.

Offene Drohung gegen Kanzler Schüssel

Der aus der Sozialdemokratie stammende Heinz Fischer (Bundespräsident seit 2004) und die sozialdemokratischen Kanzler Alfred Gusenbauer (2007/2008) und Werner Faymann (seit 8. August 2008) hatten und haben keine nennenswerten Probleme miteinander. Allfällige Meinungsverschiedenheiten werden hinter verschlossenen Türen ausdiskutiert. Anders verhielten sich die Dinge bei Bundespräsident Thomas Klestil (2002 bis 2004), der Bundeskanzler Wolfgang Schüssel (2000 bis 2007; Volkspartei ÖVP) nicht eben wohl gesonnen war. Der Sprecher des Bundespräsidenten, der die Brisanz jenes kleinen Satzes mit der mehr oder weniger unverblümten Entlassungsdrohung möglicherweise unterschätzt hatte, versuchte nachträglich, die Dinge zurechtzubiegen: Man habe „dem Kollegen aus der Schweiz" nur eine kleine verfassungsrechtliche Belehrung erteilen wollen. Diese Erklärung erschien den österreichischen Medien allerdings wenig einleuchtend, und am folgenden Tag prangten auf den Frontseiten sämtlicher Zeitungen Schlagzeilen wie „Drohung gegen Schüssel" („Standard"), „Klestil verwirrt: Lautes Denken über Kanzlersturz" („Kurier"), „Klestil droht mit Ablösung Schüssels" („Salzburger Nachrichten"), „Kanzler-Ablöse: Unmut über Klestil" („Presse"), „Klestil redet vom Sturz des Kanzlers" („Tiroler Tageszeitung"), „Machtkampf an der Staatsspitze" („Vorarlberger Nachrichten"), „Empörung über Klestils Drohung gegen Schüssel" („Kleine Zeitung"), „Knüppel aus dem Sack" („Profil") „Wilde Intrigen am Ballhausplatz – Klestil gegen Schüssel" („Format").

„ÖVP-Hochburg"

Fluchtpunkte im Wiener Hochsommer

(August 2003)

Der Sommer, der alle Rekorde schlug, ist auch in Wien unwiderruflich zu Ende
gegangen: Insbesondere der Hitzerekord von 1811 wurde heuer, buchstäblich,
in den Schatten gestellt. Auch im normalen Wiener Hochsommer mit seinen durchschnittlich 11,6 Hitzetagen flieht, wer es sich leisten kann, in die traditionelle Som-
merfrische, in die kühlen Schluchten im Raxgebiet oder an die übervölkerten Seen
im Salzkammergut. Diesen Sommer wurden gar 35 Tage schier unerträglicher Glut-
hitze registriert, und die Nächte waren kaum mehr jene legendären lauen Som-
mernächte, welche einst die Feder der Wiener Operettenkomponisten beflügelt hatten, sondern, in den Worten der Meteorologen, schweißtreibende, von Grillengezirp
untermalte Tropennächte.

„Gänsehäufel" und „Krapfenwaldl"

Wer nicht aus der Stadt heraus konnte, suchte sich andere Fluchtmöglichkeiten.
Sowohl die Wiener Freibäder als auch die Eissalons erzielten im Vergleich zum
Vorjahr rund 20 Prozent höhere Umsätze. Die Bäder zählten drei Millionen Gäste;
das sind so viele wie noch nie zuvor. Jeder Wiener schwört auf „sein" Freibad, jede
Wienerin auf „ihren" Eissalon – und umgekehrt. Die kulinarischen Geschmäcker
beim Gelato sind ebenso unterschiedlich wie die Präferenzen bei den Bädern, von
denen die Stadt Wien siebzehn betreibt, mit einer Gesamtkapazität von 120.000
Plätzen (bei knapp zwei Millionen Einwohnern). Denkbar unterschiedlich ist denn
nicht nur die Schwimmbadlandschaft und Lage, die Ausstattung mit Sprungtür-
men, Rutschbahnen, Wellenanlagen und anderen schönen Dingen, kontrastreich ist
auch die soziologische Zusammensetzung der Besucher.

Arbeiterfamilien und kleine Angestellte zieht es eher ins Stadionbad im Prater
oder auf die Insel in der Alten Donau, ins legendäre „Gänsehäufel", immerhin das
größte Freibad Europas, wo sich an Spitzentagen 20.000 Besucher tummeln. Der
Name spielt wohl an auf die kleinen lästigen Häuflein, mit welchen die Gänse ihren
Anspruch darauf, die eigentlichen Bewohner des Strandbads zu sein, markieren. Mit
etwas Glück bekommt der Badende am 1,2 Kilometer langen Donaustrand auch
anderes Getier zu Gesicht: Biber, Reiher und gar Schildkröten. Nicht aber die
Scharen splitternackter Sonnenanbeter, denn diese frönen ihren gleichsam paradie-
sischen Gebräuchen hinter blickdichten Hecken. Die Anlage aus den fünfziger

Jahren steht inzwischen unter Denkmalschutz; eröffnet worden war das Bad schon im Sommer 1907. Eine Kuriosität bilden die zweistöckigen Miniaturbehausungen, die von einer Mietergeneration an die nächste weitervererbt werden und die angeblich ebenso schwer erhältlich sind wie ein Abonnement im Musikvereinssaal.

Nicht nur geographisch, sondern auch – wie auf dem Parkplatz leicht feststellbar – soziologisch das höchstgelegene Bad Wiens, außerdem nicht ganz leicht zu finden, ist das „Krapfenwaldl" oberhalb von Grinzing. Die Lage unter Pinien und vor allem die Aussicht über Wien, während man sich schwimmend einen Weg durchs höchstgelegene Becken bahnt, ist schlichtweg atemberaubend – kaum weniger die Aussicht auf die zweifellos hübschesten aller Wienerinnen, die ihre Reize hier besonders freizügig Sonnenstrahlen und bewundernden Blicken preisgeben.

„Kritz-les-Bains"

„Für 32 Groschen" erwarb der Wiener Chansonnier Hermann Leopoldi für sich und sein Schatzerl „einen Fahrschein nach Neuwaldegg" und damit das kleine Glück des kleinen Mannes zwischen Vorstadt und Wienerwald: „Da draußen halt' die ganze Welt die Goschen, und alle Sorgen, die sind weg." Heute kostet der Fahrschein einen Euro und fünfzig Cent, und statt in der ratternden „Elektrischen" der Zwischenkriegszeit gleitet man im hochmodernen Niederflur-Triebwagen der Linie 43 geräuschlos nach Neuwaldegg. Doch wie damals endet die Tramlinie an derselben uralten Tramstation in einer Schlaufe um die St.-Anna-Kapelle. Ebenso nostalgisch präsentiert sich nach einem kurzen, schweißtreibenden Aufstieg das Neuwaldegger Bad mit seinen duftenden, dunklen Holzkabinen, den im sanften Winkel zur Sonne geneigten Holzpritschen unter Tannen. Ganz im Gegensatz zum „Krapfenwaldl" suchen hier die Damen diskret Schutz vor indiskreten Männerblicken hinter hohen, efeubewachsenen Holzwänden: „Damenbad. Herren und Kindern Eintritt verboten." Überhaupt die zahllosen Schilder über Tun und Lassen: „Personen mit langen Haaren" werden angehalten, „dieses hinaufzustecken" oder unter einer Badehaube zu verbergen.

Noch etwas weiter draußen, gleich hinter Klosterneuburg, verbirgt sich eine andere besuchenswerte Bade-Antiquität: das inzwischen genau hundertjährige „Strombad Kritzendorf". Seine besten Zeiten hatte das Bad in der Zwischenkriegszeit. Neben Arbeitern suchten am wunderschönen Kiesstrand der Donau auch Angehörige der gehobenen, meist jüdischen Wiener Mittelschicht hier Erholung: „Kritz-les-Bains" war damals der Kosename für die Anlage mit ihren schmucken Holzhäuschen und den einfachen, aber liebevoll mit Spitzenvorhängen, Geranienkistchen und Gartenzwergen geschmückten Ein-Zimmer-Barackenresidenzen samt Miniaturvorgärten. Empfangen wird man mit dem Hinweisschild, dass hier fließend Esperanto gesprochen werde. Und in den kühlen Nachmittagsstunden intoniert die Band auf der Restaurantterrasse „Strangers in the Night" und „Laras Theme" aus „Doktor Schiwago".

Nicht nur fürs kühlende Nass, auch für Kultur sorgte die Stadt Wien in der heißesten Zeit: Jeden Abend im Juli und August wurden bei Einbruch der Dämmerung auf einem Großbildschirm vor der wie ein Märchenschloss beleuchteten Rathausfassade kostenlos Opern-, Operetten- und Ballettfilme vorgeführt; davor wurden kulinarische Köstlichkeiten aus aller Welt feilgeboten. Neuerdings war gastronomischer und musikalischer Betrieb auch um den spektakulären Hochstrahlbrunnen am Schwarzenbergplatz unter dem gestrengen Blick des überdimensionierten sowjetischen Soldaten auf seinem Sockel. Der Brunnen wirkte wie ein riesiges Air-Conditioning-System: Hier war es jeweils mindestens zehn Grad kühler als in der die Tageshitze reflektierenden Stadt.

Schneetreiben im Bunker – Wüste im See

Wer es noch kühler mochte, der floh in die labyrinthartigen Gänge des Bunkers von Mödling, wo das eigenwillige „Theater zum Fürchten" den Besucher nicht wie vergangenes Jahr in die Abgründe der menschlichen Psyche führte, sondern unter dem Titel „Tote Seelen" zu einer literarischen Reise in die Tiefen Russlands geleitete. Bei künstlichem Schneetreiben, rabenschwarzem Humor, tanzenden Bären, verrückt spielenden Atomkraftwerken und Texten von Gogol, Bulgakow, Majakowski und Charms lagen die Wiener Tropennächte bald in weiter Ferne. Zurück in Wien. Jetzt noch auf einen Sprung in unsere Lieblings-Gelateria Perrella am Dr.-Karl-Lueger-Platz. Die Tage des Eissalons sind, wie jedes Jahr, gezählt. Denn jeden Winter verwandelt er sich, passenderweise, in ein Pelzgeschäft.

Lech als „schönste Blumengemeinde" der Nation

(August 2003)

Es wird kein Ding so schön gemacht,
es kommt ein Spötter der's verlacht.
Wärst du früher hergekommen,
hätt ich Rat von dir genommen.
Drum gehe hin und schweige still – es baut ein jeder wie er will.

Diese Verse zieren eine Hausfassade im weltbekannten Vorarlberger Ferienort Lech am Arlberg – und nicht etwa bloß irgendeine: jene des renommierten, aber mit nobler Bescheidenheit auftretenden Gasthofs Post, in dem nicht nur Bundeskanzler und Bundespräsidenten Österreichs erholsame Tage verbrachten, sondern vor allem auch gekrönte Häupter in aller Diskretion abzusteigen pflegen. Der Sinnspruch an dem dreihundertjährigen Gebäude hatte einst den Zweck, Kritikern und Spöttern, die sich über die ortsunüblichen Wandmalereien der „Post" mokierten, das Mundwerk zu legen.

Beschirmte Blüten

Im Hotelgarten stießen wir auf eine vorerst unerklärbare Merkwürdigkeit: Sonnenschirme, die völlig unmotiviert in den Blumenbeeten staken, wie gestrandete Ufos. Und beim anschließenden Spaziergang entlang des Lechs begegnete uns eine weitere Merkwürdigkeit in Gestalt eines Mannes, der wie zu einem geheimnisvollen Ritual vor den Blumenkisten kniete, die entlang der Hauptstraße in Reih und Glied aufgestellt sind. In der Hand hatte er eine kleine, scharfe Schere, und mit dieser trennte er hingebungsvoll die verwelkten von den noch in ihrer vollen Sommerpracht stehenden Blüten.

Doch bald schon erklärte sich dem Journalisten all dieses rätselhafte Tun: Lech wurde soeben zur schönsten Gemeinde Österreichs gekürt, zur „schönsten Blumengemeinde" Österreichs, um genau zu sein, und diese Ehre wurde Lech Mitte Juli offiziell zuteil, im Beisein des eigens aus der fernen Hauptstadt Wien angereisten Landwirtschaftsministers Josef Pröll höchstpersönlich, und natürlich mit Volksfest samt obligater Trachtenkapelle. Wenig Grund zum Feiern herrschte im benachbarten Bundesland Tirol, wo die bisherige schönste Blumengemeinde Österreichs ab sofort nur noch die zweitschönste sein darf.

Wetterprognosen vom Schweizer Radio

Star der Lecher Feierstunde war Gemeindegärtner Robert Würfl, dem wir bereits an der Hauptstraße begegnet sind. Die 16-jährigen Bemühungen um den Blumenschmuck der Zwillingsgemeinden Lech und Zürs wurden nunmehr mit verdientem Erfolg gekrönt. Weit über 10.000 meist blühende Gewächse, nahezu 40 verschiedene Arten, betreut der 66-jährige Würfl. Jeden Herbst werden die Pflanzen kompostiert und im Frühling neu gekauft oder herangezüchtet – 150.000 Euro lassen sich das die beiden Gemeinden jährlich kosten.

Sein selbst erfundenes Geheimrezept, die Düngesubstanz, die er dem Gießwasser beimischt, will er natürlich nicht verraten. Doch seinem anderen Geheimnis sind wir inzwischen auf die Schliche gekommen: Droht ein Unwetter, ein Sommergewitter mit starken Niederschlägen oder gar Hagel, dann tritt Würfl notfallmäßig in Aktion. Es gilt, die zarten Blüten vor den Unbilden der Witterung zu schützen. Würfl führt stets im Kofferraum seines Wagens einen Stapel Sonnenschirme mit, die er im Handumdrehn auf die kostbaren Blumenbeete und -kisten des Dorfes verteilt. Die Hotelgärtner, die eng mit dem Gemeindegärtner zusammenarbeiten, sind instruiert und wissen genau, was sie zu tun haben: Sonnenschirme gegen Regen. Die Wetterprognosen, so Würfl, hole er sich immer beim Schweizer Radio. Diese seien für das Wetter in Vorarlberg viel brauchbarer als die österreichischen.

Small is beautiful

Nicht nur die Wettervorhersage, sondern auch das touristische Konzept für das erfolgreiche Feriendorf Lech kommt aus der Schweiz: in der Person des Berners Urs Kamber, der soeben vor dem Tourismusbüro die Tafel „schönste Blumengemeinde Österreichs" anbringen lässt. Die Ambitionen sind geweckt – im kommenden Jahr darf sich Lech um den Titel „schönste Gemeinde Europas" bewerben. Eine Chance, die Lech wahrnehmen werde, wie Bürgermeister Ludwig Muxel betont. Tourismus-Chef Kamber erscheint als optimale Mischung aus Macher und Philosoph. Dass er für Lech auf das Motto „Mehr Raum – mehr Zeit" gekommen ist, erstaunt bei einem Berner kaum.

Dahinter steht jedoch der einfache, aber einleuchtende Gedanke, dass sich Stress bei den Gastgebern atmosphärisch auf die Gäste überträgt. Stattdessen sollen Ruhe und Gelassenheit herrschen – und Raum. Diesen gewinnt oder vielmehr: bewahrt sich das Dorf, indem es Selbstbeschränkung übt. So wird das Skigebiet gesperrt, wenn die Höchstzahl von 14.000 Skifahrern erreicht ist; eine Leuchttafel auf der

Rheintal-Arlberg-Autobahn soll rechtzeitig über die Schließung informieren. Diese Selbstauferlegung eines Limits im Skigebiet sei mindestens in Europa einzigartig, unterstreicht der Tourismusdirektor. Qualität vor Quantität: Das hat natürlich seinen Preis. Lech ist alles andere als billig.

Dem Charme des „small is beautiful" ist zu Lebzeiten auch Prinzessin Diana erlegen. Allerdings zog sie, im Gegensatz zu gekrönten Häuptern aus Europas Norden, das Hotel Arlberg mit seiner großalpinen Eleganz dem rustikalen Understatement der „Post" vor. In der Hotelhalle des „Arlberg" erinnert ein großes, von der Hand Dianas signiertes Schwarz-Weiß-Foto der Prinzessin mit ihren Söhnen William und Harry an ihre Winteraufenthalte in den Jahren 1991 bis 1995. Dieses Bild, so wird auf einer Messingtafel wehmütig festgestellt, „wird uns stets an unsere liebenswerte ‚Lady Di' erinnern".

Röhrender Hirsch auf Rädern

Vielleicht sei es ein Glück gewesen, dass Lech einst als „verschlafenes" Dorf im Schatten der viel bekannteren Wintersportdestination Zürs gelegen habe, sagt Bürgermeister Muxel. Das gab Lech die Chance einer kontrollierten, langsamen und, wie sich heute erweist, segensreichen Entwicklung. Vor allem sei der physische Ausbau von Lech begrenzt worden, mit einem Raumplanungskonzept aus dem Jahr 1980 und später dem Bebauungsplan von 1992. Die Kontroverse im Ort zwischen den Befürwortern des Wachstums und jenen, die haushälterisch mit vorhandenen Ressourcen umgehen wollten, wurde zugunsten der Letzteren entschieden. Damit seien Tausende von neuen Hotelbetten verhindert worden, erfährt man: Gegenwärtig habe Lech rund 8500 Gästebetten, geplant gewesen seien einst bis zu 24.000, nunmehr liege der Plafond bei 10.000 Betten. Außerdem vergehe kaum eine Woche, weiß Muxel zu berichten, ohne dass Prominente aus aller Welt um die Genehmigung ersuchten, in Lech ein Ferienhaus zu bauen. Diese Anfragen würden allesamt zurückgewiesen.

Ein Sommermorgen in Lech. Bis an die Zähne gerüstete Wanderer rotten sich in fröhlichen Rudeln an den Busstationen zusammen. Vor dem Sportgeschäft neben der „Juwelen Stub" wird wie jeden Morgen die Fauna ausgefahren: die Gämse, der Steinbock und natürlich der riesige, röhrende Hirsch, alle drei säuberlich ausgestopft und auf Räder montiert, der Hirsch garniert mit Kunstfelsen und zwei Plastik-Farnbüschen. Von der Restaurantterrasse gegenüber grüßt die schwarz-weiß gefleckte Kunststoff-Kuh. Dazwischen rauscht der Lech, gesäumt von den schönen Blumenkisten, an denen sich Gärtner Würfl bereits zu schaffen macht. Anders im Zwillingsort Zürs, einige Kilometer talabwärts: im Sommer eine Geisterstadt, die

Fensterläden fast aller Hotels geschlossen, die Schaukästen für die Menüs leer, die Rollläden der meisten Geschäfte heruntergezogen.

Für die größeren Hotels von Zürs lohnt sich der Aufwand für die Sommersaison kaum. Die Hotels von Lech sind oft kleinere Häuser, und sie stehen mit zwei Ausnahmen im Besitz von ansässigen Familien, deren Mitglieder selbst mitarbeiten. Dass man Lech als Sommerdestination pflegt – und sich das einiges kosten lässt –, hat nicht zuletzt mit der Erkenntnis zu tun, dass die 1475 Einwohner im Winter ungleich bessere Gastgeber für die 880.000 Gäste sind, wenn ihr Dorf auch im Sommer lebendig bleibt und den Einheimischen sowie den 120.000 Sommergästen eine vitale Infrastruktur bietet. Dazu gehören Kurse, ein vorbildliches Netz von Wanderwegen und natürlich der jetzt prämierte Blumenschmuck.

Plastik-Karte und Holzschnitzelheizung

Der Sommertourismus wird jährlich mit über einer Million Euro subventioniert. Vier bis fünf Euro pro Gast und Tag werden für die kleinen Plastik-Karten namens „aktiv inklusiv" verwendet, die dem Sommergast die Gratisbenützung der vier im Sommer geöffneten Luftseilbahnen und Sessellifte, des ausgezeichneten Autobusnetzes und des Badesees ermöglichen. Diese Großzügigkeit, so Tourismusdirektor Kamber, mache sich bezahlt – sie sei die beste Werbung für Lech als Sommerdestination.

Zur Qualität gehört auch Umweltbewusstsein: Wenn man von Zürs nach Lech fährt, fällt einem linker Hand ein Berg von Holzschnipseln auf – Brennstoff für das erste Biomasse-Heizkraftwerk einer touristischen Gemeinde in Österreich. Es beheizt jetzt 75 Prozent der Häuser und hält die Luftverschmutzung durch individuelle Heizungen in Grenzen. Da die Skiliftanlagen nicht im Besitz von anonymen Gesellschaften, sondern von Ortsansässigen stehen, kümmern sich diese auch erfolgreich um die Begrünung der Erdnarben nach der Skisaison.

„Arlberg-Jet"

Neben jener hilfreichen Plastik-Karte erhält der Gast eine Plastikflasche und wird, im Jahr des Wassers, ermutigt, an jedem Bergbach und Brunnen der Region bedenkenlos seinen Durst zu löschen. Technologisch komplexer ist der „Arlberg-Jet", eine Weiterentwicklung der klassischen Schneekanone durch Oberjägermeister und Diplomingenieur Michael Manhart, zum Einsatz bei schwierigen Witterungsverhältnissen besonders geeignet. Ein Teufelskreis: Die Nutzung der Hänge durch den Wintersport erodiere den Schnee, so dass man letztlich ohne Kunstschnee nicht auskomme. Würde man sich allein auf den Naturschnee verlassen, dann wäre Lech nach zwei aufeinander folgenden Wintern ohne rechten Schnee pleite, sagt Manhart.

Vor dem Büro des Ingenieurs, im nüchternen Korridor der Seilbahnstation, hängen Schwarz-Weiß-Bilder aus den fünfziger Jahren. Die bescheidenen Anfänge des Skisports in Lech, ein Skilift, der ziemlich selbst gebastelt anmutet, ein wackliger Sessellift, lange Holzskier, Lederriemen und ausgebeulte Lederschuhe – Kindheitserinnerungen an die ersten Skiferien in Oberlech sind plötzlich präsent. Schon damals war der Schnee ein Problem: Es gab zu viel davon.

Von der Euphorie zum Trauma am Brenner

(Juli / Dezember 2003)

Der Tiroler Freiheitskampf von heute richtet sich gegen die aus Norden und Süden die idyllische Gebirgsrepublik überrollende Lastwagenlawine: Mit Bürgerversammlungen auf der Brennerautobahn, vor allem in der Tunnelgalerie vor der großen Mautstelle bei Schönberg. Anführer und Ideologe dieses Volkswiderstands und eine Art zeitgenössischer Andreas Hofer – er selbst würde den Vergleich von sich weisen – ist der kämpferische Geschäftsmann Fritz Gurgiser. 1987 formierte er an der Spitze einer kleinen Gruppe im Unterinntal den Widerstand gegen den rasch zunehmenden Transitverkehr, und zwar in Vomp an der Inntalautobahn, wo noch heute die Schadstoff-Messstelle liegt. Letztes Jahr wurden dort erstmals im Jahresdurchschnitt und nicht nur als Tageswert massiv überhöhte Stickstoffwerte gemessen. Dies ließ in Tirol die Alarmglocken läuten und führte zu Maßnahmen wie dem Nachtfahrverbot; nachts sind die Schadstoffe wirksamer als am Tag.

Am 11. August 1994, zwei Monate nach dem österreichischen EU-Beitritt – und als Reaktion auf diesen Schritt – gründete Gurgiser das „Transitforum Austria-Tirol", das aus einer bis dahin locker formierten Bürgerinitiative hervorging und dem er bis heute als Obmann vorsteht. Gurgiser ist stolz, dass sich das Transitforum seit seiner Gründung selbst finanziert – das bedeute Glaubwürdigkeit und Freiheit: Abstand zu den Parteien. „Wir engagieren uns für ein Sachthema, ohne uns auf Parteipolitik einzulassen. In Zukunft werden die Menschen wohl vermehrt Gruppierungen aufsuchen, die ihre Anliegen abseits der parteipolitischen Streitereien anpacken." Gurgiser steht sowohl mit Brüssel als auch mit dem Landeshauptmann auf Kriegsfuß. Van Staa bezeichnet er in seiner urig-tirolischen Offenherzigkeit als Schaumschläger und prognostiziert, dass dieser Politiker spätestens nach den Wahlen vor Brüssel und Wien in die Knie gehen werde.

Ein Dorf im Würgegriff

Man fährt über die Europabrücke und erinnert sich daran, wie dieses weit über die Grenzen Tirols, ja Österreichs hinaus berühmte Bauwerk einst, in euphorischen Zeiten, als Wunderwerk gefeiert, besichtigt und fürs Familienalbum fotografiert wurde. Auf einer Erhöhung oberhalb des Dorfes Schönberg haben wir einen perfekten Überblick über die Mautstelle der Brennerautobahn. Jeweils um fünf Uhr morgens sei hier die Hölle los, sagt Gurgiser. Dann nämlich sei das Nachtfahrverbot im Inntal zu Ende und zugleich trete der Tagtarif für die Brennermaut von 70 Euro in Kraft und löse den bewusst prohibitiv angesetzten Nachttarif von 140 Euro pro Fahrzeug ab. Vor allem im Winter lösten die gleichzeitig betätigten Anlasser Hunderter von wartenden schweren Lastwagen eine giftige Abgaswolke aus, die sich über Schönberg niedersenke. Die Autobahn schlingt sich in einer 180-Grad-Kehre um das schmucke Dorf – eine Boa, die zum tödlichen Würgegriff ansetzt.

Der Schein trügt in dem Dorfe, wo sogar eine Gedenktafel an das lokale Wirken des Nationalhelden Andreas Hofer erinnert, diesem Dorf mit seinen frisch renovierten Bauernhöfen und Gasthäusern, den farbenprächtigen Geranienkaskaden auf den verwitterten Holzbalkonen, den kleinen Hotels mit Wellness-Bereich, den gemütlichen Pensionen und keineswegs ärmlichen Wohnbauten: Die Einwohner flüchten sich hinter geschlossene Fenster, Touristen, die sich hierher verirren, bleiben bestenfalls über Nacht und der altehrwürdige Gasthof Domanig dient heute nur noch als Büro der Gemeindeverwaltung.

„Das Geld fließt nach Wien – der Dreck bleibt"

Und die Mautgebühren in der Höhe von jährlich 160 Millionen Euro? Die Erträge dieser einzigen gewinnbringenden Mautstelle des Landes gehen nach Wien, genauer: Sie stopfen das Defizit-Loch der staatlichen Autobahngesellschaft Asfinag. Dieser Stand der Dinge bereitet den Tirolern naturgemäß wenig Freude: Das Geld fließt nach Wien ab, der Dreck bleibt in der Tiroler Luft. Als Zückerchen geht aufgrund einer Initiative des damaligen Wirtschaftsministers Schüssel ein Prozent des Ertrages zurück an die Gemeinden jenseits der Mautstelle. Das Geld – für Gurgiser eine Art Schweigegeld für die Autobahngemeinden – werde natürlich nicht für Umweltmaßnahmen eingesetzt, sondern es fließe in die Gemeindekassen, wo es der jeweilige Bürgermeister für schöne Dinge verwende, die unter anderem seine Wiederwahl sicherten.

Fritz Gurgiser hatte seine Kindheit auf einem Bauernhof in Tirol verbracht, der heute im Schatten der Brennerautobahn liegt, unweit der berühmten Europabrücke. Über das verschlungene Betonband donnert heute der Schwerverkehr; rund 5800 Lastwagen pro Tag transportieren Nützliches und Überflüssiges von Nord nach Süd und von Süd nach Nord. Damals, als die Baumaschinen kamen, sei es ganz toll gewesen, nach Arbeitsschluss auf den Baggern herumzuturnen, spannende Expeditionen durch riesige Erdlöcher und waghalsige Besteigungen der sich auftürmenden Erdwälle zu unternehmen, erinnert sich Gurgiser. Abenteuerlust und Begeisterung der Bauernbuben waren aber nur ein Spiegel der Fortschrittseuphorie, mit der damals im Tirol der ausgehenden fünfziger und beginnenden sechziger Jahre der Autobahnbau betrieben wurde: „Verkehr ist Leben", hieß es damals. Autobahnen müssten sein, damit Tirol nicht umfahren werde. Heute, so Gurgiser bitter, werde Tirol durchfahren – mit verheerenden Konsequenzen für Luft und Gesundheit.

Jenen Bauernhof hat die Familie Gurgiser vor Jahren verlassen. Heute lebt der kernige Tiroler mit seiner Familie zwischen Autobahn und Eisenbahn im Inntal, der Hauptdurchgangsachse zwischen Deutschland und Italien. Doch die Lust am Abenteuer hat den 51-jährigen Angestellten in der Metallindustrie nicht wirklich verlassen. Fast in Sichtweite der Tummelplätze seiner Kindheit führte Gurgiser Massenproteste der aufgebrachten Bevölkerung gegen den Transitverkehr an, Autobahn- und Tunnelblockaden und das Lobbying vor und in den Amtsräumen der Politiker.

Sind Gurgisers Blockadeaktionen militant, so wirken die Publikationen seines Transitforums polemisch. Da gibt es schon auf dem Titelblatt der Broschüre „Tatort Brenner" einen Totenkopf und eine Smog-Hand, die nach dem sich am Felsen anklammernden, noch dazu von Stacheldraht umgürteten Edelweiß greift. Der Ton der Broschüren ist mit vielen Heraushebungen und Unterstreichungen eindringlich. Doch so kämpferisch Gurgiser sich auch gibt – was ihn gegenwärtig noch mehr aufbringt als Versäumnisse und fehlgeleitete Strategien der österreichischen Politiker im Zusammenhang mit der Transitkontroverse, ist das Ausmaß der aus seiner Sicht völlig ungerechtfertigten Selbstbeschuldigungen.

Da mache man es sich doch allzu einfach, wenn man nur auflistet, was Österreich alles falsch gemacht habe, sagt Gurgiser. Österreich habe keine schmutzigere Lastwagenflotte als andere EU-Länder; man dürfe die Nahversorgungsflotten nicht mit den Transitflotten vermischen. Österreich habe zudem sämtliche Verpflichtungen im Bereich des Eisenbahnausbaus erfüllt, im Gegensatz zu Deutschland und Italien. Vertragsbrüchig geworden sei die EU: Der Europäische Gerichtshof habe klar festgestellt, dass sämtliche Inhalte des Protokolls 9 im Beitrittsvertrag Primärrecht seien. Dieses Protokoll definiere ein Ziel: die Reduktion der NO_2-Werte aus dem Lastwagentransit durch Österreich um 60 Prozent. Diese Verpflichtung gegenüber dem Mitgliedstaat Österreich sei nie erfüllt worden. Was im Beitrittsvertrag stehe, das dürfe nicht verhandelbar sein.

353

Vor den Karawanken und hinter dem Arlberg

(Mai – Dezember 2002)

Ein Kunst-Herz für Graz

(Juli 2002)

Der Zug vom Wiener Südbahnhof nach Graz fährt anschließend weiter: nach Zagreb und Ljubljana. Graz, die zweitgrößte Stadt des Landes, ist das Tor zum Süden, Drehscheibe zwischen Mitteleuropa, dem Balkan und dem Mittelmeer. Wenn man in Graz ankommt, dann zunächst auf einer Baustelle: Die Stadt rüstet sich als „Europäische Kulturhauptstadt 2003". Bahnhof, Flughafen, Innenstadt – überall wird fieberhaft gebaut. Und verschönert, als ob dies in Graz überhaupt noch möglich wäre.

Südländisches Gepräge

Nicht umsonst schmückt sich die Hauptstadt des Landes Steiermark mit dem schmeichelhaften Attribut einer „Gartenstadt". Seit 1999 darf sich Graz zum Unesco-Weltkulturerbe zählen. Das sommerliche Graz quillt förmlich über vor Lebenslust; die gegen 50.000 Studenten der drei Grazer Universitäten geben dieser Stadt mit ihrer knappen Viertelmillion Einwohner einen jungen, fröhlichen Charakter. Die vielen Innenhöfe mit ihren geraniengeschmückten Arkadengängen verleihen Graz ein südländisches Flair. Nachts widerhallt Jazz in den engen Gassen, die zahllosen Gastgärten und Straßencafés sind überfüllt. Geräuschlos gleiten die grünen Straßenbahnen durch die Herrengasse, vorbei am prunkvollen Renaissancebau des „Landhauses", während der Autoverkehr einen weiten Bogen um die Innenstadt macht.

Graz verfügt mit Opernhaus und Konzertsaal, Theater und dem einmonatigen Avantgarde-Literatentreffen „Steirischer Herbst" über ein Kulturleben, das sich im europäischen Maßstab sehen lassen kann. Die teilweise recht kühnen, zukunftweisenden Projekte der „Kulturhauptstadt 2003" verheißen ein Vordringen in neue architektonische, künstlerische und konzeptionelle Dimensionen. Wenn eine europäische Stadt das Schlagwort „Lebensqualität" in jeder Hinsicht verkörpert, dann sicherlich die steiermärkische Hauptstadt. Mit der über 200 Kilometer entfernten Metropole Wien steht Graz, obwohl man dies dort natürlich niemals offen zugeben würde, in einer Art freundschaftlichem und keineswegs erbittertem Rivalitätsverhältnis. Man ist zugegebenermaßen Provinzstadt, verfügt als nächstkleinere Stadt des Landes nur über ein Achtel der Einwohnerzahl der Hauptstadt – doch Graz gibt sich mit seinen Kulturstätten und Universitäten klein, aber fein. Die alte Rivalität lässt sich unschwer aus der Geschichte herauslesen: 1564, nach der habsburgischen Erbteilung, wurde Graz Hauptstadt des sogenannten Innerösterreich, das beträchtliche Gebiete umfasste, neben der Steiermark auch Kärnten, Görz (im heutigen Italien), Krain (heute Slowenien) und Istrien (Kroatien). Erzherzog Karl II. führte das Hofleben eines Renaissancefürsten; Kunst und Kultur in Graz erlebten eine Blüte und viele Renaissancebauten zeugen von Macht- und Prachtentfaltung, während man im Gegensatz zu Wien nur wenige barocke Paläste vorfindet.

Als Karls Sohn Ferdinand II. zum Römischen Kaiser Deutscher Nation gekürt wurde und den Hof nach Wien verlagerte, wurde Graz fast über Nacht zur Provinzstadt. Das erstarkende Wien lief Graz den Rang ab; Kaiserin Maria Theresia nahm im Zuge ihrer Reformen den Grazer Verwaltungsinstitutionen viel von ihrer Unabhängigkeit. Ihr ältester Sohn, Joseph II., stufte die immerhin schon 1585 gegründete Grazer Universität zu einem einfachen Gymnasium herab und versetzte damit der akademischen Bedeutung der Stadt einen schweren Schlag. Was Wunder, dass der heute noch überall in der Steiermark verehrte Erzherzog Johann (1782–1859) auf dem zentralen Brunnen in der Mitte des Hauptplatzes thront, während sich der Kaiser mit einem marginalen Standort begnügen muss.

Schwimminsel als neues Wahrzeichen

Durch Graz fließt in einem tief liegenden Flussbett die Mur. Sie teilt die Stadt in zwei Hälften. Dass eines der zentralen Projekte für die „Kulturhauptstadt" eine gehaltvolle Verbindung zwischen dem Westteil der Stadt mit seiner weltberühmten Altstadt und dem etwas im Schatten des UNESCO-Weltkulturerbes stehenden Ostteil schaffen will, ist bezeichnend für den Geist des Gesamtprojektes. Auf der künstlichen Schwimminsel in Form einer Muschel, mit den beiden Stadtteilen durch Stege verbunden und sich den in Metern bemessenen Differenzen zwischen Hoch- und Niedrigwasser anpassend, soll ein vielfältiger Kommunikationsraum entstehen. Nichts weniger als den Rang eines „neuen Wahrzeichens für Graz" soll die schwimmende Mur-Insel erhalten. Etwas hochtrabend soll hier der „Freistaat Acconci" ausgerufen werden – nach dem New Yorker Künstler Vito Acconci, der sich die Insel-Idee ausgedacht hat.

Was Gott getrennt hat, will der Mensch verbinden, und zwar mittels Kultur. Aus alledem wird der Geist des sozialdemokratischen Bürgermeisters Alfred Stingl spürbar, der aus Graz weit mehr machen will als „nur" eine konventionelle Kulturstadt. Dahinter soll ein ideelles Konzept stehen. Zur Menschenrechtsstadt wurde Graz kürzlich erklärt; eine Stadt, die erwiesenermaßen ein großes Herz hat für Obdachlose und Asylbewerber und deren Institutionen nach kritischer Selbstanalyse Vorbild sein sollen für die Nation, ja für Europa.

Manche der vorgesehenen Projekte wollen im symbolischen Sinne Brücken schlagen – so etwa „Psalm – drei Religionen und ihre Festmusik" anlässlich des jüdischen Pessachfestes, der christlichen Ostern und des muslimischen Neujahrsfestes. Das in Graz beheimatete Europäische Trainings- und Forschungszentrum für Menschenrechte und Demokratie (ETC) steuert zur „Kulturhauptstadt" ein Projekt unter dem Titel „Kultur der Menschenrechte" bei, dessen Finanzmittel allerdings stark gekürzt wurden. Dem Publikum soll ein unmittelbarer Bezug zu den Menschenrechten am Beispiel der eigenen Stadt und im Vergleich zu anderen europäischen Städten eröffnet werden. „Bewusstseinsarbeit" nennen dies die Initiatoren.

Nicht weniger organisch als die Flussmuschel präsentiert sich das neu entstehende Kunsthaus, das sich kontrastreich in die als Skelett erhaltene, älteste Gusseisenkonstruktion Österreichs einfügen soll – ein vielkammriges Herz, dessen Arterien gleichsam in die Umwelt hinausragen, aufnahmebereit für kulturellen Input und damit grundsätzliche Offenheit für alles signalisierend und „Herz" für alle manifestierend. So zumindest könnte eine idealistisch angehauchte Interpretation dieser Architektur lauten.

Berg der Erinnerungen – mit Schattenwurf

Bürgermeister Stingl gibt im Gespräch zu, dass nicht wenige der Projekte „nicht ganz bequem" sind. Sie sollen Diskussionen auslösen, sagt er. Dies müsse so sein; gegensätzliche Meinungen seien „wichtig für die kulturelle Hygiene dieser Stadt". Zweifellos unbequem sind jene Vorhaben, die sich mit den dunklen Seiten der jüngeren Grazer Geschichte befassen – eine Epoche, die man in dieser so sehr idyllischen Stadt nur widerstrebend zur Sprache bringt. Es zeugt von Mut, dass gerade die Wahrzeichen der Stadt während des „Kulturhauptstadt"-Jahres zu Konfrontationsobjekten mit der Grazer Geschichte gemacht werden.

Der gläserne „Marienlift" bringt den Besucher Angesicht zu Angesicht mit dem goldenen Standbild Marias am „Eisernen Tor" und lässt ihn über ihren gleichmütigen Blick auf Stadt, Geschehen und Geschichte meditieren. Hinter dem Uhrturm, dem Wahrzeichen der Stadt, das von überall sichtbar auf dem Schlossberg thront, soll ein künstlicher, hölzerner „Schatten" aufgestellt werden: als Verkörperung der „dunklen Seite" der Grazer Geschichte. Und der Schlossberg wird zum „Berg der Erinnerungen"; die Grazer selbst sollen mit ihren individuellen Erlebnissen dieses Projekt gestalten – Erinnerungen an romantische Abende auf dem Berg hoch über der Stadt, aber auch traumatische Erinnerungen an die Bombennächte in den gewaltigen Luftschutzräumen, die am Ende der NS-Ära in den Berg gebohrt wurden. Sie dienen heute als Ausstellungs- und Seminarräume; für Kinder gibt es eine Grottenbahn mit Gestalten aus Märchen und Sagen. Für sie wird die Fahrt in den Schlossberg zu einer Reise ins kollektive Unbewusste, für die Erwachsenen ist es eine Reise zu oftmals zwiespältigen Erinnerungen.

„Nix Neger"

In Graz, der Europäischen Kulturhauptstadt 2003, leben gegen 4000 Menschen schwarzafrikanischen Ursprungs. Rund 60 Prozent von ihnen sind Studenten, Dozenten oder gehen an einer der Universitäten und Hochschulen der steirischen Landeshauptstadt einer akademischen Forschungstätigkeit nach. Systematische Nachforschungen der Organisation „Helping Hands" bezeugen eine bedenkliche Zahl von Fällen der Diskriminierung von Schwarzafrikanern, die unter oft fadenscheinigen Vorwänden am Betreten von Restaurants, Bars oder Diskotheken gehindert werden. Zur vielbeachteten Peinlichkeit gedieh die Situation aber erst, als im Mai einer schwarzen Künstlerin aus den USA, die im Rahmen der Kulturhauptstadt-Veranstaltungen „Graz 2003" in der Stadt weilte, in einem Lokal die Bedienung verweigert wurde. Der Wirt sagte: „Nix Neger – die bekommen bei uns nichts ausgeschenkt, das ist eine Bar für Einheimische."

Die Grünen haben Mitte Juni im steirischen Landtag einen formellen Antrag eingebracht, die Landesregierung solle bei den betreffenden Lokalen vorstellig werden und die Wirte auffordern, diskriminierende Akte künftig zu unterlassen. Außerdem solle bundesweit im Nationalrat eine gesetzliche Bestimmung erlassen werden, die Gastwirten bei diskriminierendem Verhalten im Wiederholungsfall mit dem Entzug des Gewerbescheins droht.

Bausteine für einen Neubeginn an der Mur

(Juli 2002)

Der am schwersten auf der Stadt Graz und ihrem Gewissen lastende Erinnerungsberg trägt – symbolisch – die Namen der einst in dieser Stadt lebenden und aus ihr vertriebenen Juden. Nach einer bewegten Vorgeschichte, die von Vertreibungen und dem spurlosen Verschwinden des alten Ghettos zu berichten weiß, entfaltete sich in Graz in der zweiten Hälfte des 19. Jahrhunderts eine kleine, aber immerhin die nach Wien zweitgrößte Israelitische Kultusgemeinde Österreichs. Sie umfasste vor ihrer Auslöschung 2200 Mitglieder, ganze 1,2 Prozent der gesamten Grazer Einwohnerschaft.

Graz schloss sich als selbsternannte „Stadt der Volkserhebung" mit besonderer Begeisterung der nationalsozialistischen Bewegung an. Nach dem „Anschluss" ans Deutsche Reich wurde Graz nach der Entrechtung, Beraubung, Vertreibung und Ermordung der 2200 jüdischen Bürger als erste große Stadt der „Ostmark" für „judenrein" erklärt. In der Nacht vom 9. auf den 10. November („Reichskristallnacht") brannte der Mob die 1892 eingeweihte Synagoge mithilfe der von der SA bereitgestellten Benzinfässer bis auf die Grundmauern nieder. Die intakt gebliebenen Backsteine wurden später für den Bau von Garagen und Umfriedungsmauern in der Nähe verwendet. 300 jüdische Männer wurden umgehend ins Konzentrationslager Dachau deportiert. Der Rabbiner wurde in die Mur geworfen. Zu seinem Glück konnte er sich aus den kalten Fluten retten. Er war ein guter Schwimmer.

Doch am 9. November 2000, genau 62 Jahre nach jener Pogromnacht, konnte die neue, mit Unterstützung der Republik Österreich und des Landes Steiermark wiederaufgebaute Synagoge eingeweiht werden. 62 Jahre sind eine lange Zeit. Doch Bürgermeister Stingl bestand darauf, dass die neue Synagoge noch im selben Jahrhundert wiedererstehen sollte, in dem die alte dem Erdboden gleichgemacht wurde. Der Grazer Künstler Fedo Ertl hatte schon in den achtziger Jahren nach eingehenden Recherchen die alten Backsteine der früheren Synagoge geortet. Später wurden die Garagen abgetragen, und rund 150 Grazer Schüler meldeten sich freiwillig, die mit dem Kaiserlichen Doppeladler geprägten Backsteine in insgesamt 10.000 Arbeitsstunden während zwei Wochen zu säubern, zu ordnen und aufzuschichten.

Die etwa 40.000 von Grazer Jugendlichen geborgenen Backsteine bilden jetzt physisch und symbolisch das Fundament der vom Grazer Architektenpaar Ingrid und Jörg Mayr entworfenen neuen Synagoge. Sie ist ein schlichter, von einer Glaskuppel überwölbter Bau, der bewusst deutlich kleiner gehalten wurde als die ursprüngliche Synagoge: Niemand rechnet offenbar damit, dass die Grazer jüdische Gemeinde wieder auch nur annähernd die alte Stärke erreicht. Im Zentrum des lichtdurchfluteten

Raumes wurde als Altar ein simpler Glaskubus aufgestellt, der Durchblick auf einen schon 1988 aufgestellten Gedenkstein aus schwarzem Marmor für die vertriebenen und ermordeten Grazer Juden gewährt. Die neue Synagoge ist nicht nur auf dem Fundament der alten Bausteine, sondern auch auf der unauslöschlichen Erinnerung an die Katastrophe aufgebaut, die das Grazer Judentum heimgesucht hat.

Die heutige Gemeinde verfügt nur über ein paar Dutzend Mitglieder. Fast nie, außer an den hohen Feiertagen, kommt das für die Abhaltung eines Gottesdienstes erforderliche Quorum von zehn Männern (Minjan) zustande. Bezeichnenderweise stammt kein einziges der sieben Vorstandsmitglieder der neuen jüdischen Gemeinde mehr aus Graz: Eines wurde in Casablanca geboren, die anderen in Istanbul, Bukarest, London, New York, Tel Aviv und Teheran.

Graz als „Stadt der Menschenrechte"

(Juni 2002)

G raz, Österreichs zweitgrößte Stadt, beansprucht für sich das ehrenvolle Attribut einer „Stadt der Menschenrechte". Das hier ansässige Europäische Trainings- und Forschungszentrum für Menschenrechte sowie eine vom UNO-Hochkommissariat als vorbildlich anerkannte Flüchtlingspolitik untermauern diesen ambitiösen Anspruch.

Inmitten des gediegenen Grazer Villenviertels Geidorf, von duftenden Kastanien- bäumen umgeben und an einer Adresse, die eher an ein Konservatorium denken ließe (Mozarthof, Schubertstraße 29), hat sich eine Institution etabliert, die sich mit ganz anderen Dingen befasst: Menschenrechten. Das Europäische Trainings- und For- schungszentrum für Menschenrechte und Demokratie (ETC) wurde im Jahr 1999 durch den Menschenrechtsspezialisten Wolfgang Benedek ins Leben gerufen; die offi- zielle Gründung erfolgte im Dezember 2000. Zwei Monate zuvor hatte die österrei- chische Außenministerin Benita Ferrero-Waldner vor der 55., zur „Millenniums-GV" deklarierten UNO-Generalversammlung verkündet, dass beabsichtigt sei, die Stadt Graz zur ersten „Menschenrechtsstadt" Europas zu küren. Menschenrechtsstädte sind bereits in Kontinenten geschaffen worden, in denen mit den Rechten des Menschen oft unzimperlich umgegangen wird: Afrika, Südasien und Lateinamerika. In Europa macht Graz den Anfang. Was qualifiziert Österreichs zweitgrößte Stadt für diese Ehre?

Anerkennung durch die UNO

Am 8. Februar 2001 hatte der Stadtrat nach einem einstimmigen Beschluss Graz zur Stadt der Menschenrechte erklärt. Maßgeblich an dieser Initiative beteiligt war der sozialistische Bürgermeister Alfred Stingl. Für ihn ist die Wahl seiner Stadt zur Kulturhauptstadt Europas im Jahr 2003 untrennbar verknüpft mit dem ethischen Anspruch. Im Gespräch betont Stingl, dass Kultur ohne Menschenrechte für ihn nicht denkbar sei – diese seien integraler Bestandteil der Kultur.

Was aber in Europa, ja in der Welt leuchten soll, muss in den eigenen vier Wänden seinen Anfang nehmen. Die Stadt Graz präsentiert mit unverhohlenem Stolz die sozialen Errungenschaften der letzten Jahre, wie beispielsweise die Schaffung von Unterkünften für Obdachlose und Minimalunterstützung für alle Bedürftigen. Zudem gewährte der Stadtrat einer Reihe von privaten Organisationen finanzielle Unterstützung für Projekte beispielsweise im Bereich städtischer Gewalt und des

Drogenmissbrauchs. Seminare gegen Rassismus und Fremdenfeindlichkeit wurden veranstaltet. Graz hat international eine Pionierstellung mit der Schaffung eines Gremiums, in dem die 30.000 hier niedergelassenen Ausländer (12,1 Prozent der Gesamtbevölkerung) repräsentiert sind. Im Dezember 2001 hat das UNO-Hochkommissariat für Flüchtlinge Graz zu der den Flüchtlingen am freundlichsten gesinnten Stadt Österreichs deklariert.

Diese aktiven Bemühungen um menschenrechtliche Anliegen münden unter anderem in Projekte im Rahmen des bevorstehenden Kulturhauptstadt-Jahres, namentlich das Projekt „Interreligiöses Europa", das sich mit Pluralismus und Zusammenleben in europäischen Städten befasst. Modelle aus ganz Europa sollen in Graz zusammengetragen werden, aus denen dann Leitlinien für eine interreligiöse Gesprächskultur in Europa abgeleitet und dem Europarat zur Verfügung gestellt werden sollen.

Schrittmacher für Demokratisierung

Herzstück, Koordinator und Impulsgeber des ambitiösen Großprojektes „Menschenrechtsstadt Graz" ist die beschauliche Idylle des Mozarthofs. Das ETC koordiniert die Bemühungen, aus Graz eine Stadt zu machen, welche jenes Attribut wirklich verdient. Die Administration der Stadt sowie so viele nichtstädtische Institutionen als möglich sollen dazu gebracht werden, sämtliche Entscheidungen und Aktivitäten in Einklang mit internationalen Menschenrechtsstandards zu bringen. Zu diesem Zweck bezeichnet das Institut jene Bereiche, in denen Menschenrechte relevant werden. So viele Politiker, Beamte, Studenten, andere Bürger als möglich sollen ausgebildet werden, um die Menschenrechtsidee weiterzutragen. Das ETC kann in seinen Aktivitäten auf das akademische Potenzial der Grazer Universität zurückgreifen.

Allein schon durch ihre Lage unweit der slowenischen Grenze versteht sich die Stadt Graz als Ausgangstor nach Südosteuropa. Das ETC ist schon geographisch hervorragend positioniert, um auf den Bedarf an Aus- und Weiterbildungsprogrammen der südosteuropäischen Nationen in den Bereichen Demokratie, Rechtsstaatlichkeit und Menschenrechte angesichts der allmählichen demokratischen Öffnung in dieser Region zu reagieren. Das Institut koordiniert ein Netzwerk von Menschenrechtsinstituten an den Universitäten Sarajevo, Banja Luka, Mostar, Belgrad, Zagreb, Skopje, Priština und Podgorica. Für die Universität Graz betreut das ETC die Europäischen Master-Programme für Menschenrechte und Demokratie in Venedig und Sarajevo. Aber auch in Österreich selbst wird beim ETC ein Bedarf an Ausbildungsprogrammen im Menschenrechtsbereich registriert.

Zielgruppen sind Lehrer, Beamte und Mitarbeiter nichtstaatlicher Organisationen. Im Spätsommer nächsten Jahres soll der bisherige Erfolg des Projekts „Menschenrechtsstadt Graz" evaluiert werden. Fällt die Bilanz ermutigend aus, denkt man bereits an ein künftiges Beratungszentrum für Menschenrechte – geeignet, die Ausstrahlung der Stadt Graz als leuchtendes Vorbild im eigenen Land und in der südosteuropäischen Region weiter zu vertiefen.

Mit der tapferen Bürgerwehr auf Patrouille

(Juli 2002)

Inzwischen sind es ihrer dreißig: gesunde junge Leute meist männlichen Geschlechts in blauen T-Shirts (denn Blau ist Parteifarbe der Freiheitlichen), mit den inzwischen zu ihrem Wahrzeichen gewordenen blauen Baseballmützen und einem Nylongurt, in dem die für den Schutz des Bürgers unerlässliche Ausrüstung steckt. Auf dem dreieckigen Stoffabzeichen ist ein Fabeltier, eine Art feuerspeiender Drache, mit fürchterlichen Klauen abgebildet, drumherum die Schlagworte „Sicherheit – Bürger – Schutz".

„Weder Sheriffs noch Rambos"

„Bürgerwehr" mögen sie sich nicht mehr nennen, denn diese Bezeichnung erinnert die zu schützenden Bürger denn doch zu sehr an die austrofaschistische „Heimwehr" der krisengeschüttelten dreißiger Jahre. Deshalb nennen sie sich ganz formell Verein der Bürger für Schutz und Sicherheit und suggerieren damit, dass sich „die Bürger" selbst zu ihrem Schutz und ihrer Sicherheit zusammengetan haben. Sie berufen sich auf Paragraph 86 des geltenden Strafrechts, der das Recht jedes Bürgers festhält, eine Person anzuhalten, die ein Verbrechen begangen hat oder sich augenscheinlich anschickt, eines zu begehen. Die Grazer „Bürgerwehr" ist von den Freiheitlichen im Mai dieses Jahres ins Leben gerufen worden – Kenner der politischen Szene behaupten, weniger um die Bürger vor allerlei Bösewichten zu beschützen, als vielmehr um deren Wählerstimmen der richtigen Partei zuzuleiten. Die Freiheitliche Partei (FPÖ) wolle, so sagen Eingeweihte in Graz, künstlich ein Klima der Angst schüren, um sich dann als „Sicherheitspartei" aufzuspielen.

Das Erscheinen der „Bürgerwehr" war von einem Aufschrei unter den Oppositionsparteien begleitet, die sofort Schreckensvisionen von selbsternannten Ordnungshütern aus der rechten Ecke des politischen Spektrums nährte, von faschistoiden Schlägertrupps, welche die Welt nach ihren Vorstellungen zu organisieren begännen. Von einer Durchbrechung des staatlichen Gewaltmonopols war die Rede. Innenminister Strasser von der Volkspartei sah seine Autorität untergraben: „Wir brauchen keine Reserve-Polizisten, keine Reserve-Rambos, und schon gar keine Reserve-Sheriffs." Eine lange Reihe von Spitzenpolitikern schloss sich dieser Auffassung an. Der sozialdemokratische Bürgermeister von Graz, Alfred Stingl, sprach von „Bespitzelung" und „Provokation". Die FPÖ-Politiker, namentlich der Grazer

Vizebürgermeister Peter Weinmeister sowie die Parteiobfrau und Vizekanzlerin, Susanne Riess-Passer, stellten sich jedoch geschlossen hinter die Kreation ihrer Grazer Lokalorganisation.

Blaue Beschützer als Medienattraktion

Die Grazer Bevölkerung reagierte gemischt. Ältere Leute hofften auf Einlösung des Versprechens, die „Bürgerwehr" werde einen „Begleitdienst für Senioren" einrichten. Ob sich Frauen, wie es der Prospekt der „Bürgerwehr" verheißt, auf starke Beschützer in düsteren Tiefgaragen freuten, ist weniger bekannt. Jüngere Bürger äußerten sich empört. Der sozialdemokratische Stadtrat Walter Ferk rief eine Aktion unter dem Motto „Bürgerwehr, nein danke" ins Leben, die innert einer Woche 10.000 Unterschriften sammelte. Im Gespräch empört sich Ferk darüber, dass aufgrund von Sparmaßnahmen des Innenministers, dessen Regierung ja von den Freiheitlichen mitgetragen wird, 116 verwaiste Stellen bei der Grazer Polizei nicht nachbesetzt werden und die FPÖ dann mit dem Argument, die Polizei sei ihrer Aufgaben nicht gewachsen, die „Bürgerwehr" propagiere. „Um den Ruf der Stadt Graz und ihrer Bevölkerung nicht weiter zu schädigen" und als „deutliches Signal" wurde im Grazer Gemeinderat eine Petition an die Bundesregierung initiiert, Rechtsnormen zur Unterbindung von Bürgerwehren zu schaffen.

Während sich die Bürger von Graz bald anderen Dingen zuwandten und die blaue „Bürgerwehr", die kaum jemand jemals leibhaftig erblickt hat, höchstens noch milde belächeln, reagierten die nationalen und vor allem internationalen Medien mit begeistertem Interesse. Bald pilgerten wahre Heerscharen von Journalisten mit Fotografen und Kameraleuten im Schlepptau in die steirische Landeshauptstadt. Studenten, die sich den Medienschaffenden als Dolmetscher und Organisatoren verdingten, berichten von wahrhaft grotesken Szenen: Zwei Bürgerwehrler, die sich wie Filmstars vorkommen mussten, waren zeitweise von bis zu 40 Journalisten umringt, während die Kameraleute und Fotografen sich gehässige Handgemenge lieferten, um Bilder und Sequenzen zu erhalten, ohne störende Kollegen in der Linse zu haben. Bis ins ferne Japan reichte das Medieninteresse, wo die Idee der „Bürgerwehr" offenbar auf Anklang stieß.

Bewachte Schüler

Die „Bürgerwehr" konzentriert ihre Aktivitäten auf das Stadtviertel um Volksgarten und Lendplatz am rechten Ufer der Mur, wo sich tatsächlich ein Großteil des Drogenhandels abspielt. Im Zentrum ihres Interesses jedoch steht die zweisprachige „Graz International Bilingual School" (GIBS), ein staatliches Gymnasium von hoher Qualität. Die „Bürgerwehr"-Angehörigen behaupten, sie seien von Eltern der Schule gebeten worden, die Kinder auf dem Schulweg zu beschützen. Die Schulleiterin, Elisabeth Fleischmann, bezeichnet dies als Unsinn. Im Gegenteil hätten sich Eltern und Schüler über die Bespitzelung durch die „Bürgerwehr" beklagt, besonders als deren Leute mit Videokameras angerückt seien. In ihrer Schule gebe es kein Drogenproblem. Angesichts der Tatsache, dass sich die „Bürgerwehr" auf ihre Schule konzentriere, liege viel eher die Vermutung nahe, dass diese Leute Probleme mit der Idee des zweisprachigen Unterrichts hätten – und wohl damit, dass es in der GIBS auch Ausländer- und farbige Kinder gebe.

Die Schüler jedenfalls machen mit ihren Sprüchen, die sie auf Laternenpfähle im Umkreis der Schule geklebt haben, kein Hehl aus ihren Gefühlen gegenüber der „Bürgerwehr": „Sogar zu deppert für das Bundesheer – probier's mal bei der Bürgerwehr", „Probleme beim Geschlechtsverkehr – meld dich bei der Bürgerwehr", „Bist du der Dummheit leichte Beute – die Bürgerwehr braucht neue Leute". Und mit Anspielung auf die NS-Zeit: „Blockwarte, die gibt es nun nicht mehr – jetzt nennen wir sie Bürgerwehr."

Schwarzafrikaner als Feindbild

Meine Begleiter und Beschützer auf Patrouille sind der neue Obmann der „Bürgerwehr", ein freiheitlicher Gemeinderat namens Alexander Lozinsek, sowie ein baumlanger junger Mann, der nur wenig sagt. Der Gemeinderat ist hauptberuflich Privatdetektiv; auf dem Vordersitz seines Mercedes liegt als wichtiges Handwerkzeug ein großes Fernglas. Wir ziehen los, an einem heißen Sommertag. Inzwischen verzichte man auf Videokameras, sagen die beiden strammen Burschen, denn diese hätten in der Öffentlichkeit doch allzu negative Reaktionen hervorgerufen.

Im Park sitzen schwarzhäutige Männer. Sie erwecken das besondere Interesse der beiden jungen Bürgerschützer. Denn es sei erwiesen, sagt Lozinsek, dass fast alle Drogendealer in Graz Schwarzafrikaner seien. Und die große Zahl von Schwarzafrikanern in der Stadt sei auf die Politik des sozialistischen Bürgermeisters Alfred Stingl zurückzuführen. Weil der so liberal sei, hätten die für Asylbewerber zuständigen Stellen in Wien sämtliche Schwarzafrikaner nach Graz abgeschoben, wo sie ja willkommen seien. Kürzlich ging nun allerdings eine Meldung aus Graz durch die Medien: Ein schwerer Schlag gegen die Drogenkriminalität sei der Polizei gelungen. Ausgehoben wurde eine türkisch-kurdisch-albanische Dealerbande, und 4,5 Kilogramm Heroin im Schwarzmarktwert von rund zwei Millionen Euro wurden beschlagnahmt. In ihrem Prospekt, den sie auf ihren Patrouillengängen großzügig verteilt, schreibt die „Bürgerwehr: „Tatsache ist: Staat und Verwaltung können die Sicherheit im öffentlichen Raum nicht ausreichend gewährleisten. Die Folge davon – Drogenkriminalität."

Der Polizeichef von Graz, Hofrat Franz Stingl, zeigt sich im Gespräch angesichts solcher an Verleumdung grenzender Frontalangriffe empört. Die „Bürgerwehr" habe keinerlei Qualifikation, um Drogendealer dingfest zu machen oder auch nur, wie deren Leute behaupten, der Polizei mit wichtigen Hinweisen zur Seite zu stehen. Im Gegenteil: Oft durchkreuzten diese Amateure die verdeckte, auf erprobten Strategien beruhende Polizeiarbeit. Überdies sei das Tun der „Bürgerwehr" und der durch sie hervorgerufene Medienwirbel überaus kontraproduktiv für den Ruf der Stadt Graz. So sei Graz in einer englischen Boulevardzeitung gar als „Drogenhauptstadt Europas" bezeichnet worden – eine völlig aus der Luft gegriffene Behauptung. Stingl greift zur neuesten Kriminalitätsstatistik, die zeigt, dass kriminelle Handlungen in der Stadt Graz insgesamt gegenüber dem Vorjahr um 3,5 Prozent zurückgegangen sind.

Kleine Fälschung

Im Prospekt der „Bürgerwehr" allerdings wird mit drastischen Bildern eine Welt mannigfacher Ängste gezeichnet: Da sieht man dunkle Gestalten hinter Bäumen lauern und dubiose Figuren, die sich im nassen Asphalt widerspiegeln. Auch sieht man eine Hand mit etwas, das eine Droge sein könnte, und eine andere mit einem Geldschein. Auf einem anderen Foto wird eine Hauswand gezeigt, die über und über mit Graffiti beschmiert ist. Doch die Sache hat einen kleinen Haken: Das Bild ist, wie eine Überprüfung durch Graz Tourismus ergeben hat, nicht in Graz aufgenommen worden, sondern in einer französischen Stadt (was aus dem Stil der Häuser, der abgebildeten Verkehrstafel und der Sprache der Graffiti ziemlich deutlich hervorgeht). Und bei dem Geldschein handelt es sich weder um Schilling noch um Euro, sondern der Schriftzug ist unverkennbar jener der Bank of England auf einer britischen Pfundnote. Es scheint, dass der Photograph in Graz auf seiner Suche nach eindrucksvollen Motiven nicht fündig wurde und auf das Ferienalbum der „Bürgerwehr"-Leute zurückgreifen musste.

Meine beiden Begleiter beschleunigen ihren Schritt, als wir an den Schülersprüchen über die „Bürgerwehr" vorbeikommen – die beiden haben offensichtlich wenig Freude an den Schüttelreimen. Doch plötzlich, scheinbar aus dem Nichts, taucht jetzt ein groß gewachsener, auffällig gut angezogener junger Mann auf mit umgebundener Klubkrawatte und lässig um den Finger wirbelndem Porsche-Schlüssel. „He, ihr beiden", sagt er, und es ist wohl allzu perfekt, um nicht inszeniert zu sein, „was ihr da macht, finde ich ganz toll. Kann man euch irgendwie unterstützen? Kann man eurem Verein beitreten?" Die „Bürgerwehr"-Leute sind entzückt. Natürlich kann man. Später, im Park, sitzen ein paar „Sandler", Obdachlose. Sie sind betrunken, und auch sie kriegen je einen Prospekt mit den Ferienfotos aus Frankreich. „Großartig", lallen sie, „macht weiter so, Burschen."

Erfolgsmeldung

Zugeben müssen meine wackeren Beschützer allerdings, dass ihr Verein in den beiden Monaten ihres Tuns noch keinen einzigen Erfolg erzielen konnte. Da geben sie sich allerdings allzu bescheiden, gehört es doch zu den erklärten Zwecken der „Bürgerwehr", „Betrunkene in den Parks aufzudecken, um wieder für mehr Sicherheit im öffentlichen Raum zu sorgen". Tatsächlich wurde ein derartiger Betrunkener „aufgedeckt", zwar nicht im Park, dafür aber am Steuer seines Wagens, wo er einen Verkehrsunfall mit Personenschaden verursachte. Bei dem fehlbaren Lenker handelte es sich um keinen Geringeren als um den ersten Obmann der „Bürgerwehr", einen gewissen Helge Endres, seines Zeichens FPÖ-Gemeinderat, Bundesheer-Oberst und nicht zuletzt Mitglied des SS-Veteranenvereins Kameradschaft IV. Da der 61-jährige Offizier den Alkoholtest verweigerte, nahm ihm die Polizei den Führerschein auf der Stelle ab. Endres trat in der Folge aus allen politischen Funktionen zurück und demissionierte auch als Chef der tugendhaften „Bürgerwehr".

Schilderstreit am Karawankenrand

(August 2002)

In der Universität Klagenfurt stößt der Besucher seit Kurzem auf ein Kunstwerk mit politischer Brisanz. Es stammt von einem der bekanntesten Kärntner Künstler und gleichzeitig einem der schwärzesten Schafe in deren Reihen: Valentin Oman, der sich geschworen hat, in Kärnten so lange keine Einzelausstellungen seiner Werke zu veranstalten, als hier Jörg Haider als Landeshauptmann amtiert. Oman hat allerdings im letzten Frühling seinen persönlichen Boykott durchbrochen und eine – im gegenwärtigen Kärntner Kontext höchst brisante – Ausnahme gemacht. In akribischer Kleinarbeit malte er Hunderte von zweisprachigen Kärntner Ortsnamen in ihrer slowenischen und deutschen Version auf eine symbolträchtige Fläche, nämlich die Außenwand der Dolmetscherkabine des großen Auditoriums im neu erbauten Universitätsflügel.

Künstler und Kleber

Oman hatte den Auftrag vom zuständigen Kurator im Rahmen des Projektes „Kunst am Bau" erhalten. Die Idee zu der Arbeit sei ihm aber schon vor sieben Jahren gekommen. Er habe einen Beitrag leisten wollen dagegen, dass die über 950 noch bekannten zweisprachigen Ortsbezeichnungen allmählich in Vergessenheit geraten, was einen beträchtlichen Kulturverlust bedeute. Damals sei es ihm nicht primär um eine politische Stellungnahme gegangen; inzwischen, so gibt er zu, sei es allerdings eine geworden. Auf seiner Arbeitsfläche begann Oman mit dem Buchstaben A: Apace/Abtei. Allerdings kam er nur bis zum R. Der Platz reichte nur für rund zwei Drittel aller zweisprachigen Ortsnamen. Immerhin: Es sind mehr als sechsmal so viele, wie heute in Kärnten auf den Ortstafeln am Straßenrand zu lesen sind. 205 zweisprachige Schilder wurden laut Oman vor Jahren gerichtlich verordnet, 93 wurden aufgestellt, heute gibt es noch 68.

Während Valentin Oman noch, von der Kärntner Öffentlichkeit völlig unbemerkt, mit wahrem Ameisenfleiß an seinen rund 15.000 Buchstaben malte, machte es sich der Landeshauptmann Kärntens einige Kilometer westlich des Wörther Sees, am Villacher Autobahnkreuz, wesentlich leichter. Jörg Haider stellte sich nämlich vor versammelten Pressefotografen auf einen Kranwagen und überklebte auf dem Autobahnwegweiser den Namen der slowenischen Hauptstadt, Ljubljana, mit einem Kleber, auf dem ganz einfach „Slowenien" steht. Ähnliches geschah mit Tarvisio, das auf Haiders Anweisung durch „Italien" ersetzt wurde. Am folgenden Tag war der Schilder überklebende Landeshauptmann in der Tagespresse zu bewundern. Die Begründung für seine Inszenierung lautete, die neue Beschilderung erhöhe die Verkehrssicherheit und entspreche überdies den internationalen Gepflogenheiten.

„Modell für Europa"

Wer sich bei Repräsentanten der slowenischen Minderheit und bei offiziellen Stellen über die Ortstafelfrage ins Bild zu setzen versucht, wird umgehend in eine komplexe und widersprüchliche Arithmetik verwickelt, bei der historische, demographische und vor allem psychologische Aspekte gewichtige Rollen spielen. Das generell sich bietende Bild ist dieses: Engagierte – der deutschnationale Gegenpol würde sagen: extremistische – Vertreter der Slowenen fühlen sich um ihre kulturellen Minderheitenrechte betrogen, insbesondere in der Ortstafelfrage und auch in der Schulfrage. Sie sprechen unverblümt von Diskriminierung. Die freiheitliche Landesregierung – Hand in Hand mit dem sich wenig glaubwürdig als überparteilich bezeichnenden „Kärntner Heimatdienst" – hält jedoch Kärntens „Volksgruppenpolitik" nicht nur für höchst korrekt: Sie sei sogar, so der Titel der einschlägigen Propagandabroschüre, „ein Modell für Europa".

Haider beklagt, dass das Verfassungsgerichtsurteil, betreffend Ortstafeln in Kärnten, vom 13. Dezember 2001 einen konstruktiven Dialog mit den Kärntner Slowenen unter seiner Ägide, der zu einer Reihe von konkreten Maßnahmen zugunsten der Minderheit geführt habe, jäh unterbrochen, ja sabotiert habe. Weniger konstruktiv als vielmehr autoritär mutete damals allerdings Haiders Reaktion an: Wenn er gezwungen werden sollte, zusätzliche Ortstafeln aufzustellen, dann werde er andere „Konzessionen" – wie beispielsweise die zweisprachigen Kindergärten – ganz einfach „streichen", also im Klartext: die Minderheit, die ihre Rechte wahrnehmen will, mit Entzug vermeintlicher „Privilegien" bestrafen.

Assimilationsdruck

Wer durch das zweisprachige Siedlungsgebiet fährt, dem fällt insbesondere auf, dass es hier eigentlich nichts Auffälliges zu sehen gibt. Es findet sich kaum eine Aufschrift in slowenischer Sprache, kein Postamt, kein Bahnhof mit slowenischer Bezeichnung, nichts. Die kärntnerisch-slowenische Kultur scheint sich zu verbergen. Während man anderswo stolz ist auf eine Minderheitenkultur, sie als Bereicherung empfindet, wird sie hier schamhaft verschwiegen.

Dies äußert sich auch im Verhalten der Minderheit: Laut übereinstimmenden Berichten empfanden es die Kärntner Slowenen als diskriminierend, nach Aufhebung der vorgeschriebenen Zweisprachigkeit der Schulen in ihrem Siedlungsgebiet ihre Kinder aktiv für den Slowenischunterricht einschreiben – und sich damit als Angehörige einer wenig geachteten Minderheit bekennen – zu müssen.

Der mehr als nur unterschwellige Anpassungs- und Integrationsdruck äußert sich sehr konkret im drastischen Rückgang des slowenischsprachigen Bevölkerungsanteils: In der ersten Volkszählung der Zweiten Republik bekannten sich noch rund 50.000 Personen zur Minderheit, in der jüngsten Volkszählung von 2001 noch ganze 12.500. Die wichtigsten Siedlungsgebiete der Kärntner Slowenen – Regionen, in denen sie einen Bevölkerungsanteil von über 25 Prozent stellen – sind im südöstlichen Kärnten zu lokalisieren, am Fuß der Karawanken im österreichisch-slowenischen Grenzgebiet. Weitere Siedlungsgebiete finden sich im Rosental entlang der Drau südlich von Klagenfurt sowie südlich von Völkermarkt um das inzwischen berühmt gewordene St. Kanzian/Scozijan.

Traumata mit langer Nachwirkung

Engagierte Vertreter der Kärntner Slowenen unterstreichen, dass es eben jene zweisprachigen Ortstafeln seien, die das Selbstbewusstsein und damit das Bekenntnis der Minderheit zur eigenen Identität förderten. Umgekehrte Vorzeichen finden sich in den Aussagen des Obmanns des Kärntner Heimatdienstes, Josef Feldner. Zusätzliche Tafeln würden „ein völlig falsches Bild ergeben", argumentiert er, denn es gebe ja nur noch 2 Prozent Slowenischsprachige im gesamten Siedlungsgebiet; früher seien es zehn Prozent gewesen. Der Rückgang bei den Slowenen sei „hausgemacht", also selbstverschuldet, sagt er weiter. In düsteren Farben malt er die Schreckensvision einer wirtschaftlich-kulturellen „Abkoppelung" der Kärntner Südregion von Österreich und der Entstehung einer „EU-Region Alpen-Adria" an die Wand, wenn Slowenien erst zur EU gehöre. Widerstand gegen den EU-Beitritt des Nachbarlandes hält er zwar für „unrealistisch". Doch die Ortstafeln könnten optisch die falschen Signale ans Ausland senden und dort, insbesondere bei den ausländischen Journalisten mit ihrer „unglaublichen Heuchelei", Unterstützung für die Bestrebungen eines slowenischen Sonderweges hervorrufen.

Alte Ängste treten in solchen Äußerungen plötzlich hervor. Es sind die Erinnerungen an den legendenverklärten, in pathetischen Denkmälern omnipräsenten „Kärntner Abwehrkampf" von 1919 und dann, in den Köpfen der deutschstämmigen Kärntner durchaus präsent, an jene Maitage des Jahres 1945, als Tito-Partisanen

Hunderte aus ihrer Mitte verschleppten; die Mindestzahl dieser Opfer wird mit 263 angegeben. Für viele Leute ist das Wort „Abwehr" immer noch die Parole. „Das vergossene Blut der fernen Jahre ist zwar geronnen, aber noch nicht vergessen. Und jene Gefahr, die da zweimal in diesem Jahrhundert das Land bedrohte, sie schläft nur, ist längst nicht gebannt." Diese kernigen Worte voll Blut und Boden stammen von Andreas Mölzer, dem früheren Kulturberater Haiders und heutigen Herausgeber der rechtsradikalen Wochenzeitung „Zur Zeit". Der Heimatdienst-Chef Feldner fordert nur dies: „vertrauensbildende Maßnahmen, Abkehr vom großslowenischen Anspruchsdenken" – und nicht zuletzt die „Beseitigung der historischen Altlasten", nämlich „zumindest Bedauern der Partisanenverbrechen".

Germanen gegen Slawen

Auch die Slowenen haben ihre kollektiven Traumen. Diese beziehen sich auf die NS-Zeit, in der sie entrechtet und als Sklavenarbeiter verschleppt wurden. Dabei hatten bei der historischen Volksabstimmung vom 10. Oktober 1920 entscheidende 40 Prozent der Kärntner Slowenen für das Verbleiben bei Österreich gestimmt – ohne diese Stimmen gehörte Kärnten heute zu Slowenien. Doch diese patriotische Tat zählt für die auch heute noch unverhohlen deutschnational Gesinnten nicht. Unterschwellig mutet der Kärntner Minderheitenkonflikt an wie die anachronistische Fortsetzung des alten, von den Nazis propagierten Kampfes der „Germanen" gegen die „Slawen" – mit dem muffig-rassistischen Beigeschmack von Unter- und Herrenmenschentum.

Schriftbild und Inhalt der Verlautbarungen des Heimatdienstes verraten im Verhältnis zum Nationalsozialismus eine bräunliche Gesinnung, und dies keineswegs nur zwischen den Zeilen. So wird beklagt, dass sich Österreich „aus der Jahrzehnte hindurch anerkannt gewesenen Position eines NS-Opferstaates in jene eines Täterstaates begeben" habe, begleitet vom „täglichen Heraufbeschwören der Nazizeit in den Zeitungen, im Radio und im Fernsehen, das von der Masse der Bürger längst als unerträglich empfunden" werde. Österreich sei nun endlich „vom Kainsmal der Schuld und damit von der Verpflichtung zur Sühne zu befreien. Gegen Sippenhaftung und Kollektivschuld. Einmal muss Schluss sein!". Im gleichen Atemzug wird jedoch von den Heimatdienst-Leuten hemmungslos Vergangenheitskult betrieben, wenn es darum geht, die Verbrechen der Tito-Partisanen heraufzubeschwören.

Im Dorf Glainach im schönen Rosental ist die (deutschstämmige) Wirtin des idyllischen Gasthofs unter alten Kastanienbäumen mit einem slowenischstämmigen Mann namens Antonitsch verheiratet. Sie berichtet über Anzüglichkeiten über ihren Mann, die sie immer wieder von Gästen hinnehmen musste, und er davon, wie ihn ein Besucher unbeherrscht angefahren hatte, als er sich (im eigenen Hause) der slowenischen Sprache bediente: In Kärnten werde Deutsch gesprochen! Dann berichtet das Wirtepaar über eine Veranstaltung des Heimatdienstes im Nachbardorf Ferlach, an der eine selbst gemalte Ortstafel herumgereicht wurde, auf der die slowenische Bezeichnung des Ortes, Borovlje, demonstrativ rot durchgestrichen worden sei. Sie selbst seien empört gewesen, und die slowenischen Bewohner des Nachbardorfes hätten noch lange nach dem Vorfall diese Erniedrigung empfunden. „Wenn's euch hier nicht passt, geht's doch über den Loiblpass": So lautet eine beliebte Beschimpfungsformel Deutschstämmiger gegen ihre slowenischsprachigen Mitbürger. Der Loiblpass führt über die Karawanken nach Slowenien.

Neue Ära – alte Ängste

Für den Heimatdienst allerdings zählen die Kärntner Slowenen zu den „privilegiertesten Minderheiten Europas". Feldner mag recht haben mit der Feststellung, dass in diesem Minderheitenkonflikt, im Gegensatz etwa zu Nordirland, seit 1945 kein Tropfen Blut geflossen sei. Der Vorsitzende des Zentralrats der Kärntner Slowenen, Marjan Sturm, hält die Stimmung zwischen Minderheit und Mehrheit trotz des wieder aufgebrochenen Ortstafelstreits für entspannter denn je – nicht wenige Slowenen würden ihm da allerdings energisch widersprechen. In Kärnten, wo in einer völlig verkrusteten politischen Szenerie die drei Landesparteien Freiheitliche, Sozialdemokraten und Volkspartei weitgehend nach der Pfeife Haiders tanzen und sämtliche Schlüsselpositionen von seinen Leuten besetzt wurden, bleibt für die slowenischsprachige Minderheit zur kulturellen und politischen Entfaltung nur ein Spielraum von Haiders Gnaden – letztlich fast keiner.

Selbst ein Haider kann den Lauf der Dinge nicht bremsen. Während die slowenische Minderheit in Kärnten kontinuierlich abnimmt, melden immer mehr Eltern der deutschsprachigen Mehrheit ihre Kinder zum Slowenischunterricht an, und in Kärnten ansässige Firmen fordern von ihren Mitarbeitern Slowenischkenntnisse. Der EU-Beitritt des Nachbarlandes steht vor der Tür, und schon jetzt sind deutlich mehr Kärntner in Slowenien tätig als umgekehrt. Für den Heimatdienst und seine Anhänger zeichnet sich das Schreckensszenario schlechthin ab: die Stärkung der Region unter Einschluss von Slowenien, damit auch Auftrieb für die slowenische Minderheit und die Zweisprachigkeit in Kärnten. Da werden leibhaftige Urängste wieder wach. Für die Kärntner Slowenen wiederum ist Sprachunterricht für deutschsprachige Kinder kein Ersatz für den abnehmenden Bestand ihrer Volksgruppe, für das Schwinden ihrer Identität. Dabei könnte für sie die neue Entwicklung tatsächlich Hoffnung auf kulturelle, wirtschaftliche und politische Stärkung mit sich bringen. Doch diese Chancen scheinen sie noch nicht richtig wahrzunehmen.

Ein Radio verstummt

Diesen Juli hat der Kärntner Landeshauptmann Haider seine rigoros ablehnende Position in der Ortstafelfrage erneut bekräftigt. Die Forderung der Slowenen, gestützt auf den jüngsten Entscheid des Verfassungsgerichtshofs, zusätzlich 394 zweisprachige Ortstafeln aufzustellen, sei „völlig inakzeptabel", sagt Haider. Denn wenn es nach neuen Volkszählungsergebnissen in Kärnten weniger Slowenen gebe, könne es nicht mehr Ortstafeln geben. Dass Haider – mit Seitenblick auf seine deutschstämmigen Kärntner Wähler – diese Töne anschlägt, vermag kaum zu erstaunen.

Eher befremdlich wirkt, was slowenische Aktivisten weiter berichten. An einem informellen Abendessen Ende Mai sollen Regierungsmitglieder in Anwesenheit von Bundeskanzler Schüssel mit der Einstellung der Finanzierung für den – mit dem staatlichen ORF durch den Programmauftrag verbundenen und von diesem abhängigen – slowenischsprachigen Radiosender „Radio dva" (Radio 2) gedroht haben, falls die Slowenenvertreter den Kompromissvorschlag der Regierung zu den Ortstafeln nicht akzeptierten. Dieser lautete offenbar auf lediglich 52 neue Ortstafeln. Die Slowenenvertreter lehnten verständlicherweise ab. Am 27. Mai schrieb die ORF-Chefin Monika Lindner an den Chef von „Radio dva", Marjan Pipp, dass der ORF „auf Grund der unveränderten Budgetsituation" das „Projekt Radio dva" zu Jahresende einstellen werde. Im Übrigen nehme der ORF „die ihm im Rahmen des Rundfunkgesetzes aufgetragenen Verpflichtungen im Hinblick auf die Versorgung der fremdsprachigen Minderheiten in Österreich sehr ernst".

Wesentlich unverblümter tönte Jörg Haider in einem Interview mit der „Kärntner Woche" Anfang Juli: „In Kärnten muss es jetzt möglich werden, diesen Radikalinskis das Handwerk zu legen. Den ersten Schritt habe ich schon gesetzt, indem ich das ‚Radio dva' abdrehe. Da werden 18 Millionen Schilling in ein slowenisches Radioprogramm investiert, damit einige Kärntenbeschimpfer Millionengeschäfte machen." Was aus diesen Worten folgt, ist, dass entweder die ORF-Chefin direkt auf Weisung Haiders handelt oder dass Haider mit seiner Behauptung, dass er höchstpersönlich das Radio „abdreht", leicht übertreibt. Für die slowenische Minderheit in Kärnten wird das Verstummen des Radios jedenfalls eine dramatische Wendung bedeuten – denn damit verliert sie das wohl wichtigste Medium zur Erhaltung ihrer Identität.

Haiders Kärnten als immerwährendes „Event"

(Juli 2002)

uf dem Neuen Platz in Klagenfurt steht ein furchterregender Lindwurm. Das feuerspeiende Untier soll in grauer Vorzeit in den nahen Sümpfen gehaust und sich am Vieh der Bauern gütlich getan haben. Mit Kühnheit, List und Tücke machte ihm ein beherzter Kärntner den Garaus, indem er an einem Turm einen Köder mit verstecktem Widerhaken befestigte und die in die Falle gegangene Bestie erschlug. Im 16. Jahrhundert wurde dem geflügelten Wappentier der Kärntner Landeshauptstadt ein Denkmal errichtet, das inzwischen zum unbestrittenen Wahrzeichen Klagenfurts geworden ist. Statt Feuer speit der steinerne Drache seither nur noch Wasser.

Bolidenstart in die Nebensaison

Während der Besucher noch über die metaphorische Verwertbarkeit des lediglich Wasser speienden Feuerdrachens für die Darstellung der politischen Realität in Kärnten sinniert, fährt er bereits westwärts, der Uferstraße des Wörther Sees entlang. Und in Reifnitz, einem zauberhaften Flecken direkt am See, nur wenige Kilometer vom Klagenfurter Drachen entfernt, stößt er dann zu seinem nicht geringen Erstaunen auf ein steinernes Fabeltier ganz anderer Art: einen Golf GTI in voller Lebensgröße, ganz aus Granit gehauen. Das bemerkenswerte Denkmal, Gewicht 25 Tonnen, mit der sinnigen Aufschrift „Für den Golf GTI versetzen wir Berge" stammt aus dem Jahr 1987. Das merkwürdige Monument soll keineswegs für die Kärntner Automobilindustrie werben, denn die gibt es nicht. Statt des inexistenten Produktionsaspekts wird hier vielmehr der Konsumaspekt glorifiziert, genauer gesagt das hier jährlich seit den achtziger Jahren stattfindende Treffen der GTI-Fans.

Die Einwohner von Reifnitz haben die Zehntausende von begeisterten Golf-Anhängern, welche die idyllische Gegend mit Verkehrsstaus, Lärm, Abgasen, Abfällen, Reifenspuren auf dem Asphalt und die Gendarmerie mit willkommenen Bußgeldern beglückten, ein Dorf weiter ins nahe Maria Wörth vertrieben, wo sie seither unverdrossen weiterhin im lauen Monat Mai fröhliche Urständ feiern. Sehr zum Entzücken übrigens der Gastwirte und Hoteliers, welche die motorisierten Scharen mit spontan erhöhten Preisen willkommen heißen und sich über die Belegung ihrer Tische und Betten in der flauen Vorsaison freuen. Am Westende des Sees geht derweil das – wie die Lokalpresse voll von berechtigtem Stolz titelt – „gesellschaftliche Mega-Ereignis" der Saison vom Stapel, und der gediegene Badeort Velden wird über Nacht zum „Wörthersee-Monte-Carlo", wenn 300 Fahrer von 30 Gokart-Teams um den Großen Preis von Kärnten kämpfen.

In der regnerischen Nachsaison hingegen, im September, umschwärmt mit sonorem, tausendfachem Gebrumm die Harley-Davidson-Fangemeinde den romantischen Faaker See. Motorenlärm und Machismo sind zentrale Elemente der von Jörg Haider geschaffenen und zugleich personifizierten „Eventkultur". Über der Frage, wieweit jener granitene GTI und die lärmende Unkultur, die dieses Monument verkörpert, für Haiders Projekt eines „Relaunch" Kärntens als „Event" Pate stand, sollen sich dereinst die Historiker die Köpfe zerbrechen. Klar ist, dass das GTI-Treffen, das auf die graue Vorzeit vor Haiders Machtübernahme zurückgeht, fugenlos in seine „Eventkultur" integriert wurde und heute dort eine tragende Rolle spielt.

Dröhnende Stille

Die Meinungen über die zwei- und vierrädrigen Kulturträger sind, wie Gespräche mit Seeanwohnern zeigen, durchaus gespalten: Die einen halten die GTI-Begeisterten für „durchaus anständige, korrekte Kerle" und schimpfen auf die Motorradfahrer, andere wiederum sehen die Dinge genau umgekehrt. Und eine dritte Gruppe wertet den Motorenkult generell als verwerflich. Denn Auspuffgase und Motorengetöse passen irgendwie schlecht zum traditionellen Naturimage Kärntens mit seinen ausgedehnten Wäldern und nicht weniger als 200 Seen, an dessen Gestaden die Bürgermeister der Seegemeinden einer faszinierten Öffentlichkeit alljährlich zu Beginn der Sommersaison ein denkwürdiges Ritual darbieten: Sie schöpfen sich ein Glas Wasser aus dem See und leeren dieses in einem Zug bis auf den letzten Schluck – und beweisen damit der Welt, dass die Kärntner Seen nach einer Radikalkur schon in den sechziger Jahren heutzutage „Trinkwasserqualität" besitzen. Begreiflich, dass auch die Tourismusstrategen angesichts solcher Widersprüche gemischte Gefühle hegen.

Die Kärntner Tourismusindustrie, immerhin der drittwichtigste Industriezweig des stark agrarisch geprägten Bundeslandes, lag vor wenigen Jahren noch ziemlich hoffnungslos darnieder. Obwohl Kärnten traditionell als das beliebteste inländische Reiseziel der Österreicher gilt, vermochte die Elterngeneration den Teenagernachwuchs immer weniger für den Sommerurlaub am Wörther und Ossiacher See zu begeistern. Mit klarem Wasser, romantischen Schlössern und pittoresken Landschaften allein ließ sich kein Tourismusboom mehr herbeizaubern. Auch die in Österreich fast bis zum Überdruss strapazierten Schlagworte „Wellness" und

375

„Erlebnistourismus" brachten nicht den Durchbruch. Dann aber „erfand" Landeshauptmann Haider Kärnten neu: als „Event". Schrill, farbig, vulgär – aber nicht ohne Erfolg. Denn der Sommertourismus erfuhr als Folge die größte Zuwachsrate in allen Bundesländern. Das Event, so Haider im Originalton, als „Trägerrakete des Tourismus". Kritiker allerdings bemängeln, dass Haiders gigantomane „Eventkultur" Gelder verschlinge, die leiseren, bescheideneren, aber tiefer gehenden Kultur- und Tourismusprojekten fehlen.

Überholspur oder Schlusslicht?

„Kärnten auf der Überholspur", verkündet triumphierend die vom Büro des Landeshauptmanns in Klagenfurt herausgegebene Hochglanzbroschüre „Top Events 2001". Die Auffassung, dass sich das Bundesland Kärnten wirklich mit Vollgas auf der Überholspur befinde, wird allerdings nicht von sämtlichen Wirtschaftsexperten geteilt – einige haben gar das böse Wort vom „Schlusslicht Kärnten" geprägt. Tatsächlich liegt die Arbeitslosigkeit in Kärnten mit 7,6 Prozent deutlich über dem österreichischen Durchschnitt (6,1 Prozent). Dabei muss immerhin die spezifische Ausgangslage des Bundeslandes berücksichtigt werden – nämlich der hohe Anteil an den saisonabhängigen Branchen Bauwirtschaft und Tourismus.

Das Bruttosozialprodukt Kärntens liegt zwar unter dem österreichischen Durchschnitt, ist aber laut Angaben des Österreichischen Instituts für Wirtschaftsforschung in Wien (Wifo) im Vergleich zu anderen Bundesländern doch nicht das schlechteste.[13] Legt man den EU-Durchschnitt bei 100 Punkten an, so kommt Österreich insgesamt auf 111 Punkte, Kärnten auf 94,8, aber die Steiermark nur auf 94,1, Niederösterreich auf 93,4 und das Burgenland lediglich auf 71,4 Punkte. Das dynamische Vorarlberg steht mit 115,5 Punkten deutlich über dem EU- und dem österreichischen Durchschnitt. Doch bei der Wachstumsrate (nationaler Durchschnitt: 0,8 Prozent) bildete Kärnten im vergangenen Jahr mit 0,2 Prozent das Schlusslicht, abgesehen von Wien, von wo manche Betriebe ins niederösterreichi-

---

13 Bis zum Juni 2009 hat sich die wirtschaftliche Lage in Kärnten vor dem Hintergrund der weltweiten Finanzkrise weiter verschlechtert. Im Vergleich zum Vorjahr ist die Arbeitslosigkeit um 46,6 Prozent gestiegen; beim Wachstum sind wiederum Kärnten und das Burgenland mit 1,4 Prozent im Jahr 2008 (österreichischer Durchschnitt: 1,8 Prozent) die Schlusslichter. Kärnten verzeichnet mit 1561 Euro die höchste Pro-Kopf-Verschuldung Österreichs. Die Gesamthöhe des Kärntner Schuldenbergs wird inzwischen auf zwei Milliarden Euro geschätzt – knapp ein Siebtel der gesamten Wirtschaftsleistung Kärntens (Bruttoregionalprodukt; regionales BIP) in Höhe von 14,2 Milliarden Euro.

sche Umland ausgelagert wurden. Das Burgenland erreichte bei dieser Kennziffer 2,5 Prozent. Fachleute machen tief liegende Strukturprobleme für dieses schlechte Abschneiden verantwortlich, welche die Kärntner Wirtschaft überaus sensibel auf konjunkturelle Einbrüche reagieren lassen.

Musik im Walde

Einen kurzen, steilen Fußmarsch von jenem GTI-Monument entfernt, findet der Wanderer mitten im Wald eine ganz andere, stillere Gedenkstätte: Gustav Mahlers winziges „Komponierhäuschen" – ein quadratischer, kahler Raum mit drei Fenstern. Hier entstanden zwischen 1901 und 1907 vier Symphonien, die Fünfte bis Achte, und eine Reihe von Liedern, darunter die tragisch-prophetischen „Kindertotenlieder: Mahlers viereinhalbjähriges Töchterchen Maria starb 1907, drei Jahre nach der Entstehung der Lieder, an Diphtherie. Mahler selbst wurde kurz danach von einem Herzleiden befallen und flüchtete aus der kreativen Einsamkeit Kärntens zurück nach Wien. Er sollte nie mehr an den Wörther See zurückkehren; die von ihm erbaute Villa in Maiernigg wurde verkauft. Heute ist ein junger einarmiger Musiker der Hüter von Mahlers „Komponierhäuschen". Er hat neben einer kleinen Stereoanlage einen Stapel Mahler-CDs aufgetürmt, mit denen er sich zwischen den seltenen Besuchern die Einsamkeit vertreibt. Liebevoll streift er über den eisernen Fenstergriff: „Sehen Sie? Alles original! Mit diesem Griff hatte Gustav Mahler einst dieses Fenster geöffnet!"

Ein Vierteljahrhundert zuvor hatte sich Johannes Brahms von dieser Gegend als dem „Eingang zum Schönsten und Großartigsten" begeistern und zu Kompositionen inspirieren lassen. „Am Wörther See fliegen die Melodien, dass man sich hüten muss, keine zu treten", notierte der deutsche Komponist. Bei Velden arbeitete ab 1932 Alban Berg an seiner Oper „Lulu"; auch die Namen Hugo Wolf und Anton Webern sind mit Kärnten verbunden. Jenseits von Haiders „Eventkultur" blüht auch im heutigen Kärnten die ernsthaftere Kultur, von den Klagenfurter Literaturtagen mit der alljährlichen Verleihung des Ingeborg-Bachmann-Preises bis zu den Musikfestspielen des Carinthischen Sommers.

Die Show und der Entertainer

Auf einer Seebühne am Klagenfurter Seeufer inszenierte der Intendant Dietmar Pflegerl letztes Jahr „Evita" und erlaubte sich dabei subtile Parallelen zwischen Perón und Haider. Heuer steht das „Mega-Musical", betitelt „Falco meets Amadeus", auf dem Programm. Zu den geradezu kultischen Ereignissen gehört der Anfang August an drei Austragungsorten um den Wörther See veranstaltete „Beachvolleyball-Grand-Slam". Im Strandbad Klagenfurt zelebrieren harte Männer (und Frauen) den „Ironman-Triathlon", in den Felsen der Karawanken schwitzen Sportler beim „Mountain Treck Carnico". In Haiders Hochglanzbroschüre oder auf seiner Home-page aber ist alles Mega, Euphorie und Ekstase: „Der Wörther See als Entertain-ment-Nabel Europas" ist noch eine der demutsvolleren Feststellungen, die hier gemacht werden.

Und der Meister selbst, omnipräsent in geradezu mephistophelischer Wand-lungsfähigkeit, stets grinsend und von irgendetwas oder irgendwem grenzenlos begeistert: hier Jörg Haider als Rennfahrer neben Niki Lauda, da Jörg Haider auf einer Harley-Davidson, dort Jörg Haider im weißen Anzug, Pokale hebend, Sekt-gläser schwenkend, Starlets umarmend, dann wieder Jörg Haider traditionsbewusst in mittelalterlicher Gewandung auf der Landesausstellung, Jörg Haider fröhlich win-kend in einer Kinderschar, Jörg Haider feierlich im Trachtengewand in der Blasmusik, Jörg Haider gelehrig unter Haubenköchen, Jörg Haider seriös unter Professoren.

Als „König vom Wörther See" ließ er sich letzten Sommer auf der Titelseite des Magazins „Format" feiern. Jörg Haider, so scheint es, inszeniert letztlich nur ein „Event": sich selbst. „Wie noch kein Landeshauptmann vor ihm", so heißt es in der ausgiebigen Erfolgsbilanz unter dem Titel „1000 Tage Landeshauptmann Dr. Jörg Haider" ohne falsche Bescheidenheit, habe er „in so kurzer Zeit Kärnten zum Besse-ren verändert". Dynamik statt Stillstand, Aufbruch statt Einbruch, Entpolitisierung statt Postenschacher, Schuldenabbau statt Neuverschuldung, Heimatbewusstsein statt Orientierungslosigkeit – so lautet die nicht enden wollende Liste der Errungen-schaften, die Jörg Haider, des Wörther Sees ungekrönter König, Kärntner Perón und unermüdliche One-Man-Show, für sein Land reklamiert.

Aufmüpfige Alemannen

(Juli 2002)

Vorarlberg sei eben weit weg, bemerkte einst Bundeskanzler Schüssel – aus der Wiener Perspektive. Für den durchschnittlichen Wiener ist der alemannische Dialekt weitgehend unverständlich und für viele Wiener hört die bekannte Welt gleich hinter Innsbruck, spätestens aber am Arlberg auf. Andreas Khol, der engste Verbündete Schüssels und Klubobmann (Fraktionschef) der Volkspartei, hat in einer Kolumne der Wiener Tageszeitung „Die Presse" gegen die „kleinlichen Alemannen in ihren Gletscherspalten" vom Leder gezogen, deren „heiliger Zorn" entfacht worden sei, da es „ja um das heilige Geld und gegen Wien" gehe: „Man nimmt dankend und gibt nichts." Khol stammt aus einem Südtiroler Elternhaus, wurde zwar auf der deutschen Ostseeinsel Rügen geboren, wuchs aber in Südtirol auf. Dass sanftmütige Vorarlberger Alemannen und kernige Tiroler mehr trennt als Dialekt und Arlberg und dass sie im Grunde wenig mehr verbindet als der Pass und die beiden Tunnels für Bahn und Straße, ist wohl bekannt. Was Gott durch Berge getrennt habe, solle der Mensch nicht (durch einen Tunnel) zusammenführen, lautet ein alter Spruch – und er bezieht nicht nur auf das wechselvolle Verhältnis Vorarlbergs zum Nachbarn Tirol, sondern auch auf jenes zum fernen Wien.

Längst nicht mehr „Kanton übrig"

Die Vorarlberger gehören zwar zu Österreich, blicken aber nach Westen, in Richtung Schweiz und Deutschland. Sie hören die Schweizer Wetterprognose – die sei nämlich präziser und verlässlicher als die des österreichischen Senders, sagen sie. Sie leben mit dem Rücken zum Arlberg. Dass ihr Land „Vorarlberg" und nicht etwa von „Nacharlberg" oder „Hinterarlberg" heiße, sage ja schon alles, gab mir einmal ein spitzfindiger Gesprächspartner zu bedenken. In der geographischen Bezeichnung komme bereits der eigenwillige Charakter zum Ausdruck: Man sei eben nicht das Land hinterm Arlberg, kein fernes Anhängsel, sondern eben das selbstbewusste Land vor dem Arlberg. Wenn man als Schweizer mit Vorarlbergern spricht, kommt die Rede früher oder später auf die Volksabstimmung vom 11. Mai 1919, als die Vorarlberger mit der überwältigenden Mehrheit von 80,6 Prozent für die Zugehörigkeit zur Eidgenossenschaft als „Kanton Vorarlberg" optierten – von den Schweizern dann aber schnöde abgewiesen wurden. Die Romandie stand einer zusätzlichen Vergrößerung der deutschsprachigen Mehrheit ablehnend gegenüber und reformierte Kreise opponierten gegen einen weiteren katholisch dominierten Kanton. „Kanton übrig" – die scherzhafte Anspielung ist heute noch in aller Munde, und sie hat immer noch einen etwas bitteren Nachgeschmack. Anlässlich der Ausstellung des Vorarlberger Landesmuseums unter dem Titel „Kanton übrig" sprach sich bei einer spontanen Straßenbefragung des Österreichischen Rundfunks ORF rund die Hälfte der Angesprochenen für die Zugehörigkeit ihres Bundeslandes zur Schweiz aus. Zwar keineswegs repräsentativ – aber immerhin ein kleines Stimmungsbild.

Wenn die Vorarlberger von Wien sprechen, dann tönt es fast so, als sei die Hauptstadt eines fernen Landes gemeint. Nach Wien gehen sie, um zu studieren oder um politisch Karriere zu machen. Der Zug benötigt, je nach Verbindung, siebeneinhalb bis zehneinhalb lange Stunden von Bregenz zum Wiener Westbahnhof. Mit dem Auto braucht man für die 646 Kilometer, je nach Staus und Baustellen, unter Umständen sogar länger. Und wer per Flugzeug nach Wien wollte, der durfte, zumindest bis noch vor Kurzem, den Pass nicht vergessen: Er startet im Ausland, im schweizerischen Altenrhein oder gar im deutschen Friedrichshafen. In Vorarlberg wird gerne darauf hingewiesen, dass die französische Hauptstadt von Bregenz aus näher liege als die österreichische. Immer noch werden hier gelegentlich die Nachwirkungen davon spürbar, dass Wien vor dem Fall des Eisernen Vorhangs ein Kopfbahnhof war. Doch Vorarlberg, eingebettet in die Bodensee-Region, florierte.

Gern weisen die Vorarlberger darauf hin, dass nicht nur die Schweiz und Deutschland zum Greifen nah sind, sondern auch Frankreich und Italien nicht allzu weit entfernt liegen. Man ist von hohen Bergen und dem riesigen Bodensee umgeben, doch gerade deshalb ist der Horizont nach Westen offen; man fühlt sich hier weltoffen und kosmopolitisch – und straft so das wenig schmeichelhafte Image des spießig-kleinkarierten „Häuslebauers" Lügen, das immer noch die Sicht der Wiener auf ihre westlichsten Bundesgenossen zu verstellen scheint. Wer das kühne, vom Bündner Architekten Peter Zumthor entworfene Kunsthaus Bregenz mit seiner kompromisslosen Ästhetik besichtigt hat, das sich die Vorarlberger seinerzeit für 285 Millionen Schilling (34 Millionen Franken) geleistet hatten, und wer einer der aufwendigen, technisch perfekten Opernproduktionen auf der Seebühne beigewohnt, wer das künstlerische Niveau der Schubertiade Schwarzenberg genossen hat, dem wird klar, dass Vorarlberg längst nicht mehr als provinziell beschimpft werden kann. Ganz abgesehen von jenen hier ansässigen Industrien, die Weltrang genießen. Das Kunsthaus wurde unversehens nicht nur zum kulturellen, sondern auch zum industriellen Schaustück, denn die beteiligten vorarlbergischen Firmen erwarben sich durch dieses internationale Vorzeigestück internationale Aufträge.

Kleines, großes, sauberes „Ländle"

Fast zärtlich und mit sympathischem Understatement nennen die 363.784 Bewohner Vorarlbergs ihre bloß 2601 Quadratkilometer umfassende Heimat „Ländle" – so viel Bescheidenheit muss wohl befremden in Wien, wo Gebäude und Gebräuche nach wie vor imperiale Dimensionen aufweisen. „Du Ländle, meine teure Heimat, ich singe dir zur Ehr", lautet die erste Strophe der Landeshymne Vorarlbergs, in der nicht von Industrie und Tourismus die Rede ist, die das kleine Land so groß gemacht haben, sondern ausschließlich von berauschend harzigem Tannenduft, von golden glühenden Bergen samt Edelweiß und blühenden Blumen. Das eigene „Häusle" ist, wie die Statistiken zeigen, kein Mythos in Vorarlberg: Laut Umfragen sind 58,9 Prozent der Vorarlberger Eigenheimbesitzer, dazu kommen 15,5 Prozent Wohnungseigentümer.

Und natürlich ist alles blitzsauber und wohl organisiert, „geradezu schweizerisch" eben. Dunkles und Fremdes passt nicht ins helle, freundliche Bild. Der Landeshauptmann (ÖVP) und sein Stellvertreter (FPÖ) kamen überein, dass die unbequeme Wanderausstellung „Verbrechen der Wehrmacht" im Ländle nichts zu suchen habe. Mittel aus der Landeskasse wurden verweigert. Und was den wichtigen Tourismussektor betrifft, der 13 Prozent des Bruttosozialprodukts ausmacht, so wurde mir gegenüber einmal im Gespräch hervorgehoben, dass hier Ausländer, als Pluspunkt des Vorarlberger Fremdenverkehrs, „nur hinter den Kulissen", also gewissermaßen unsichtbar tätig seien,

„Palazzo Prozzo"

Als vor 21 Jahren das Landhaus in Bregenz, Sitz der Vorarlberger Landesregierung, des Landtags (Parlament) und der Verwaltung eingeweiht wurde, ließ der Spott nicht lange auf sich warten: Landauf, landab hieß der weit ausladende Bau mit dem imposanten Vorplatz, seinen Wasserspielen und der riesigen Tiefgarage im Volksmund nur „Palazzo Prozzo". Heute ist der Regierungspalast schon zu eng geworden, aber die imposante Architektur kündet nach wie vor von berechtigtem Stolz auf Erfolg und Reichtum des westlichsten österreichischen Bundeslandes. Doch man will sich nicht hinter diesen Bastionen verschanzen – die Website verspricht dem Bürger unmittelbaren Zugang selbst zum Landeshauptmann, schriftlich, telefonisch, ja sogar persönlich. Die Intimität des „Ländles" schafft Nähe zwischen Regierung und Regierten.

Das Büro des Landeshauptmanns im sechsten Stock blickt über Stadt und See – und der größte Teil des Blickfelds wird vom deutschen Ufer eingenommen: Plastischer könne sich der Besucher die Enge der geographischen Verhältnisse und die Notwendigkeit zur Offenheit gegen außen, zur produktiven Auseinandersetzung mit dem europäischen Markt und der Konkurrenz kaum vor Augen führen. Im Gegensatz zum benachbarten Tirol vernimmt man hier über die EU vor allem Gutes. Gegenüber dem St. Galler Rheintal empfindet man sich hier klar im Vorteil; Exportziffern und Wachstumsraten untermauern dies. Wesentlich zügiger und erfolgreicher ist in Vorarlberg offenbar die Umstellung von der einst dominierenden Textilindustrie auf andere Branchen in die Hand genommen worden. Während früher die Vorarlberger gerne ins Rheintal zum Einkaufen fuhren, scheint sich das Augenmerk seit dem EU-Beitritt aufs Allgäu verlagert zu haben. Das Einkommen in Vorarlberg liegt fünf Prozent über dem österreichischen Durchschnitt.

Eine weitsichtige Wirtschaftspolitik sorgt für ausgeglichene Entwicklung. Ziel der Landespolitik ist es, gleichwertige Verhältnisse zwischen den ländlichen bzw. Berggebieten (96 Prozent der Landesfläche) und den durch erstklassige Infrastruktur und extrem kurze Kommunikationswege begünstigten Bevölkerungs- und Industrie-Ballungsgebieten im Walgau und im Rheintal (4 Prozent der Fläche) zu schaffen. Durch Ausbau der touristischen Infrastruktur wurde die Abwanderung aus ländlichen Gebieten nicht nur verhindert – dort wird sogar eine Bevölkerungszunahme registriert. Während der Wintertourismus klar überwiegt, zumal ja Vorarlberg – neben dem benachbarten Rivalen Tirol – über die besten Skigebiete Österreichs verfügt, wird jetzt der Sommertourismus gefördert: Nach Schweizer Vorbild wurde ein umfassendes Wanderwegnetz angelegt.

„Wenn in Laterns eine Kuh vom Bühel fällt"

Vorarlberg mit seinen nur 375.300 Einwohnern ist das drittreichste Bundesland Österreichs. Das Bruttosozialprodukt des export- und tourismusorientierten Landes liegt zwei Prozent über dem österreichischen Durchschnitt, und die vorarlbergische Wirtschaft ist im vergangenen Jahr 0,7 Prozent schneller gewachsen als die österreichische Volkswirtschaft. Die Arbeitslosigkeit im „Ländle" ist mit 4,8 Prozent deutlich geringer als der österreichische Durchschnitt von 5,7 Prozent. Vorarlberg zeigte eine beeindruckende Anpassungsfähigkeit bei der Umstrukturierung von der bisher dominanten Textilindustrie auf vorwiegend technologisch ausgerichtete Klein- und Mittelbetriebe der Elektro-, Metall-, Maschinen- und auch der Nahrungsmittelindustrie. Die Ausgaben für Forschung und Entwicklung sowie die

Anzahl der angemeldeten Patente liegen weit über dem österreichischen Durchschnitt.

Die Vorarlberger Medienlandschaft besteht fast ausschließlich aus den „Vorarlberger Nachrichten" („VN") mit einer bemerkenswerten Reichweite von 75,5 Prozent – selbst das im übrigen Österreich allgegenwärtige Boulevardblatt „Kronen Zeitung" kommt im nationalen Durchschnitt „nur" auf 43 Prozent, im „Ländle" aber auf kümmerliche 4,9 Prozent, hier ungewöhnlicherweise dicht gefolgt vom seriös-liberalen „Standard" mit 4,6 Prozent. Schon vor Jahren hat die sonst so aggressiv in die Bundesländer vorpreschende „Krone" nach einem kurzen, erfolglosen Versuch mit einer Regionalausgabe in Vorarlberg die Waffen gestreckt. Die Kompetenz der „VN" im Regionalen sei unübertroffen, stellt das in Wien erscheinende Magazin „Profil" fest: „Wenn heute in Laterns eine Kuh von einem Bühel fällt, findet man garantiert morgen in den ‚VN' einen Bericht samt Unfallgrafik, Absturzgeschwindigkeit und Fallwinkel, und das ist nur minimal übertrieben."

Als einst der Vorarlberger Landeshauptmann Herbert Sausgruber zu einem offiziellen Besuch in die Schweiz aufbrach, hielt ich ihn kurz auf und stellte ihm augenzwinkernd die Frage, ob sich denn jetzt die Schweizer die Sache von 1919, mit dem Anschluss Vorarlbergs an die Eidgenossenschaft, nicht doch noch einmal überlegen könnten. Ohne auch nur eine Sekunde zu zögern, antwortete der Landesvater: „Iez wöm mir nümme – Jetzt wollen wir nicht mehr."

Bodo Blind und die „Hundstrümmerln"

(Mai 2002)

Der Auftritt eines vertrottelten Advokaten namens Dr. Blind im 3. Akt gehört zu den komischen Höhepunkten in der Operette „Die Fledermaus" von Johann Strauß. Wer hätte gedacht, dass 128 Jahre, nachdem jener Dr. Blind in der Uraufführung der „Fledermaus" erstmals die Bühne betrat, sich ein Namensvetter jener fiktiven Figur auf der politischen Bühne nicht minder lächerlich machen würde. Das Lachen bleibt einem allerdings, im Gegensatz zur spritzigen Operette, im Halse stecken. Tröstlich ist allerdings, dass über den Dr. Blind in der „Fledermaus" noch Generationen von Theaterbesuchern lachen werden – während man Kurth-Bodo Blind, von dessen politischem Geschick schon zuvor nie die Rede war, nach seinem grotesken Auftritt getrost vergessen kann. Und wird.

Der freiheitliche Wiener Gemeinderat Kurth-Bodo Blind hatte nämlich mit einer neuen Idee zur Beseitigung eines alten Übels von sich reden gemacht – nämlich der von den Wienern liebevoll „Hundstrümmerln" genannten, aber naheliegenderweise als „ungustiös" empfundenen Häufchen, welche 47.000 offiziell registrierte sowie zusätzlich mindestens 20.000 „illegale" Vierbeiner in historischen Parks, auf Blumenbeeten, Trottoirs, Plätzen und in lauschigen Hinterhöfen der Donaumetropole tagtäglich zu hinterlassen pflegen. Besagter Politiker ist mit dem wahrhaft grandiosen Vorschlag an die Öffentlichkeit getreten, Freiwillige zur Beseitigung des Hundekots einzusetzen. Allerdings – denn es gilt ja, mit derartigen Vorstößen bei den FPÖ-Wählern zu punkten – sollen es nicht irgendwelche beliebige Freiwillige sein. Er denke da, sagt Blind, an „Langzeitarbeitslose, Asylbewerber, Flüchtlinge und sonst jemanden, der sich Geld verdienen muss". Derzeit kämen diese Kräfte nur beim Unkrautjäten und Heckenschneiden zum Einsatz. Wieso nicht, fragt Blind, auch bei der Entsorgung des öffentlichen Ärgernisses Nummer eins?

Finanzieren will Blind sein Projekt durch die Hundesteuer. Zwei Millionen Euro stünden damit zur Verfügung – genug, um in jedem Wiener Gemeindebezirk neun Freiwillige ganztägig mit der Hundekotentsorgung zu betrauen. Für nicht sinnvoll hält Blind indes die Durchsetzung der, wie so manches hier, nur theoretisch bestehenden Entsorgungspflichten der Hundebesitzer selbst. Denn Hundebesitzer sind ja Wähler, potenzielle FPÖ-Wähler, und denen will man keinesfalls mit derartigen Zumutungen nahe treten. Vor Jahren hatte die (sozialistische) Stadtregierung zwar Boxen mit Plastiksäcken zu diesem Behuf aufgestellt, doch die praktischen kleinen „Sackerln" wurden von den Anwohnern umgehend für allerlei andere Dinge zweckentfremdet. Die „Häuferln" häuften sich weiter in Parks und auf Trottoirs.

Eine grandiose Idee, doch der Einfall des Kurth-Bodo Blind, unliebsame Randfiguren der Gesellschaft zum Hundedrecksammeln abzukommandieren, weckt historische Assoziationen, für die Herr Blind offenbar mit Blindheit geschlagen ist – oder die er doch lieber ignorieren möchte: Hinter der Staatsoper nämlich steht, für jedermann sichtbar, jenes unbequeme Denkmal des Bildhauers Hrdlicka, das an die den Wiener Juden nach dem „Anschluss" im März 1938 zugefügten Demütigungen erinnert: Unter dem Hohngeschrei ihrer Mitbürger wurden sie gezwungen, auf Knien und mit Werkzeugen wie Zahnbürsten die „Hundstrümmerln" zu beseitigen. Angesichts solcher unliebsamer Erinnerungen, so denkt man, nimmt man wohl lieber die stinkenden Häuferln in Kauf. Die Stadtverwaltung jedenfalls hält von Herrn Blinds Vorstößen wenig. Straßenkehrer und Parkgärtner seien durchaus in der Lage, so heißt es im Wiener Rathaus, das Übel effizient zu beseitigen. An einen Appell an den Bürgersinn Zehntausender von Wiener Hundefreunden scheint allerdings auch im Rathaus keiner ernsthaft zu denken.

Mit Gentechnik gegen „tierische Tretminen"

(Mai 2005)

Die Wiener Grünanlagenverordnung stellt unmissverständlich fest: „Die Verwahrer von Hunden haben dafür zu sorgen, dass die Tiere öffentlich zugängliche Parkanlagen nicht durch Kot verunreinigen." Doch die Realität präsentiert sich anders: Rund 20 Tonnen Hundekot, produziert von rund 47.000 registrierten und schätzungsweise 20.000 „illegalen" Vierbeinern, fallen tagtäglich auf den lauschigen Straßen und Plätzen sowie in den romantischen Parkanlagen der Donaumetropole an. Dass die Wiener, die doch stets ein Kosewort für alle unangenehmen Dinge parat haben, liebevoll von „Hundstrümmerln" sprechen, schafft die ungustiösen Häuferln allerdings nicht aus der Welt. Mit schöner Regelmäßigkeit übertreffen Stadtverwaltung und Opposition einander mit phantasievollen Vorschlägen und rigorosen Maßnahmen, die dann aber rasch wieder in Vergessenheit geraten.

Sogar die praktischen kleinen Metallkästchen gibt es in manchen Parkanlagen – doch die kleinen, braunen Plastiksäcke fehlen eigentlich immer. Es heißt, sie hätten genau die passende Größe zum Einpacken der Wurstsemmel für die obligate Jause, und dafür werden sie wohl auch in erster Linie verwendet. Nun aber weckt ein neuer Geistesblitz neue Hoffnungen. Diesmal stammt er von der Ortsgruppe Hernals der Wiener ÖVP (Österreichische Volkspartei). Werden Hund und Hundebesitzer nicht auf frischer Tat ertappt, lassen sich also die Verantwortlichen nicht eindeutig feststellen und mit entsprechender Buße belegen, so wäre folgende Methode angesagt: Dem Hund wird eine Speichelprobe abgenommen, und dann wird ganz einfach mittels DNA-Analyse ermittelt, welcher Haufen zu welchem Hund gehöre und welcher Herr für seinen Hund und dessen Häuflein geradezustehen habe.

Der Hernalser Bezirksparteichef der ÖVP, Juraczka, spricht anschaulich von einem „genetischen Pfotenabdruck" gegen jene „tierischen Tretminen". Es sei ein „zugegebenermaßen radikaler Ansatz, um des Themas Herr zu werden". Ob die Sache allerdings praktikabel wäre, ist ungewiss, zumal ein DNA-Test auf mindestens 75 Euro zu stehen käme. Wenig begeistert reagierte die Wiener SPÖ: Man wolle keinen Überwachungsstaat und setze auf die Eigenverantwortung der Hundebesitzer – auf die allerdings nachweislich kein Verlass ist. Und damit ist die Sache wohl vom Tisch. Denn Österreichs Hauptstadt wird von den Sozialdemokraten regiert. Diese haben für den Herbst Gemeindewahlen angekündigt. Und mit dem gefürchteten Wählerpotenzial der Hundebesitzer will man es sich, gerade vor einem Urnengang, nicht verscherzen – „Hundstrümmerln" hin oder her.

Per Pudel durch Wien

(August 2009)

„Wien bleibt Wien", bemerkte Karl Kraus in Anspielung auf den bekannten Marsch von Johann Schrammel – und wäre er nicht Karl Kraus, hätte er nicht sogleich hinzugefügt, dies erfülle den „Tatbestand einer gefährlichen Drohung". Jahre später variierte Helmut Qualtinger: „Wien bleibt Wien – und das geschieht ihm ganz recht." Eine Stadt, die so sehr in sich selbst verliebt ist wie Wien braucht sich nicht zu wundern, wenn sie mit ihren gehätschelten Klischees die Spötter auf den Plan ruft. „Wien und der Wein" schwärmt ein berühmtes Wienerlied – und bringt die Sache auf den Punkt: Nach ein, zwei „Vierterln" beim Heurigen, draußen, inmitten der Weinberge, wird dem weinverklärten Blick die lichterglänzende Wienerstadt am Nachthorizont zur allerschönsten der Welt. „Hassliebe" – so definiert Georg Kreisler sein zwiespältiges Verhältnis zu Wien. Zwei Daten in Kreislers Biographie verdeutlichen diesen Zwiespalt: 1922 wurde er in Wien geboren, 1938 aus Wien vertrieben. „Wie schön wäre Wien ohne Wiener" – die musikalische Abrechnung Kreislers (der den Pass mit dem eingestempelten roten „J" gleichsam als persönliches Mahnmal aufbewahrt) mit der im Hass geliebten Geburtsstadt. Bitterböse Worte, zu einer süßlichen Melodie.

Wien und der Wein ist eine Sache, Wien und der Hund eine andere. „Zu was brauch ich ein' Hund?" singt Kreisler und beantwortet die Frage gleich selbst: „Ich seh im Grund für einen Hund gar keinen Grund". Hans Moser sah allerdings einen Grund für den Hund: „Wenn ich mit meinem Dackel von Grinzing heimwärts wackel" – eines der beliebtesten Wienerlieder besingt die vierbeinige Orientierungshilfe bei der späten Heimkehr vom Heurigen. Das Weindorf Grinzing ist zwar längst zur Touristenattraktion verkommen, und der Dackel, der vor Jahrzehnten noch so populäre Wursthund, aus dem Straßenbild praktisch verschwunden. Keineswegs aber seine Artgenossen: Zu jedem 11. Wiener Haushalt gehört – zumindest laut offizieller Statistik – der Hund. Dazu kommt eine beachtliche Dunkelziffer. Jeder dritte Wiener Hund ist schwarz, und damit ist weder die Farbe seines Fells, noch seine politische Präferenz gemeint – sondern die Tatsache, dass sich sein Besitzer um die Hundesteuer drückt.

Wem die Wurst wurst ist

Man hat es gut in Wien: als Hund. Vor allem. Natürlich auch als Hundehalter – oder auch einfach nur als Mensch. Aber besser wäre doch, man hätte einen Hund bei sich und ließe sich von ihm an langer Leine durch lauschige Gasserln ziehen, vorbei an hundert duftenden Ecken und zweihundert anpinkelbaren Alleebäumen, bis man in einer der vielen schönen Parkanlagen landet. „Hundeverbot" steht da auf der Tafel mit der diagonal rot durchgestrichenen schwarzen Hundesilhouette. Doch wen kümmert's: nicht den Herrn und schon gar nicht den Hund. Verbote sind in Wien dazu da, ignoriert zu werden.

Neuerdings stecken im Rasen überall kleine Kartonschilder, die von einem neuen Höhepunkt wienerischer Dichtkunst künden, der nur noch von ferne an „Dackel" und „wackel" aus jenem weinseligen Wienerlied erinnert: „Ein Sackerl fürs Gackerl". Und am Wegrand findet man gar ein Behältnis voll jener grünen „Sackerln", die von den Wienern mitunter auch zum Einpacken der köstlichen Leberkäsesemmeln missbraucht worden sind. Doch damit ist's inzwischen vorbei, die Sackerln werden zunehmend ihrer eigentlichen Bestimmung zugeführt. Vor allem seit die neuesten Warnschilder in den Blumenbeeten stecken, die nun nicht mehr in freundlichen Reimen, sondern in barscher Prosa die (rhetorische) Frage stellen: „36 Euro sind Ihnen wurst?" Immer wieder stellen wackere Wiener Bürokraten strenge Vorschriften auf. Doch Regeln wie Strafen geraten ebenso schnell wieder in Vergessenheit, wie sie erfunden worden sind – vor allem, wenn Gemeinderatswahlen vor der Tür stehen. Nur kurz währte die Zeit, da in den Wiener Parkanlagen adrett Uniformierte aus den Büschen traten und unter Androhung drakonischer Strafen den Leinenzwang durchsetzten. Sie verschwanden so rasch, wie sie aufgetaucht waren, und wurden nie mehr gesehen.

Im Gasthaus gilt die ganze Aufmerksamkeit sofort dem Hund: Er wird, selbstverständlich, zuerst bedient. Bevor auch nur die Menükarte auf den Tisch kommt, steht unter diesem bereits die große Wasserschüssel fürs durstige „Hunterl" bereit, und lange bevor der Herr Ober den Tafelspitz oder Zwiebelrostbraten aufträgt, hat er pflichtschuldigst einen Porzellanteller mit Fleischresten beim Vierbeiner platziert. Kaum ein Restaurant, Kaffeehaus oder Hotel, das nicht umgehend seine alles überragende Hundefreundlichkeit beweist. – „Hunde erlaubt?" Längst hat der erfahrene Hundebesitzer das Fragen aufgegeben. „Erlaubt?" – „Willkommen!" Stärker als die Liebe zum Menschen pocht im goldenen Wiener Herz die Liebe zum Hund.

Poodle-Power

„Moza! Moza!", jubeln drei verzückte Japanerinnen, als sie endlich mit ihren Stadtplänen vor dem goldenen Johann-Strauß-Denkmal im Stadtpark angekommen sind. Die Begeisterung erklimmt neue Höhen, als sie den Königspudel entdecken. Die Fotoapparate, soeben noch auf den vermeintlichen Mozart im Blumenbeet gerichtet, schwingen herum und zielen jetzt auf den prächtigen Pudel. Mit schüchternem Lächeln und zaghafter Gestik bedeuten die drei weitgereisten Damen, dass sie, eine nach der anderen, neben dem exotischen Vierbeiner verewigt werden wollen. Stoisch der Pudel, kichernd die Japanerinnen. Endlich darf der Spaziergang fortgesetzt werden, doch – lauert da nicht schon am Horizont, neben dem „Intercontinental", eine ganze Gruppe chinesischer Touristen, die Kamera bereits im Anschlag? Der Heimweg wird auf Schleichwegen fortgesetzt.

Wer Wien per Königspudel durchstreift, bleibt nie lange allein. Apricotfarbene, barocke Hunde sind eben etwas Besonderes. „Aha, ein Afghane", lautet kennerisch die Feststellung selbsternannter Kynologen. „Ist das ein Schaf?", rätselt so mancher Erwachsene. „Schau mal, ein Pudel, ein Pudel!", singen die Kinder. „Genau, meine Großeltern hatten auch mal so was", bemerken die Nostalgiker. Pudel, auch riesengroße, sind längst aus der Mode, und Rudel von Teenagern kichern albern hinter einem her. Bei der Damenwelt erregt der Königspudel einhellige Begeisterung – meist, aber zum Glück nicht nur, bei reiferen Jahrgängen. Die Damen pflegen einen dann anzusprechen – den Hund, versteht sich, nicht den Herrn: „Du bist aber ein Schöner! Königlich! Brav auch? Ja wie heißt du denn? Magst g'streichelt werden?" Worauf der Pudel, dem die ganze Fragerei allmählich auf die Nerven geht, mürrisch vor sich hin knurrt. Die Dame überhört die unfeine Bemerkung des Pudels, der Hundebesitzer aber genießt und – schweigt.

Chronologie

- **3. Oktober 1999:**
  In den Nationalratswahlen erleiden die beiden Regierungsparteien SPÖ unter Bundeskanzler Viktor Klima und ÖVP mit ihrem Spitzenkandidaten Wolfgang Schüssel schwere Verluste. Die ÖVP belegt erstmals in ihrer Geschichte den dritten Platz, die FPÖ unter Jörg Haider wird zweitstärkste Kraft. Nach 13 Jahren (1987–2000) mit großen Koalitionsregierungen kommt es – gegen den Willen von Bundespräsident Thomas Klestil – zur Mitte-Rechts-Koalition zwischen ÖVP und FPÖ unter Wolfgang Schüssel als Bundeskanzler. Proteste in der Bevölkerung. Im Februar 2000 tritt Jörg Haider überraschend als FPÖ-Parteichef zurück, bezeichnet sich nunmehr als „einfaches Parteimitglied" und beschränkt sich auf sein Amt als Kärntner Landeshauptmann. Susanne Riess-Passer wird FPÖ-Parteiobfrau und geht als Vizekanzlerin in die Regierung Schüssel. Jörg Haider zieht allerdings im Hintergrund weiterhin die Fäden, was zu schweren Konflikten mit Riess-Passer führt.

- **7. September 2002:**
  Nach dem „Putsch" am außerordentlichen Parteitag der Freiheitlichen in der steirischen Stadt Knittelfeld tritt ein Teil der Regierungsmannschaft zurück.

- **24. November 2002:**
  Das Scheitern der ÖVP-FPÖ-Koalition führt zu vorgezogenen Neuwahlen, aus denen die Volkspartei siegreich hervorgeht; erstmals seit 1966 wird die ÖVP wieder zur stimmenstärksten Partei. Die FPÖ verliert zwei Drittel ihrer Stimmen. Nach den Wahlen geht Wolfgang Schüssel erneut eine Koalition mit der nunmehr deutlich geschwächten FPÖ ein; Schüssel und seine ÖVP dominieren den willfährigen Juniorpartner FPÖ.

- **25. April 2004:**
  Wahl des bisherigen Nationalratspräsidenten Heinz Fischer (SPÖ) zum 8. österreichischen Bundespräsidenten; Amtsantritt am 8. Juli 2004.

- **4. April 2005:**
  Haider gründet das „Bündnis Zukunft Österreich" als Abspaltung von der FPÖ. Mit diesem Schachzug hofft er, den vordrängenden Rivalen, Heinz-Christian

Strache, bisher Fraktionschef der Wiener FPÖ, zu neutralisieren. Die meisten FPÖ-Regierungsmitglieder und viele FPÖ-Parlamentsabgeordnete wechseln zum neugegründeten BZÖ; die ÖVP-FPÖ-Koalition regiert nahtlos als Regierungsbündnis zwischen ÖVP und BZÖ weiter. Strache wird am 23. April 2005 zum Bundesparteiobmann der Rumpf-FPÖ gewählt.

- **1. Januar–30. Juni 2006:**
  Österreichischer EU-Vorsitz.

- **1. Oktober 2006:**
  Nationalratswahl; die SPÖ erzielt knapp die Mehrheit. Große Koalition unter Alfred Gusenbauer (SPÖ) als Bundeskanzler und Wilhelm Molterer (ÖVP) als Vizekanzler. Am 21. April 2007 wird Molterer als Nachfolger Schüssels zum ÖVP-Parteiobmann gewählt.

- **8. August 2008:**
  Nach einer rasch eskalierenden Krise innerhalb der SPÖ löst der bisherige Infrastrukturminister Werner Faymann den Kanzler Gusenbauer als SPÖ-Parteichef ab.

- **28. September 2008:**
  Nach schweren Zerwürfnissen zwischen den Regierungspartnern – Molterer beendet das Regierungsbündnis mit dem folgenschweren Ausruf „Es reicht!" – kommt es zu vorgezogenen Neuwahlen. Sowohl SPÖ als auch ÖVP müssen große Verluste hinnehmen; die SPÖ trägt erneut knapp vor der ÖVP den Sieg davon. Am ÖVP-Parteitag vom 28. November 2008 wird Wilhelm Molterer von Landwirtschaftsminister Josef Pröll als ÖVP-Parteichef abgelöst. Josef Pröll ist der Neffe von Erwin Pröll, niederösterreichischer Landeshauptmann und dominanter Machtfaktor in der ÖVP.

- **28. Dezember 2008:**
  Die neue große Koalition unter Werner Faymann als Bundeskanzler und Josef Pröll (Vizekanzler und Finanzminister) wird durch Bundespräsident Heinz Fischer vereidigt.

Personenregister

CHARLES E. RITTERBAND

Geboren 1952 in Zürich. Doktorat der Staatswissenschaften an der Universität St. Gallen; Postgraduate und Postdoctoral-Studien am Institut d'Etudes Politiques, Paris, und in Harvard. Seit 1983 Auslandredakteur der Neuen Zürcher Zeitung. Auslandskorrespondent auf den Posten Jerusalem, Washington, London, Buenos Aires und seit 2001 Wien, zuständig für Österreich, Ungarn, Rumänien und Bulgarien. Lehrbeauftragter der Universitäten Wien, Innsbruck und Krems sowie Fachhochschulen in Wien und Graz.